SOCIOLINGUISTIQUE

Ouvrage coordonné par
Marie-Louise Moreau

Sociolinguistique
Les concepts de base

Deuxième édition

MARDAGA

© 1997, Pierre Mardaga, éditeur
Hayen 11 - B-4140 Sprimont
D. 1997-0024-30

Avant-propos

Parmi les différentes disciplines qui se préoccupent de langues et de langage, la sociolinguistique est à l'évidence celle qui a connu le développement le plus régulier et dont les préoccupations ont retenu et retiennent l'attention d'un nombre croissant de chercheurs. Il y a à cela de multiples raisons : intérêt intrinsèque des théories formulées par des personnalités de premier plan, étendue du champ couvert, diversité des thèmes pris en considération, liaison directe des apports scientifiques aux enjeux de la politique linguistique, etc. Il est par ailleurs manifeste que la sociolinguistique a atteint à présent le développement d'une discipline arrivée à sa maturité, disposant d'un corps de connaissances structurées, de méthodes éprouvées d'investigation, d'un stock de concepts et de théories présentant de multiples interrelations et s'organisant en un savoir cohérent.

Le Comité du Réseau *Sociolinguistique et dynamique des langues*, institué par l'Aupelf-Uref en 1993, a souhaité offrir aux scientifiques francophones un ouvrage de base, qui expose les concepts principaux du champ d'une façon accessible aux non-spécialistes. Pour concrétiser le projet, on a fait appel à 38 spécialistes, de Belgique, du Bénin, du Canada, de France, de Maurice, du Niger, du Sénégal, de Suisse et du Zaïre, qui présentent plus de 250 concepts, dans quelque 120 entrées, en réalisant pour chacun la synthèse des apports les plus marquants.

L'entreprise devait surmonter diverses difficultés. La première, liée à la forme retenue pour l'ouvrage, éclaté en autant de rubriques que de notions, devait permettre de saisir combien la matière est structurée, combien les concepts sont liés les uns aux autres, tout en limitant les redondances. On a fait en sorte que chaque notice soit autonome, mais des index et un système de renvois dans le texte suggèrent au lecteur comment approfondir sa première approche.

Il fallait par ailleurs, au-delà des courants de pensée différents, de la diversité des appartenances théoriques, que dans sa globalité, l'ouvrage offre une vision cohérente de la discipline. Toutefois, certaines disparités, notamment terminologiques, n'ont pas été évacuées; il arrive en effet que les concepts cherchent encore leurs frontières ou qu'elles varient selon les auteurs; outre que les fixer aurait induit une uniformité factice, on a préféré, lorsque ce n'était pas dommageable à la compréhension, laisser s'exprimer la personnalité des auteurs et respecter leurs orientations propres.

Bien qu'on conçoive que la science se construise sans tenir compte des frontières, quelle que soit la nationalité ou la langue des chercheurs, et quelle que soit la localisation géographique des terrains étudiés, on espère enfin que cet ouvrage permettra au lecteur d'apprécier la qualité des scientifiques francophones qui travaillent dans le champ, l'importance de leurs apports originaux, dans les travaux empiriques comme dans la réflexion théorique, et la multiplicité de leurs acquis dans la compréhension des situations sociolinguistiques de la francophonie.

Marie-Louise Moreau

Pour une bonne utilisation de l'ouvrage

Le signe ° devant un mot indique aux lecteurs que la notion fait l'objet d'une entrée dans l'ouvrage. Le système est susceptible toutefois d'une certaine marge d'interprétation : ainsi, °*ethnie* comme °*ethnicité* et °*ethnique* renvoient à la même entrée *Ethnie*. Le signe ° n'est apposé devant le mot qu'à sa première occurrence dans la notice.

A la fin de l'ouvrage, on trouvera un index des notions, des langues, des situations sociolinguistiques et des auteurs.

Les indications entre crochets, notamment en ce qui concerne les renvois, ont été insérées par la coordinatrice de l'ouvrage, qui en assume la responsabilité.

Liste des contributeurs

Achard Pierre	CNRS, INALF, SLADE
d'Ans André-Marcel	Université de Paris VII
Auger Julie	Université McGill (Montréal)
Balibar Renée	
Baggioni Daniel	Université de Provence
Bauvois Cécile	Université de Mons-Hainaut
Bavoux Claudine	Université de La Réunion
Beniamino Michel	Université de La Réunion
Blanc Michel	Université de Londres
Calvet Louis-Jean	Université de Paris V
Chaudenson Robert	Université de Provence
Diadié Boureima	Université de Niamey
Fioux Paule	Université de la Réunion
Francard Michel	Université catholique de Louvain
Gadet Françoise	Université de Paris X
Gueunier Nicole	Université de Tours
Hamers Josiane F.	Université Laval (Québec)
Harmegnies Bernard	Université de Mons-Hainaut
Houdebine Anne-Marie	Université de Paris V
Juillard Caroline	Université de Paris V
Kasbarian Jean-Michel	Université de Provence
Klinkenberg Jean-Marie	Université de Liège
Knecht Pierre	Université de Neuchâtel
Lafontaine Dominique	Université de Liège
Mackey William F.	Université Laval (Québec)
† Manessy Gabriel	Université de Nice-Sophia Antipolis
Maurais Jacques	Conseil de la langue française (Québec)
Moreau Marie-Louise	Université de Mons-Hainaut
Mufwene Salikoko	Université de Chicago
Pillon Agnès	Université catholique de Louvain
de Robillard Didier	Université de la Réunion
Tchitchi Toussaint Y.	Université nationale du Bénin
Thiam Ndiassé	Université de Dakar
Thibault Pierrette	Université de Montréal
Tirvassen Rada	Mauritius Institute of Education
Valdman Albert	Indiana University
Veltman Calvin	Université du Québec (Montréal)
Wald Paul	CNRS, SLADE

ACCENT Bernard Harmegnies

Le terme *accent* est utilisé dans deux acceptions différentes, quoiqu'en partie liées.

A. Dans un premier sens, exploité surtout par la phonétique et la phonologie, l'accent est la prépondérance relative donnée par le locuteur à un segment de la chaîne parlée (le plus souvent la voyelle centrale d'une syllabe); il est parfois improprement appelé *accent tonique*, par opposition aux différentes formes de l'accent, entendu dans le second sens.

L'accent dit *positif* procède par accroissement d'attributs prosodiques du segment à accentuer. Selon les langues, soit l'intégralité soit un sous-ensemble des paramètres *intensité* (amplitude), *hauteur* (fréquence fondamentale) et *longueur* (durée) peuvent ainsi contribuer à la mise en relief du segment accentué (ainsi, en français, les trois paramètres sont touchés; en tchèque cependant, où la longueur est un trait distinctif, les syllabes accentuées et inaccentuées ne se distinguent que par l'intensité et la hauteur). Dans le cas de l'accent dit *négatif*, la proéminence relative du segment accentué est obtenue par neutralisation de certains traits distinctifs des phonèmes non accentués (en italien, par exemple, le système vocalique, qui comporte quatre degrés d'aperture sous l'accent, fusionne les catégories "mi-ouvert" et "mi-fermé" hors l'accent : les distinctions [e]-[ɛ] et [o]-[ɔ] n'apparaissent qu'en syllabe accentuée).

Dans les langues à *accent fixe*, l'accent caractérise toujours la même syllabe. Ainsi, en français, l'accent est systématiquement porté sur la dernière syllabe. L'accent possède alors une fonction démarcative, puisqu'il signale les frontières d'unités. Dans les langues à *accent libre*, la position de l'accent est variable. Sa localisation peut donc être exploitée pour marquer des différences de sens : en italien, par exemple, *ancora* signifie « ancre » ou « encore » selon que l'accent est placé sur la première ou la deuxième syllabe. Cette fonction significative de l'accent ne confère cependant pas à ce dernier le statut phonologique de *trait distinctif*, puisqu'elle ne l'oppose pas à d'autres éléments pouvant être obtenus par commutation paradigmatique, mais bien une *fonction contrastive*, puisqu'elle le définit en relation à d'autres éléments de l'axe syntagmatique.

B. Dans un deuxième sens, plus connu du grand public (mais habituel aussi en sociolinguistique), l'accent est l'ensemble des caractéristiques de prononciation liées aux origines linguistiques, territoriales ou sociales du locuteur, et dont la perception permet au destinataire d'identifier la provenance du destinateur. Ce concept d'accent est exclusivement attaché aux aspects phoniques des énoncés, au contraire de notions telles que *variante*, °*dialecte*, °*régiolecte*, °*sociolecte*, etc., qui renvoient également au lexique et à la syntaxe.

On parle généralement d'*accent étranger* lorsque les caractéristiques phoniques de la production dans une langue indiquent que le locuteur pratique une autre langue, le plus souvent sa °langue maternelle ou dominante (ex. : une expression telle que *accent portugais* peut être appliquée par un francophone à un locuteur dont les productions en français suggèrent qu'il a pour langue maternelle le portugais, quelle qu'en soit la variété). La même idée peut s'appliquer à un groupe de langues d'origine philologique commune (ex. : l'« accent slave ») ou considérées comme telles (ex. : l'« accent scandinave »).

Au contraire du concept de °*style de parole*, qui renvoie à une manière de parler résultant essentiellement d'une adaptation du locuteur au contexte de la communication, le concept d'accent étranger évoque un mode d'expression stable caractérisant durablement l'émetteur, quelle que soit la situation : le style de parole varie continûment sous l'effet de variables contingentes, alors que l'accent ainsi entendu ne peut être modifié que par apprentissage ou intention délibérée d'imitation ou de déguisement vocal.

Lorsque le concept d'accent s'applique à des groupes différenciés par leur appartenance territoriale, celle-ci peut être nationale (ex. : pour les lusophones : accent du Brésil *versus* accent du Portugal), voire régionale (ex. : accent marseillais *versus* accent alsacien) ou même concerner des aires géographiques plus restreintes, telles que villes, villages ou quartiers.

Si la zone géographique impliquée est majoritairement caractérisée par une strate spécifique de population, l'accent peut devenir °marqueur d'appartenance sociale (ex. : accent NAP : « Neuilly-Auteuil-Passy »; accent « des banlieues »).

Dans certains cas, l'accent peut relever d'une attitude délibérée de démarcation d'un groupe social, voire politique. Ainsi, sous le Directoire, les muscadins et merveilleuses — les inc(r)oyables — se singularisaient autant par leur habitus vestimentaire que par leur mode d'expression, qui les amenait notamment à se démarquer de la prononciation dominante en évitant volontairement de réaliser les [R].

L'accent peut ainsi revêtir une fonction *emblématique*, s'il est utilisé à titre de bannière d'un groupe caractérisé par des revendications à caractère socio-politique (un accent «ouvrier» comme emblème prolétarien, les accents corse, breton ou québécois en tant qu'emblèmes nationalistes, etc.).

On dit faussement d'un locuteur qu'il n'a *pas d'accent* si son accent est celui qui caractérise la °variété normée que pratiquent les médias, les classes éduquées et, plus généralement, les communautés nimbées de °prestige. Au contraire des autres, cet accent est cependant perçu comme dégagé d'attaches linguistiques ou territoriales, et dès lors, uniquement caractérisé par une fonction d'indexation sociale. Les anglophones appellent ainsi *received pronunciation* la prononciation caractéristique des présentateurs de la BBC (*BBC English*), des tribunaux et de la Cour (*Queen's English*).

La détection de spécificités phoniques inaccoutumées peut aussi conduire l'auditeur à considérer que le locuteur a *«un» accent*, même s'il lui est impossible de l'associer à un groupe quelconque. L'effet de l'accent est alors d'exclure le locuteur d'une classe d'appartenance déterminée — celle de l'auditeur — plutôt que de l'affecter à un ensemble linguistique, géographique ou social déterminé. C'est cette dynamique d'ostracisme qui explique que soit parfois donné à la dysarthrie dite «du patois pseudo-étranger» le nom de *syndrome de l'accent étranger*.

Le risque de confusion entre les deux acceptions du terme est d'autant plus important que le concept d'accent, dans le premier sens, couvre une partie des déterminants acoustiques de l'accent, entendu dans le deuxième sens.

Ainsi, la tendance du locuteur francophone à mettre systématiquement en relief la dernière syllabe du mot peut le faire identifier comme un étranger, lorsqu'il s'exprime dans des langues où la position de la syllabe prédominante varie (des langues à accent libre) : il souligne des unités qui ne devraient pas l'être, parfois même au détriment du sens.

Les corrélats phonétiques de l'accent au second sens du terme ne sont cependant pas limités à ces aspects suprasegmentaux. Les modalités de réalisation des segments eux-mêmes sont également porteuses d'informations. Dans le cas de l'accent étranger, l'auditeur peut, par exemple, détecter, dans les productions du locuteur, des réalisations correspondant à un phonème non attendu (cas de l'Italien qui, en français, réalise [muʀ] le mot *mur*, ou du francophone qui, en anglais, réalise [t] ou [z] la fricative interdentale dans *the*). Il est fréquent, par ailleurs, que des variantes allophoniques soient associées à des groupes sociolinguistiques déterminés (par exemple, la réalisation palatale, voire vélaire, de /l/ en espagnol marque une origine catalane). Certaines tendances d'ensemble peuvent également influencer le système phonologique dans son entier (ex. : la palatalisation en français populaire parisien).

GARDE Paul (1968), *L'accent*, Paris : PUF.
LÉON Pierre (1993), *Précis de phonostylistique*, Paris : Nathan.

ACCOMMODATION   Caroline Juillard

La théorie de l'accommodation linguistique a été élaborée à partir des années 70 (*cf.* H. Giles). Elle découle des recherches en psychologie sociale sur la similarité et l'attraction ; ces recherches suggèrent qu'un individu peut amener un autre à l'évaluer plus favorablement quand il réduit les différences qui les séparent. Le processus d'accommodation linguistique opère selon ce principe : la théorie rend compte des changements de °style dans le déroulement des conversations, et prend donc en compte la dimension de la variation interpersonnelle dans l'interaction. Si un locuteur souhaite une interaction gratifiante, il peut trouver un avantage à accommoder son style linguistique (de l'°accent au °choix de code) avec celui de son vis-à-vis. La théorie de l'accommodation est considérée comme la théorie prédominante à l'interface entre langage, communication et psychologie sociale ; c'est une théorie essentiellement pluridisciplinaire.

Dans chaque rencontre, les interactants peuvent utiliser leurs connaissances des croyances et des valeurs de leurs partenaires et choisir d'adapter (ou de ne pas adapter) leur langage et leur gestualité au style linguistique et gestuel propre à l'un d'eux, de manière à rendre leur comportement plus (ou moins) acceptable. Il s'agit donc d'explorer, en situations expérimentales ou naturelles, pourquoi certains choisissent un comportement °*convergent* ou °*divergent* dans un certain environnement social. C'est ainsi que Giles proposa, dès 1973, le concept de *mobilité accentuelle*, pour interpréter les variations observées par Labov dans les productions de locuteurs placés, expérimentalement, dans différentes situations ; pour Giles, ces variations sont moins imputables à la différence de formalité entre situations ou à des degrés différents d'attention portée au langage, qu'à des processus d'accommodation interpersonnelle : l'enquêteur, lui-même récepteur des forces sociolinguistiques, aurait glissé vers des formes linguistiques moins standards [voir *Langue standard*] lorsque l'entretien °formel était terminé et le témoin observé se serait adapté à celui auquel il s'adressait.

Cette théorie se nourrit de la recherche sur la convergence des accents, le débit de la parole, l'intensité de la voix, la longueur des phrases et des pauses, la latence des réponses, les gestes et les mimiques faciales, la posture.

Au niveau micro-sociolinguistique des hypothèses, des observations et des analyses, l'accommodation est considérée comme un complexe organisé et contextualisé d'alternatives, disponibles aux communicants dans une conversation en face à face. Au niveau macro-sociolinguistique, les stratégies d'accommodation peuvent conduire à un réalignement massif des modèles de choix linguistiques, reliés à une grande diversité de croyances, d'°attitudes et de conditions sociostructurelles.

La recherche a exploré les degrés et les modes d'accommodation dans le discours légal, les relations entre patients et médecins ou infirmiers, entre les présentateurs de radio et leur public, à propos également des situations d'apprentissage d'une °langue seconde et d'acculturation dans un environnement inter-°ethnique, ainsi que du changement de langues dans des communautés °bilingues. La compréhension des options relationnelles et des tensions qui se manifestent dans ces diverses situations a donc des implications très pragmatiques (Giles, Coupland et Coupland, 1991).

Une des propositions de la théorie de l'accommodation suggère que ceux qui désirent l'approbation des autres s'adapteront davantage que ceux qui n'en ont pas besoin ou ne la désirent pas. Cela peut être le cas de membres de groupes dominés désirant une reconnaissance ou manifestant leur subordination. Elle offre aussi des perspectives intéressantes à propos de la différenciation des parlers féminins et masculins. Dans le cas de la distinction des °sexes, et de la hiérarchie qu'elle entraîne, les femmes étant supposées plus soucieuses que les hommes de leur manière de parler, on peut s'attendre en effet à ce qu'elles accommodent davantage. On peut se demander par ailleurs si le sexe de l'interlocuteur est une variable importante de l'accommodation : les femmes mexicano-américaines observées par Valdes-Fallis (1978) convergent plus en direction de la dernière langue parlée, lorsqu'elles s'adressent à des hommes qu'à des autres femmes.

Il existe une distinction entre *accommodation subjective* et *objective*. La dimension objective réfère à la mesure des glissements linguistiques que le locuteur opère en se rapprochant (convergence) ou en se distinguant (divergence) des autres, tandis que la dimension subjective réfère aux croyances des locuteurs à propos de ces phénomènes. Ainsi, Giles *et al.* (1987) suggèrent que les locuteurs non seulement convergent vers là où ils pensent que sont les autres, mais également vers là où ils pensent que les autres attendent qu'ils aillent. Les croyances des locuteurs sont parfois en accord avec la réalité sociolinguistique objective, parfois non. Les °stéréotypes concernant la manière dont d'autres personnes, catégorisées socialement, parlent ou vont parler interfèrent donc dans le processus d'accommodation.

Dans le cas de locuteurs multilingues, assumant des rôles et des places discursives variables dans l'interaction, l'analyse des ruptures et des continuités dans les choix linguistiques peut également faire appel aux concepts d'accommodation convergente ou divergente. On peut en trouver des exemples dans des analyses de transactions commerciales entre vendeurs et clients plurilingues sur des marchés urbains : catégorisations de l'autre et négociations de pouvoir ou de solidarité font intervenir des phénomènes d'accommodation linguistique (Juillard, 1990, à propos d'une situation plurilingue à Ziguinchor, Sénégal). La théorie peut se révéler également éclairante dans des analyses de communications familiales bilingues.

Les points de vue énoncés ci-dessus centrent tous l'analyse sur l'individu dans le cadre interactif, et étudient les changements qui se manifestent dans le cours des conversations. On peut leur comparer le travail de Le Page qui, se centrant également sur l'individu, s'intéresse aux possibilités qu'a ce dernier de s'identifier ou de se distinguer des groupes qui l'entourent, se constituant son °identité personnelle ou sociale au travers des actes de parole.

GILES Howard, COUPLAND Nikolas et COUPLAND Justine (1991), «Accommodation theory : communication, context and consequence», *in* GILES Howard, COUPLAND Nikolas et COUPLAND Justine (éd.), *Contexts of accommodation : development in applied sociolinguistics*, Paris : Maison des sciences de l'homme, 1-68.

GILES Howard et POWESLAND Peter F. (1975), *Speech style and social evaluation. European monographs in social psychology*, 7, Londres, New York et San Francisco : Academic Press.

JUILLARD Caroline (1990), «L'expansion du wolof à Ziguinchor. Les interactions à caractère commercial», *Plurilinguismes*, 2, 103 - 154.

LE PAGE Robert et TABOURET-KELLER Andrée (1985), *Acts of identity, Creole-based approaches to language and ethnicity*, Cambridge : Cambridge University Press.

VALDES-FALLIS Guadalupe (1978), «Code-switching among bilingual Mexican-American women. Towards an understanding of sex-related language alternation», *International journal of the sociology of language*, 17, 65-72.

ACQUISITION PAR L'ENFANT DES °NORMES SOCIOLINGUISTIQUES

Julie Auger

Un aspect crucial du processus de socialisation de l'enfant consiste à acquérir une langue qui lui permettra de communiquer avec les autres membres de la °communauté linguistique dans laquelle il grandit. Chomsky, par exemple, n'a pas manqué d'être frappé par l'immensité de cette tâche et cette prise de conscience a fortement influencé le développement de la grammaire générative. En effet, pour Chomsky, une théorie linguistique doit rendre compte du fait qu'en l'espace de quelques années, tout enfant apprend à distinguer les structures grammaticales de sa °langue maternelle de celles qui ne le sont pas. Il invoque donc l'existence d'une prédisposition biologique à l'acquisition du langage et une grammaire universelle qui limite le nombre de choix qui se présentent à l'enfant lors de l'acquisition d'une langue particulière.

Chomsky ne s'intéresse cependant qu'à un aspect de l'acquisition du langage : ce qui concerne les structures grammaticales. Cette délimitation de son objet d'étude découle de la dichotomie compétence/performance et de la décision de ne considérer comme digne d'intérêt pour la théorie linguistique que ce qui relève de la compétence. Les études sur l'acquisition des langues maternelles conduites dans un tel cadre limitent donc leur recherche à la description et à l'analyse des séquences d'acquisition des constructions grammaticales.

Cette définition de la compétence apparaît trop restrictive pour nombre d'autres linguistes, qui adoptent une approche plus globale. Il est en effet évident que la simple acquisition des structures grammaticales et phonologiques de sa langue maternelle ne suffit pas pour permettre à un enfant de fonctionner *linguistiquement* en société. Au moins trois types de connaissances mettant en relation langage et facteurs sociaux entrent en jeu dans les situations de communication quotidiennes et doivent donc être acquis par tous les enfants en même temps qu'ils intègrent le lexique et les structures phonologiques, morphologiques et syntaxiques de leur langue. D'abord, l'enfant doit apprendre quand il est approprié de parler, quelles formes linguistiques conviennent dans quel type de situation et, dans une communauté multilingue, quelle langue choisir [voir *Choix de code*]. C'est-à-dire que l'enfant doit acquérir, en plus de sa compétence linguistique au sens étroit, une compétence communicative. Il doit aussi maîtriser les règles variables qui caractérisent la variété de la communauté linguistique dans laquelle il grandit. L'enfant doit en outre adopter une façon de parler qui convient à ses propres caractéristiques sociales. Par exemple, dans une société où les femmes et les hommes parlent de façon différente, les petites filles devront apprendre à parler comme des femmes et les petits garçons, comme des hommes. Ces trois aspects seront discutés à tour de rôle dans les paragraphes qui suivent.

A. Les premières recherches sur l'**acquisition des °registres sociaux** semblent avoir été motivées par les observations de Piaget, pour qui l'égocentrisme des jeunes enfants les rend incapables d'adapter leur comportement verbal en fonction de leur interlocuteur. Alors que les premières études empiriques semblaient confirmer cette hypothèse, les recherches subséquentes ont démontré que, lorsqu'on utilise des tâches adaptées au développement cognitif des enfants, ceux-ci modifient leur façon de parler en fonction du °sexe et de l'°âge de celui à qui ils s'adressent (Killen et Naigles, 1995).

Les enfants adaptent leurs interactions non verbales en fonction de la situation et de leurs interlocuteurs avant même d'apprendre à parler (Bernicot, 1992 : 28). Il est donc normal qu'ils varient aussi leurs premières productions linguistiques en fonction du contexte extra-linguistique. Par exemple, entre 2 et 4 ans, les enfants maîtrisent déjà les différentes formes de la demande et choisissent celle qui est adaptée à la situation d'interaction dans laquelle ils se trouvent (Bernicot, 1992 : 154). Dès l'âge de 3 ans, la plupart des enfants comprennent que toutes les directives ne sont pas polies au même degré et savent quand il est le plus approprié d'employer *s'il vous plaît* (Andersen, 1990 : 70). A 4 ans, ils savent qu'ils doivent simplifier leur façon de parler lorsqu'ils s'adressent à des enfants plus jeunes qu'eux. Dans leurs disputes, des enfants de 4 ans adoptent un °style plus ou moins coopératif en fonction du sexe de leurs interlocuteurs. Contrairement à ce que notent les premiers travaux sur la question, les garçons modifient leur style autant que les filles.

Dès leur plus jeune âge, les enfants ont donc pris conscience que le langage ne sert pas qu'à communiquer de l'information. Il va cependant de soi que leur maîtrise des normes sociolinguistiques qui gouvernent l'emploi du langage ne rejoint pas celle des adultes : d'une part, ils ne contrôlent pas parfaitement la production des formes appropriées (différence de performance); d'autre part, leur niveau d'analyse des situations ne connaît pas le même raffinement que chez les adultes, et leur maîtrise des diverses catégories linguistiques est encore incomplète (différence de compétence). Considérons le premier point : à 4 ans, les enfants n'arrivent pas à employer le registre enfantin de façon systématique; en effet, quand ils s'adressent à des enfants plus jeunes, ils mélangent souvent les simplifications et les structures complexes. Il semble que nous nous trouvions ici en présence d'un retard de la production sur la perception, comme celui que nous observons dans l'acquisition de la phonologie, par exemple. Une telle hypothèse est renforcée par le fait que les enfants se corrigent souvent eux-mêmes, de même que leurs interlocuteurs, dans des jeux de rôles (Andersen, 1990 : 167). Pour ce qui est maintenant de la compétence, les jeunes enfants maîtrisent mieux les aspects phonologiques des différents registres que leurs caractéristiques syntaxiques, et leur éventail de registres est moins étendu que celui des adultes. Une part importante du processus de maturation consistera donc à compléter l'acquisition des formes linguistiques et à raffiner l'analyse des situations d'interaction.

Le processus de maturation en fonction de l'âge a été observé par plusieurs chercheurs. Il semble que ce soit à partir de 8 ans que les enfants ont vraiment acquis l'ensemble des caractéristiques des registres enfantin et étranger (ceux qu'on utilise quand on s'adresse à un enfant ou à un étranger), et qu'ils recourent adéquatement aux marques de socialisation. On a aussi rapporté que le registre enfantin est acquis plus tôt que d'autres.

Les recherches sur l'acquisition des registres en français sont fort peu nombreuses. Il est cependant possible d'affirmer que les enfants d'âge préscolaire ont déjà conscience de la valeur sociale de certains éléments linguistiques. Par exemple, bien que les enfants n'utilisent généralement pas le *ne* de négation dans leur langage quotidien, plusieurs parents ont rapporté qu'ils y ont recours quand ils jouent au docteur. Un autre aspect de l'acquisition des normes sociolinguistiques pour lequel nous manquons d'études empiriques concerne l'utilisation du tutoiement et du vouvoiement. Il est en effet bien connu que les enfants tutoient naturellement les gens qui les entourent. Pourtant, à un certain stade de leur développement, ils devront apprendre les règles gouvernant l'emploi du *tu* et du *vous*. Le même problème se pose en espagnol, où les enfants doivent apprendre à choisir entre *tú* et *usted* et en italien, où le choix s'effectue entre *tu* et *Lei*. Une étude sur l'espagnol rapporte qu'à 5 ans, un enfant connaissait certaines des règles concernant l'emploi de *usted*, puisqu'il l'employait quand il assumait le rôle de l'instituteur dans des jeux de rôles. En italien, les enfants de 5-6 ans reconnaissent que les énoncés contenant *Lei* sont plus polis que ceux qui contiennent *tu*. Malheureusement, des données comparables manquent pour le français.

B. On sait peu de choses encore en ce qui concerne l'**acquisition des règles variables**. Les premières hypothèses dans ce domaine ont été formulées par Labov (1964 : 89), qui considère l'acquisition de l'anglais standard [voir *Langue standard*] comme un processus d'acculturation en six étapes, la perception sociale et la différenciation stylistique ne se réalisant qu'à partir de 14-15 ans.

Diverses recherches empiriques révèlent cependant une acquisition plus précoce des schémas variationnels par les enfants (dans ses écrits récents, Labov ne fait d'ailleurs plus référence à ses hypothèses précédentes). Dès l'âge de 4 ans, les enfants savent moduler leur emploi des variantes standards et non standards en fonction du degré de formalité de la situation sociale. Romaine (1984), dans une synthèse de plusieurs études sur l'acquisition des règles variables, conclut que la variation stylistique en fonction du degré de formalité est présente dans le parler de tous les enfants dès la première année d'école primaire. La principale différence entre les enfants de 6 ans et ceux de 10 ans concerne leur contrôle de la distribution des variantes standards et non standards, plutôt que leur production différenciée de ces deux types de variantes. Certaines contraintes stylistiques sont même acquises avant des contraintes linguistiques dans les schémas variationnels. Par exemple, un enfant anglophone de 6 ans de Philadelphie a acquis la contrainte stylistique gouvernant l'alternance [In]/[Iŋ] dans des mots tels que *talking*, *ceiling*, mais pas la contrainte grammaticale (nom *vs* verbe) (Labov, 1989). Une étude détaillée de la production d'un enfant de 7 ans indique de plus que les enfants ne se bornent pas à imiter leurs parents : s'ils reprennent leurs schémas variationnels très fidèlement à divers égards, ils s'en écartent aussi sur certains points de détail.

Cette intégration précoce des schémas variationnels dans la production ne signifie cependant pas que les enfants développent simultanément une conscience épilinguistique du statut des variantes. Ainsi, dans les données de Lafontaine (1986), c'est à l'âge de 12 ans seulement que les enfants de Liège reconnaissent explicitement moins de °prestige aux formes °régiolectales et sont capables d'identifier correctement les formes légitimes [voir *Légitimité linguistique*] comme étant plus prestigieuses, et il faut attendre qu'ils aient 14 ans pour observer chez eux des °attitudes négatives globales envers leur régiolecte.

C. **L'acquisition par l'enfant de comportements linguistiques correspondant à ses caractéristiques sociales** semble aussi se faire assez tôt. Les filles et les garçons ont des comportements linguistiques différents avant même leur entrée à l'école. C'est ce qui apparaît au niveau de l'emploi des règles variables, telles que l'élision de *t/d* en anglais (les filles emploient davantage de variantes standards stables), ou à un niveau plus général comme le choix de sujets de discussion ou le style interactif (le mode coopératif est plus exploité par les filles, le mode agressif par les garçons). On relève aussi une différenciation des enfants en fonction de leur milieu socio-économique, en parallèle à celle des adultes.

Ce qui concerne la production ne peut cependant être généralisé à tous les secteurs de la connaissance linguistique, et en particulier à la conscience épilinguistique : dans son étude portant sur les °représentations des adolescents liégeois âgés de 12 à 18 ans, Lafontaine (1986) ne note que des différences isolées et instables entre les filles et les garçons, de même qu'entre les adolescents des divers groupes socio-économiques.

Si on ne considère toutefois que la production langagière, il est clair que l'intégration des normes sociolinguistiques s'effectue de façon concomitante avec le développement des structures linguistiques. S'il est vrai que l'acquisition des valeurs sociales affectées aux différentes variantes et des schémas variationnels commence probablement en même temps que celle du langage lui-même, elle semble cependant s'étendre sur une plus longue période. En effet, comme le remarquent Labov et Romaine, les normes sociolinguistiques continuent d'évoluer après le moment de leur intégration : la production de formes non standards semble atteindre son sommet au cours de l'adolescence, et un changement d'orientation se produit ensuite vers une production plus standard.

ANDERSEN Elaine Slosberg (1990), *Speaking with style : the sociolinguistic skills of children*, Londres : Routledge.
BERNICOT Josie (1992), *Les actes de langage chez l'enfant*, Paris : Presses universitaires de France.
LABOV William (1964), «Stages in the acquisition of standard English», *in* SHUY Roger (éd.), *Social dialects and language learning*, Champaign, IL : National Council of teachers of English, 77-103.
LABOV William (1989), «The child as linguistic historian», *Language variation and change, 1*, 1, 85-98.
LAFONTAINE Dominique (1986), *Le parti pris des mots*, Bruxelles : Mardaga.
ROMAINE Suzanne (1984), *The language of children and adolescents; the acquisition of communicative competence*, Oxford : Blackwell.

ACROLECTE   Robert Chaudenson

Dans une situation de °continuum linguistique, ce terme qualifie la variété la plus proche du pôle défini comme supérieur. Dans le cas des situations de créolophonie, où ce concept a commencé à être utilisé vers 1970, le pôle supérieur est formé, en général, par la forme régionale ou la même forme standard [voir *Langue standard*] de la langue européenne.

Ainsi, par exemple, à la Réunion, l'acrolecte °créole (ou créole acrolectal) est caractérisé par des structures plus proches du français régional. Dans cette variété, à l'imparfait du français *je dansais* correspond la forme acrolectale *mi dansé*, alors que le créole °basilectal présente *moin té ki dans* ou *moin té i dans*.

La distinction entre acrolecte et °basilecte peut affecter l'ensemble du système (phonétique, lexique, morphosyntaxe); elle n'empêche pas l'intercompréhension [voir *Intelligibilité mutuelle*] entre les locuteurs des deux variétés, mais fournit des °marqueurs et/ou °indicateurs dont le rôle sociolinguistique est essentiel.

ACTION LINGUISTIQUE Didier de Robillard

Terme générique regroupant l'ensemble des dispositifs concrets d'intervention sur le °corpus ou le °statut d'une langue dans une °communauté linguistique donnée. En conséquence, ce terme recouvre des réalités très différentes selon les cas. L'édition d'un dictionnaire est une action linguistique globale qui peut se scinder en actions distinctes : publication, publicité, diffusion dans les écoles, confortation de la diffusion par la popularisation de jeux de lettres et concours d'orthographe, etc. Une campagne de lutte contre l'illettrisme peut être considérée comme un acte à portée surtout éducative dans un pays, et constituer une action linguistique de portée considérable dans un autre, selon la langue diffusée par la même occasion. On ne tentera donc pas de dresser la liste des actions linguistiques, dont on trouvera des exemples dans Corbeil (1980).

CORBEIL Jean-Claude (1980), *L'aménagement linguistique du Québec*, Montréal : Guérin.

ÂGE Pierrette Thibault

La différenciation sociolinguistique selon l'âge des locuteurs est l'une des clés maîtresses pour la compréhension de la dynamique des °communautés linguistiques. La sociolinguistique a en effet à se préoccuper de trouver la réponse à des questions comme les suivantes : « À quel âge l'enfant participe-t-il pleinement aux °normes de la communauté à laquelle il appartient?», «Dans quelle mesure s'adapte-t-on aux normes sociolinguistiques d'une communauté dont on n'est pas issu?», «De quelle façon se fait la transmission des normes sociolinguistiques d'une génération à l'autre?», «Le parler des jeunes correspond-il aux normes de demain?», et inversement, «Le parler des aînés correspond-il nécessairement à des normes plus anciennes?». En d'autres termes : «Quel est le lien entre les différences inter-générationnelles et le °changement linguistique?».

Participer aux normes d'une communauté, c'est connaître les valeurs sociales attachées à la hiérarchie des variations présentes dans une unité sociale donnée, mais y appartenir de plein droit, c'est aussi manifester des tendances convergentes avec les autres membres de la communauté pour ce qui est de la distribution linguistique et stylistique des variantes dont on fait usage. Le chercheur peut s'intéresser aux différents stades de l'°acquisition des normes ou s'interroger sur les mécanismes de la transmission des normes locales. En ce dernier cas, le questionnement a une portée plus générale pour la sociolinguistique, qui considère que la langue fait système dans la communauté plutôt que dans le cerveau de l'individu.

L'acquisition et la transmission de la compétence sociolinguistique

Chambers (1995) identifie trois périodes formatives dans le développement de la compétence sociolinguistique. D'abord, durant l'enfance, le °vernaculaire s'acquiert sous l'influence de la famille et des copains; la maîtrise de la phonologie et de la syntaxe se développe, en intégrant les caractéristiques régionales et les °marqueurs de °classe sociale. On observe aussi des variations stylistiques : ainsi, l'enfant est en mesure, lorsqu'il lit par exemple, de modifier son parler. L'identification aux normes vernaculaires s'accélère durant l'adolescence sous l'influence des °réseaux de pairs. Le jeune adulte, en particulier s'il s'engage dans une occupation où la langue joue un rôle important, réagira aux pressions du marché du travail en se tournant davantage vers les normes du parler standard. Au-delà de ces périodes formatives, le parler des individus change très peu.

Qu'en est-il de l'adaptation à une autre variété? Les enfants de 10 ans et moins issus de familles récemment installées à Philadelphie acquièrent très bien la plupart des traits phonétiques du °dialecte local, comme le montre l'analyse de Payne (1980). Ainsi, Joyce, onze ans, qui est venue de Cleveland à l'âge de quatre ans, prononce la diphtongue /ey/ comme un /iy/ devant consonne, dans des mots comme *ate*, *name* et *date*; dans les monosyllabes, par exemple *day*, *say* et *bay*, la voyelle demeure ouverte chez Joyce comme chez tout Philadelphien de souche. Par contre, seuls les enfants dont les parents sont nés à Philadelphie ont la possibilité d'acquérir à la fois les règles plus complexes de la distribution du /a/ [+antérieur], et la liste de mots qui favorise ou empêche le relâchement du /a/.

Est-ce à dire que l'ensemble du répertoire verbal se fixe durant l'enfance? Si tout enfant de 10 ans peut imiter un snob, un rustaud, un étranger ou un politicien, il est douteux qu'il parvienne aussi bien que ses aînés à ajuster son comportement verbal en fonction des interlocuteurs et de la formalité de la situation à laquelle il est confronté. La plupart du temps, ses interactions avec des locuteurs venus d'autres milieux que le sien ont été limitées. Dans la littérature sociolinguistique, un consensus se dégage autour du fait que la pleine compétence sociostylistique est acquise vers seize ans dans les sociétés occidentales, soit après un nombre suffisant d'années d'école pour permettre une certaine familiarisation avec la °langue standard. A quelques exceptions près, la démonstration du bien-fondé de ce consensus a cependant suscité peu d'intérêt jusqu'à présent.

Il est bien établi en revanche que deux règles d'or prévalent chez les adolescents : s'affranchir du modèle des parents et être solidaires de ceux qui ont leur âge. Eckert (1988) dans une étude ethnographique menée dans un lycée de Détroit oppose le comportement de deux bandes identifiées en tant que *jocks* («les sportifs») et *burnouts* («les drogués»). Les jocks, et en particulier les filles, adoptent massivement, dans la réalisation des voyelles, les variantes caractéristiques des villes du nord des USA. Les leaders du changement sont des adolescents qui ont des activités avec des jeunes d'autres lycées. Par contre, les burnouts reproduisent dans leur parler les traits les plus conservateurs du parler de leur région ou de leur quartier. Ce qui distingue les deux groupes, c'est la norme à laquelle ils s'identifient qui, dans tous les cas, s'éloigne considérablement de celles des parents. Laks (1983) avait trouvé une distinction analogue chez des adolescents d'une banlieue parisienne; son enquête toutefois ne portait que sur le comportement de garçons de 14 et 15 ans. Ainsi, à partir de l'adolescence, on aurait la possibilité de modifier sa façon de parler de manière à se rapprocher de ce à quoi on aspire, ancrage local ou émancipation des racines. Il y a pourtant une contrainte de poids qui s'exerce sur le parler des adolescents : la conformité au groupe ou au sous-groupe, dont la pression est d'autant plus forte que les sous-classes de pré-adolescents et d'adolescents représentent les classes d'âge les plus homogènes des sociétés occidentales.

Gradation d'âge et changement linguistique

A Montréal, jusque vers les années 50, la norme locale voulait que le /r/ soit articulé avec le bout de la langue, le fameux [r] apical du théâtre classique et de certains °régiolectes de la francophonie moderne. Cedergren (1985) montre bien qu'au milieu du XXe siècle, les instances normatives locales encourageaient l'emploi de ce [r] roulé; les politiciens et juristes nés à la fin du siècle dernier en faisaient usage dans des interviews radiophoniques des années 40. Les observations faites en 1971 sur un corpus d'enregistrements de 120 Montréalais révèlent un changement récent favorisant l'articulation vélaire du /r/.

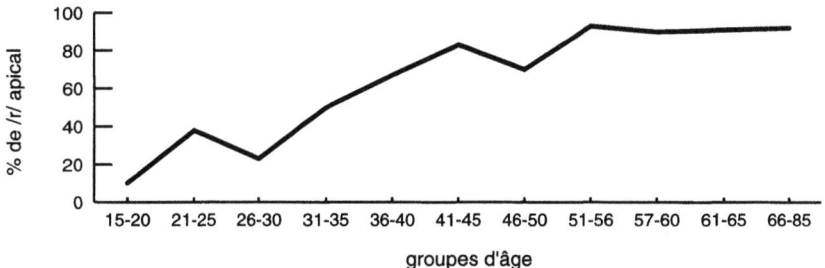

Pourcentage de /r/ apical selon les groupes d'âge (adapté de Cedergren, 1985).

Le changement est spectaculaire si l'on considère que les jeunes locuteurs de 15 à 20 ans ont pratiquement abandonné la prononciation de leurs grands-parents. Ceux qui sont à l'origine de la nouvelle norme étaient adolescents en 1940. Ils ont entre 46 et 50 ans en 1971. La génération qui correspond à l'âge de leurs enfants, les 26-30 ans, enregistre elle aussi un taux de [r] vélaire qui se rapproche davantage de celui des 15-20 ans que de celui de leurs cadets immédiats, les 21-25 ans. Ces résultats montrent qu'on acquiert les tendances au changement de son premier milieu de socialisation, la famille. Qui est responsable du déclenchement de ce changement? Les jeunes adultes aussi bien que les adolescents peuvent en avoir été les instigateurs. Chose certaine : à défaut de l'avoir initiée eux-mêmes, les adolescents de 1940 ont certainement joué un rôle clé dans la diffusion du [r] vélaire au sein de la communauté.

La moitié des locuteurs enregistrés en 1971 par Sankoff et Cedergren l'ont été à nouveau en 1984. Au cours de ces 13 années, le parler des adolescents a évolué différemment du reste de la communauté, par rapport à une variable au moins (Thibault et Daveluy, 1989). En français montréalais, il y a un clivage social net entre ceux qui indiquent un lien de cause à effet au moyen de l'expression *ça fait que*, et ceux qui recourent à l'adverbe *alors*. Les utilisateurs d'*alors* appartiennent aux couches supérieures de la hiérarchie sociale, tandis que les locuteurs des couches populaires tendent à employer *ça fait que*. Cette variation ne constitue toutefois pas un °marqueur de classe [voir *Variationniste (Approche -)*], puisque l'ascension sociale n'est pas liée à un plus grand emploi d'*alors*. Bien au contraire, ceux qui ont subi des « revers de fortune » entre 1971 et 1984 enregistrent une augmentation dans leur taux d'utilisation de la variante °prestigieuse.

En 1971, les jeunes des couches supérieures, c'est-à-dire les adolescents de 15 et 16 ans, s'opposaient à leurs parents en utilisant *ça fait que* en alternance avec l'adverbe *alors* qu'ils entendaient à la maison. Ils étaient en cela influencés par leur groupe de pairs. En vieillissant, ils se sont alignés sur l'usage familial, quelle qu'ait été leur trajectoire sociale personnelle. En bout de ligne, le clivage social s'est reproduit à la génération suivante. Il n'y a pas eu de changement dans la communauté. La divergence des comportements à l'adolescence n'est donc pas toujours l'indice de changements en cours [voir *Changement linguistique*].

Chez l'ensemble des locuteurs du haut de l'échelle sociale qui ont été interviewés en 1971 et en 1984, le taux d'utilisation de *alors* a augmenté, quoique assez peu, 12 % en moyenne. On peut donc modifier son comportement linguistique tout au long de sa vie.

Classes d'âge et normes sociales

Qui sont les détenteurs de la norme dans une communauté linguistique ? Au-delà de la réponse la plus facile qui renvoie à la hiérarchie sociale, il faut s'interroger sur la tranche d'âge qui est en position d'exercer un contrôle sur le comportement de son entourage, dans quelque milieu que ce soit. C'est sans doute les 30-55 ans, une réponse qui correspond à une analyse conjoncturelle de l'évolution des sociétés occidentales. Vers la fin de ce siècle, le démarrage, en termes d'emploi stable et d'installation personnelle dans la vie, se fait tardivement et la mise à la retraite est précoce. Si l'on veut suivre l'évolution des normes au sein d'une communauté [voir *Changement linguistique*], normes vernaculaires aussi bien que normes standards, il est donc indiqué de comparer le comportement de cette cohorte à celui des 60-75 ans, dont le parler est censé représenter un état de langue antérieur, celui de leur jeunesse. Les règles abstraites du système, on l'a vu, se fixent très tôt. Même par rapport à la variation stylistique, il est probable que les aînés utilisent en °style soutenu des variantes qui correspondaient à la norme au moment où leur génération était dans la force de l'âge.

Downes (1984) remarque que la production des formes vernaculaires, c'est-à-dire les formes qui surgissent du parler le plus spontané, connaît son apogée à l'adolescence lorsque le rejet des normes familiales et sociales caractérise l'adhésion aux normes du groupe de pairs. Ces formes resurgissent, dans une moindre mesure, chez les aînés qui ont quitté le monde du travail. Downes note toutefois que lorsque des formes non standards ne sont pas reconnues comme appartenant aux normes vernaculaires, leur taux d'occurrence diminue de façon régulière au-delà de l'adolescence. En d'autres termes, la solidarité aux normes vernaculaires s'exprime surtout chez les adolescents et les aînés qui ont tendance à se regrouper entre eux ; par contre, l'utilisation des formes standards qui n'entrent pas en conflit avec les normes internes du groupe augmente tout au long de la vie.

Une remarque importante s'impose ici : les couches sociales qui démontrent le plus de solidarité se situent aux extrémités de l'échelle sociale. Tous les adolescents, peu importe leur classe sociale, auront recours à des formes non standards pour se démarquer de leurs parents, qui, pour leur part, subissent la pression des normes standards, aussi bien en tant qu'éducateurs qu'en tant que travailleurs. Les aînés des couches qui se situent au bas de l'échelle sociale auront sans doute tendance à augmenter leur utilisation des formes qui correspondent à des °indicateurs de classe [voir *Variationniste (Approche -)*], une fois mis à la retraite. Au sommet de la hiérarchie sociale, l'occurrence des formes non standards ne peut que tendre à diminuer au-delà de l'adolescence ; le parler des aînés reflétera des normes standards, peut-être désuètes, et un vernaculaire qui n'a rien à voir avec les formes non standards du parler de leurs petits-enfants. Les couches intermédiaires de l'échelle sociale sont engagées dans un processus d'ascension sociale qui fait que certains aînés tendront à aligner leur parler sur celui des couches auxquelles ils ont souhaité s'intégrer durant toute leur vie, alors que d'autres retrouveront leurs origines, si l'ascension sociale des générations qui les suivent a plus ou moins bien réussi.

Bien sûr, dans les sociétés non occidentales, la dynamique est différente, en particulier pour ce qui est du rôle des aînés. Les exemples discutés ici proviennent de communautés linguistiques homogènes, unifiées tant par rapport aux évaluations qu'elles font des comportements que par la convergence de la distribution des variations qu'on y trouve. L'étude des communautés linguistiques minoritaires [voir *Langue minorée et langue minoritaire*] révèle parfois des clivages inter-générationnels qui obligent à réfléchir sur la délimitation des communautés linguistiques. Dans quelle mesure les jeunes qui ont très bien acquis les traits du vernaculaire de leurs parents durant l'enfance font-ils partie de la même communauté que leurs aînés, si leur socialisation s'est principalement effectuée dans une autre langue et si leurs productions dans la langue ancestrale ne démontrent aucune variation stylistique?

CEDERGREN Henrietta J. (1985), «Une histoire d'R*», *in* LEMIEUX Monique et CEDERGREN Henrietta J., *Les tendances dynamiques du français parlé à Montréal. Tome 1*, Québec : Gouvernement du Québec, Office de la langue française, 25-53.

CHAMBERS John K. (1995), *Sociolinguistic theory*, Oxford : Blackwell.

DOWNES William (1984), *Language and society*, Londres : Fontana.

ECKERT Penelope (1988), «Adolescent social structure and the spread of linguistic change», *Language in society, 17,* 183-208.

LAKS Bernard (1983), «Langage et pratiques sociales. Étude sociolinguistique d'un groupe d'adolescents», *Actes de la recherche en sciences sociales, 46,* 73-97.

PAYNE Arvilla (1980), «Factors controlling the acquisition of the Philadelphia dialect by out of state children», *in* William Labov (éd.), *Locating language in time and space*, New York : Academic Press, 143-178.

THIBAULT Pierrette et DAVELUY Michelle (1989), «Quelques traces du passage du temps dans le parler des Montréalais», 1971-1984, *Language variation and change, 1,* 1, 19-45.

ALPHABÉTISATION FONCTIONNELLE   Rada Tirvassen

L'alphabétisation fonctionnelle désigne l'enseignement qui consiste à transmettre, hors du contexte scolaire, des aptitudes de lecture, d'°écriture et de calcul à des adolescents ou des adultes qui n'ont jamais été scolarisés ou qui, bien qu'ils aient été à l'école, n'ont pas développé ces aptitudes suffisamment pour s'intégrer socialement et professionnellement dans leur communauté.

Dans la littérature consacrée à l'alphabétisation fonctionnelle, on est constamment confronté à l'absence d'une terminologie consensuelle pour nommer ceux qui ne savent pas lire et écrire. Certains spécialistes évitent d'utiliser le terme d'*analphabète*, parce que, selon eux, il dévalorise la personne humaine. D'autres parmi lesquels nous nous rangeons, pensent qu'il est utile d'opérer une distinction entre les *analphabètes*, qu'on appelle aussi des *analphabètes complets*, et les *illettrés*. Les premiers, qui sont en grand nombre surtout dans les pays pauvres, n'ont jamais été scolarisés. Les illettrés ont eux une certaine connaissance de l'écrit, car ils maîtrisent les rudiments du b+a=ba. Mais cette connaissance qu'ils n'ont pu développer davantage pour des raisons diverses (abandon prématuré de l'école, échec scolaire, etc.) est insuffisante pour leurs besoins sociaux (par exemple, lire pour s'informer, se distraire, etc.). Dans le même ordre d'idées, en raison des réticences manifestées à l'égard du terme *analphabète*, il est aussi question d'*illettrisme* (que personnellement, nous utiliserons cependant ici comme un strict équivalent d'*analphabétisme*), mais on notera qu'*alphabétisation fonctionnelle* n'a jamais été concurrencé par une autre appellation.

La signification exacte que recouvrent les termes *analphabète* et *illettré* constitue une autre source de difficulté. Car il s'agit alors de déterminer, de façon relativement précise, les types de lecture, d'écriture et de calcul que les individus doivent maîtriser, ainsi que le seuil de compétence qu'ils doivent atteindre pour ne pas être classés comme des analphabètes. Pour y parvenir, on doit prendre en compte la spécificité des exigences sociales des différentes communautés. Le sort réservé aux différentes définitions du terme *analphabète* illustre ce que nous avançons. La première définition proposée par l'UNESCO en 1958 est jugée trop vague. En effet, l'UNESCO définissait un analphabète comme «toute personne incapable de lire et d'écrire, en le comprenant, un exposé bref et simple, en relation avec sa vie quotidienne» (Z. Morsy in *Perspectives*, 1987). Celle fournie en 1978 (Z. Morsy : ibidem) paraît plus précise : «est fonctionnellement analphabète une personne incapable d'exercer toutes les activités pour lesquelles l'alphabétisation est nécessaire dans l'intérêt du bon fonctionnement de son groupe ou de sa communauté». Elle est, toutefois, elle aussi, contestée. On affirme en effet que les évolutions technologiques qu'ont connues les pays avancés entraînent de nouvelles formes d'illettrisme : limiter l'illettrisme à la lecture et à l'écriture, c'est ignorer les besoins élémentaires et fondamentaux nécessaires à l'intégration socio-professionnelle dans les pays industrialisés. C'est sans doute pour cette raison que les décideurs européens, réunis à Hambourg en 1986, ont préféré laisser la liberté au gouvernement de chaque pays de définir le seuil de compétence, ainsi que la nature des connaissances essentielles à tous les individus pour leurs besoins élémentaires. Il est clair que les difficultés qu'on rencontre pour trouver une définition acceptable sont liées, pour partie au moins, à la présence du terme *fonctionnel*.

Le problème de l'analphabétisme a commencé à préoccuper les décideurs de tous les pays du monde depuis la Seconde Guerre mondiale. Partant du postulat que l'éducation constitue un des indicateurs du développement des ressources humaines, les spécialistes de l'illettrisme ont montré le lien étroit entre ce phénomène et la pauvreté. Si cette corrélation ne peut être mise en doute, la nature et l'ampleur du problème varient selon qu'il affecte les pays pauvres ou les pays avancés. Quand il est associé aux pays en voie de développement, l'illettrisme illustre les difficultés que rencontrent les États préoccupés de réunir les conditions essentielles à la croissance économique et au bien-être de leurs populations [voir *Économie*]. C'est d'ailleurs bien dans les pays du tiers monde que le problème de l'analphabétisme connaît ses proportions les plus préoccupantes : selon les statistiques de l'UNESCO rendues publiques en 1990, sur les 960 millions d'analphabètes qui existent dans le monde, 700 se trouvent en Afrique, en Inde et en Chine. Pour les mêmes zones, l'UNESCO cite le chiffre de 134 millions d'enfants, âgés de 6 à 11 ans, qui, en 1985, n'étaient pas scolarisés. Enfin une autre caractéristique de l'analphabétisme dans les pays du tiers monde est la disparité entre les hommes et les femmes. Celles-ci sont particulièrement défavorisées par l'analphabétisme dans tous les pays caractérisés par la pauvreté, l'Amérique latine et les Caraïbes mises à part.

Dans les pays riches, c'est à une époque relativement récente qu'on a pris conscience de l'existence du problème : selon une enquête réalisée dans les années 80 au Royaume-Uni, 10 % des jeunes interrogés ont reconnu qu'ils avaient des difficultés pour lire et écrire. Un rapport de l'Institut national de la recherche pédagogique soumis aux autorités françaises en 1986 évalue à 20 % les élèves de sixième qui ne savaient pas lire et écrire. Le phénomène a été également analysé en Belgique en 1992, par une recherche menée sous l'égide de la Fondation Roi Baudouin. Quand on sait la place prépondérante occupée par l'écrit dans les pays industrialisés, on comprend que l'illettrisme y entraîne de graves maux de nature sociale : chômage, exclusion, etc.

La lutte contre l'illettrisme peut donc avoir des significations totalement différentes selon les pays : dans les pays riches, il s'inscrit dans une politique de justice sociale et dans une tentative de trouver des solutions concrètes à l'exclusion sociale. Dans les pays pauvres, l'alphabétisation fonctionnelle est conçue comme une des stratégies qui peut rehausser la qualité de vie des citoyens et favoriser la croissance économique.

Un des préalables du combat contre l'illettrisme demeure l'identification des causes du problème. Si l'on a tendance à associer l'illettrisme à l'incapacité du système éducatif d'assurer, à l'ensemble des populations scolarisées, le minimum indispensable à l'intégration socio-professionnelle, il faut se garder de n'accuser que l'école. Certes, elle a sa part de responsabilité : elle n'a jamais vraiment défini la lutte contre l'illettrisme comme une de ses priorités, alors qu'elle dispose des moyens indispensables pour réduire l'ampleur de ce problème. Mais on peut aussi affirmer que cette institution n'est guère responsable de l'inégalité sociale dont on connaît le lien avec l'illettrisme. Pour ce qui est des pays pauvres, on évoque souvent les moyens limités dont dispose l'école pour atteindre ses objectifs. Si l'on a tendance à définir ces moyens en termes matériels seulement, diverses réflexions ont souligné l'impact des °politiques linguistiques sur l'illettrisme. Ainsi, pour K. Watson (1994), il existe un rapport étroit entre l'illettrisme, le plurilinguisme et la pauvreté. Dans le même ordre d'idées, on peut affirmer que dans de nombreux pays plurilingues du Sud, on s'est assez peu préoccupé de mettre en place les mécanismes d'apprentissage avant que des connaissances soient dispensées. Si les causes de l'illettrisme sont multiples et complexes, l'incapacité des décideurs de pays plurilingues à élaborer une politique linguistique adaptée à leur situation et aux exigences de la communication pédagogique est de plus en plus citée comme une des sources majeures du problème.

Quelle que soit l'origine du problème, l'urgence de solutions n'est plus à démontrer. Les recherches et les observations critiques permettent de constater qu'il existe de nombreuses faiblesses dans les projets mis en œuvre. Ces faiblesses sont de nature différente. La première concerne la démarche méthodologique adoptée par ceux qui encadrent des alphabétiseurs ou qui apprennent à lire et à écrire aux analphabètes. Au mieux, on adapte aux projets d'alphabétisation fonctionnelle les méthodes d'enseignement et d'apprentissage de la lecture et de l'écriture élaborées pour l'école; au pire, on retrouve les techniques classiques (syllabisation et oralisation) : en gros, on part du principe (notamment dans les pays du tiers monde où la résistance à l'évolution est forte) que lire est la capacité de reproduire, à l'oral, des syllabes utilisées à l'écrit. Or, les spécialistes de l'alphabétisation fonctionnelle sont d'accord pour dire que les compétences qu'on vise à développer dans ces projets doivent être, au moins pour partie, différentes de celles que dispense l'école. Par ailleurs, les moyens disponibles, par exemple le temps dont on dispose pour réaliser les objectifs fixés, ne sont pas les mêmes selon qu'on est à l'école ou dans des projets d'alphabétisation fonctionnelle. L'absence de matériel pédagogique adéquat, ainsi que la formation insuffisante des alphabétiseurs, constituent d'autres sérieux handicaps à la mise en œuvre de projets efficaces. Il faut en outre être conscient du fait que là où certains savoir-faire ont pu être transmis, les possibilités d'un retour à l'illettrisme existent : les néo-alphabètes éprouvent quelquefois des difficultés à retenir les compétences développées, surtout s'ils n'ont pas les moyens de les utiliser, faute de contact avec le texte écrit. La solution consiste alors à créer des réseaux de distribution de matériels imprimés (livres, journaux, magazines, etc.), qui, toutefois, doivent être pris en charge par une institution bénéficiant de moyens nécessaires pour faire fonctionner de tels réseaux.

Parmi l'ensemble des difficultés que rencontrent les responsables de projets, la question du choix des langues dans lesquelles seront développées les aptitudes de lecture et d'°écriture est sans doute la plus complexe. Dans des communautés plurilingues, ces responsables sont souvent amenés à choisir entre des paramètres psycholinguistiques (choisir de faire apprendre à lire dans une langue que maîtrisent les analphabètes) et des paramètres sociolinguistiques (privilégier les langues des communications °formelles). En l'absence d'un encadrement technique et, souvent aussi, d'une réglementation officielle, le choix des langues dans les pays multilingues est fréquemment dicté par les °représentations de ceux qui ont le pouvoir de décision. Or, les options linguistiques retenues déterminent le sens même de l'°action d'alphabétisation : souvent, le choix des °langues minorées vise à rééquilibrer le rapport des forces entre les langues. Enseigner la lecture dans une langue qui assume des communications formelles a en revanche pour objectif d'offrir des outils de survie linguistique.

En raison des faiblesses constatées sur le terrain, les actions d'alphabétisation sont caractérisées par un certain amateurisme. L'absence de recherches systématiques et approfondies consacrées à ce domaine peut expliquer, pour partie, cette situation. A cet égard, on peut donner un exemple précis : il n'existe aucun outil d'évaluation des savoir-faire communicationnels développés par des alphabétisés, qui permettrait de déterminer si le seuil de compétence ciblé est atteint ou pas; de la même manière, on ne dispose d'aucun outil pour évaluer l'efficacité des projets d'alphabétisation fonctionnelle. Mais il est aussi évident que l'engagement timide des décideurs politiques, engagement qui contraste souvent avec la détermination exprimée dans les discours lors de lancements de projets de faible envergure, n'est pas totalement étranger à cet état de fait. C'est en tout cas ce que dénonce l'UNESCO dans les publications réalisées dans le cadre de l'année internationale de l'alphabétisation fonctionnelle.

Si l'on veut avoir le maximum de chances de réussir, la lutte contre l'illettrisme doit être menée sur plusieurs fronts. Le préalable à une telle démarche est un état des lieux sans complaisance, avec une °évaluation précise du taux d'illettrisme. Cette première phase doit être suivie par la mise en place de projets techniquement bien encadrés, surtout quand ils sont mis en œuvre par des organisations bénévoles ; par ailleurs, le soutien des décideurs politiques et du secteur privé (qui bénéficie directement de la lutte contre l'illettrisme en obtenant une main-d'œuvre de meilleure qualité) sont indispensables. Cette stratégie, en quelque sorte curative, doit être soutenue par une démarche préventive. Si l'on considère la lutte contre l'illettrisme comme une priorité, l'enseignement primaire doit être rendu plus efficace. Il est sans doute inutile de demander aux décideurs de consacrer plus de moyens financiers à l'école, dans la mesure où cette institution bénéficie déjà d'un budget important ; par ailleurs, il faut reconnaître que l'investissement financier ne se trouve pas dans un rapport proportionnel avec le taux de réussite de l'école, quand des problèmes de fond ne sont pas résolus. Mais c'est précisément sur ces problèmes fondamentaux qu'il importerait de porter son attention. On peut revenir aux rapports établis entre la pauvreté, l'illettrisme et le plurilinguisme. La langue a des fonctions primordiales dans un système éducatif. Les problèmes à caractère linguistique ont un lien direct avec les dysfonctionnements de l'école. L'illettrisme en est un des indicateurs les plus sûrs.

CALVET Louis-Jean (1992), « Le français et le plurilinguisme en Afrique », *Diagonales*, 24, 6-7.
CHAUDENSON Robert et ROBILLARD Didier de (1989), *Langues, économie et développement*, Tome I. Québec : Marquis Montmagny.
RASSEKH Shapour (1990), *Regards sur l'alphabétisation fonctionnelle : sélection bibliographique mondiale*, Paris : Unesco.
UNESCO (1987), « L'illettrisme dans les pays industrialisés », *Perspectives*, Extraits du volume XVII, 2. 17-27. Paris : UNESCO.
UNESCO (1990), *L'action mondiale pour l'éducation*, Paris : UNESCO.
UNESCO (1990), *Un milliard d'analphabètes : le défi*, Paris : UNESCO.
WATSON Keith (1994), « Caught between Scylla and Charibdis : linguistic and educational dilemnas facing policy-makers in pluralist States », *International journal of educational development* (University of Reading), *14, 3*, 331-337.

ALTERNANCE CODIQUE   Ndiassé Thiam

La notion d'alternance codique (*code-switching*), ou alternance de langues, est issue des études sur le °bilinguisme et le °contact de langues. Elle peut se définir, selon J.J. Gumperz — qui est, sans conteste, le principal initiateur des études sur le phénomène —, comme la juxtaposition, à l'intérieur d'un même échange verbal, de passages où le discours appartient à deux systèmes ou sous-systèmes grammaticaux différents. En voici deux exemples, constitués de segments français et wolof (Thiam, 1994; les caractères gras indiquent ce qui pourrait relever plutôt de l'°emprunt).

– **Pour** *man, li ñuy woy*, C'EST UNIQUEMENT DU SON, MAIS Y A PAS DE SENS, *ci ni ma ko gise*. («Pour moi, ce qu'ils chantent, c'est uniquement du son, mais il n'y a pas de sens, à mon avis.»)

– POURTANT LE MESSAGE PASSE *de*, **parce que** *li muy wax am na* SENS *de*, DE MANIÈRE GÉNÉRALE *am na* SENS. («Pourtant le message passe, hein, parce que ce qu'il dit a du sens, hein, de manière générale, ça a du sens.»)

L'alternance peut être, selon la structure syntaxique des segments alternés, intraphrastique, interphrastique ou extraphrastique.

– Elle est dite *intraphrastique*, lorsque des structures syntaxiques appartenant à deux langues coexistent à l'intérieur d'une même phrase, c'est-à-dire lorsque les éléments caractéristiques des langues en cause sont utilisés dans un rapport syntaxique très étroit, du type thème-commentaire, nom-complément, verbe-complément...
Il faut distinguer l'alternance intraphrastique de l'emprunt. On peut le faire en tenant compte de la contrainte de l'équivalence énoncée par S. Poplack (1988) : «l'alternance peut se produire librement entre deux éléments quelconques d'une phrase, pourvu qu'ils soient ordonnés de la même façon selon les règles de leurs grammaires respectives». Les prédictions de la contrainte de l'équivalence posent que I. aucun croisement n'est permis; II. tout constituant monolingue doit être grammatical; III. il ne doit pas y avoir d'éléments omis; IV. il ne doit pas y avoir d'éléments répétés. Si ces contraintes sont transgressées, on n'est pas en présence d'une alternance codique, mais d'un cas d'emprunt, qu'il s'agisse d'emprunt établi ou d'emprunt spontané.

– L'alternance *interphrastique* — dite aussi *phrastique* — est une alternance de langues au niveau d'unités plus longues, de phrases ou de fragments de discours, dans les productions d'un même locuteur ou dans les prises de parole entre interlocuteurs.

– On a une alternance *extraphrastique* lorsque les segments alternés sont des expressions idiomatiques, des proverbes (on parle aussi, pour ces cas, d'*étiquettes*).

L'alternance est *fluide* lorsqu'elle est produite sans pauses ni hésitations; elle est *balisée* quand le locuteur la signale au travers d'une quelconque marque de non-fluidité du discours, telle que les pauses, les ruptures, les hésitations, les commentaires métalinguistiques, etc.

On ne parlera pas d'alternance codique si on constate qu'un locuteur emploie une langue dans ses rapports avec ses supérieurs, par exemple, et une autre langue quand il traite avec ses familiers (la liaison langue-contexte pouvant être décrite en termes de °diglossie). Pour qu'il y ait alternance codique, il faut que les deux codes soient utilisés dans le même contexte. On n'a pas affaire non plus à de l'alternance codique dans les cas de «compartimentation de l'usage langagier», où «les normes de sélection du code tendent à être relativement stables», «correspondent à des étapes ou à des épisodes structurellement identifiables», comme, par exemple, dans l'ancienne messe catholique, où l'emploi du latin et de la langue locale obéissait à des règles prédictibles, ou dans certaines sociétés tribales où l'étiquette du discours public peut exiger que ce qui se dit dans une langue soit traduit et répété dans l'autre. Dans ces cas, «il existe un rapport simple, presque terme à terme, entre l'usage langagier et le contexte social et chaque variété peut être considérée comme ayant une place ou une fonction distincte dans le répertoire linguistique local». Dans le cas de l'alternance codique, «les éléments des deux langues font partie du même acte de parole minimal», «les parties du message sont reliées par des rapports syntaxiques et sémantiques équivalents à ceux qui relient les passages d'une même langue», et il existe un rapport beaucoup plus complexe entre l'usage langagier et le contexte social. «Les normes ou les règles sociales qui régissent ici l'usage langagier, du moins à première vue, semblent fonctionner plutôt comme des règles grammaticales» faisant «partie des connaissances sous-jacentes que les locuteurs utilisent pour produire un sens» (Gumperz, 1982 : 58-60).

Les travaux sur l'alternance codique peuvent se classer dans des catégories distinctes correspondant à différentes approches de recherches. Les études de Gumperz (et celles qu'il a inspirées) se donnent ainsi pour objet d'analyser les effets du contact de langues, et d'étudier les fonctions conversationnelles et pragmatiques des alternances de codes comme éléments modulateurs du discours. Les travaux de Gumperz ont donné naissance à l'approche dite fonctionnelle ou situationnelle et, plus tard, à ce qu'il est convenu de considérer comme l'approche conversationnelle. Ces analyses s'inscrivent dans le cadre théorique de la sociolinguistique interactionnelle (Gumperz, 1982; Blom et Gumperz, 1972; Gumperz et Hymes, 1972).

Les travaux de S. Poplack, D. Sankoff et des disciples de l'«école canadienne» ont adopté une approche linguistique ou structurale, qui privilégie les aspects formels de l'alternance et s'attache à montrer que le phénomène est régi par des règles formelles régulières, à déceler les points dans la phrase où il est possible et à énoncer les contraintes qui le régissent. Ces études s'inspirent de la démarche théorique de la sociolinguistique °variationniste de W. Labov (Sankoff et Poplack, 1981; Poplack, 1988; Poplack, Sankoff et Miller, 1988; voir aussi Diagana, 1995).

Un point de discussion essentiel dans l'étude de l'alternance codique concerne les motivations de l'alternance et la possibilité de conceptualisation des usages, de généralisation théorique des analyses qui sont effectuées.

Un certain nombre d'auteurs considèrent l'alternance codique comme un phénomène occasionnel, accidentel ou idiosyncrasique : les occurrences d'alternance codique seraient fonction de préférences individuelles et leur applicabilité sociale serait imprévisible et ne se soumettrait pas à une généralisation théorique. Cette position, de l'avis de C. Myers-Scotton (1993), est un développement à l'extrême de la thèse originale de Gumperz, pour qui les motivations de l'alternance codique peuvent être répertoriées, sans qu'il soit possible de construire une théorie générale de son application. Mais Gumperz lui-même fait une large critique de la démarche qui décrit l'alternance comme un comportement idiosyncrasique et affirme en conclusion que les stratégies d'alternance révèlent des régularités dans l'emploi des deux codes, offrent une forme de structuration linguistique et contribuent à l'interprétation des messages constitutifs (Gumperz, 1982).

D'autres auteurs ont une démarche qu'on pourrait qualifier de taxinomique, qui consiste le plus souvent à dresser une liste des fonctions de l'alternance codique sur la base de corpus de données. Ainsi, en certains cas, le passage à un autre code permet de marquer la solidarité avec le groupe, en d'autres, il signale à l'interlocuteur qu'«on est au courant», etc. Il faut noter toutefois que ces listes ne peuvent jamais atteindre l'exhaustivité, et les auteurs reconnaissent qu'il existe tout aussi bien d'autres fonctions que celles qu'ils ont répertoriées et dont ils trouvent l'illustration dans les corpus qu'ils traitent. On peut insérer dans l'optique taxinomique les travaux de l'école de Bâle-Neuchâtel sur l'alternance français-castillan chez les migrants espagnols (les marques transcodiques sont interprétées dans le cadre des fonctions communicatives et discursives, le passage d'une langue à l'autre est considéré comme reflétant une compétence polylectale, et analysé dans ses rapports avec l'intégration sociale des individus), de même que les tentatives de classification des types de motivations sociales de l'alternance qui ont conduit certains auteurs à faire la distinction entre l'alternance codique et le °mélange de codes.

Une autre démarche, plus conceptualisante, consiste à partir de notions abstraites dans un cadre théorique plus large et se fixe pour objectif de construire un modèle de la façon dont l'alternance codique s'organise. Ainsi sont apparus, parmi d'autres, des modèles comme celui du «jeu transactionnel» (Parkins, 1974), où l'alternance codique est perçue comme une forme de transaction de valeurs °ethniques et socio-économiques entre les participants de l'interaction; de la «théorie de l'°accommodation discursive» (Giles *et al.*, 1987), qui explique l'alternance comme une recherche de °convergence ou de °divergence du locuteur vis-à-vis de l'interlocuteur; ou encore du «marquage» (Myers-Scotton, 1993), qui considère la motivation, dans une communauté donnée, de divers choix linguistiques, dont l'alternance codique, d'abord comme la possibilité de négociations d'°identités sociales, où le rôle de l'auditeur est un facteur aussi déterminant que celui du locuteur dans les choix langagiers.

BLOM Jan P. et GUMPERZ John J. (1972), «Social meaning in structure : code-switching in Norway», *in* GUMPERZ John J. et HYMES Dell (éd.), *Directions in sociolinguistics*, New York : Holt, Rinehart and Winston, 409-434.

DIAGANA Seydina O. (1995), «Le français et les langues de Mauritanie : l'exemple français-soninké», communication au Colloque international de Dakar «Les politiques linguistiques : mythes et réalités».

GUMPERZ John J. (1982), *Discourse strategies*, Cambridge : Cambridge University Press. Trad. fr., sauf chap. 6 et 7 : *Sociolinguistique interactionnelle : une approche interprétative*, Paris : L'Harmattan, 1989.

MYERS-SCOTTON Carol (1993), *Social motivations for codeswitching*, Oxford : Clarendon Press.

POPLACK Shana (1988), «Conséquences linguistiques du contact des langues : un modèle d'analyse variationniste», *Langage et société*, 43, 23-48.

SANKOFF David et POPLACK Shana (1981), «A formal grammar for code-switching», *Papers in linguistics*, 14, 3-46l.

THIAM Ndiassé (1994), «La variation sociolinguistique du code mixte wolof-français à Dakar : une première approche», *Langage et société*, 64, 11-34.

AMÉNAGEMENT LINGUISTIQUE   Didier de Robillard

L'aménagement linguistique peut se définir, dans un premier temps, comme un ensemble d'efforts délibérés visant à la modification des langues en ce qui concerne leur °statut ou leur °corpus. Au nombre de ces efforts, elle comprend ceux de la réflexion théorique, les enquêtes préalables à toute intervention concrète sur le terrain, ainsi que les travaux d'°évaluation en cours d'intervention ou après. Selon les critères que l'on adopte, on peut faire remonter la pratique de l'aménagement linguistique à la nuit des temps, ou au contraire faire croire qu'il s'agit d'une pratique récente remontant seulement aux années soixante. Il convient donc de préciser que si l'homme a toujours tenté d'intervenir plus ou moins délibérément sur les langues (par exemple en les faisant accéder à l'°écriture), le développement des États-nations modernes, celui de la linguistique depuis le XIXᵉ siècle, suivi de l'essor de la sociolinguistique, donnent un caractère de plus en plus délibéré aux interventions d'aménagement linguistique, une scientificité croissante, et une professionnalisation de plus en plus marquée (le récent métier de terminologue en est un exemple).

Les débuts de l'aménagement linguistique se manifestent dans deux champs assez distincts : le premier est celui de l'élaboration des premières langues artificielles (volapük, espéranto), puis, plus tard, celle de langues fonctionnelles à corpus réduit (BASIC English), qui constituent un domaine où l'aménagement linguistique est conçu de manière assez radicale, puisqu'il s'agit d'inventer de nouvelles langues, ou de créer des codes restreints ayant vocation à remplacer des langues de grande culture dans certaines situations de communication bien définies. Le second secteur où s'amorce la réflexion sur l'intervention sur les langues est celui des besoins terminologiques, lié aux développements technologiques. L'idée se fait ainsi jour que les langues peuvent être évaluées en tant qu'instruments, les critères de cette évaluation sont proposés, et des perspectives de « perfectionnement » des langues sont évoquées. (Avec son *Progress in language*, publié en 1894, O. Jespersen est l'un des auteurs connus sur ce thème.)

On considère généralement que l'École linguistique de Prague, dans les années trente, est la pionnière en matière d'aménagement linguistique, car c'est dans les travaux de ce groupe de linguistes (avec notamment : Jakobson, Havranek, Weingart, Mathesius, Danes) que l'on trouve une fructueuse conjonction de travaux théoriques et d'interventions concrètes (°standardisation du tchèque) qui se nourrissent mutuellement.

Après les Pragois, les travaux de description de situations se multiplient, en quittant le champ européen, certaines interventions se réalisent (ainsi, en 1954, le « français fondamental »). On se doit également de mentionner la tenue de la Conférence de l'UNESCO de 1951, qui met l'accent sur la dimension psycholinguistique et sociolinguistique dans l'intervention sur les langues, et qui conclut en insistant sur l'importance des °langues maternelles dans les systèmes éducatifs.

Les années soixante sont marquées par un débat théorique entre d'une part ceux qui ont longtemps été considérés comme les pionniers de l'aménagement linguistique, P.S. Ray et V. Tauli, tenants d'une conception « instrumentaliste », et les praticiens d'une sociolinguistique naissante, dont la figure de proue est sans doute, pour ce qui concerne l'aménagement linguistique, E. Haugen. Ray, dans *Language standardization* (1963), procède à un examen des méthodes de standardisation des langues. Cet examen, pour ce qui est de l'intervention sur le corpus des langues, est rigoureux et minutieux. On peut lui reprocher en revanche de ne se concentrer que sur cet aspect, oubliant qu'il est théoriquement et même tactiquement discutable d'entreprendre de modifier le corpus d'une langue sans tenir compte de l'ensemble des facteurs sociolinguistiques favorables ou défavorables à l'opération envisagée. V. Tauli, en 1968, radicalise ce type de position, s'inspirant des travaux de J. Aavik sur l'estonien, en étant cependant plus ambitieux que Ray (son ouvrage s'intitule *Introduction to a theory of language planning*). Il dépasse largement l'instrumentalisme de Ray en adoptant une attitude que l'on ne peut appeler qu'« idéaliste », qui réduit les langues à de purs systèmes abstraits, qu'il s'agirait de rationaliser, et de libérer de ce qui est perçu comme des scories laissées par le °changement linguistique et l'action de « grammairiens désuets ».

Einar Haugen, qui avait commencé ses travaux bien avant les années soixante, s'attache à contester l'instrumentalisme, en puisant à deux sources distantes dans le temps : les Pragois et la sociolinguistique naissante. Il insiste sur la nécessité de garder à l'esprit le lien entre aménagement du corpus et du statut, ce qui, par contrecoup, réintroduit les paramètres sociolinguistiques que les instrumentalistes avaient tendance à évacuer.

L'histoire de l'aménagement linguistique est donc marquée par un double décentrement de plus en plus accentué, d'une part par rapport aux problématiques élaborées pour les langues européennes afin d'intégrer progressivement le traitement des problèmes linguistiques des pays néo-indépendants (presque toujours caractérisés par un important multilinguisme), de l'autre par rapport à la linguistique classique elle-même, qui se voit incitée à prendre en compte les apports de disciplines comme les sciences politiques, économiques [voir *Économie*] ou juridiques, qui lui suggèrent à la fois des instruments de réflexion et des moyens d'actions.

Ce bref historique montre donc que l'aménagement linguistique, comme spécialité de la linguistique, est traversé de conflits (parfois encore d'actualité), les principaux ayant trait au statut de l'aménagement linguistique comme science (scientificité et intervention font-elles bon ménage?), à l'usage de l'incitation et/ou de la coercition, et à l'importance relative de l'aménagement du corpus/statut au sein de cette spécialité. On peut considérer que les interventions sur les langues, quoique toutes spécifiques, ont suffisamment de points communs entre elles pour que l'on puisse élaborer des catégories abstraites, et concevoir l'aménagement linguistique comme une activité comportant une part théorique, permettant d'atteindre à l'indispensable caractère général qui caractérise toute science (voir le schéma plus bas). Rien n'interdit dès lors de traiter de manière scientifique (notamment au moyen de démarches falsifiables) des problèmes d'intervention.

L'aménagement linguistique repose sur quatre propositions :

1° Les langues et situations linguistiques ne satisfont pas toujours leurs locuteurs.

2° Cette insatisfaction peut se démontrer.

3° Les problèmes qui la suscitent peuvent faire l'objet d'une hiérarchisation fondée sur des critères clairement établis.

4° Les langues et situations linguistiques peuvent être modifiées par des interventions délibérées de la part de l'homme (généralement à long terme).

A ces quatre propositions s'en ajoute une autre, lorsque l'aménagement linguistique est pratiqué par des linguistes : c'est la scientificité de la démarche, qui s'appuie sur des enquêtes recherchant le maximum d'adéquation avec la réalité. Si, à partir de ce cadre conceptuel, on fait le tour des termes concurremment utilisés pour désigner l'activité esquissée ci-dessus, et la recension des nombreuses définitions disponibles, on peut proposer de l'aménagement linguistique la définition suivante : activité scientifique, intégrant souvent des acquis pluridisciplinaires compte tenu de la complexité des réalités abordées, l'aménagement linguistique s'applique à décrire, étudier, évaluer des situations, à proposer des solutions et des moyens concrets pour résoudre des *problèmes* linguistiques de toute nature. Il se conçoit comme visant *délibérément* à influencer les *comportements* linguistiques des locuteurs à l'échelle du groupe quant à l'emploi de (variétés de) langues, ou de formes linguistiques (orthoépiques, graphématiques, orthographiques, morphosyntaxiques, lexicales, etc.).

Les moyens les plus divers peuvent être mis à contribution : législation, appareils de référence et de diffusion (dictionnaires, manuels, enseignement, médias, académies). L'aménagement linguistique réfléchit simultanément sur les systèmes conceptuels de description et d'intervention linguistique dont dépend le succès des opérations entreprises. Un plan d'aménagement linguistique s'insère le plus souvent dans une restructuration plus vaste de la société, et bénéficie de l'appui d'une instance de *pouvoir* social. Ces objectifs concernent souvent la diminution des inégalités, la consolidation de l'unité nationale, la résolution de tensions entre groupes, la renaissance d'une langue, etc.

Une opération d'aménagement linguistique comporte généralement quatre niveaux principaux : celui de l'*évaluation* de la situation (identification des problèmes au début, estimation du degré d'efficacité des mesures mises en œuvre à divers stades, jusqu'à l'évaluation finale), la °*politique* (formulation d'objectifs, d'une stratégie pour atteindre ceux-ci), la °*planification* (programmation dans le temps, prévision, gestion des ressources) et les °*actions* (opérations concrètes faisant partie de l'intervention sur la langue ou situation linguistique). Ces niveaux ne sont pas toujours explicitement réalisés, mais sont de toute manière présents, au moins implicitement, sous-tendant toute action en matière linguistique.

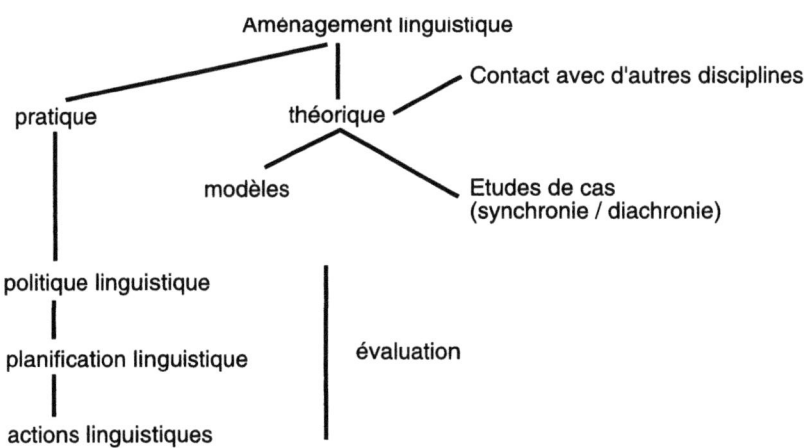

Il est difficile d'établir une typologie exhaustive des interventions qui puisse tenir compte de la grande palette d'opérations envisageables selon les contextes, tous spécifiques. On peut cependant décrire rapidement les types d'opérations le plus souvent menées, qui peuvent se servir de catégories auxquelles on peut rattacher la plupart des cas concrets d'interventions.

On oppose généralement les opérations portant sur le statut à celles visant les corpus linguistiques, quoique ces deux volets de l'aménagement soient complémentaires, les modifications de statut se répercutant sur le corpus et inversement. L'élaboration ou la modification de l'écriture d'une langue sous-tend le plus souvent son officialisation. Celle-ci, sans doute la plus connue des opérations, peut prendre des formes moins spectaculaires à travers l'érection d'une langue à divers statuts (°langue nationale, régionale, langue de scolarisation...). La standardisation découle souvent de l'officialisation, puisqu'elle vise à faciliter et à rendre possible et efficace l'utilisation d'une langue dans des °registres, situations et fonctions nouveaux pour elle, ce qui implique à la fois une modification de son corpus (intellectualisation, uniformisation) et des comportements de ses usagers (ce qui est souvent plus difficile). La langue réclame fréquemment un processus de création terminologique, pour faciliter son utilisation dans des situations nouvelles (innovations technologiques, par exemple). L'ensemble de ces interventions ne peut qu'influencer la problématique du rapport entre langue et systèmes éducatifs. Dans les cas les plus extrêmes, on peut assister soit à des tentatives de (ré)implantation d'une langue (gaélique en Irlande, hébreu en Israël), ou encore, plus rarement, d'éradication d'une langue (°glottophagie délibérée). Le développement actuel des industries de la langue laisse à penser qu'un nouveau type d'intervention devient capital pour les langues visant à se maintenir comme langues importantes au XXIe siècle, celui de l'informatisation ou adaptation d'une langue à l'outil informatique et son indispensable corollaire, la mise à disposition de banques de données accessibles dans la langue concernée.

Cet enjeu, à l'échelle géopolitique, montre bien que les complexes et subtils rapports entre aménagement linguistique et pouvoir politique, qui ont toujours marqué cette spécialité, ne feront que changer de lieu d'exercice (il faudra sans doute résoudre des tensions entre groupes nationaux et blocs géopolitiques et non plus seulement rechercher des équilibres entre groupes °ethniques ou °classes sociales), car la négociation avec le pouvoir est toujours présente au cœur de cette activité éminemment liée au devenir des groupes humains et à la « vie de la cité ».

CALVET Louis-Jean (1987), *La guerre des langues et les politiques linguistiques*, Paris : Payot.
HAUGEN Einar (1972), *The ecology of language*, Stanford : Stanford University Press.
RAY Punya Sloka (1963), *Language standardization : studies in prescriptive linguistics*, La Haye : Mouton.
ROBILLARD Didier de (1989), *L'aménagement linguistique, problématiques et perspectives*, Thèse nouveau régime, Université de Provence.
ROBILLARD Didier de (en coll. avec CHAUDENSON Robert et HAZAËL-MASSIEUX Marie-Christine) (1989), *Aménagement linguistique et développement dans l'espace francophone : bibliographie sélective*, Paris : ACCT, CIRELFA, Diffusion : Didier-Érudition.
TAULI Valter (1968), *Introduction to a theory of language planning*, Uppsala : s.e.

ANALYSE DE DISCOURS EN SOCIOLINGUISTIQUE

Pierre Achard

A. Analyse de discours, pragmatique et interdisciplinarité

L'analyse de discours est une activité interdisciplinaire congrue à la pragmatique en ce qu'elle étudie les actes de langage. Elle appartient à la sociolinguistique au sens large, et s'intéresse à l'organisation de la production de sens. Comme on ne saurait épuiser le sens d'un énoncé, elle suppose un choix de point de vue (social, psychologique, historique, littéraire...).

Ce point de vue « externe » permet de délimiter des zones d'actes présentant une certaine homogénéité locale (°registre discursif) et organisées entre elles (formation discursive). Les actes n'étant pas mécaniquement déterminés par les formes, il faut partir des attestations effectives (corpus, archives), y repérer les régularités formelles associées aux actes (genre associé), relier ces régularités locales aux fonctionnements formels généraux (dimension linguistique), pour vérifier et relativiser les hypothèses d'homogénéité posées au départ, et affiner la description des rapports entre zones différenciées.

Les analyses de discours utilisent des techniques diverses et toutes légitimes dès qu'elles permettent de relier formes et effets de sens observables. On citera en vrac la *statistique textuelle* (observation empirique d'effets statistiques différentiels des distributions), les études *pragmatiques* portant sur les types d'actes de langage, lorsqu'on étudie non pas des actes isolés, mais leur organisation dans des corpus attestés et structurés, les études *praxématiques* (R. Lafont et son équipe), les études basées sur la notion de « contrat de communication » (Charraudeau), la *paraphrase* qui permet de mettre en évidence le champ des possibles par rapport auquel se situent les attestations observées, etc.

On privilégie les méthodes basées sur la linguistique de l'énonciation au sens de Benveniste (et décrites linguistiquement en détail par Culioli et son école, en particulier J. Simonin-Grumbach). Les marques déictiques (personnes, temps, aspects, modalités, marques intonatives) sont en effet, dans toutes les langues, des systèmes fermés, petits, obéissant à des principes d'organisation universels, et surtout dont l'interprétation est impossible sans référence à la situation. Elles sont donc, d'une part, régulières (ce qui facilite leur analyse) et d'autre part, traces d'opérations directement liées à des actes. Les travaux de J. Boutet et du réseau *Langage et travail* sont à cet égard exemplaires. Ils développent une linguistique sociale cohérente, en étroite relation avec l'analyse de discours. On aboutit ainsi à un constructivisme socio-linguistique, où les effets sociaux de l'utilisation du langage (les « jeux de langage » de L. Wittgenstein) restent liés à une « écologie » des pratiques sociales, et ne sont donc pas déductibles du seul fonctionnement abstrait des formes utilisées, mais où les contraintes formelles s'organisent pour contribuer à former et à informer les relations sociales.

B. Origine et tendances

Comme de nombreux concepts techniques, *discours* est un mot de la langue commune qui s'est spécialisé. Le langage courant désigne par ce terme des pratiques de monologue public (*faire un discours*) visant à convaincre et oppose activités langagières et actes « matériels » (*Assez de discours, il faut agir !*). L'usage technique ne retient, de cet usage courant, que deux traits : textualité longue et utilisation du langage pour des rapports sociaux (entre autres, mais non exclusivement, pour l'argumentation).

Depuis Saussure, la linguistique repose sur l'opposition langue/parole, la langue étant sociale et la parole individuelle. Le terme *discours* permet de restituer les aspects sociaux des usages de la langue (de la parole). Cette acception est due initialement à G. Guillaume, et ce terme s'est imposé, en référence à Z. Harris, à travers le syntagme *analyse de (du) discours* (*Discourse analysis*, 1954).

A partir du champ ouvert par Harris, qui applique la méthode distributionnelle à la «parole (l'écrit) continue», on peut classer les recherches ultérieures en trois grandes tendances :

– Des recherches portant sur le texte continu, s'intéressant aux règles supra-phrastiques (grammaire textuelle). Ces recherches sont surtout développées dans le monde germanique, notamment autour de H. Weinrich. Connexes des études littéraires, elles rejoignent des recherches comme celles de Genette, Meschonic ou Barthes. C'est aussi dans ce cadre que l'on peut situer — en dépit de l'usage qui en sera fait ultérieurement — l'opposition introduite par Benveniste en 1959 entre récit et discours, dans la mesure où elle s'insère dans une problématique des genres littéraires.

– Des études empiriques de la performance, surtout développées dans le monde nord-américain, et où le matériau de base est plutôt oral et conversationnel. Un bon exemple est *Therapeutic discourse* (Labov et Fanshell, 1977). Elles sont connexes de nombreux champs voisins : analyse conversationnelle (dans ses versions nord-américaines : Saks et Schegloff; ou suisses : Lüdi, Py, Roulet...), pragmatique (Grice, Sperber et Wilson...), linguistique °variationniste, sémiotique (Greimas, Landovski...), ethnographie de la communication (Hymes, Lindenfeld, Moerman...), etc. On notera certains intérêts communs avec les courants harissiens en linguistique (Gross) et la linguistique de l'oral (*Groupe aixois de recherches en syntaxe*, autour de Blanche-Benveniste et Jeanjean).

– Un courant critique et politique, sous lequel on peut regrouper ce qu'on a appelé l'école française d'analyse de discours (comportant elle-même de nombreuses tendances, sur lesquelles nous reviendrons ci-dessous) et qui représente l'ensemble le plus structuré et théorisé du domaine. On y ajoutera divers courants anglo-saxons (Hodge, Kress, Fowler, Seidel, Williams, Hall...) ou germaniques (Obst, Wodak-Leodolter, Hak...).

Parallèlement à ces travaux de sciences du langage, une préoccupation philosophique sur le discours émerge indépendamment. La référence centrale est évidemment Michel Foucault, qui met ce concept au centre de son œuvre. Il clarifie à cette occasion ce que nous avons appelé «registre discursif», mais ne permet pas d'avancer sur les problèmes du traitement technique des formes (genres).

On ajoutera deux auteurs qui n'utilisent pas la notion, mais dont les travaux portent sur le même champ, Derrida et Habermas. Leurs travaux, au départ distincts, fourniront, en particulier au courant critique, des bases de réflexion à réintégrer dans la perspective analytique.

C. La place de l'analyse de discours en sociolinguistique

Nous nous centrerons sur les débats qui se sont déroulés autour de l'école française. Sans revenir sur les travaux précurseurs de J. Dubois, on peut situer l'acte fondateur dans l'ouvrage de M. Pêcheux (*Analyse automatique du discours*, 1969), publié dans une collection psychologique (*Sciences du comportement*, dirigée par Bresson et de Montmollin). Pour l'auteur, il ne s'agit pas de faire avancer les sciences du langage, mais de prendre en compte la dimension langagière et symbolique des processus socio-politiques, contre la psychologie sociale comportementale, et de construire une théorie marxiste des idéologies. La référence à Harris, dont le côté procédural et empirique doit se concrétiser dans l'aspect automatique de l'analyse, sert d'ancrage matérialiste, car au sein des débats marxistes, il faut aussi s'opposer à la théorie du reflet, qui dénie aux phénomènes idéologiques leur matérialité. L'ouvrage rencontre les préoccupations d'autres recherches critiques en cours en France sur des thèmes voisins (C. Guillaumin sur le racisme, P. Achard sur l'idéologie économiste, M. Tournier sur Mai 68...). S'il n'a pas créé le domaine, il a imposé le terme *analyse de discours* comme signifiant fédérateur. Cependant, la dimension critique qui unit ce courant est aussi ce qui le divise : réuni par la critique des conceptions courantes et de leurs effets sociaux, il reste divisé par la diversité des engagements.

Le terme *sociolinguistique* ne fait pas encore recette à cette époque, il ne devient d'usage courant qu'au milieu des années 70. Il est alors mobilisé dans le Centre d'études et de recherches marxistes (du PCF) comme lieu d'affrontement entre la ligne dominante (Marcellesi) et le courant althussérien (Pêcheux). En forçant le trait, pour les premiers, qui font de l'analyse de discours une branche de la sociolinguistique, les sciences sociales relèvent d'une épistémologie neutre et l'idéologie est un simple frein au dévoilement d'une vérité objective à laquelle la bourgeoisie n'a pas intérêt. Pour les seconds, il n'y a pas de point de vue neutre, ce que l'analyse de discours ne peut « dévoiler » qu'en se situant d'un point de vue de classe, donc en dehors de la « sociolinguistique » et comme branche du « marxisme-léninisme ». Ainsi posé, le débat n'intéresse guère les chercheurs hors du CERM, et n'a plus de pertinence après 1981, quand le courant althussérien se sépare du PCF. Cependant, même si la mobilisation du drapeau sociolinguistique pour signifier cette opposition a été un épiphénomène, le clivage sous-jacent reste valable, ne se limite pas au marxisme, et permet de définir l'analyse de discours par l'hypothèse épistémologique forte d'une « matérialité discursive ». Ce qui est en jeu est le positionnement par rapport à ce qu'on appelle la *théorie du reflet* : suivant celle-ci, que l'on attribue à Lénine, mais qui correspond en fait à l'imaginaire commun du langage depuis le XVIIIe siècle, les processus sociaux seraient «objectifs» et ce qui se passe dans les productions langagières serait simplement des représentations, des informations, bref, un simple reflet. L'hypothèse de la matérialité discursive, comme d'ailleurs les courants pragmatiques, insistent au contraire sur le fait que le langage est *dans* le monde et que les productions langagières sont des actes. La spécificité de l'analyse de discours est de voir dans ces actes des organisateurs sociaux au sens fort. On retrouve ici le point de vue constructiviste dont il a été question dans la première partie. Il reste à examiner le rapport avec l'évolution générale de la sociolinguistique.

Au cours de cette période, le terme *sociolinguistique* cesse d'être une simple étiquette commode du fait de l'accumulation en France de travaux en linguistique sociale. Le °variationnisme, mieux connu et développé de façon originale par Encrevé, Laks, Kihm... conduit à un sens «étroit» du terme, désignant la prise en compte de la variabilité des systèmes linguistiques. Toute langue étant variable, et la variation socialement organisée, la sociolinguistique, c'est alors, suivant l'expression d'Encrevé, «la linguistique elle-même». Outre sa valeur restreinte, *sociolinguistique* garde une acception large, intégrant les études de phénomènes langagiers où aspects linguistiques et sociaux sont en relation. Si l'analyse de discours n'appartient pas à la première acception, elle est par contre englobée dans la seconde.

L'organisation du champ disciplinaire a conduit à penser de façon plus précise le rapport des disciplines autour de l'activité langagière. On peut aujourd'hui considérer que la position fondatrice de J. Boutet, P. Fiala et J. Simonin-Grumbach (dans *Critique*, 1976) est confirmée. Elle se prolonge sous forme de quelques thèses que nous utiliserons pour résumer la situation :

– Les phénomènes langagiers, dans leur usage réel, sont discursifs, c'est-à-dire utilisent concrètement des formes pour engendrer des effets de sens pratiques.

– Le système des formes est l'objet propre de la linguistique. Il n'est pas totalement unifié, la sociolinguistique variationniste a pour objet l'étude de cette variation.

– Si la linguistique a pour objet les formes susceptibles de porter du sens, celles-ci ne l'engendrent pas de façon univoque (Wittgenstein) et font l'objet de conflits d'appropriation (Bakhtine-Volochinov). Les sciences humaines (en particulier la sociologie) ont pour objet l'étude d'aspects particuliers du sens produit (la sociologie du langage a pour objet la production du sens *social*).

– En linguistique, le variationnisme *comme problématique* montre que les langues comportent *à tous les niveaux*, outre des règles catégoriques d'application universelle dans la langue considérée, des règles concurrentes d'application optionnelle, différenciées en fonction de la situation. Pour les décrire, Labov introduit la notion de *variable stylistique*. Ceci implique que, dans la zone variable, l'intuition du locuteur n'est pas accessible par simple questionnement, mais indirectement, à travers les mises en œuvre pratiques. Diverses recherches (Giles : théorie de l'°accommodation; Wald : notion d'appropriation) montrent que « la » variable stylistique n'est réductible ni à un ordre total (degré de vigilance sociolinguistique), ni à un artefact expérimental (°paradoxe de l'observateur), mais liée à la localité de l'interaction (l'enquête étant un cas particulier). La variable stylistique se prolonge donc par la description de la formation discursive.

– Si la problématique variationniste est valide à tous les niveaux, la *méthodologie*, basée sur l'*équivalence référentielle* n'est adaptée qu'à la phonologie. La sociolinguistique, étude des formes linguistiques comme système variable, doit, aux autres niveaux, renverser la perspective et étudier la répartition sociale des sens d'une même forme et non, comme en phonologie, la variabilité des formes pour réaliser un même « sens » (en fait, la variabilité des réalisations d'une même forme abstraite).

– Sociolinguistique et analyse de discours sont, non des disciplines autonomes, mais des activités interdisciplinaires centrées sur des points de vue complémentaires. Alors que la sociolinguistique prend en compte, dans le champ de la linguistique, les conséquences sur le système des formes, du caractère social de la production du sens, l'analyse de discours interpelle les disciplines interprétatives, afin qu'elles prennent au sérieux la dimension formelle du langage, qui contraint et limite constructivement les productions de sens.

Conclusion

L'analyse de discours, sans faire partie pleinement de la (socio)linguistique, en représente l'horizon interdisciplinaire. Discipline interprétative, elle rejette la théorie du reflet, ne saurait viser un dévoilement ultime de l'« idéologie » à partir d'un point de vue objectif, et limite son ambition à une objectivation locale partant d'un point de vue situé. Les disciplines (non linguistiques) de sciences sociales et humaines sont des bases pour construire de tels points de vue, et la matérialité du système linguistique (intégrant la dimension d'acte des faits langagiers) est un appui pour une telle objectivation, puisque ce système est le matériau de base des actes eux-mêmes.

ACHARD Pierre (1993), *La sociologie du langage*, Paris : PUF, «Que sais-je?».
BONNAFOUS Simone (1991), *L'immigration prise aux mots*, Paris : Kimé.
BOUTET Josiane (1994), *Construire le sens*, Berne : Peter Lang.
DIJK Teun A. van (éd.) (1985), *Handbook of discourse analysis*, Londres : Academic Press.
DRIGEARD Gabrielle, FIALA Pierre et TOURNIER Maurice (éd.) (1989), *Courants sociolinguistiques*, Paris : Klincksieck.
MAINGUENEAU Dominique (1991), *L'analyse du discours. Introduction aux lectures de l'archive*, Paris : Hachette.
PÊCHEUX Michel et MALDIDIER Denise (1990), *L'inquiétude du discours*, Paris : Éditions des Cendres.

APPROCHES COMMUNICATIVES

Paule Fioux et
Rada Tirvassen

Les approches communicatives ou l'approche communicative (les spécialistes de la didactique des langues emploient les deux appellations sans établir entre elles de nuances) marquent une tentative de rupture par rapport à une linguistique qui se préoccupe uniquement du système abstrait de la langue. En effet, s'inspirant énormément de la sociolinguistique, qui, elle, ne dissocie pas le langage de ses pratiques sociales, les approches communicatives visent, du moins en théorie, à développer les aptitudes de communication fonctionnelles d'apprenants à la recherche d'un outil d'intégration sociale et professionnelle.

Ces approches ont pris naissance dans le sillage des critiques avancées contre les méthodes audio-orales et audio-visuelles (appelées aussi structuro-globales et audio-visuelles : SGAV). Celles-ci, qui s'inspirent de la linguistique structurale et de la psychologie behavioriste, accordent une priorité à l'oral et tentent de faire acquérir, de manière mécanique (par le biais d'exercices de répétition notamment), les structures morphosyntaxiques indispensables à la communication. Cette manière d'aborder l'enseignement de la langue part de l'hypothèse que les interactions langagières sont réglées suivant un modèle prévisible, ce qui est loin d'être le cas dans la vie de tous les jours ; par ailleurs, insistant sur les structures fondamentales de la langue, elle ne tient pas compte de la construction du sens selon les éléments contextuels des échanges langagiers. On aboutit donc à une communication non appropriée aux situations du vécu quotidien.

A la différence des méthodes SGAV, les approches communicatives reposent sur un modèle théorique qui récuse l'équation entre langue et système abstrait, et qui refuse de confondre l'enseignement de la langue avec la maîtrise de son système grammatical. A l'origine des approches communicatives, le concept de compétence de communication, élaboré par D. Hymes (1984), postule que la capacité de communiquer implique non seulement une connaissance des règles de la morphosyntaxe d'une langue, mais également une compétence culturelle, qui permet de savoir quand, où et comment utiliser la connaissance du système. Développant la pensée de D. Hymes, M. Canale et M. Swain ainsi que S. Moirand (in E. Bérard, 1991 : 19) identifient les différentes composantes de la compétence de communication : outre les connaissances linguistiques, ils mentionnent les compétences discursives, référentielles et socio-culturelles.

Les spécialistes des approches communicatives s'inspirent de disciplines théoriques diverses — sociolinguistique, pragmatique, analyse du discours, etc. — et ils adaptent les concepts théoriques à un modèle didactique. Par exemple, au niveau théorique, on considère que le savoir-faire communicationnel repose sur la capacité de produire des actes de parole et sur la maîtrise des notions grammaticales qui y sont associées. On envisagera ainsi d'apprendre aux enfants à lancer des invitations (un des actes de parole), ce qui leur apprendra également à utiliser toutes les structures grammaticales nécessaires à la production de cet acte de parole : « *Allons au cinéma* », « *J'aimerais bien que tu viennes....* », « *Est-ce que tu n'as pas envie d'aller...* », etc.

S'agissant des pratiques pédagogiques et de certains concepts-clés des approches communicatives, l'on évoque volontiers aujourd'hui la notion de documents authentiques. Ceux-ci remplacent les documents fabriqués des méthodes SGAV, que l'on élaborait pour éviter de placer les élèves devant des textes comportant des difficultés dépassant le niveau qu'ils avaient atteint. Les activités de communication pratiquées en classe, ainsi que les types de documents utilisés sont, sinon extraits de réels échanges langagiers, du moins proches des interactions verbales qui ont lieu dans la vie de tous les jours. Ces documents authentiques cristallisent certains des fondements des approches communicatives : ils s'insèrent dans un réseau de communication réelle, permettant aux apprenants d'entrer en contact avec des textes et des discours qui ont été réellement produits dans l'exercice usuel du langage, et de se familiariser avec les implicites socio-culturels qui régissent les usages de la langue.

Deux autres aspects des approches communicatives peuvent montrer ce qui singularise ces approches des précédentes : 1) la pratique des jeux de rôle qui simulent (ou tentent de simuler) des activités langagières telles qu'elles ont lieu dans les interactions réelles; 2) la gestion de la classe caractérisée par des rapports entre les apprenants et l'enseignant, qui doivent favoriser des échanges de communication. Ce renouvellement méthodologique a été concrétisé par la publication de *Threshold level* (1974) et du *Niveau seuil* (1976), ouvrages élaborés sous l'égide du Conseil de l'Europe pour l'enseignement des langues vivantes.

C'est sur la manière dont on peut articuler l'enseignement des langues avec les conditions et les modalités réelles de la communication authentique que les critiques les plus sérieuses ont été avancées par rapport aux approches communicatives. De manière générale, A. Valdman (1990) évoque la nécessité d'une prise en compte des réalités sociolinguistiques pour un enseignement plus efficace des °langues étrangères. Dans une perspective légèrement différente, L. Porcher (1981) pose le problème de l'inadéquation des modèles et des outils de description disponibles, pour définir le concept de compétence de communication et pour favoriser son acquisition chez des apprenants. Les faiblesses que ces deux sociolinguistes soulignent sont peut-être, pour partie au moins, liées aux difficultés que l'on rencontre dès lors qu'il s'agit de réduire des échanges langagiers réels à des modèles pédagogiques. Car, si le contexte socioculturel demeure complexe, l'enseignement de langues, même quand il vise le développement d'aptitudes de communication, se fonde toujours sur des schémas didactiques; ainsi, il n'est pas certain que la classe et toutes les contraintes qu'elle impose à la prise de parole par les apprenants (par exemple, les rapports hiérarchisés qui existent entre les apprenants et l'enseignant) peuvent produire des échanges langagiers authentiques. On peut alors se demander si les approches communicatives ne mènent pas directement à la contradiction inhérente à une démarche qui tente d'assimiler deux catégories d'échanges langagiers de nature totalement différente.

BÉRARD Évelyne (1991), *L'approche communicative : théorie et pratique*, Paris : CLE international.

BESSE Henry et PORQUIER Rémy (1984), *Grammaire et didactique des langues*, Paris : CRÉDIF, Hatier.

HYMES Dell H. (1984), *Vers la compétence de communication*, Paris : Hatier.

PORCHER Louis (1981), «Incertitudes subjectives sur la linguistique et la didactique», in RICHTERICH René et WIDDOWSON H. G. (éd.), *Description, présentation et enseignement des langues*, Paris : CRÉDIF, Hatier, 19-32.

VALDMAN Albert (1990), «Sur la contribution de la linguistique structuraliste à l'enseignement du français aux États-Unis», *Études de linguistique appliquée*, 77, 7-19.

ARGOT   Louis-Jean Calvet

A l'origine formes cryptiques, les argots sont lentement devenus des variétés de la langue (à fonction °identitaire ou stylistique). Mais ils conservent de leur fonction initiale le fait de procéder essentiellement par brouillage du sens des mots en transformant leur signifiant ou en changeant leur signifié.

A. L'action sur le signifiant

L'argot utilise ici différentes techniques : apocope (procédé qu'il partage avec la langue populaire, *professeur* donnant *prof*, *cinématographe* donnant *cinéma*, puis *ciné*, etc.), aphérèse (comme dans le cas de *arbicot*, « arabe », donnant *bicot*) et surtout argots « à clés », comme le °*verlan*, les différents *javanais* ou le *largonji* que nous allons rapidement présenter.

Si nous représentons un mot sous la forme Ci- (Ci = consonne initiale), le largonji opère en renvoyant cette consonne à la fin du mot et en la remplaçant par le phonème /l/ : Ci- > L-Ci. Ainsi *jargon* donne *largonji*, le nom du code, *cher* donne *lerche*, *fou* donne *louf* (puis par aphérèse *loufoque*, *loufdingue*, qui lui-même a donné par apocope *dingue*, etc.), *la prison de la Force* devient *la Lorcefée*, etc.

Il existe différentes variantes du largonji, comme le *louchebem*, l'argot des bouchers, qui se ramène à la formule Ci- > L-Ci + /ɛm/ et dans lequel *boucher* donne le nom du code, *louchebem*.

B. L'action sur le signifié

Les argots utilisent le plus souvent des matrices sémantiques qui, une fois une égalité posée, permettent de générer tout un paradigme synonymique. L'exemple le plus clair est celui de l'égalité posée entre l'argent et la nourriture, que l'on trouve déjà dans les rapports étymologiques qui unissent *salaire* à *sel*, *denrée* à *denier*, etc., comme dans la langue populaire (*gagner son pain, son beefsteak, faire bouillir la marmite*, etc.) et à partir de laquelle on a donné le sens d'« argent » à *blé*, *galette*, *avoine*, *fric* (sur *fricot*), *pognon* (mot du centre de la France signifiant « galette »), etc. Cette matrice n'est d'ailleurs pas spécifiquement française et on la retrouve dans différentes langues : *bread* ou *dough* (« pâte à pain ») en anglais, *pasta* en espagnol, *grano* («blé») en italien, *psomi* («pain») en grec, etc. signifient tous «argent».

Cet exemple, particulièrement parlant, n'est bien entendu pas le seul. Ainsi, à partir du moment où le *maquereau* désigne un souteneur, de nombreux noms de poissons vont être utilisés avec le même sens : *barbeau, hareng, brochet, poiscaille*, etc. Ou encore, à partir du moment où par une fausse étymologie populaire, le fourbe (en fait emprunté à l'italien) est rapproché du verbe *fourbir*, tous les verbes ayant un sens proche peuvent signifier «voler» : *se faire laver, nettoyer, blanchir, lessiver, éponger*, etc.

Les argots sont donc un *travail* de la langue, travail formel et sémantique, et leur intérêt, au-delà de ces procédés, est dans leurs fonctions sociolinguistiques : fonctions de connivence, d'°identité, etc., qui ont remplacé la fonction cryptique originelle. Le fait de parler argot n'est plus la caractéristique du milieu, des malfaiteurs qui ne voulaient plus être compris par la police, mais la manifestation stylistique de différents sous-groupes sociaux.

CALVET Louis-Jean (1994), *L'argot*, Paris : PUF.
CALVET Louis-Jean (1994), *Les voix de la ville, introduction à la sociolinguistique urbaine*, Paris : Payot.
COLIN Jean-Paul (1990), *Dictionnaire de l'argot*, Paris : Larousse.

ASSIMILATION LINGUISTIQUE   Jacques Maurais

<u>Autres termes</u> : changement d'allégeance linguistique, conversion linguistique, °mobilité linguistique, transfert linguistique.

L'assimilation linguistique (*language shift*) a été définie par Weinreich comme «le changement de l'emploi habituel d'une langue à l'emploi habituel d'une autre langue»; pour être plus précis, il convient d'ajouter que le changement se fait le plus souvent d'une langue à une autre mais aussi d'un °dialecte à une °langue standard. Le changement peut être complet ou se manifester plus simplement par l'augmentation de la fréquence d'emploi d'une langue dans un domaine particulier; le degré d'achèvement de l'assimilation linguistique fera qu'il y aura ou non un °substrat qui sera légué aux générations postérieures. Ailleurs Weinreich remarque que des classes d'âge différentes peuvent ne pas utiliser la même langue et que cela constitue la manifestation en synchronie de ce qui est, vu en diachronie, l'assimilation linguistique.

On parle d'*assimilation individuelle* lorsque le changement de langue principale se produit au cours de la vie de l'individu et d'*assimilation intergénérationnelle* lorsque les parents ne transmettent pas leur °langue maternelle à leurs enfants.

On a depuis longtemps déterminé un certain nombre de facteurs qui favorisent l'assimilation linguistique. On note d'abord qu'il n'y a pas de motivation strictement linguistique au changement de langue. Il y a plutôt soit des causes naturelles, soit un faisceau de causes sociologiques et psychologiques. Les causes naturelles, pour être plus spectaculaires, ne sont sûrement pas les plus fréquentes : catastrophes naturelles, inondations, tremblements de terre, sécheresse, famine (en Irlande, la Grande Famine de 1845-1849 a entraîné une restructuration de l'économie qui a eu des conséquences néfastes sur la transmission intergénérationnelle de l'irlandais), épidémies (par exemple, les maladies nouvelles qui ont accompagné l'arrivée des Européens dans les Amériques), etc. Entrent plus souvent en ligne de compte des interventions humaines : esclavagisme, changements causés par l'homme dans l'environnement (que l'on songe à la situation de plusieurs ethnies de la forêt amazonienne), conquêtes militaires, changement des frontières de l'État, perte de l'isolement où vivait un groupe linguistique, urbanisation, industrialisation, etc. Il ne faut surtout pas oublier les causes plus caractéristiques de la situation culturelle et sociopolitique des groupes dominés : absence de pouvoir politique, absence de pouvoir °économique, absence d'idéologie nationaliste, absence d'utilisation de la langue dans des domaines à charge symbolique importante (par exemple la °religion, la scolarité), exogamie, etc. ; à quoi s'ajoute, servant de catalyseur, l'action des «idéologies °diglossiques», c'est-à-dire d'un ensemble de °représentations et de croyances comportant le plus souvent des éléments d'auto-dénigrement, tendant à conforter les relations inégalitaires existant entre les langues et faisant, en définitive, la promotion de la langue dominante. Toutefois, malgré la présence d'un ou même de plusieurs des facteurs qui viennent d'être énumérés, l'assimilation linguistique ne se manifeste pas toujours.

Quand on veut quantifier l'ampleur de l'assimilation linguistique, on procède généralement par le biais de recensements. Ainsi, en Finlande, le recensement pose une (seule) question sur la langue dont la formulation a varié : «langue la mieux parlée», «langue principale», «langue maternelle». La langue maternelle peut très bien être une langue que l'individu ne parle plus du tout ou une langue qui peut ne plus être celle qu'il parle le plus, car il peut estimer appartenir dorénavant à un autre groupe linguistique ; poser une question sur la langue principale donne le résultat de l'assimilation linguistique sans permettre de bien percevoir le début et la dynamique du phénomène. De plus, les °bilingues ne peuvent se déclarer comme tels et doivent choisir l'une de leurs deux langues [voir *Choix de code*]. Il reste encore possible d'évaluer le taux d'assimilation linguistique, mais, dans pareilles conditions, la mesure est surtout de nature indicative.

Au Canada, jusqu'au recensement de 1961 inclusivement, le taux d'assimilation linguistique était défini comme le rapport entre le nombre de personnes se réclamant de telle origine °ethnique et le nombre de celles qui déclaraient telle °langue maternelle. L'assimilation linguistique est depuis calculée comme le rapport entre la langue maternelle (définie comme la première langue apprise et encore comprise) et la langue d'usage (c'est-à-dire la langue habituelle du foyer).

Des recensements de ce type permettent de mettre divers faits intéressants en évidence. Par exemple, au Québec, au cours des années 1960, les anglophones paraissaient être à l'abri de l'assimilation au français dès que, dans un district de recensement, leur proportion dépassait 5 % ; en revanche, pour ne pas être soumis à l'anglicisation, les francophones devaient être 90 % au moins. Il a été aussi possible de montrer que l'assimilation des francophones à l'anglais se fait surtout entre 20 et 35 ans, en d'autres termes qu'elle est liée à l'arrivée sur le marché du travail. En croisant les données linguistiques et économiques des recensements, on a pu constater un lien entre revenus et assimilation linguistique : c'est ainsi qu'à Montréal la croissance du groupe de langue anglaise concerne souvent l'élite, c'est-à-dire les francophones et les allophones qui réussissent, alors que les progrès du français se réalisent plutôt auprès des immigrants à faible revenu.

Malgré la richesse de leurs renseignements, les données des recensements donnent une image simplifiée de la réalité. Si l'on n'y prend garde, on pourrait même facilement déduire que le changement s'accomplit au complet d'une génération à l'autre. Or, l'étude même superficielle du changement de langue chez les immigrants aux États-Unis et au Canada conduit à étaler le processus sur au moins trois générations dans la plupart des cas (notamment pour les immigrants qui s'établissent en milieu urbain). Au monolinguisme en A se substitue un bilinguisme qui associe A et B, lui-même se transformant en un emploi exclusif de B. Ce qu'on peut ainsi schématiser : A > AB > B. Plusieurs communautés, en revanche, réussissent à maintenir leur langue jusqu'à la quatrième, voire la cinquième génération. En ce cas, on a souvent affaire au schéma d'Einar Haugen : A > Ab > AB > aB > B, où la majuscule signale l'usage majoritaire d'une langue et la minuscule son usage minoritaire (il est entendu que les étapes intermédiaires pourraient s'étendre sur plus d'une génération). L'établissement des immigrants à la campagne est de nature à favoriser le maintien de leurs langues [voir *Préservation linguistique*]; le fait d'avoir une religion différente ralentit aussi le changement de langue (cas des sectes mennonites de langue allemande aux États-Unis). D'autres facteurs peuvent aussi jouer : les immigrants maintiennent leur langue plus longtemps à Montréal qu'à Toronto ou Vancouver. Le facteur le plus vraisemblable pour expliquer cet état de fait, c'est de supposer que la concurrence très vive que se livrent le français et l'anglais dans la métropole québécoise laisse un plus grand espace de liberté aux autres langues, favorisant ainsi le trilinguisme chez les immigrants.

Il faut prendre garde aux données censitaires, surtout dans les zones de contact entre langues. En effet, dans ces zones, les domaines d'emploi des langues sont souvent répartis de façon très rigide [voir *Complémentarité fonctionnelle*], même en l'absence d'une °politique officielle. Le changement de langue peut, dans pareil cas, être graduel et ne se manifester que par une légère variation, fluctuante, dans la fréquence d'utilisation d'une langue dans un domaine particulier au cours d'une vie ou d'une génération à l'autre.

Le modèle °démolinguistique du recensement canadien ne peut guère être transposable aux situations de multilinguisme si fréquentes dans des régions aussi différentes que l'Afrique ou l'Inde. Un exemple de William F. Mackey suffira à montrer le nombre de questions qu'un recensement devra poser pour décrire l'assimilation linguistique en contexte multilingue : un natif de la ville de Baya au Zaïre peut être compté parmi les locuteurs de la langue °ethnique, le togbo, mais aussi comme locuteur du lingala, langue de l'armée et langue °véhiculaire des régions occidentales, comme locuteur de la langue véhiculaire locale, le sango, et, s'il est scolarisé, comme locuteur d'une variété de français. Compte tenu des coûts, les recensements ne comprennent jamais autant de questions linguistiques. Dans les situations de multilinguisme, l'étude de l'assimilation linguistique requiert par conséquent des observations plus subtiles.

On voit donc les limites des recensements pour décrire l'assimilation linguistique. Pour raffiner la description, on peut avoir recours aux enquêtes sociolinguistiques ou se tourner du côté de l'ethnographie. Cette dernière discipline offre d'ailleurs un classique du genre : la description faite par Susan Gal du passage du hongrois à l'allemand dans la petite ville autrichienne d'Oberwart.

Dans cette commune, traditionnellement de langue hongroise, les changements sociaux du XIXe siècle ont coïncidé avec le début d'une assimilation linguistique, qui s'est poursuivie au XXe, avec une accélération après la Deuxième Guerre mondiale. L'allemand a progressivement gagné en °prestige puis il en est venu à symboliser le statut d'ouvrier et une position économique intéressante, alors que, parallèlement, parler hongrois devenait synonyme d'appartenance à la paysannerie. Avec le rejet des valeurs associées à la paysannerie, le hongrois a perdu presque toutes ses connotations de prestige ; il est devenu, comme d'autres °langues minoritaires, symbole de solidarité et de valeurs qui sont généralement associées avec l'endogroupe (les sentiments de sincérité, de « dureté », de confiance) : dorénavant, on n'utilisera le hongrois avec quelqu'un que s'il est « l'un des nôtres ». L'allemand s'est imposé comme symbole de modernité et de vie plus facile.

Le passage du hongrois à l'allemand ne s'est pas effectué complètement au cours de vies individuelles : on a eu affaire à des modifications progressives, d'une génération à l'autre, dans la distribution des fonctions de communication assignées aux deux langues. Chaque génération a introduit un peu plus d'allemand dans ses pratiques linguistiques, en élargissant le nombre de domaines où elle recourait à l'allemand (en partage avec le hongrois d'abord, puis de manière exclusive) rétrécissant du même coup le nombre de domaines où le hongrois restait langue exclusive.

Le patron du bilinguisme ne s'impose toutefois pas à tous les individus d'une même génération : les uns acceptent le nouveau modèle, d'autres le rejettent, mais l'important, c'est la croissance dans l'usage de l'allemand au fil des générations. Au début, les femmes d'Oberwart se sont montrées plutôt insensibles au changement naissant mais, une fois le processus bien entamé, elles ont vite fait partie de l'avant-garde du changement (ce rôle des femmes a aussi été relevé par Labov dans ses travaux sur le °changement linguistique).

Dans la période de transition, les langues, auparavant choisies de façon invariable et qui faisaient dans ces conditions uniquement office d'indicateurs de statut social, acquièrent des significations rhétoriques et leur emploi devient donc variable pour un certain nombre de locuteurs dans certaines situations : par exemple, répéter le même argument en allemand servira à donner plus d'autorité à l'énoncé. La structure de l'°alternance est liée aux fonctions pour lesquelles les locuteurs bilingues l'utilisent et ces emplois alimentent à leur tour le changement.

Les recherches de Gal ont mis en évidence les facteurs macrosociologiques qui influencent les choix linguistiques quotidiens, par les effets qu'exercent ces facteurs sur l'association culturelle entre langue et groupes sociaux, sur l'utilisation que font les individus des nouvelles connotations associées aux langues pour manifester leurs °identités en voie de changement, et sur la configuration des °réseaux sociaux ; or c'est le réseau auquel les individus appartiennent qui détermine s'ils vont parler hongrois ou allemand, bien plus par exemple que le lieu — à l'exception de l'école, où l'allemand est obligatoire —; les personnes dont le réseau de relation comprend des paysans ou des gens dont le mode de vie ressemble à celui de la paysannerie utilisent davantage le hongrois que celles dont les relations sont des ouvriers.

Dans certains États et quelques communautés linguistiques (les plus connus étant le Québec, la Catalogne, le Pays basque espagnol, les pays baltes, certaines nations amérindiennes des États-Unis), les pouvoirs publics ont instauré une politique visant expressément à contrecarrer le mouvement d'assimilation linguistique par une série de mesures réimposant l'utilisation obligatoire dans certains domaines de la langue en voie de minoration).

CASTONGUAY Charles (1994), *L'assimilation linguistique : mesure et évolution 1971-1986*, Québec : Conseil de la langue française.
FISHMAN Joshua A. (1991), *Reversing language shift*, Clevedon, Philadelphie et Adelaide : Multilingual Matters Ltd.
GAL Susan (1979), *Language shift. Social determinants of linguistic change in bilingual Austria*, New York, San Francisco et Londres : Academic Press.
LAFORGE Lorne et McCONNELL Grant D. (1990), *Diffusion des langues et changement social. Dynamique et mesure. Language spread and social change. Dynamics and measurement*, Québec : Presses de l'Université Laval, Centre international de recherche sur le bilinguisme.
TERMOTE Marc et GAUVREAU Danielle (1988), *La situation démolinguistique du Québec*, Québec : Conseil de la langue française.
WEINREICH Uriel (1953), *Languages in contact. Findings and problems*, New York : Publications of the Linguistic Circle of New York, Number 1.

ATTITUDES LINGUISTIQUES Dominique Lafontaine

Dans son acception la plus large, le terme d'*attitude* linguistique est employé parallèlement, et sans véritable nuance de sens, à °*représenta-*

tion, °*norme subjective, évaluation subjective, jugement, opinion*, pour désigner tout phénomène à caractère épilinguistique qui a trait au rapport à la langue. En sociolinguistique, les auteurs emploient le terme, souvent associé à d'autres, pour englober un ensemble de questions traitées avec un arsenal °méthodologique varié (questions directes ou indirectes, réactions à des °stéréotypes, différents dispositifs expérimentaux, auto-évaluation...).

A côté de cela, le terme s'emploie, en psychologie sociale du langage, dans une acception plus restreinte, pour désigner des travaux expérimentaux portant sur la manière dont des sujets évaluent soit des langues, des variétés ou des variables linguistiques soit, plus souvent, des locuteurs s'exprimant dans des langues ou variétés linguistiques particulières. Ces études reposent sur l'utilisation d'instruments structurés — échelles d'attitudes, différenciateur sémantique, technique du °locuteur masqué.

L'étude des attitudes linguistiques, dans ce sens plus restreint, s'est progressivement développée dans le courant des années 60, à mesure que s'affirmait un nouveau champ disciplinaire — la psychologie sociale du langage — dont elle contribuait à asseoir la légitimité.

La majorité des travaux portant sur les attitudes linguistiques recueillent les réactions de sujets à l'égard de locuteurs s'exprimant dans deux ou plusieurs variétés linguistiques, en concurrence ou en contact sur un territoire, sur des échelles relatives à l'attrait physique, la compétence, la personnalité, le statut social, etc. On demande, par exemple, aux sujets interrogés d'estimer sur la base d'enregistrements, si un anglophone de Montréal est, à leur avis, plus grand, plus intelligent, plus aimable, plus sympathique... qu'un francophone. Les travaux fondateurs de W. Lambert au début des années 60 ont concerné Montréal, où le °bilinguisme franco-anglais créait une situation de conflit propice à l'émergence d'attitudes et de stéréotypes linguistiques contrastés. Depuis, ces travaux se sont progressivement étendus à nombre de pays, territoires et variétés linguistiques.

En considérant l'ensemble des travaux produits durant un peu plus de trente ans, on s'aperçoit que ceux-ci répondent, en fait, à une double fonction.

– Dans la description sociolinguistique d'un pays, d'un territoire, d'une °communauté linguistique, ils jouent une fonction de «débroussaillage». Ils permettent de saisir d'une façon structurée et économique les attitudes et/ou stéréotypes majoritairement associés à l'usage de telle ou telle variété linguistique.

— Sur un plan plus général, ils ont permis d'établir, au-delà des particularismes locaux, un certain nombre de lois générales dont l'importance est largement reconnue.

Ainsi, ces recherches ont mis en évidence l'existence des phénomènes suivants :

— Un phénomène d'auto-dépréciation, constitutif du sentiment d'°insécurité linguistique : les locuteurs s'exprimant habituellement dans une variété dominée ont de celle-ci une image très négative, souvent plus négative que celle qu'en ont les utilisateurs de la variété dominante. Ainsi, à Montréal, plusieurs études (Lambert, 1960; d'Anglejan et Tucker, 1973) ont montré que non seulement les anglophones étaient mieux considérés que les francophones en général, mais que les anglophones — membres donc de la communauté dominante — avaient des francophones une meilleure opinion que les francophones eux-mêmes : ils voyaient ces derniers comme plus intelligents, plus dignes de confiance, plus sociables, plus sympathiques que les francophones ne se voyaient eux-mêmes. Ce phénomène d'auto-dépréciation a aussi été observé chez les Alsaciens (Paltridge et Giles, 1984), qui ont par rapport à l'°accent régional alsacien des attitudes plus négatives que des locuteurs d'autres régions de France (Bretagne, Provence) et même que les locuteurs parisiens. De même, en Communauté française de Belgique (Lafontaine, 1991), les Liégeois déprécient le parler de Liège nettement plus que les locuteurs de Bruxelles ou de Charleroi.

— Une norme de °prestige latent. Cette norme consiste à associer aux variétés dominées, non légitimes [voir *Légitimité linguistique*], un certain nombre de valeurs «humaines» relevant de la sphère socio-affective (chaleur humaine, sympathie, solidarité, douceur...), à côté des valeurs traditionnellement reconnues à la variété légitime (statut social, élégance, féminité, compétence...). Ce prestige latent permet de soutenir que certaines variétés ou variantes non légitimes se révèlent davantage adéquates dans certains contextes (généralement °informels) où l'adoption de(s) variété(s) légitime(s) serait dissonant. Dernier refuge d'une °identité sociale souvent frileuse, ce prestige latent explique sans doute pourquoi des variétés subsistent alors qu'elles se trouvent en position objective de domination linguistique. Ce phénomène, bien décrit par Labov et Trudgill, a aussi été observé en Communauté française de Belgique (Lafontaine, 1986, 1991) et en Suisse (Singy, 1994; Di Pietro et Mattley, 1994) où l'ambivalence des attitudes à l'égard du français de France (les locuteurs le reconnaissent comme modèle, mais ne voudraient surtout pas parler comme des Français) a été à plusieurs reprises soulignée.

Les travaux sur les attitudes linguistiques ont, au fil du temps, fait l'objet de plusieurs critiques. Pour l'essentiel, on leur a reproché de manquer de nuances, de se dérouler dans des contextes non définis ou éloignés de la communication naturelle, ou de prendre trop peu en compte le statut social des locuteurs évalués et des sujets interrogés. Ces reproches sont, pour l'essentiel, fondés, même si des investigations plus nuancées, davantage ancrées dans des contextes, ont été par ailleurs menées.

Ces travaux plus sophistiqués s'éloignent cependant du paradigme initial et répondent à une finalité quelque peu différente. On entre, en effet, avec ce type de travaux, dans une analyse plus fine et moins sociolinguistique des interactions psycho-sociales fondées sur les différences linguistiques (par exemple, examiner comment réagira un journaliste si une personne interviewée change d'accent en cours d'entretien, en faisant varier le °sexe, l'identité sociale de la personne, le thème de l'interview, etc.).

Le principal mérite, et la principale limitation de l'étude « classique » des attitudes linguistiques est et restera sans doute, de saisir, en un cliché nécessairement grossier, ce que l'on a appelé des attitudes linguistiques, qui sont, pour une grande part, des stéréotypes. Or, dès que l'on raffine, dès que l'on introduit la nuance, le stéréotype se dilue. C'est pourquoi l'étude des attitudes linguistiques est, par essence provisoire ; dans sa forme initiale, elle semble condamnée à jouer éternellement les prolégomènes pour débroussailler un nouveau terrain ; par ailleurs, les lois du domaine étant connues, si l'on souhaite pousser plus loin l'investigation, elle est appelée à se métamorphoser, en perdant petit à petit ses caractéristiques constitutives.

Les attitudes sont en relation étroite et dialectique avec la sphère politique et sociale, d'une part, les comportements linguistiques, d'autre part. L'étude des attitudes constitue ainsi une composante importante dans la compréhension du °changement linguistique, tant à un niveau général (pourquoi certaines variétés disparaissent, subsistent, s'étendent... ?) que sur des points très précis (par exemple : quelles valeurs sont associées à la réalisation de la voyelle finale sous forme de [ɛ] ouvert ou [e] fermé dans un mot comme *cahier*).

Cette étude permet de mettre au jour les raisons pour lesquelles les individus ou les groupes sont prêts ou non à adopter, voire à apprendre, telle variante ou variété linguistique, ou encore telle langue (dans les cas de bilinguisme ou d'apprentissage de °langues secondes). Au-delà de ses potentialités explicatives, l'attitude est à la fois l'expression et un instrument de l'identité sociale. En classant différentes variétés linguistiques, l'individu se classe; l'expression des goûts et des dégoûts linguistiques, au même titre que les autres signes de distinction culturelle, représente une façon de se situer dans un groupe sur le continuum social.

D'ANGLEJAN André et TUCKER G. Richard (1973), «Sociolinguistic correlates of speech style in Quebec», *in* SHUY Roger W. et FASOLD Ralph W. (éd.), *Language attitudes : current trends and prospects*, Washington D.C. : Georgetown University Press, 1-28.

DI PIETRO Jean-François et MATTLEY Marinette (1994), «Comme Suisses romands, on emploie déjà tellement de germanismes sans s'en rendre compte...». Entre insécurité et identité linguistiques : le cas du français à Neuchâtel (Suisse), *in* FRANCARD Michel (éd.), *L'insécurité linguistique dans les communautés francophones périphériques*, vol. 1, Cahiers de l'Institut de linguistique de Louvain, 121-136.

LAFONTAINE Dominique (1986), *Le parti pris des mots. Normes et attitudes linguistiques*, Bruxelles : Mardaga.

LAFONTAINE Dominique (1991), *Les mots et les Belges*, Bruxelles : Ministère de la Culture, Service de la langue française.

LAMBERT, Wallace E. (1972), *Language, psychology and culture*, Stanford : Stanford University Press.

SINGY Pascal (1994), «L'ambivalence des Romands face à leur régiolecte : le cas des Vaudois», *in* FRANCARD Michel (éd.), *L'insécurité linguistique dans les communautés francophones périphériques*, vol. 1, Cahiers de l'Institut de linguistique de Louvain, 109-120.

BASILECTE   Robert Chaudenson

Dans une situation de °continuum linguistique, ce terme qualifie la variété (ensemble de °lectes) la plus éloignée du pôle défini comme supérieur (*cf. acrolecte*). Dans les aires où les °créoles français sont en usage °diglossique avec le français, le basilecte créole (ou créole basilectal) présente donc la divergence maximale par rapport à la forme régionale de la langue européenne. Cette variété a parfois fait l'objet d'un surinvestissement idéologique dans la mesure où cette plus grande distance par rapport au français la faisait percevoir comme plus authentique ou plus ancienne. En fait, les traits les plus basilectaux sont probablement, au contraire, plus récents; par ailleurs, l'ampleur de leur déviance par rapport au français est à considérer avec prudence. Ainsi, l'imparfait basilectal réunionnais actuel *moin té ki dans* («je dansais») est probablement issu d'une structure française ancienne, mais non standard (*j'étais qui dansais*) qu'on trouve aussi, aux Antilles, dans le français régional de Saint-Barthélemy.

BILINGUISME
William F. MACKEY

Il existe un certain flou terminologique concernant le mot. Certains le réservent pour désigner l'utilisation de deux langues, et distinguent les situations de bilinguisme, de trilinguisme, de quadrilinguisme et de plurilinguisme. C'est une acception du terme qui s'est rencontrée surtout dans les années 70. D'autres auteurs — les plus nombreux — considérant que toutes les questions touchant la présence de deux langues dans la société et dans l'individu sont applicables à trois, quatre, cinq langues ou plus, font de *bilinguisme* un emploi générique (Mackey, 1982).

Le bilinguisme est un phénomène mondial. Dans tous les pays, on trouve des personnes qui utilisent deux ou plusieurs langues à diverses fins et dans divers contextes. Dans certains pays, pour être considérée comme instruite, une personne doit posséder plus de deux langues.

Il faut distinguer entre le bilinguisme (plurilinguisme) de la collectivité et celui de l'individu. La collectivité (État, tribu, élite, famille, etc.) a besoin qu'il y ait intercommunication entre ses membres. Toutefois, une collectivité bilingue n'est pas une collection d'individus bilingues. Au contraire, la raison d'être de son bilinguisme peut provenir d'un désir de permettre à chacun de vivre dans sa langue. Dans le cas d'un *bilinguisme officiel*, on applique soit le *principe de territorialité* — l'individu se conforme à la langue de son État, de son canton, de sa province, etc. —, soit le *principe de personnalité* — l'État se plie à la langue de l'individu. La fédération helvétique est régie par le principe de territorialité (cantons germanophones, francophones, italophones), tandis que la fédération canadienne pratique le principe de personnalité en servant ses citoyens dans l'une ou l'autre des deux °langues officielles — le français et l'anglais.

A l'intérieur du pays, chaque institution (corporation, ministère, société) peut pratiquer son propre *bilinguisme institutionnel*. Si la direction fonctionne dans une langue et la main-d'œuvre dans l'autre langue, on pratique un bilinguisme de ligne (*bilinguisme vertical*) par l'entremise de cadres bilingues qui servent de voie de communication entre les employés et leurs supérieurs. En revanche, deux institutions qui travaillent en langues différentes doivent maintenir un bilinguisme de liaison (*bilinguisme horizontal*) avec l'aide d'adjoints bilingues à la direction.

L'une des institutions les plus importantes en matière de langue est bien l'école. Elle peut avoir comme objectif de perpétuer le bilinguisme d'une population (*bilinguisme de maintien*) ou l'°assimilation progressive des populations qui utilisent au foyer une langue autre que celle de l'État (*bilinguisme de transfert*). Entre ces extrêmes, on peut placer une centaine de types d'*éducation bilingue* (Mackey, 1976; Siguan et Mackey, 1989).

La scolarisation d'une minorité dans une langue autre que celle du foyer peut parfois se solder, pour la langue familiale, par un manque de maturation linguistique, surtout à l'écrit (*bilinguisme négatif*; angl. : *substractive bilingualism*). Par contre, elle peut s'avérer une expérience positive pour une population dont la langue extra-scolaire possède une forte °vitalité (*bilinguisme positif*; angl. : *additive bilingualism*).

L'effet positif d'une éducation bilingue peut dépendre de la famille, des objectifs que les parents assignent à l'avenir linguistique de leurs enfants, des politiques ou stratégies familiales, qui sont elles-mêmes fonction de l'apport du milieu ou de la communauté culturelle en faveur du maintien de l'une ou de l'autre des langues (Schmidt-Mackey, 1977).

Une communauté bilingue se caractérise par sa répartition °démolinguistique et par la position sociolinguistique des différentes langues en présence.

– En ce qui concerne le premier point, on se demandera ainsi combien d'individus pratiquent chacune des langues en présence. Combien d'individus sont bilingues ? Dans quel groupe se recrutent-ils principalement ? Pour cette dernière question, on note ainsi qu'à défaut d'une °politique qui protège son unilinguisme, c'est souvent la minorité numérique qui porte le fardeau du bilinguisme, sauf si cette minorité constitue l'élite gouvernante, obligeant ainsi la majorité, ou du moins ses porte-parole, à devenir bilingues. Ce fut le cas, par exemple, dans l'Angleterre du XIe siècle, d'un million et demi d'Anglo-Saxons, face à moins d'une dizaine de milliers de conquérants francophones.

– Pour ce qui est du deuxième aspect, on sera attentif au °statut des différentes langues, à leur °prestige respectif, aux fonctions qu'elles assurent. A-t-on affaire à une répartition équilibrée ou se trouve-t-on en situation de °diglossie ? Une description purement synchronique de la répartition fonctionnelle [voir *Complémentarité fonctionnelle*] des langues dans une société est souvent trompeuse si elle ne tient pas compte de la dynamique de chacune des langues en °contact et de leur vitalité respective dans la communauté.

Le bilinguisme des individus n'est guère homogène. Il peut y avoir en divers contextes sociaux de grandes différences de compétence et de comportement dans chacune des langues. La compétence bilingue dépend non pas seulement de la nature des deux langues ou des variétés °dialectales, de l'écart spatial et de la distance interlinguistique entre elles, mais surtout des conditions de leur acquisition, qui doivent être définies pour chacune des langues du bilingue. Où l'a-t-il apprise : dans la famille, dans la rue, à l'école? Quand l'a-t-il apprise : comme adulte ou comme enfant (*bilinguisme enfantin*), en même temps que l'autre langue (*bilinguisme simultané*) ou après (*bilinguisme consécutif*)? Comment l'a-t-il apprise : par contact, par attribution (*bilinguisme primaire*), par instruction, par induction (*bilinguisme secondaire*)? Pourquoi l'a-t-il apprise : par besoin d'intégration sociale (*motivation intégrative*), pour fins utilitaires (*motivation instrumentale*)? Enfin, pendant combien longtemps a-t-il maintenu le contact avec chacune des langues?

Tout cela touche le niveau de compétence et le type de comportement du bilingue dans chacune de ses langues. Sa compétence est rarement égale dans les différentes langues (*équilinguisme*, *bilinguisme équilibré*), il arrive que dans l'une des langues, son bagage réponde seulement à ses besoins sociaux (*semilinguisme*). Par exemple, une des langues est parfois dominante dans l'expression orale, l'autre dans la lecture ou l'expression écrite. On peut remarquer une prononciation supérieure dans une langue à côté d'un vocabulaire plus étendu dans l'autre.

La compétence bilingue ne détermine pas toujours le comportement langagier. Un bilingue peut passer continuellement d'une langue à l'autre sans les confondre (°*alternance bilingue*). Un autre peut confondre les deux langues quand son discours dans une des langues contient des éléments provenant de l'autre langue (°*interférence bilingue*). Le comportement social du bilingue, quelle que soit sa compétence, peut varier d'un interlocuteur à l'autre. Des bilingues du même niveau de compétence peuvent passer réciproquement d'une langue à l'autre (*bilinguisme réciproque*); ou l'un des deux, tout en comprenant les deux langues, peut n'en utiliser qu'une seule (*bilinguisme non réciproque*).

Comment ses deux langues sont-elles codées dans l'esprit du bilingue? Cette question (de la *bilingualité*) a fait l'objet d'études psycholinguistiques du bilinguisme depuis les années 60 (Hamers et Blanc, 1984). On a prétendu trouver deux types de codifications associatives (le *type mixte*; angl. : *compound bilingualism*), quand il y a association d'un mot avec son équivalent dans l'autre langue (*petit déjeuner = breakfast*), par opposition au *type parallèle* (angl. : *coordinate bilingualism*), quand il y a association avec deux types de repas différents. Toutefois, la possibilité de classifier ainsi les bilingues est devenue fort discutable.

BRANN Conrad Max Benedict (1990), «Pour une métalangue du multilinguisme», *La linguistique*, 26, 43-51.

MACKEY William F. (1976), *Bilinguisme et contact des langues*, Paris : Klincksieck.

MACKEY William F. (1982), *Bibliographie internationale sur le bilinguisme* (2ᵉ éd.), avec index analytique hors texte de 19 030 titres), Québec : Presses de l'Université Laval.

MACKEY William F. (1987), «Bilingualism and multilingualism», *in* AMMON Ulrich, DITTMAR Norbert et MATTHEIER Klaus J. (éd.), *Sociolinguistics, An international handbook of the science of language and society; Soziolinguistik, Ein internationales Handbuch zur Wissenschaft von Sprache und Gesellschaft*, Berlin, New York : de Gruyter, chap. 82.

HAMERS Josiane F. et BLANC Michel (1984), *Bilingualité et bilinguisme*, Bruxelles : Mardaga.

SCHMIDT-MACKEY Ilonka (1977), «Language strategies of the bilingual family», *in* MACKEY William F. et ANDERSSON Theodore (éd.), *Bilingualism in early childhood* (Newbury House Publications), New York : Harper et Row.

SIGUAN Miquel et MACKEY William F. (1986), *Éducation et bilinguisme*, Lausanne : Delachaux et Niestlé.

CALQUE

Josiane F. Hamers

Le calque est une forme linguistique causée par une °interférence en situation de °contact des langues. Selon Darbelnet (1963), le calque est un mode d'°emprunt d'un genre particulier : il y a emprunt du syntagme ou de la forme étrangère avec traduction littérale de ses éléments. Le calque est une construction transposée d'une langue à l'autre. Les expressions québécoises *fin de semaine* (pour *week-end*, un emprunt utilisé en français d'Europe) et *tomber en amour* (pour *être amoureux de*; *to fall in love* en anglais) sont des exemples de calques. Les calques peuvent être anciens et figés dans la langue ou plus récents, dus à l'expansion régulière du vocabulaire. On en rencontre beaucoup dans le vocabulaire scientifique, qui a un besoin fréquent de néologismes. Le calque peut être aussi utilisé par snobisme ou pour exprimer la volonté de paraître à la mode. On le trouve aussi dans la production d'apprenants de °langue seconde ; par exemple, l'expression *j'ai changé de plan*, au lieu de *j'ai changé d'idée*, produite par un étudiant anglophone, sur le modèle de *I changed my plans*.

DARBELNET Jean (1963), *Regards sur le français actuel*, Montréal : Beauchemin.

CHANGEMENT LINGUISTIQUE Pierrette Thibault

L'héritage structuraliste de la linguistique contemporaine se manifeste à travers des postulats de base comme : « La langue est un système où tout se tient » et « La langue est une structure qui résiste fortement au changement », postulats qui ont relégué l'étude du changement linguistique aux marges de la discipline quand ils ne l'ont pas carrément exclue de son champ.

Si l'objet « langue » est homogène dans sa structure, faut-il rapporter la diversité des productions langagières aux aléas de la performance ? Weinreich, Labov et Herzog (1968) rejettent une telle vision, car elle empêche de comprendre comment la communication peut être maintenue entre les locuteurs d'une langue, lorsque celle-ci passe d'un état à un autre. Le modèle qu'ils proposent s'appuie sur deux postulats : « 1° la langue est un objet qui possède une hétérogénéité ordonnée et, corollaire, 2° l'état de langue fonctionne comme déterminant ses propres changements » (Lecointre et Le Galliot, 1973 : 20). La variation linguistique est donc inhérente à la langue, et c'est elle qui permet la transition entre deux états de langue, sans que la communication entre les locuteurs soit mise en péril.

Le processus qu'ils décrivent est le suivant : un locuteur introduit dans son parler une forme qui alterne avec une ou plusieurs autres ; elles sont toutes régies par une règle variable de type probabiliste. La nouvelle forme se diffuse chez d'autres locuteurs et son emploi acquiert éventuellement une signification sociale. Le changement est constaté lorsque la règle cesse d'être variable et qu'une restructuration des règles catégoriques s'est opéré.

Cet article, même s'il est postérieur aux travaux de Labov sur l'anglais new-yorkais, est souvent considéré comme le texte fondateur de la linguistique °variationniste. Les auteurs proposent une méthodologie permettant d'étudier les changements en cours et d'aboutir à une théorie intégrée de la langue qui rende compte à la fois de sa structure et de son évolution.

Au cœur de la proposition de Weinreich, Labov et Herzog, s'inscrivent des questions centrales qu'une étude empirique du changement linguistique devrait pouvoir clarifier : Quelles sont les contraintes relevant d'une grammaire universelle qui balisent le trajet de l'°innovation ? Comment les formes nouvelles s'enchâssent-elles dans la structure linguistique et sociale ? Quel rôle l'évaluation sociale joue-t-elle dans leur cheminement? Comment s'effectue la transition d'un état de langue à un autre? Pourquoi tel changement se produit-il dans telle langue et pas dans telle autre? Un programme de recherche se dessine pour répondre à ces questions, programme qui s'appuie sur une méthodologie rigoureuse.

Méthodologie pour l'étude du changement linguistique en cours

L'étude du changement en cours procède à partir d'échantillons du parler des locuteurs d'une °communauté linguistique définie au sens étroit d'un partage de °normes langagières et d'utilisation convergente des variantes qui la caractérisent. Ces échantillons sont sélectionnés de manière à représenter la diversité sociale au sein de la communauté en termes de groupe d'°âge, de °sexe, d'°ethnicité et de °classe sociale. Il importe qu'ils soient d'une durée suffisante pour que la variation se manifeste dans le plus grand nombre d'environnements linguistiques possible. Ils doivent, en outre, être comparables quant au °style et, si possible, au contenu.

Toutefois, on ne saurait rendre compte du progrès d'un changement sans compléter les données tirées de ces échantillons par des données linguistiques et sociologiques beaucoup plus précises sur l'éventail de la variation stylistique qui caractérise les répertoires individuels. Idéalement, bien sûr, il faudra identifier, au sein des °réseaux sociaux, les individus qui font figure de proue.

Temps apparent et temps réel

Comment peut-on rendre compte du changement à partir de données synchroniques? En émettant l'hypothèse que si un changement est en train de se produire, il se manifestera par des différences de comportement entre les diverses générations d'une communauté linguistique. Cette tranche synchronique du changement est qualifiée de *temps apparent* par opposition au *temps réel* qui se déroule à travers l'histoire de la communauté.

L'analyse du changement en temps apparent rencontre toutefois un certain nombre de limitations : il peut en effet arriver, comme le souligne Labov (1981), qu'à un stade quelconque du changement, toutes les générations y participent, de telle sorte que les aînés d'une communauté qui ont modifié leur comportement au cours de leur vie afficheront des taux d'emploi d'une innovation comparables à ceux des plus jeunes. Par ailleurs, les jeunes, et les adolescents en particulier, ont tendance à utiliser les variantes non standards [voir *Langue standard*], innovatrices ou pas, de manière différente de leurs aînés, qu'ils rejoindront cependant en vieillissant. De telles différences inter-générationnelles ne peuvent être interprétées en termes de changement en cours.

La quête empirique des traces synchroniques du changement linguistique en cours s'est enrichie, au cours de la dernière décennie, de données qui correspondent au temps réel. Ces données sont d'autant plus intéressantes qu'elles sont comparables d'une étude à l'autre. Dans certains cas, on compare des échantillons prélevés dans une même communauté lors d'enquêtes conduites à 15 ou 20 ans d'intervalle; dans d'autres cas, on étudie des variations caractérisant la production des mêmes locuteurs observés à deux moments déterminés, séparés aussi par deux décennies. La recherche de Thibault et Vincent (1990) combine ces deux approches.

Quelques réponses aux questions initiales

L'étude du changement en cours a apporté au minimum des éléments de réponse aux questions initialement posées dans Weinreich, Labov et Herzog.

Le rôle de l'°insécurité linguistique — Dès ses premières recherches, Labov s'est intéressé au rôle de l'évaluation sociale dans la progression du changement linguistique. S'inspirant de méthodes développées par la psychologie sociale, il a élaboré des tests de réactions à des enregistrements comportant certaines variations présentes dans la communauté. Il a, de plus, interrogé des personnes sur leur propre utilisation des variantes locales et mis leurs réponses en relation avec leur production effective, dont il avait préalablement recueilli un échantillon. Il ressort de ces travaux que l'insécurité linguistique des locuteurs issus des couches intermédiaires de l'échelle sociale les conduit à avoir de la variété dont ils usent une moins bonne image, et une image moins fidèle que les couches supérieures, et à imiter les plus jeunes dans leur emploi des variantes en progression, pour peu qu'elles ne soient entachées d'aucune évaluation négative. Ces travaux ont permis d'identifier les locuteurs en ascension sociale comme les agents principaux de la diffusion du changement linguistique au sein des communautés socialement stratifiées.

Des contraintes universelles — A partir de nombreuses études sur des changements en chaîne dans le système des voyelles de nombreuses langues, Labov (1994) dégage un certain nombre de principes qui relèvent de contraintes universelles. Dans de telles chaînes, les voyelles longues montent, les voyelles brèves descendent et les voyelles postérieures avancent. D'autres principes s'appliquent au caractère périphérique ou non de l'articulation des voyelles ou à leur insertion dans un système marqué par des tons, par exemple.

Le cheminement linguistique et social de l'innovation — L'analyse de la distribution sociale associée aux changements phonétiques révèle, étude après étude, une progression en forme de S allongé, évoquant la forme du [ʃ] phonétique. Au début, le changement progresse lentement; il est associé à un groupe social. Celui-ci a avec les groupes adjacents des contacts déterminés par sa trajectoire sociale, qui permettront ensuite une diffusion plus ou moins accélérée de l'innovation, jusqu'à ce qu'elle soit inconsciemment interprétée comme un marqueur social ou consciemment identifiée comme un °stéréotype. Elle sera alors l'objet de corrections explicites. Dans les étapes finales du changement, le rythme d'extension de la nouvelle forme, à présent moins marquée, ralentit. La forme déplacée par l'innovation peut se maintenir très longtemps en tant qu'archaïsme ou objet de dérision. Il y a donc un changement dans l'extension sociale et dans le statut des variantes, l'une socialement restreinte et socialement marquée au départ, qui se banalise en se diffusant, et l'autre neutre et répandue, qui devient stylistiquement marquée vers la fin du changement, lorsque son espace s'est réduit.

Il est plus difficile de saisir la progression sociale du changement morphologique ou syntaxique, sans doute parce que son rythme est généralement beaucoup plus lent que celui du changement phonétique. Plusieurs recherches ont néanmoins mis en lumière des phénomènes de restructuration du système qui impliquent une grammaticalisation de formes qui, au départ, avaient une fonction discursive. En français québécois, le sujet nominal aurait d'abord été repris par un clitique pour focaliser le référent comme dans : *Ma mère, elle*. L'usure de ce procédé a donné lieu à un renforcement avec un pronom fort : *Ma mère, elle vient de Louiseville, elle* (Sankoff, 1982 : 82), procédé qui s'est étendu aux sujets clitiques : *Moi, je*.

Lorsqu'une variante morphologique a été déplacée par une autre, elle prend une connotation stylistique particulière. C'est ce que Sankoff et Vincent (1977) constatent à propos du remplacement de la négation double *ne... pas* par la négation simple *pas* en français québécois. Le *ne* n'apparaît que dans 1 % des phrases négatives, chez des sujets qui évoquent l'autorité ou les règles sociales. Toutes les couches de la communauté se servent du *ne* à l'occasion et rien n'indique qu'il disparaisse totalement à brève échéance. Le manque d'information sur les différentes étapes du changement en cause ne nous permet pas de dessiner toute la courbe de l'expansion des formes simples. On notera néanmoins que, pour les phases ultimes, on retrouve les extrémités du développement curvilinéaire attesté pour le changement phonétique.

Changement phonétique régulier et diffusion lexicale — La résolution d'une controverse sur la nature du changement phonétique est sans doute l'un des résultats les plus spectaculaires des analyses de la variation. Pour les néo-grammairiens et, à leur suite, certains linguistes du XXe, le changement est régulier, et il affecte les phonèmes indépendamment des mots où ils se situent ; pour d'autres, au contraire, le changement porte sur des mots déterminés, et il se diffuse d'un mot à un autre. Avec force données à l'appui, Labov démontre que les deux positions peuvent être réconciliées : « Le *changement phonétique régulier* est le résultat d'une transformation graduelle d'un seul trait phonétique d'un phonème dans un espace phonétique continu. Il est caractéristique des stades initiaux d'un changement qui évolue au sein d'un système linguistique, sans le moindre conditionnement lexical ou grammatical ou sans que les locuteurs en soient conscients. La *diffusion lexicale* est le résultat de la substitution abrupte d'un phonème par un autre dans des mots qui contiennent ce phonème. Les anciennes et les nouvelles formes du mot se distingueront généralement par rapport à plusieurs traits phonétiques. Ce processus caractérise les stades avancés d'un changement interne qui a été soumis à un conditionnement lexical et grammatical ou qui a été l'objet, soit d'une prise de conscience de son existence, soit d'°emprunts à d'autres systèmes » (Labov, 1994 : 542, traduction personnelle). La diffusion lexicale jouerait un rôle clé dans la transition d'un état de langue à un autre.

Le point de départ de l'innovation — C'est sans doute le problème de l'enclenchement du changement qui a été le moins exploré jusqu'à maintenant. On remarque toutefois que les manifestations les plus avancées du changement se retrouvent dans les conversations les plus animées entre pairs et dans les portions des entretiens enregistrés où surgissent les narrations d'expériences personnelles, et en particulier dans les mots prononcés avec emphase. C'est certainement dans l'interaction sociale que réside la réponse à la question : pourquoi tel changement se produit-il ici et pas ailleurs ?

Des variables primitives universelles — Chambers (1995) propose une théorie de la variation qui intègre à la fois la variation synchronique et le changement. Cette théorie entend rendre compte du fait que certaines variations se retrouvent dans diverses langues à l'échelle mondiale, qu'elles sont soumises à des contraintes analogues, et affichent des distributions sociales comparables.

Contrairement aux variétés standards, la dynamique des parlers °vernaculaires repose sur un principe d'économie naturelle qui serait à l'origine de l'existence d'un certain nombre de variables primitives. Ainsi, on note dans diverses variétés d'anglais à travers le monde, la tendance à réaliser par un [n] le [ŋ] des participes comme *walking*, à réduire les groupes consonantiques finaux, à recourir au singulier comme variante par défaut dans les conjugaisons, à régulariser les formes verbales irrégulières et à utiliser la double négation (*I don't want nothing*). La sociodialectologie, pour Chambers, doit être en mesure de distinguer les traits °dialectaux primitifs de ceux qui sont appris. Si on suppose ainsi que l'assourdissement des obstruantes est un processus primitif, on comprend pourquoi les anglophones apprennent facilement à assourdir les obstruantes allemandes, alors que les germanophones ont plus de mal à sonoriser ces consonnes en anglais.

L'influence des malentendus — Labov, quant à lui, soutient que les arguments fonctionnels comme l'économie ou la préservation du sens, s'appliquent davantage aux éléments invariants de la langue qu'à ceux qui sont exposés au changement. Si les changements en chaîne au niveau des voyelles visaient à préserver les distinctions, on ne noterait pas autant de fusions de phonèmes comme celles qui affectent le [e] et le [ɛ] dans le français de France. Il importe par ailleurs, pour expliquer le maintien ou la suppression d'un contraste, de faire intervenir moins le désir d'être compris, que les malentendus répétés entre les locuteurs, qui les amènent à réviser les principes qui guidaient leur interprétation. Le changement linguistique est moins influencé par le désir d'une bonne compréhension que par les conséquences d'une mauvaise compréhension.

CHAMBERS John K. (1995), *Sociolinguistic theory*, Oxford : Blackwell.

LABOV William (1981), « What can be learned about change in progress from synchronic descriptions? », *in* SANKOFF David et CEDERGREN Henrietta (éd.), *Variation omnibus*, Edmonton : Linguistic research Inc., 177-199.

LABOV William (1994), *Principles of linguistic change*, Tome 1 : Internal factors, Oxford : Blackwell.

LECOINTRE Simone et LE GALLIOT Jean (1973), « Le changement linguistique : problématiques nouvelles », *Langages*, 32 : 7-26.

SANKOFF Gillian (1982), « Usage linguistique et grammaticalisation : les clitiques sujets en français », *in* DITTMAR Norbert et SCHLIEBEN-LANGE Brigitte (éd.), *La sociolinguistique dans les pays de langue romane*, Tübingen : Gunter Narr Verlag, 81-85.

SANKOFF Gillian et VINCENT Diane (1977), « L'emploi productif du *ne* dans le français parlé à Montréal », *Le français moderne*, *45*, 243-256.

THIBAULT Pierrette et VINCENT Diane (1990), *Un corpus de français parlé. Montréal 84 : Historique, méthodes et perspectives de recherche*, Québec : Université Laval, Département de langues et linguistique.

WEINREICH Uriel, LABOV William et HERZOG Marvin (1968), «Empirical foundations for a theory of language change», *in* LEHMANN Winfred P. et MALKIEL Yakov (éd.), *Directions for historical linguistics*, Austin : University of Texas Press, 95-188.

CHOIX DE CODE   Paul Wald

Le terme *code* appelle *codage* : le code, justement, code quelque chose. Pour le code linguistique, il s'agit évidemment du contenu d'un message. Dire cependant qu'on choisit un code pour encoder un message n'épuise pas pour autant ce que suggère la notion de *choix de code*. En effet, si le code codait simplement le contenu du message sans autre conséquence, alors d'autres codes pourraient le faire aussi. Sinon, il faudrait bien admettre que le message et le code sont d'une manière ou d'une autre solidaires au-delà de ce qui est encodé. Or, envisager des langues, des variétés, des °registres, des °styles, etc. comme des formes faisant l'objet d'un choix suggère un supplément de sens dans la communication : on code bien quelque chose par ce choix et on pourrait, par un choix différent, *coder* autre chose, même si l'on *dit* la même chose. Prendre par exemple la parole en français ou en anglais dans une réunion scientifique internationale représente bien une alternative où le choix final apporte un supplément de sens au-delà du contenu de ce qui est encodé.

Le code linguistique est généralement conçu comme un système de rapports stables entre les formes (phonologiques, lexicales, syntaxiques) qui permettent de formuler le message. On parle de choix, d'abord, pour désigner l'acte qui consiste à employer, conformément à la grammaire de ces rapports, telle ou telle forme à un point donné de la chaîne parlée. Le locuteur est censé choisir, en fonction de son intention de communiquer, parmi les formes pouvant figurer à l'emplacement de son choix (dans la classe paradigmatique des formes ayant la même fonction linguistique), et ce choix s'offrira alors au décodage de celui qui partage le même code linguistique. On peut se demander alors s'il est possible de généraliser une telle notion de choix pour l'appliquer aux codes eux-mêmes. Cette généralisation conduirait à penser qu'il existe une articulation supérieure, qui sert de support à la production d'un supplément de sens : une grammaire des rapports stables qui régule ces choix dans un répertoire de codes disponibles, où le locuteur pourra puiser conformément à son intention de communiquer, et qui sera partagé en sorte que la signification de son choix puisse s'offrir au décodage de l'interlocuteur.

C'est sans doute dans la tradition de la sociologie du langage issue, parmi d'autres sources, des travaux de Fishman que l'on se rapproche le plus de cette conception de répertoire ordonné de formes signifiantes derrière le choix de code. Dans ces travaux, l'effort de recherche est centré sur les régulations macro-sociologiques du recours à différents codes linguistiques dans les champs d'activités variés («domaines») de la vie sociale. Le répertoire linguistique d'une communauté sera alors vu comme un répertoire stable de codes, dotés de fonctions dans la communication sociale, qui s'offrent au choix du locuteur. Toutefois la «grammaire» de ces choix, si elle relève sans doute d'une sémiologie générale à la Saussure, ne sera cependant guère «linguistique» : les fonctions associées au choix sont celles, extralinguistiques, de la régulation du système social. Le code (langue, registre, variété de langue, ou une quelconque façon de parler stabilisée et reproductible) qui est choisi vaut alors par son association fonctionnelle stable à différentes catégories et finalités sociales. C'est dans la perspective de l'élucidation de ces associations fonctionnelles que Fishman définit l'objet de la sociologie du langage, lorsqu'il pose la question «*Qui parle, quelle langue, à qui et quand?*» à propos des pratiques langagières régulières des communautés partageant les règles d'une telle «grammaire» de choix.

Le choix de code fait alors sens par les fonctions sociales qui sont associées aux codes de façon stable, à titre de contraintes externes de son emploi. Il caractérise la situation d'interlocution, conçue comme l'environnement où se manifestent les attributs représentatifs des statuts sociaux liés aux positions que les interlocuteurs y occupent. C'est ainsi que, dans un environnement multilingue où l'on choisirait sans doute la °langue maternelle comme code d'un échange °informel entre interlocuteurs de même origine, une langue de communication différente pourrait s'imposer dans des situations plus °formelles ou en contact avec les locuteurs d'autres langues maternelles. De même, s'agissant de variétés d'une même langue, on s'efforcera d'employer un registre soutenu par exemple devant un tribunal, ou de se conformer aux °normes implicites d'un langage scientifique si l'on fait une communication de colloque, même si dans d'autres situations on ferait usage de bien d'autres codes.

Les facteurs qui influencent le choix de code vu sous cet angle, relèvent alors de l'environnement, des caractéristiques sociales des participants et des finalités de l'échange. En classant les situation d'interlocution, Fishman regroupe les champs d'activités (tels que la famille, les contacts entre amis, l'éducation, le travail, la °religion, etc.) sous l'étiquette globale de « domaines » qui se caractérisent par des rapports qu'ils instituent entre le choix de code et des facteurs comme l'environnement de l'interaction, le statut des interlocuteurs, l'objet de leur échange linguistique, etc. D'autres auteurs, comme Brown et Fraser, regroupent les facteurs de l'environnement et les finalités de l'échange sous un ensemble qu'ils appellent la « composante scénique » de l'interaction et l'opposent à une composante « participants » qui comprend le statut social, les rapports et la position des participants de l'échange (locuteurs, auditeurs, témoins). Quelle que soit cependant l'organisation de la liste de ces variables sociales, la mise en évidence de la spécialisation des langues et des variétés du répertoire dans ces rapports aboutit à une compartimentalisation de leur usage. Cette compartimentalisation détermine, suivant la formulation de Gumperz, « un rapport simple, presque terme à terme entre l'usage langagier et le contexte social » qui pourra guider les choix. L'°alternance des codes d'un répertoire compartimenté par les fonctions sociales qui leur sont associées de façon stable sera donc, avant tout, une alternance *situationnelle* (Gumperz), où le choix d'un autre code reflète un changement de la situation sociale et des statuts sociaux des protagonistes.

Envisagé au niveau micro-sociolinguistique, le choix de code sera vu non plus comme un reflet de l'organisation sociale ou une adaptation à ses contraintes par le locuteur compétent, mais comme un procédé qui lui permet d'organiser les rapports interpersonnels dans l'interaction. En effet, « tout choix de code désigne un rapport (*balance*) interpersonnel particulier » et cette signification implicite est une ressource dans l'interaction, puisque « les locuteurs possèdent une connaissance tacite de cette connotation et ils [en] ont une théorie implicite » (Scotton). On peut alors envisager le choix de code non seulement comme une simple mise en œuvre de normes communes, mais aussi comme un moyen pour organiser l'environnement de l'interaction.

Pour Scotton, qui s'inspire du principe de coopération conversationnelle de Grice, le choix de code résulte d'une négociation implicite entre les partenaires de l'interaction. Cette négociation porte sur l'actualisation des °identités dans le rapport interpersonnel, c'est-à-dire sur les ensembles de droits et d'obligations mutuels des participants symbolisés par le choix. Par leurs choix de code, les locuteurs valident, ajustent, ou transforment radicalement ces ensembles de droits et obligations dans l'échange, conformément aux « connotations » sociales des codes dans la culture de la communauté.

Le choix de code est *non marqué* selon Scotton, lorsque le locuteur opte pour un ensemble de droits et obligations non marqué, conventionnel, en faisant correspondre son choix à ce qui est habituel et attendu dans la situation conformément à ces «connotations» sociales ou aux conventions locales déjà établies entre les participants de l'échange. Les échanges non conventionnels se caractérisent par contre par l'absence ou le rejet d'un tel consensus préalable. Ils sont symbolisés par un choix *marqué* de code qui permet de manifester l'intention de transformer l'ensemble de droits et obligations dans une voie qui n'est pas d'emblée inscrite dans le contexte social de l'interaction. Ces choix marqués apportent, grâce à la «connaissance tacite» et partagée de la signification sociale des codes, une information supplémentaire quant aux visées interpersonnelles du locuteur. Ils peuvent symboliser alors des stratégies interpersonnelles variées : l'adaptation ou au contraire le refus d'adaptation du locuteur aux contraintes situationnelles ou aux attentes de son interlocuteur, l'exploration des potentialités d'une situation qui n'est pas perçue d'emblée comme conventionnelle, ou encore la transformation des données de l'interaction. Ces choix marqués amènent donc à réinterpréter les rapports interpersonnels. Le choix de code équivaut alors à un acte dans une négociation qui porte sur la continuité, les mutations et la rupture de l'environnement interactif.

Vu sous cet angle, le choix de code reflète une prise de position du locuteur par rapport aux facteurs de l'interaction. C'est par ces prises de position qu'on voit apparaître, concrètement, dans le cadre de l'interaction, les effets de la diversité linguistique de la société. Outre le jeu local des rapports interpersonnels, la définition de la situation par le choix de code permet aussi l'actualisation des conflits identitaires majeurs. Le choix peut constituer ainsi une expression politique dans un environnement plurilingue, et marquer la mise en jeu, dans l'acte, de la compétition et du conflit des identités liées à des langues et variétés coexistantes. En effet, le choix de code apparaît dans cette perspective comme une ressource propre à mettre en jeu, au niveau interpersonnel, les solidarités et les oppositions entre les groupes sociaux, et à moduler la manifestation des positions individuelles dans les rapports macrosociologiques et politiques qui peuvent s'actualiser dans l'interaction.

L'alternance des codes envisagée comme ressource de ces négociations interpersonnelles n'en reste pas moins *situationnelle*, puisque le répertoire des codes est conçu, ici aussi, comme «compartimenté» par leurs fonctions sociales (par leurs «connotations» consensuelles). Objets d'une connaissance culturelle partagée, celles-ci ne sont pas «négociables». Cependant, le problème de l'alternance des codes *linguistiques* dans la conversation n'est pas épuisé par la mise en évidence des mécanismes de l'association des fonctions sociales conventionnelles des codes à la stratégie interpersonnelle des locuteurs. En effet, en dehors des usages de l'alternance qui relèvent de la compartimentalisation réglée de l'emploi des codes, on observe aussi des pratiques langagières où «les parties du message [hétérogènes quant à leur origine linguistique] sont reliées par des rapports syntaxiques et sémantiques équivalents à ceux qui relient les passages d'une même langue». Ces alternances que Gumperz nomme *métaphoriques* ou *conversationnelles* produisent du sens sans transformer pour autant l'ensemble des droits et obligations. Elles représentent, en effet, une ressource qui permet aux participants de «communiquer une information métaphorique sur la façon dont [ils] veulent que leur parole soit comprise» sans mettre en cause pour autant les facteurs de l'environnement, des finalités et des participants de la conversation.

La prise en compte de ce type d'alternances permet d'envisager d'autres fonctions du choix de code dans la conversation, qui ne se réduisent pas au marquage des catégories et des finalités sociales conventionnelles, préexistantes à l'acte. Ces fonctions conversationnelles sont en ce cas celles d'un opérateur discursif qui ne produit de sens que dans son contexte propre. Le choix peut alors marquer le code, sans transformer nécessairement l'environnement interactif, comme celui du discours rapporté (comme dans le cas des citations), des gestes phatiques (par exemple des interjections), de la clarification (par la «traduction» ou le commentaire transcodique de l'énoncé produit), des modalisations, de la gestion interne des rapports de l'interaction (par exemple lorsqu'on s'adresse à une personne particulière dans l'auditoire) et de divers autres aspects référentiels et déictiques de l'énoncé.

Cette intégration discursive des codes linguistiques suggère alors une révision de la définition même du code de l'interaction. Il apparaît, en effet, que, celui-ci ne coïncide pas nécessairement avec la ressource linguistique d'emblée disponible qui produirait régulièrement son effet de sens propre; il est le produit non pas des contraintes externes, mais du choix dans l'acte. L'ordre social s'y manifeste par le truchement d'une médiation métaphorique : ce n'est pas la norme de l'usage, mais l'actualisation, dans l'interaction, de l'image d'une telle norme qui garantit son effet.

On comprend alors que le code de l'interaction ne se limite pas aux langues ou aux variétés de langue socialement constituées qui y sont alternées. Des pratiques linguistiquement mixtes et instables pourront y devenir, elles aussi, objets du choix qui les constituera en codes de l'interaction, et les langues et variétés de langue, tout en alternant dans la parole ne rempliront pas toujours ce rôle. Le choix de code représente alors non seulement l'apport d'un supplément de sens dans le discours grâce à l'irruption dans l'échange d'un idiome doté d'emblée de ses fonctions sociales, mais aussi la délimitation et la validation du code lui-même en tant que forme signifiante.

BROWN Penelope et FRASER Colin (1979), *Speech as a marker of situation*, in SCHERER Klaus R. et GILES Howard (éd.), *Social markers in speech*, Cambridge : Cambridge University Press, Paris : Maison des sciences de l'homme.

FISHMAN Joshua A. (1971), *Sociolinguistique*, Paris : Nathan, Bruxelles : Labor.

GUMPERZ John J. (1989), *Sociolinguistique interactionnelle. Une approche interprétative*, Paris : L'Harmattan.

POUTIGNAT Philippe (1992), «Événement de langage, situation sociolinguistique et interprétation», *Langage et société, 59*, 47-72.

SCOTTON Carol M. (1983), «The negotiation of identities in conversation : a theory of markedness and code choice», *International journal of the sociology of language, 44*, 115-136.

SCOTTON Carol M. (1986), «Diglossia and code switching», *in* FISHMAN Joshua A. *et al.* (éd.), *The Fergusonian impact*, Vol. 2, *Sociolinguistics and the sociology of language*, Berlin, New York : Mouton, De Gruyter.

WALD Paul (1990), «Catégories de locuteur et catégories de langue dans l'usage du français en Afrique noire», *Langage et société, 52*, 5-21.

CLASSE SOCIALE Françoise Gadet

Le rôle reconnu aux facteurs sociaux (ou, plus précisément, à l'ensemble constitué par les facteurs démographiques et les facteurs sociaux) est pris en considération depuis des temps moins anciens que celui des facteurs régionaux, relevés depuis plus d'un siècle par la dialectologie (voir par exemple les travaux de Gauchat), mais on les signale et on les prend fréquemment en considération dans la tradition linguistique du début du XXe siècle (par exemple chez Meillet ou chez Sapir). Il s'agit donc d'un aspect bien identifié, l'une des composantes du fonctionnement de la variation de locuteur à locuteur (ou variation inter-locuteurs, ou encore variation en fonction de l'usager de la langue — usager étant opposé à usage).

C'est aussi dans le premier tiers du XXe siècle que sont établies les premières hypothèses tentant de montrer le lien entre phénomènes de variation liés aux facteurs sociaux et °changement, avec l'hypothèse que les déséquilibres sociaux manifestés dans la langue entraînent à terme des modifications linguistiques. De ce point de vue, deux pionniers des recherches sur la variation sociale sont le Suisse Frei (1929), qui a su montrer comment les traits de ce qu'il appelle le «français avancé» révèlent des points de non-équilibre dans le système d'une langue, et le Français Martinet (1945), dont l'étude montre l'extrême diversité des usages, même dans une population sans clivage social ou démographique majeur.

Le rôle et l'amplitude de la variation sociale diffèrent selon le type de société concerné : ils sont maximaux (et maximalement complexes) dans les sociétés de type occidental, où la hiérarchisation socio-économique l'emporte sur d'autres modes de classification des individus; ils sont aussi plus forts dans les villes. Ils sont néanmoins susceptibles de connaître de fortes différences, en fonction des spécificités des organisations sociales : ainsi, à la situation française, on pourra opposer la situation italienne, dans laquelle le rôle de la variation diastratique est complexifié par le rôle de la dimension diatopique, qui impose qu'on tienne compte en outre de la °vitalité des °dialectes; ou la situation britannique, où l'amplitude de la variation sociale est plus étendue qu'en France. Bien que les études sur ce point ne soient pas encore très nombreuses, il apparaît que les différentes dimensions peuvent se renforcer les unes les autres : les variations apparaissent d'autant plus fortes que l'on a affaire à des locuteurs moins scolarisés, de niveau social modeste, et de niveau rural.

Les traits de langue caractéristiques de la variation sociale sont la plupart du temps saisis dans une comparaison avec la °langue standard, ou la °norme. C'est ainsi que l'on tend à établir un pôle dont on considère qu'il est maximalement opposé à la norme, la variété dite «langue populaire». Les travaux descriptifs qui se sont intéressés à la variation sociale ont bien plus souvent porté sur les usages des milieux populaires que sur la langue des classes favorisées, sans doute avec l'illusion que cette dernière se confondait avec la langue standard. Les études sur les usages des classes favorisées demeurent assez peu nombreuses.

Même si l'expression «français populaire» constitue clairement un °stéréotype, elle témoigne néanmoins de deux facultés chez les locuteurs : d'une part, celle d'identifier les variétés de leur langue à partir de traits particulièrement saillants (essentiellement des traits de prononciation), d'autre part celle d'évaluer les divers usages. Cette faculté d'évaluation est constitutive de la maîtrise d'une langue, et elle est sans doute liée à des invariants fondamentaux : dans toutes les sociétés, même celles dites primitives, les locuteurs se font une conception de l'opposition entre « bien parler » et « mal parler », qu'ils associent à des caractéristiques sociales des locuteurs ou de groupes de locuteurs.

On peut se demander quelle est la part prise par chacun des niveaux de l'organisation de la langue dans cette reconnaissance d'appartenance sociale : les différents ordres ne s'avèrent pas pertinents au même degré dans l'évaluation sociolinguistique.

Les traits qui permettent à une personne de mettre en œuvre une classification des autres locuteurs de sa communauté sont majoritairement d'ordre phonique (segmental et prosodique), ce qui, étant donné la forte récurrence des phénomènes sur ce plan, permet de comprendre la relative promptitude avec laquelle il lui est possible d'émettre des jugements dès qu'elle entend quelqu'un parler [Voir *Accent*].

Les phénomènes phoniques les plus saillants pour le français populaire de France (ceux dont la réalisation s'avère la plus immédiatement classificatoire) sont les suivants (Gadet, 1992) :

1) le *e* muet (particulièrement dans son usage dit « inversé », comme dans *les mecs eud' la rue*);

2) la liaison, qui tend à se réduire aux liaisons obligatoires, et s'étend éventuellement à une marque de pluriel qui n'apparaît pas en français standard : *entre quat' z yeux*; la présence d'une marque de pluriel permet d'ailleurs dans certains cas de souligner une particularité morphosyntaxique dans la formation des relatives : *ceux qui-z ont dit ça*;

3) le timbre des voyelles ;

4) le fonctionnement des groupes consonantiques (assimilations, simplifications de groupes complexes internes ou finaux — comme quand le *r* final de *quatre* n'est pas prononcé — avec une hiérarchie selon que ce qui suit est une consonne, une voyelle ou rien du tout);

5) la courbe intonative et l'accentuation.

Ces traits sont généralement d'autant plus accentués que le débit de la parole est plus rapide.

C'est d'ailleurs dans le domaine phonique que William Labov a développé un ensemble de recherches d'une grande importance pour l'organisation du champ de la sociolinguistique. Partant du concept structuraliste de variation libre, Labov établit qu'il ne faut pas entendre le terme *libre* comme signifiant « aléatoire », mais que toute société se caractérise par une configuration sociolinguistique particulière organisant les modalités de stratification de sa variation. Ainsi, une variable comme le /r/ qu'il étudie à New York (*in* 1972), reflète une organisation sociale fine :

dans les positions susceptibles de variation (position préconsonantique et position finale), le r est d'autant plus fréquemment prononcé que le locuteur est plus haut placé dans l'échelle sociale, et que la formalité de la situation augmente, l'écart entre productions °formelles et °informelles se traduisant dans des proportions différentes selon les groupes sociaux. C'est pour lui l'occasion de redéfinir la notion de °communauté linguistique, comme un ensemble de locuteurs qui partagent non pas le même usage, mais les valeurs associées à chaque usage, quel que soit celui du locuteur-évaluateur.

La possibilité d'étendre une telle description sociolinguistique à d'autres domaines de la langue se heurte à quelques difficultés : s'il se manifeste incontestablement de la variabilité à ces niveaux, il n'est pas certain qu'il soit encore souhaitable de la saisir à travers le concept de variation.

La diversité du lexique est observée et notée depuis très longtemps par les grammairiens (dès la naissance des dictionnaires, puis dans la dialectologie), et c'est essentiellement pour ce plan qu'ont été constituées des notions comme celle de niveau de langue ou de °registre, qui tentent de saisir (par exemple dans les marques d'un dictionnaire : *populaire, vulgaire*, °*argotique* ou *familier*) la diversité des usages sociaux selon les situations.

Il en va encore différemment dans la morphologie et la syntaxe, où la différence de signification entre formes invite à s'interroger sur une conception de la langue qui met en avant la facultativité, conçue comme choix de la part du locuteur — choix largement inconscient (Romaine, 1984). Les phénomènes les plus saillants dans la variation en morphologie française concernent les pronoms et les verbes. En syntaxe, on peut citer toutes les formes mettant en jeu des pronoms, les formes interrogatives (sous-système d'une extrême variété), les détachements, ainsi que les relatives. Mais, ici, la question se pose de l'équivalence fonctionnelle des formes. On peut ainsi se demander si les deux énoncés suivants comportant des relatives (l'une standard et l'autre populaire), *l'homme dont je parle* et *l'homme que je parle de lui* ont bien la même signification. La valeur que revêtent ces formes dans une séquence met en jeu beaucoup plus que la seule sémantique référentielle, et il serait souhaitable de prendre aussi en compte leur utilisation pragmatique. Mais on ne dispose pas de réponse claire en la matière, et c'est sans doute pourquoi la variabilité dans les dimensions de la morphologie et de la syntaxe (voire du discours) constitue un champ très peu exploré pour le moment, même dans les langues les plus décrites.

Un certain nombre d'études se sont préoccupées de distinguer entre traits familiers et traits populaires. A la lumière des travaux actuels, on ne peut exclure toutefois que la tentative de catégorisation ait quelque fondement idéologique, tant est large la zone de recouvrement des deux dimensions. Ainsi, Bell (1984), partant des études sociolinguistiques effectuées sur un grand nombre de langues, met au point l'hypothèse selon laquelle l'extension de la °variation diastratique est toujours supérieure à celle de la variation diaphasique : en d'autres termes, il y a dans toutes les langues des phénomènes associés à la variation sociale auxquels ne correspond aucune variation stylistique ; alors que l'inverse n'est pas vrai. En d'autres termes encore, on peut faire l'hypothèse (déjà formulée par Martinet) que c'est parce que, au cours de son apprentissage de la langue, un locuteur aura été soumis aux manifestations linguistiques de la variation sociale entre locuteurs différents, qu'il a pu intégrer une certaine souplesse dans son système personnel, qui se manifestera dans la variation situationnelle. Même si c'est d'abord probablement à des variations diaphasiques qu'il aura été confronté, par exemple dans son milieu familial, celles-ci ne prendraient leur signification qu'en référence aux variations diastratiques rencontrées.

Une dernière réserve peut être émise à l'encontre d'une démarche ramenant à des variétés la variabilité associée à des caractères sociaux, telle qu'elle s'exprime par exemple dans l'expression *français populaire* : la variabilité du langage chez le même locuteur, dans une même situation, laisse en effet coexister des traits linguistiques antinomiques, comme dans la séquence attestée suivante, où une «relative de français populaire» voisine avec une liaison relativement rare : *ceux qui-z-y sont pas-allés*. On peut supposer que l'auditeur se livre à un calcul évaluatif subtil, entre traits stigmatisants et valorisants.

Enfin, si l'on veut percevoir le sociolinguistique comme autre chose qu'une simple corrélation du linguistique et du sociologique, on doit s'interroger sur les modèles sociaux mis en œuvre : les travaux de Milroy (1980) ont donné à penser qu'à côté de la hiérarchisation sociologique traditionnelle que sont les classes sociales (saisies à travers des indicateurs comme la profession, le niveau d'études ou le salaire), des organisations sociales plus subtiles comme les °réseaux sociaux jouaient un rôle dans le changement : des organisations serrées entraînent une certaine stabilité, contrairement à des organisations plus lâches, qui laissent toute la place à l'°innovation.

De même, on peut se poser des questions sur la sociologie sous-jacente à l'usage de termes comme «°prestige» ou «°hypercorrection», qui ont pu laisser penser qu'on comprendrait quelque chose au changement en l'interprétant comme le désir manifesté par les classes inférieures de se rapprocher des fonctionnements enviés chez les classes supérieures.

C'est à travers la notion de variation qu'on a tenté de saisir les interactions entre langue et organisation sociale. L'extension de cette notion à tous les phénomènes d'hétérogénéité qui se manifestent dans la langue pose des problèmes que l'on pourrait résumer en deux questions.

– La notion de variation renvoie-t-elle nécessairement à celle de co-variation (qu'y a-t-il d'explicatif dans la mise en relation de l'ordre du linguistique et de l'ordre du social?)?

– La notion de variation suffit-elle à faire prendre en compte les dimensions de variabilité et d'hétérogénéité qui semblent bien être des propriétés constitutives de toute langue? On peut faire l'hypothèse que, en ne sortant guère de la constitution de questions grammaticales traditionnelles autour de la notion de variantes (conçues comme différentes façons de dire la même chose), elle resterait bien étroite pour saisir le flou, l'indéterminé et l'hétérogène dont semblent se satisfaire les locuteurs dans leur usage quotidien de la langue.

Il est aisé de remarquer que la deuxième question implique une remise en cause plus radicale du projet de la sociolinguistique tel qu'il a été présenté jusqu'à maintenant.

BELL Allan (1984), «Language style as audience design», *Language in society, 13*, 145-204.
FREI Henri (1929), *La grammaire des fautes*, Genève, Paris : Slatkine.
GADET Françoise (1992), *Le français populaire*, Paris : PUF, «Que sais-je?»
LABOV William (1972), *Sociolinguistic patterns*, Philadelphia : University of Pennsylvania Press. Trad. fr. : *Sociolinguistique*, Paris : Éds de Minuit, 1976.
MARTINET André (1945), *La prononciation du français contemporain*, Genève, Paris : Droz.
MILROY Lesley (1980), *Language and social networks*, Oxford : Blackwell.
ROMAINE Suzanne (1984), «On the problem of syntactic variation and pragmatic meaning in sociolinguistic theory», *Folia linguistica, XVIII*, 3-4, 409-437.

CLASSE SOCIALE DES ÉLÈVES Jean-Marie Klinkenberg

La préoccupation de la sociolinguistique pour le langage pratiqué par les enfants de différents milieux sociaux se manifeste en Angleterre et aux États-Unis dès la fin des années 50. A cette époque, la prospérité économique et le plein emploi autorisaient la conception de programmes sociaux généreux, visant à l'intégration sociale des minorités culturelles et des classes les plus défavorisées de la société. Or l'école apparaissait comme le terrain idéal pour la mise en œuvre de ces programmes de remédiation culturelle. C'est donc essentiellement les couches jeunes de la population que les chercheurs ont étudiées dans cette perspective. Les thèses qu'ils ont formulées ont fait l'objet de larges débats, surtout chez les pédagogues et les sociolinguistes américains, au cours des années 60 et 70. Elles ont en tout cas stimulé la mise sur pied aux États-Unis de programmes dits d'éducation compensatoire (notamment celui que proposent Bereiter et Engelmann, 1966) ; et on notera que la justification ou la remise en cause de tels programmes constituait bien alors, aux yeux des pionniers de la sociolinguistique (Hymes, Labov, Fishman), la retombée pratique majeure de leur discipline.

Le point de départ des réflexions réside dans l'observation, maintes fois répétée, d'une relation entre l'appartenance sociale des enfants et leur parcours scolaire (en termes de réussite et de filière d'enseignement fréquenté), l'observation aussi que l'école ne comble pas les écarts entre les enfants des différents milieux, mais qu'elle a plutôt tendance à les creuser. Comme il est notoire que les différents groupes sociaux ne pratiquent pas les mêmes variétés linguistiques, on a fait l'hypothèse que cette relation entre groupes sociaux et scolarité était médiatisée notamment par le langage.

Deux thèses principales se sont affrontées : celle dite du déficit, celle dite de la différence.

Thèse du déficit

Les tenants de cette thèse conçoivent la langue comme un éventail de ressources : les membres des classes populaires ne font usage que d'un nombre restreint de ces potentialités, alors que ceux des classes favorisées jouent sur un clavier étendu. La réussite des membres des classes supérieures est attribuable à la maîtrise qu'ils ont des instruments d'expression symbolique en usage dans la société, les classes défavorisées étant victimes de leur handicap linguistique. Dans cette théorie, la relation entre le handicap social et le handicap symbolique est circulaire : à une position sociale défavorisée correspond un certain déficit expressif, qui, en retour, bloque toute possibilité de promotion sociale. L'accès aux privilèges sociaux dépend en effet de la maîtrise de tous les instruments d'expression symbolique en usage dans le groupe, et tout spécialement de la maîtrise des divers aspects de la variété standard de la langue [voir *Langue standard, Norme*].

Basil Bernstein, théoricien majeur de cette thèse, pose que la plus grande réussite scolaire des enfants issus de milieu favorisé tient à leur plus grand usage de ce qu'il nomme le code élaboré (et, bien que ce soit implicite, au bagage cognitif qui y est associé), le handicap scolaire des enfants de milieux populaires s'enracinant dans la pratique d'un code dit restreint (et, toujours implicitement, aux implications cognitives de cette pratique).

Code élaboré* vs *Code restreint : Les enquêtes réalisées dans le cadre proposé par Bernstein relèvent, dans les productions d'enfants issus de groupes sociaux contrastés, un ensemble de différences lexicales, syntaxiques, logiques, rhétoriques et pragmatiques.

°Indicateurs lexicaux : le code élaboré fait un certain usage des pronoms impersonnels, rares dans le code restreint ; les adjectifs et les adverbes y sont plus diversifiés. En revanche, le recours aux formules stéréotypées est massif dans le code restreint. Indicateurs syntaxiques : le code restreint se caractérise par la brièveté et la simplicité syntaxique de la phrase, souvent incomplète, le code élaboré se caractérisant par le caractère fini et complexe des phrases, où l'on note un usage plus large et plus diversifié des conjonctions et des locutions conjonctives. Indicateurs logiques : le code élaboré exprime les relations logiques en recourant davantage à des subordonnées. Indicateurs rhétoriques : pour distinguer l'importance relative des éléments de l'énoncé, le code élaboré recourt à des procédures internes : par exemple, il use de la répartition des thèmes et des rhèmes. Le code restreint, lui, recourt à des procédures externes : un élément saillant y est mis en évidence par des clausules comme *hein, n'est-ce pas ?*.

Un des apports majeurs de Bernstein est d'avoir insisté sur les indicateurs pragmatiques, et notamment d'avoir mis en évidence l'importance du facteur d'explicitation. Si deux sujets de milieux sociaux différents doivent décrire une même situation (par exemple raconter une scène vécue), le sujet issu du milieu favorisé commence par situer le cadre général de la scène. En verbalisant ce cadre, il détache donc son discours des circonstances, et ce discours sera dit « universalisant » ou explicite. Le sujet issu du milieu défavorisé mobilise des significations moins universelles : par exemple, il construira un récit en *il*, sans que la référence de ce *il* soit préalablement définie, ou utilisera des anaphoriques dont le référent n'a pas été préalablement verbalisé ; son discours sera dit implicite.

Un certain nombre de critiques assez sévères ont été formulées à l'endroit de la thèse du déficit. On lui reproche tout d'abord de supposer, dans l'interprétation des données, qu'il y a isomorphisme entre structures linguistiques et structures cognitives : l'absence d'une distinction lexicale renverrait à un déficit conceptuel; la complexité syntaxique démarquerait la complexité de la pensée; la non-utilisation de marqueurs logiques, dans l'expression, signifierait que le locuteur ne conçoit pas la liaison logique entre les évènements, ou la conçoit de manière plus lâche, etc. Or les liens entre langage et pensée sont beaucoup plus complexes; on peut ainsi se demander quelle différence oppose, cognitivement, deux enfants dont l'un dit, par exemple, *Je me dépêche parce que j'ai faim* et l'autre *Je me dépêche; j'ai faim*. On notera par ailleurs que la distinction supposée entre code restreint et code élaboré n'a pas été étudiée au cœur d'interactions sociales authentiques, mais à travers des situations expérimentales, dont certaines comportaient des biais méthodologiques importants. Ainsi, on a pu établir que la situation expérimentale elle-même joue un rôle dans la production du handicap linguistique qu'on y observe : selon le milieu auquel il appartient, le sujet observé n'a pas *a priori* le même rapport ni avec l'enquêteur, lequel opère le plus souvent dans le cadre particulier qu'est l'école, ni avec les épreuves auxquelles il est soumis. On a en outre vu l'intérêt qu'il y avait à associer la description des classes sociales non seulement aux pratiques langagières, mais aussi aux °représentations et aux °attitudes linguistiques.

Thèse de la différence

Une enquête célèbre de William Labov (1972) a permis de mieux comprendre les aspects linguistiques des interactions authentiques dans un milieu défavorisé particulier. Le terrain d'enquête de Labov était constitué par des bandes d'adolescents noirs, qui ont pu être décrites grâce à des observateurs issus des même milieux que les observés. Cette observation °*in vivo* ne montre aucun déficit linguistique : elle établit au contraire le caractère très verbal de la culture de la rue. Mais elle démontre que les performances des sujets observés ne doivent pas être appréciées par rapport au standard en vigueur dans les couches favorisées de la société, mais bien par rapport à un standard interne à la classe observée, standard distinct du premier (Labov le nomme « Black English vernacular »).

Selon la théorie de la différence, que de telles enquêtes ont permis d'élaborer, chaque groupe social secrète ses propres normes linguistiques, normes par rapport à quoi les membres du groupes ont à se situer. Et ceci est valable qu'il s'agisse d'un groupe socialement dominant ou d'un groupe collectivement défavorisé. Les acteurs les plus légitimes du groupe (et c'est notamment le cas des dirigeants) sont ceux qui se conforment le plus strictement à ces normes. Par contre, ceux dont les pratiques tendent à se rapprocher d'une norme extérieure au groupe font figure de marginaux. La spécialisation des normes renforce donc le cloisonnement social.

Les différentes variétés diffèrent certes selon les classes, mais pas sur le plan fonctionnel ou esthétique (chaque usage satisfait les besoins expressifs du groupe, chacun fait l'objet d'appréciations subjectives positives, à l'intérieur du groupe). Leur hiérarchisation se fait en fonction de critères sociaux, la variété valorisée comme norme, et en particulier celle de l'école, étant beaucoup plus proche de celle qu'utilisent les milieux favorisés. On peut à partir de là concevoir que le déficit scolaire des enfants de classes populaires est induit notamment par la pratique dans le milieu scolaire d'une variété qui n'est pas celle de leur groupe, et par la stigmatisation de leur °sociolecte propre.

Les travaux plus récents (pour une synthèse, voir Esperet, 1987), sans proposer de cadre théorique général sur la différenciation sociale du langage et son impact éventuel sur la scolarisation des enfants, ouvrent néanmoins de nouvelles pistes de réflexion. On y montre notamment que tous les enfants n'utilisent pas le langage dans les mêmes fonctions, ni avec les mêmes moyens, qu'ils se caractérisent par des «°styles» différents (expressif ou référentiel), la prédominance d'un style pouvant être liée à la façon dont l'entourage interagit avec l'enfant, et en particulier au répertoire des fonctions assignées au langage dans ces interactions, celles-ci étant conditionnées à leur tour par un certain nombre de représentations, variables selon les groupes.

BEREITER Carl et ENGELMANN Siegfried (1966), *Teaching disadvantaged children in the pre-school*, Englewood Cliffs : Prentice Hall.

BERNSTEIN Basil (1971), *Class, codes and control*, Londres : Routledge et Kegan Paul. Trad. fr. : *Langages et classes sociales. Codes sociolinguistiques et contrôle social*, Paris : Minuit, 1975.

ESPERET Eric (1979), *Langage et origine sociale des élèves*, Berne : Lang.

ESPERET Eric (1987), «Aspects sociaux de la psychologie du langage», *in* RONDAL Jean-Adolphe et THIBAUT Jean-Pierre (éd.), *Problèmes de psycholinguistique*, Bruxelles : Mardaga, 327-389.

LABOV William (1972), *Language in the Inner City. Studies in the Black English vernacular*, Philadelphie : University of Pennsylvania Press. Trad. fr. : *Le parler ordinaire*, Paris : Minuit, 1978.

COLINGUISME   Renée Balibar

Colinguisme, terme un peu plus récent que *multi-* et *plurilinguisme*, désigne l'association par laquelle certaines langues se réalisent conjointement et sont comprises l'une par l'autre, comme le sont toutes les langues combinées — implicitement ou explicitement — depuis l'invention de l'°écriture. *Multi-* et *pluri-* juxtaposent et mêlent, *co-* divise pour réunir, fait l'analyse et la synthèse. Ce préfixe productif en langue française actuelle dans les domaines juridiques et scientifiques internationaux (*copropriétaires*, *cofondateurs*, etc.), marque dans *colinguisme* l'association de langues littéraires légitimées par les instances étatiques, historiquement élaborées par la grammaire, enseignées officiellement par versions et thèmes. Le concept de colinguisme permet de faire l'histoire politique et culturelle des plurilinguismes dans les sociétés d'écriture.

Le terme s'emploie soit en général (*le colinguisme*), soit en particulier dans le cadre très varié des différents États (*un*, *des colinguismes*, *le colinguisme français*, *allemand*, *suisse*, etc.). En France, le français, défini en 1992 « langue de la République » par l'Article 2 de la Constitution, est associé à des langues anciennes (latin et grec), considérées comme langues de ses origines, et à des °langues étrangères et régionales (première, deuxième, troisième langue), considérées comme langues partenaires préférentielles, dans un appareil d'Éducation nationale. Une loi de 1994 sur « l'emploi de la langue française » a adapté les règles du colinguisme français à la conjoncture actuelle mondiale, °économique, culturelle, politique.

Le colinguisme est créateur d'équilibre pour les groupes humains depuis l'invention de l'écriture, et comme tel, il constitue un appareil à la fois stable, associant de manière définie un nombre fini de langues écrites, et mutable, transformant le rapport des langues entre elles selon l'évolution des °identités (dont les langues sont des facteurs essentiels) à l'intérieur et à l'extérieur des États. Parmi les actes historiques fondateurs d'appareils colingues générateurs d'équilibre évolutif, figurent la création en Europe des langues diplomatiques internationales par les *Serments de Strasbourg*, le 14 février 842, et la création de la *Société des Nations*, SDN (1920-1946), remplacée en 1945 par *l'Organisation des Nations unies*, ONU.

Depuis le début de notre ère « chrétienne » ou « vulgaire », le problème de la stabilité-mutabilité des colinguismes concerne le partage social des pouvoirs de l'écriture. En effet ce sont des castes ou des élites privilégiées qui ont inventé l'écriture et qui ont toujours disposé de l'inscription des parlers au sein des appareils linguistiques. Les détenteurs des lettres ont partout formé des corps sociaux relativement autonomes apportant leur contribution aux règnes de l'épée, de la religion, de l'argent. Ils ont créé des colinguismes inscripteurs et traducteurs des langues au service d'une langue dominante, araméen littéraire, grec hellénistique, latin impérial, arabe impérial, langues européennes expansionnistes. Mais une transformation radicale des mentalités et des institutions a commencé au Ier siècle, lorsque les premiers chrétiens ont désacralisé les voix et les lettres en consacrant la traduction mutuelle : partage des parlers et des écrits, « miracle de la Pentecôte » réparateur du « miracle de Babel ». A partir de là, le clergé chrétien s'est astreint à prêcher « dans les langues de toutes les nations » et à inscrire en conséquence par nécessité d'enseignement sa prédication en différentes langues vulgaires, tout en professant concurremment une doctrine des « saintes » écritures et des langues « principales ». La participation du vulgaire à la communication générale a modifié le statut des lettrés et des lettres au cours des siècles selon diverses conjonctures historiques. En France, le privilège des lettrés a été directement mis en question par le projet d'*Instruction publique* voté sous la Révolution française de 1789-95. La politique de scolarisation générale, loin d'abolir l'autonomie des pouvoirs littéraires, visait l'extinction du privilège par l'obligation faite à tous d'apprendre à écrire et par l'initiation à toutes les connaissances donnée par écrit (grammaire et fictions artistiques) en français commun. L'obligation touche actuellement tous les enfants, français ou non, sur le territoire français. Le problème politique des contenus et des degrés de l'enseignement public a désormais remplacé celui de la hiérarchie des langues établie en régime clérical-royal.

A l'échelle mondiale des sociétés actuelles, la coordination et la démocratisation des colinguismes sont des problèmes majeurs, traités à la fois par la science linguistique, la politique, la culture générale et l'art littéraire.

BALIBAR Renée (1975), *L'institution du français. Essai sur le colinguisme des Carolingiens à la République*, Paris : PUF.
BALIBAR Renée (1991), *Histoire de la littérature française*, Paris : PUF, coll. « Que sais-je ? » (2e éd. corr. : 1993).
BALIBAR Renée (1993), *Le colinguisme*, Paris : PUF, coll. « Que sais-je ? ».

COMMUNAUTÉ LINGUISTIQUE

Daniel Baggioni,
Marie-Louise Moreau,
Didier de Robillard

Il paraît de bonne méthode, pour la *socio*linguistique, qui se propose d'étudier le rapport entre langues et sociétés, de s'interroger sur le lieu au sein duquel ce rapport est observable : la communauté linguistique. Mais il s'agit d'un concept malaisé à définir, et d'une réalité difficile à faire apparaître concrètement. Il est clair en effet qu'il n'y a pas de coïncidence entre territoires géographiques et pratiques linguistiques et on ne voit pas toujours *a priori* quelles observations pourraient mettre en évidence le sentiment de «communauté» qui fonde la communauté linguistique.

Aussi étonnant que cela puisse paraître, la linguistique dite moderne (fonctionnaliste, structuraliste ou générative transformationnelle) n'a pas abordé de front un concept par ailleurs utilisé sans qu'il soit véritablement problématisé. Significative, à cet égard, est l'absence de tout développement sur ce thème dans la quasi-totalité des dictionnaires (à l'exception de Dubois *et al.*) et encyclopédies de linguistique parus dans le monde occidental lors de ces trois dernières décennies. En fait, c'est avec la diffusion des problématiques sociolinguistiques que la notion de communauté linguistique a vraiment été discutée.

Une communauté de langue

Être membre d'une communauté linguistique, c'est communiquer avec un certain nombre d'individus et peut-être parler (entre autres) une langue commune à une partie de cette communauté. Si on pouvait les concevoir comme des communautés de langue, les communautés linguistiques ne poseraient aucun problème d'identification, elles coïncideraient avec des groupements humains géographiquement et/ou socialement définis par l'usage commun d'une langue.

Le problème est bien sûr de s'entendre sur ce qui fait l'unité d'une langue. On s'est longtemps contenté, à la suite de Saussure, de fonder cette unité sur un usage moyen (la langue est «sensiblement la même pour tout le monde») ou, à la suite de Bloomfield, sur l'intercompréhension [voir *Intelligibilité mutuelle*] entre les individus. Mais l'approche de situations concrètes sur ces bases se heurte à de très grandes difficultés, parce que les critères sont moins clairs qu'il n'y paraît.

On peut par ailleurs se demander si, dans l'étude des communautés linguistiques, c'est le critère linguistique ou le facteur social qui doit prédominer. Le premier suppose l'existence de (variétés de) langues indépendamment de « supports » humains. Or, les locuteurs ne réagissent pas aux langues en individus isolés, mais en membres de groupes structurés, dont les comportements ne peuvent se réduire à la simple addition de comportements individuels. Il paraît donc que le point de vue social doit prédominer dans l'approche de cette problématique.

Une communauté politique, nationale ou ethnique

Il est parfois apparu empiriquement acceptable d'assimiler communauté linguistique et entité politique, nationale ou °ethnique. Dans un certain nombre de situations européennes, c'est en effet à la faveur d'un processus particulier de construction stato-nationale que des °langues standards se sont constituées au départ d'une diversité de langues °dialectales. Ainsi, le français s'est élaboré à partir des langues résultant de la diversification du latin en Gaule (normand, picard, lorrain, champenois, etc.) et cette élaboration s'est faite en même temps que se structurait l'État français.

Il est vrai assurément, dans la plupart des cas, que les aires linguistiques telles que les conçoivent les dialectologues ne s'homogénéisent pas spontanément, ne trouvent pas leur °langue commune ou leur °norme unifiante en dehors de la constitution d'un espace politique commun. S'opposant au cas de la Belgique francophone, où l'utilisation du français est attestée dès la fin du XIIe siècle, alors qu'aucune structure politique ne liait les entités de la future Belgique (comtés, principautés...) à la France, l'exemple néerlandais empêche qu'on conçoive l'unification linguistique comme nécessairement prédéterminée par les aires linguistiques : l'aire néerlandophone (actuelle) ne couvre en effet qu'une petite partie du domaine dialectal du bas-allemand (celui-ci couvrait toute la moitié nord de l'Allemagne) et s'annexe une portion d'un autre domaine dialectal germanique (une partie des dialectes frisons). C'est l'émergence et le développement d'États territoriaux transformés plus tard en États-nations qui, souvent, ont homogénéisé des territoires linguistiquement hétérogènes.

Contre une conception qui associerait la communauté linguistique à une structure nationale ou ethnique, on peut faire valoir tout d'abord l'existence d'États où cohabitent plusieurs langues standards, comme celle de langues réparties sur plusieurs États. S'y oppose aussi l'homogénéité toute relative des États qu'on définirait *a priori* comme monolingues, mais dont l'unité linguistique n'est que tendancielle : l'espace unifié par une langue standard est travaillé par la variation géographique, sociale, professionnelle, etc. et par le contact avec d'autres langues (régionales, d'émigration, internationales), certes dans un rapport de force où domine globalement la °langue nationale.

Par ailleurs, si la communauté linguistique est souvent le fait de l'histoire et se trouve profondément dépendante des structures politiques qui organisent les ensembles humains dans leur vie économique et sociale, lorsqu'une structure étatique est surimposée à un certain nombre de communautés sociales préexistantes à l'intérieur d'un territoire mollement contrôlé par le pouvoir étatique, il est vain de vouloir faire coïncider communautés linguistiques et ensembles politiques « nationaux », surtout si la définition des °identités sociales ne passe pas par un sentiment d'appartenance à une communauté nationale.

Une communauté de parole ou de répertoire

Pour Gumperz et Fishman, les communautés linguistiques se définissent moins par l'usage de telle ou telle langue que par la manière dont leurs membres mettent les langues en °contact et la façon dont ils connectent les °réseaux de communication, en utilisant plusieurs codes linguistiques de manière différenciée selon les rôles qu'ils ont à tenir dans la vie sociale. La communauté linguistique se construirait comme telle sur la base d'une « matrice communicative » (Gumperz, 1962 : 31), résultant de l'ensemble des répertoires individuels, où les membres de la communauté trouvent leur dénominateur linguistique commun.

Cette définition conduit, pour l'étude de chaque situation, à prendre en considération sa structuration sociale ou socio-ethnique et la façon dont cette structuration interfère avec la stratification des langues en présence.

Si on adopte ce point de vue, on pourra être amené à examiner les différents types d'interactions et à déterminer quel volume chacun occupe dans les échanges des différents membres de la communauté. Il importera aussi, en ce cas, de rester attentif à la qualité des interactions, qui peut nuancer sérieusement le type de résultats que l'on obtiendrait en tenant compte seulement des aspects quantitatifs.

Une communauté partageant les mêmes °normes

Pour Labov (1972 : 228, 338), l'élément fondateur d'une communauté linguistique est la référence à des normes communes. Les groupes qui composent la communauté ont des pratiques distinctes, mais ils partagent un ensemble d'°attitudes sociales envers les divers usages et se rejoignent sur la manière dont ceux-ci se hiérarchisent.

Dans une optique analogue, on considérera que l'unité de ce qu'on appelle LE français (unité qui fonde le concept de communauté francophone) n'existe que parce qu'un ensemble social s'accorde pour étiqueter «français» un certain °corpus, fait d'usages différents, tous mis en relation par leurs utilisateurs avec le français standard, avec une même norme, identifiée comme telle par un corps de spécialistes mandatés par le corps social (lexicographes, grammairiens, etc.).

Cette conception peut conduire à répartir les membres de la communauté dans de grandes catégories : le cœur de la communauté linguistique serait ainsi constitué d'agents qui proposent des modèles normatifs (présentateurs audio-visuels, personnalités en vue, grammairiens, académies, etc.); ces modèles seraient véhiculés par un groupe de diffuseurs de normes (enseignants, etc.), vers des locuteurs qui épousent ces normes avec plus ou moins de bonheur dans leur pratique. A la périphérie de la communauté linguistique, on pourrait trouver des locuteurs qui contestent délibérément les normes (mais il s'agit néanmoins de membres de la communauté, dans la mesure où combattre les normes manifeste la conscience de leur existence et une volonté de les faire évoluer).

Bourdieu (1982 : 57) conteste toutefois ce modèle diffusionniste : «Du fait que le moteur même du °changement n'est autre que l'ensemble du champ linguistique ou, plus précisément, l'ensemble des actions et des réactions qui s'engendrent continûment dans l'univers des relations de concurrence constitutives du champ, le centre de ce mouvement perpétuel est partout et nulle part, au grand désespoir de ceux qui [sont] enfermés dans une philosophie de la diffusion fondée sur l'image de la «tache d'huile» [...]».

Une unité de gestion de ressources linguistiques

La question doit sans doute être abordée sous un angle plus abstrait. Dans ce sens, on définira la communauté linguistique comme une «unité de gestion de ressources linguistiques». Sous le terme *ressources linguis-*

tiques, on rassemblera l'ensemble du corpus linguistique (qui peut relever de plusieurs langues ou de plusieurs variétés de langues) et les instruments permettant l'existence et la mise en évidence de ce matériau linguistique (méthodes de description, appareils de diffusion, appareils normatifs), l'«unité de gestion» étant constituée par un ensemble d'*agents* (institutions et individus physiques), concernés par la dimension linguistique de la vie sociale. La communauté serait ainsi conçue comme un système constitué d'agents et d'objets utilisés par les agents, structurés dans leurs °représentations, reconnus par eux, et dans certains cas, °aménagés par eux.

Il faut concevoir, à ce stade encore abstrait, que les espaces occupés par les agents et les objets ne se superposent pas (ainsi, il y a des °bilingues, et les langues °véhiculaires ne se diffusent pas également dans tous les groupes), ce qui n'a rien d'étonnant dans la mesure où l'on étudie des systèmes ayant pour fonction la communication : si ces systèmes communiquent entre eux, cela suppose bien des agents et des objets en commun.

On distinguera soigneusement acteurs sociaux physiques et agents, les deux entités ne coïncidant pas en permanence, un même acteur social pouvant fort bien jouer plusieurs rôles selon les circonstances, montrant ainsi qu'il peut être agent de différentes forces : un spécialiste de technologie nucléaire peut poser son usage en norme pour ce qui est de la terminologie de son domaine, et contester la norme dans d'autres secteurs. Le centre n'est donc pas situé une fois pour toutes, soit dans l'espace, soit incarné dans des personnes ou institutions (et on échappe ainsi à la critique de Bourdieu sur le modèle diffusionniste).

On concevra en outre que les communautés linguistiques peuvent s'emboîter les unes dans les autres, ce que peuvent révéler les comportements et les représentations des agents. Ainsi, bien que ses caractéristiques propres et notamment la place qu'y occupe le °créole lui confère une autonomie relative par rapport à la communauté linguistique française, la communauté de l'île de la Réunion est néanmoins située, par une règle tacite, comme un sous-ensemble de cette dernière.

Si l'on souhaite maintenant rendre ce modèle opératoire pour l'étude de communautés linguistiques concrètes, il faut bien admettre que ce jeu de permutations de rôles ne peut être observé que dans des interactions à chaque fois spécifiques, et qu'une approche macrosociolinguistique ne peut utiliser la conception telle quelle (par exemple dans la perspective d'une intervention se donnant comme objectif premier d'aménager une situation ou un corpus linguistique). La description de cas concrets ne saurait éviter de simplifier et de figer les choses, il importe seulement de ne pas se faire d'illusions sur le degré d'adéquation à la réalité du modèle ainsi idéalisé. Il sera par exemple parfois malaisé de faire le départ entre la réalité des comportements et la représentation qu'en ont les locuteurs. La fiabilité des indicateurs devra par ailleurs être évaluée à chaque utilisation : dans certains cas, l'homogénéité du corpus des langues sera un indicateur admissible de l'appartenance de certains acteurs sociaux à une même communauté; dans d'autres, on privilégiera les critères sociolinguistiques (homogénéité dans les répertoires linguistiques, les hiérarchisations des usages, les modalités de leur appropriation); dans d'autres cas encore, on fera appel à l'histoire (comme lieu où l'on peut déceler des traces d'évolutions convergentes ou divergentes), aux critères économiques, communicationnels, géographiques, politiques, etc. Mais il est important de s'accorder sur le statut d'indicateurs seulement de ces critères, qui, tous, sont des moyens de faire des hypothèses sur le degré de cohésion qui unit les acteurs sociaux, les groupes, les pays, etc. au sein de la communauté linguistique. Ces critères passent donc du statut de facteurs suffisants qu'ils avaient dans les conceptions traditionnelles à celui de facteurs nécessaires, mais pas suffisants.

Dans tous les cas de figure, on ne soulignera jamais assez que la communauté linguistique est un objet abstrait, et construit tant par les individus que par le chercheur.

BOURDIEU Pierre (1982), *Ce que parler veut dire. L'économie des échanges linguistiques*, Paris : Fayard.

DUA Hans Raj (1981), «Dimensions of speech community», *International journal of the sociology of language, 32*, 85- 119.

GUMPERZ John J. (1962), «Types of linguistic communities», *Anthropological linguistics, 34*, 191-211.

GUMPERZ John J. (1982), *Communication, language and social identity*, Cambridge : Cambridge University Press.

FISHMAN Joshua (1969), «National language and wider communication in the developping nations», *Anthropological linguistics*, Paris : Champion, 5-18. Aussi dans FISHMAN Joshua (1972), 191 sv.

FISHMAN Joshua (1972), «Varieties of ethnicity and language consciousness», *in* FISHMAN Joshua, *Language in sociocultural change*, Stanford : Stanford University Press, 363-375.

LABOV William (1972), *Sociolinguistic patterns*, Philadelphie : University of Pennsylvania Press. Trad. fr. : *Sociolinguistique*, Paris : Minuit, 1976.

COMPLÉMENTARITÉ FONCTIONNELLE   Michel Beniamino

Dans la définition fergusonienne, une situation de °diglossie est caractérisée par la répartition fonctionnelle des variétés en présence. La *°variété haute* est la langue de culture et des relations °formelles et la *°variété basse* la langue commune, celle de la vie quotidienne. La fonction et le domaine d'emploi des deux variétés sont mutuellement exclusifs et les éventuels phénomènes d'°interférence entre les variétés sont considérés comme instables et conjoncturels.

La complémentarité fonctionnelle des langues renvoie à la stratification sociale et/ou socio-°ethnique d'une société, mais elle n'implique pas une situation stable, même si l'idéologie diglossique tend à la réifier. L'analyse des fonctions et les domaines d'emploi des variétés doit prendre en compte la dynamique sociale. En particulier la mobilité sociale, l'°alphabétisation ou le développement des systèmes éducatifs conduit à élargir le répertoire linguistique des locuteurs. Les °politiques linguistiques peuvent en outre, mais à long terme, modifier les domaines d'emploi des langues.

Certains sociolinguistes (Laffont, Ninyoles) marquent leurs distances par rapport à cette terminologie, qui impliquerait une sorte de «coexistence pacifique» des langues, masquant ainsi l'existence d'un conflit linguistique qui est aussi un conflit socioculturel et sociopolitique.

FISHMAN Joshua A. (1971), *Sociolinguistique*, Paris, Bruxelles : Nathan, Labor.
NINYOLES Rafael Luis (1976), «Idéologies diglossiques et assimilation», *in* GIORDAN Henri et RICARD Alain (éd.), *Diglossie et littérature*, Bordeaux-Talence : MAHA : 151-160.
PRUDENT Lambert-Félix (1980), «Diglossie ou continuum? Quelques concepts problématiques de la créolistique moderne appliqués à l'Archipel caraïbe», *in* GADIN Bernard et MARCELLESI Jean-Baptiste (éd.), *Sociolinguistique. Approches, théories, pratiques*, Paris : PUF, 197-210.

CONTACT DES LANGUES   Josiane F. Hamers

Selon Weinreich (1953), qui fut le premier à utiliser le terme, le contact des langues inclut toute situation dans laquelle une présence simultanée de deux langues affecte le comportement langagier d'un individu. Le concept de contact des langues réfère au fonctionnement psycholinguistique de l'individu qui maîtrise plus d'une langue, donc d'un individu bilingue[1]. Il se démarque de celui de °bilinguisme et de multilinguisme, qui réfèrent davantage à un état de la société qu'à un état individuel. Le multilinguisme est un phénomène commun de l'humanité ainsi que de la majorité des pays : plus de 5.000 langues sont parlées dans moins de 200 pays, dont seulement 25 % reconnaissent un °statut officiel à plus d'une langue (Crystal, 1991). La majorité des individus vivent dans un entourage bilingue et doivent adapter leur comportement langagier à cette situation. Au niveau individuel, le contact des langues se traduit par un état de *bilingualité*, défini comme «un état psychologique de l'individu qui a accès à plus d'un code linguistique; le degré d'accès varie sur un certain nombre de dimensions d'ordre psychologique, cognitif, psycholinguistique, socio-psychologique, sociologique, sociolinguistique, socioculturel et linguistique» (Hamers et Blanc, 1983).

L'ontogenèse de la bilingualité

L'âge d'acquisition de la bilingualité détermine le développement de l'enfant bilingue. Il faut distinguer entre la bilingualité d'enfance, d'adolescence et de l'âge adulte. Les deux dernières résultent davantage d'un apprentissage formel d'une °langue seconde, alors que la première est souvent le produit de contextes bilingues. Dans le cas d'une bilingualité d'enfance, il faut faire une distinction supplémentaire entre la bilingualité précoce consécutive et la bilingualité précoce simultanée. Dans le premier cas, l'enfant apprend une deuxième langue en bas âge, après avoir acquis les structures principales de sa °langue maternelle; les deux langues sont souvent apprises dans des contextes différents : la famille d'une part et l'école, la gardienne ou le quartier d'autre part. Dans la bilingualité précoce simultanée, l'enfant est exposé à plus d'une langue dès les premiers mois et il acquiert deux langues maternelles dans un même contexte. Le comportement linguistique de la famille permet à l'enfant de devenir un bilingue équilibré dès le début de son apprentissage. On parle de développement bilinguistique pour référer à la mise en place précoce (entre 1 et 4-5 ans) d'un répertoire linguistique propre à l'enfant bilingue.

---

[1] Note de l'éditrice: La matière relève donc davantage de la psycholinguistique. Elle occupe toutefois une place assez importante dans le champ de la réflexion sociolinguistique pour que cet ouvrage y consacre une section.

Le développement bilinguistique

Les recherches et les descriptions biographiques sur le développement du jeune bilingue font ressortir les faits suivants : le contexte bilingue n'a aucun effet adverse sur le comportement linguistique de l'enfant, qui développe la phonologie, la grammaire et le lexique des deux langues en parallèle; l'enfant prend très tôt conscience de l'existence de deux codes distincts; les mélanges des deux codes sont rares et diminuent avec l'âge; très jeune, l'enfant acquiert une capacité à distinguer le signifiant du signifié. Le nourrisson élevé en milieu bilingue discrimine les phonèmes des deux langues bien avant de verbaliser; il développe une capacité à effectuer un traitement psychoacoustique avant que celui-ci ne desserve ses besoins linguistiques. La différenciation entre les deux codes linguistiques se manifeste dès l'âge de 20 mois; elle s'améliore avec l'âge et est parfaitement établie à la fin de la période de développement du langage (5-6 ans). Au début, le lexique de l'enfant comporte des mots des deux langues. Ensuite, pour une part qui ne cessera de croître, des couples d'unités équivalentes, que l'enfant utilise d'abord de façon interchangeable, puis différenciée. En ce qui concerne l'apparition du premier mot ou la longueur moyenne des énoncés, aucune différence n'est observée entre le jeune monolingue et le jeune bilingue. D'autres aspects de l'acquisition du langage suivent des trajectoires différentes chez les deux catégories d'enfants. L'enfant bilingue développe plus vite la fluidité verbale, mais plus lentement le vocabulaire réceptif et les formes interrogatives. Ce retard est interprété comme une conséquence d'une plus tâche plus complexe à apprendre. Cette complexité même serait à l'origine de la croissance cognitive qui découle d'une expérience bilingue.

Certains comportements linguistiques sont propres à l'enfant bilingue : les mélanges linguistiques, les °emprunts et la capacité précoce d'agir comme interprète. Les mélanges linguistiques sont présents, mais avec une fréquence peu élevée (2 à 4%); ils tendent à disparaître au fur et à mesure de l'apprentissage. La majorité des mélanges sont de nature lexicale : le mot est remplacé par son équivalent de traduction (*moi encore du milk*). Le mélange se produit également à d'autres niveaux (phonologique, morphémique, etc.). Une forme fréquente de mélange linguistique est la duplication lexicale ou la traduction spontanée (*Je veux du jus d'orange, orange juice*). L'emprunt adapté est une autre forme fréquente de mélange linguistique. Dans un énoncé produit en une langue, l'enfant insère un mot du lexique d'une autre langue en lui faisant subir une adaptation grammaticale (*bébé ourson a runné chez sa maman*). Avec la maîtrise de deux codes linguistiques, l'enfant bilingue développe les mécanismes psychologiques nécessaires pour gérer une °interférence potentielle et garder ses deux langues séparées sur le plan fonctionnel. De façon générale, parvenu à la fin de la période d'acquisition du langage (4-5 ans), l'enfant bilingue se comporte comme un locuteur natif dans les deux langues ; il peut en outre assurer la fonction d'interprète et est capable d'exploiter ses connaissances linguistiques dans ses relations sociales.

L'idée qu'il vaut mieux, dans le cas de couples mixtes, que chaque parent emploie sa langue n'est pas appuyée par la recherche empirique. L'équation « une langue = un adulte », connue sous le nom de loi de Grammont, n'est pas nécessaire à l'évolution harmonieuse des enfants bilingues. Les enfants dont les parents n'appliquent pas cette règle n'accusent aucun retard et se montrent tout aussi capables de garder leurs deux langues séparées.

Le développement cognitif et le contexte social de la bilingualité

La majorité des enfants bilingues ne le deviennent pas de façon simultanée, mais bien par le biais de la socialisation secondaire, en particulier par la scolarisation : ils reçoivent une éducation bilingue, ou, plus souvent, ils sont scolarisés dans une langue autre que leur langue maternelle. L'effet de cette expérience bilingue sur la croissance cognitive de l'enfant est une préoccupation majeure en psychologie.

Jusque dans les années 60, les recherches psychométriques semblaient démontrer que l'expérience bilingue précoce était plutôt nocive pour la croissance cognitive de l'enfant : il y apparaissait que les enfants bilingues rencontraient de sérieux problèmes de développement, qu'ils accusaient un handicap linguistique et des retards scolaires, que leur quotient intellectuel était inférieur à celui des monolingues, qu'ils éprouvaient des problèmes d'adaptation et souffraient de confusion mentale. Ces premières études sont toutefois sujettes à d'importantes critiques méthodologiques : les enfants bilingues et monolingues n'étaient pas comparables en termes d'origine socio-économique ; le bilinguisme était mal défini et la compétence en langue seconde rarement vérifiée ; les tests étaient administrés dans une langue seconde mal maîtrisée. La validité de leurs résultats est donc douteuse.

Plus soucieuse de rigueur méthodologique, l'étude de Peal et Lambert (1962) compare des enfants bilingues français-anglais des écoles de Montréal à des enfants monolingues appariés pour l'âge, le °sexe et le niveau socio-économique, à des tests d'intelligence verbale et non verbale. Les auteurs constatent une supériorité des bilingues à des tests d'intelligence verbale et non verbale. Le meilleur rendement intellectuel des enfants bilingues est interprété comme résultant d'une plus grande flexibilité cognitive engendrée par l'habitude de passer d'un système symbolique à un autre. Un grand nombre de recherches, conduites dans divers pays, sur des combinaisons linguistiques différentes, ont confirmé et affiné les observations de Peal et Lambert. L'enfant bilingue acquiert une plus grande habileté à traiter des problèmes perceptuels, une meilleure capacité à résoudre des tâches de formation de concept et à réorganiser l'information, une facilité à découvrir des règles, une conscience métalinguistique plus aiguisée, ainsi qu'une plus grande aptitude à utiliser la pensée divergente. Il développe aussi sa pensée créative et le raisonnement analytique (Hamers, 1991).

Ces avantages cognitifs ne se manifestent pas de façon automatique chez tous les bilingues; pour beaucoup d'enfants, notamment ceux qui appartiennent à des groupes minoritaires, l'expérience du bilinguisme va de pair avec une mauvaise performance scolaire, ces corrélats négatifs étant décrits en termes de déficit. Le terme *semilinguisme* a été utilisé pour désigner l'enfant bilingue qui n'atteint pas les °normes dans les deux langues et qui semble incapable de développer son potentiel linguistique ; il y aurait un déficit dans la connaissance de la structure des deux langues. L'usage du concept de semilinguisme a toutefois été critiqué : le potentiel linguistique n'est pas défini; le déficit est mesuré au moyen de tests psychométriques normatifs et de résultats scolaires. Afin d'expliquer les observations contradictoires recueillies chez les enfants suivant qu'ils appartiennent à des groupes majoritaires ou minoritaires, il convient de mieux cerner la nature des avantages cognitifs et les conditions qui permettent leur développement.

Le contexte socioculturel du développement bilingue

L'ontogenèse bilingue doit être examinée aussi sous l'angle des composantes sociales, psychologiques et culturelles de son contexte. Il faut distinguer entre une *bilingualité additive* et une *bilingualité soustractive* (Lambert, 1974). Dans la forme additive, le contexte socioculturel est tel que l'enfant, qui a déjà développé une compétence langagière dans une première langue fortement valorisée, ajoute à son répertoire une deuxième langue sans détriment pour son acquis linguistique. Dans la forme soustractive, au contraire, l'enfant dont la langue maternelle n'est pas valorisée va acquérir une seconde langue plus °prestigieuse par le biais de la scolarisation, mais au détriment de son acquis en langue maternelle. Cette distinction permet d'expliquer aussi bien les avantages cognitifs liés au bilinguisme dans le cas d'enfants de milieux avantagés que l'échec scolaire des enfants de minorités. Hamers et Blanc (1989) formulent l'hypothèse que la bilingualité additive est régie par deux dimensions indépendantes. D'une part, il y a une dimension cognitive : le développement des processus d'analyse et de contrôle linguistiques ainsi que des mécanismes métalinguistiques se traduirait par un degré élevé de fonctionnement cognitif. D'autre part, une dimension socio-affective, résultant de l'appropriation des valeurs sociétales, mènerait à une valorisation du langage et des langues. Un degré élevé d'additivité serait atteint lorsque l'enfant progresse sur les deux dimensions. Par contre, un fonctionnement cognitif peu développé, lié à une faible valorisation de la langue, donnerait lieu à une bilingualité soustractive.

Les différents types de bilingualité

Une autre distinction concerne le degré de maîtrise des deux codes : le *bilingue équilibré*, qui a une compétence comparable dans chacune de ses langues, est ainsi différencié du *bilingue dominant*, qui a une compétence supérieure dans une des deux langues. Une distinction est également faite en fonction de la relation entre la langue et la pensée. Pour un *bilingue composé*, un mot et son équivalent de traduction correspondent à une seule unité conceptuelle, alors que pour un *bilingue coordonné*, il y a deux unités conceptuelles. Enfin, les bilingues peuvent être soit *biculturels*, soit *monoculturels* (Hamers et Blanc, 1983).

Le traitement de l'information chez le bilingue

La recherche psycholinguistique sur le contact des langues s'est concentrée sur deux volets du fonctionnement cognitif : l'encodage-décodage et la mémoire bilingue. Afin d'expliquer la facilité avec laquelle un bilingue passe d'une langue à l'autre, on a postulé l'existence d'un mécanisme commutateur : l'activation d'un code entraînerait automatiquement l'inaction de l'autre. Ce dispositif permettrait au bilingue de fonctionner alternativement dans ses deux langues sans °interférence. Pour ce qui est de la réception, l'ensemble de l'input verbal est analysé par le bilingue et régulé en fonction de ses ressources, de l'activation du système et du contrôle qu'il exerce sur le processus. Les deux langues sont interdépendantes au niveau sémantique du traitement de l'information (Hamers et Blanc, 1989).

Deux types de modèles de mémoire bilingue sont proposés. D'une part, les modèles d'interdépendance postulent l'existence d'une mémoire sémantique unique dans laquelle chaque mot est doté d'une étiquette linguistique. D'autre part, les modèles d'indépendance suggèrent l'existence de deux mémoires sémantiques reliées par un mécanisme de traduction et associées chacune au système d'imagerie. Le niveau auquel il faut postuler le lien entre les deux systèmes verbaux dans la mémoire n'est pas encore clairement identifié (Hamers et Blanc, 1989).

CRYSTAL David (1987), *The Cambridge encyclopedia of language*, Cambridge : Cambridge University Press.
HAMERS Josiane F. (1991), «L'ontogenèse de la bilingualité : dimensions sociales et transculturelles», *in* REYNOLDS Allan G. (éd.), *Bilingualism, multiculturalism and second language learning*, Hillsdale, N.J. : Lawrence Erlbaum Associates, 127-144.
HAMERS Josiane F. et BLANC Michel H.A. (1983), *Bilingualité et bilinguisme*, Bruxelles : Mardaga.
HAMERS Josiane F. et BLANC Michel H.A. (1989), *Bilinguality and bilingualism*, Cambridge : Cambridge University Press.
LAMBERT Wallace E. (1974), «Culture and language as factors in learning and education», *in* ABOUD Frances E. et MEADE R.D. (éd.), *Cultural factors in learning*, Bellingham : Western Washington State College, 131-143.
PEAL Elisabeth et LAMBERT Wallace E. (1962), «The relation of bilingualism to intelligence», *Psychological monographs*, 76, 1-23.
WEINREICH Uriel (1953), *Languages in contact*, La Haye : Mouton.

CONTINUUM   Robert Chaudenson

Ce terme a connu une grande vogue dans le domaine des études °créoles depuis la fin des années 60 avec, en particulier, les travaux de D. DeCamp et de D. Bickerton (1973). Le mot a été utilisé pour désigner l'ensemble des productions linguistiques qui se situent entre deux pôles, l'°acrolecte et le °basilecte, et qui ne relèvent pas strictement de l'un ou de l'autre, dans la mesure où un énoncé du °mésolecte peut comporter des traits acrolectaux et basilectaux, mais aussi des variantes intermédiaires.

Un exemple (imaginé) pour la situation réunionnaise :

Nous mangions un peu de morue chez notre oncle. (français ; acrolecte)
Nous mangions un peu la morue chez notre oncle.
Nous i mangeait un peu la morue chez not toton.

Ni manzé in pé la mori sé not tonton.
Nou té ki manz in pé la mori la kaz nout tonton. (créole basilectal).

On pourrait proposer plusieurs autres variantes intermédiaires, en jouant sur les variantes phonétiques, lexicales et morphosyntaxiques.

Le terme *continuum* a fait parfois l'objet d'un usage abusif, qu'on peut limiter en recourant à la méthode d'analyse implicationnelle (Bickerton, 1975; Carayol et Chaudenson, 1978, 1979). Il est souhaitable de restreindre l'usage du terme aux cas où l'on peut mettre en évidence certaines formes et règles d'organisation de l'ensemble mésolectal (relations d'implication en particulier), qui permettent d'ordonner et de classer les variantes intermédiaires, sans faire appel à des éléments extralinguistiques et/ou à des catégories sociales pré-établies.

BICKERTON Derek (1975), *Dynamics of a Creole system*, New York : Cambridge University Press.
CARAYOL Michel et CHAUDENSON Robert (1976), «Essai d'analyse implicationnelle du continuum linguistique créole-français à la Réunion», *in* MANESSY Gabriel et WALD Paul (éd.), *Plurilinguisme : normes, situations, stratégies*, Paris : L'Harmattan, 129-172.

CONVERGENCE Caroline Juillard

Les locuteurs vont tenter de converger linguistiquement vers les modèles qu'ils pensent être caractéristiques de leurs interlocuteurs, lorsqu'ils désirent leur approbation sociale et que le coût perçu d'une telle action est inférieur au résultat anticipé ; ou bien parce qu'ils désirent un niveau élevé d'efficacité dans la communication. L'amplitude d'une telle convergence sera fonction de l'étendue de leurs répertoires linguistiques, et des facteurs qui peuvent accroître le besoin d'une approbation sociale et/ou d'une efficacité communicationnelle, notamment la différence inter-individuelle ou environnementale, la question du pouvoir social et/ou économique des interactants. La convergence linguistique sera évaluée positivement par les récepteurs lorsque le comportement qui en résulte est perçu comme psychologiquement intégratif, comme établissant la distance sociolinguistique la meilleure possible entre les interactants, et lorsqu'on peut lui attribuer une intention positive (Beebe et Giles, 1984).

Le mécanisme des convergences interpersonnelles quotidiennes au sein de °réseaux sociaux importants peut entraîner des déplacements à long terme dans les usages linguistiques, tant individuels que collectifs. C'est pourquoi la potentialité de trajectoires d'°accommodations convergentes à long terme peut être envisagée par des études longitudinales.

Les mécanismes divers auxquels recourt l'acculturation des migrants au sein d'une communauté d'accueil sont parfois analysés en terme d'accommodation convergente, unilatérale et asymétrique.

BEEBE Leslie M. et GILES Howard (1984), «Speech accommodation theories : a discussion in terms of language acquisition», *International journal of the sociology of language*, 46, 5-32.

GILES Howard, COUPLAND Nikolas et COUPLAND Justine (1991), «Accommodation theory : communication, context and consequences», *in* GILES Howard, COUPLAND Nikolas et COUPLAND Justine (éd.), *Contexts of accommodation : development in applied sociolinguistics*, Paris : Maison des sciences de l'homme, 1-68.

CORPUS   Didier de Robillard

Inventaire des règles et formes constituant un système linguistique et permettant son fonctionnement comme système sémiotique. L'°aménagement du corpus est traditionnellement opposé à l'aménagement du °statut des langues depuis H. Kloss (1969), même s'il est évident que, dans la réalité, l'aménagement de l'un entraîne immanquablement des conséquences pour l'aménagement de l'autre. Cette opposition s'explique à la fois par l'histoire de la linguistique, qui a longtemps opposé la linguistique «interne» (liée au corpus) à la linguistique «externe» (statut), et se justifie quelque peu par le fait que, acceptant plus ou moins cette scission, les linguistes ont souvent tendance à considérer que les concepts et méthodes mis en œuvre pour étudier/ aménager le corpus sont différents de ceux utilisés pour le statut.

Chez R. Chaudenson et collab. (1991 : 23-24), la notion de corpus renvoie davantage à la proportion d'interactions effectuées dans un code par rapport au volume total des interactions au sein d'une °communauté linguistique.

KLOSS Heinz (1969), *Research possibilities on group bilingualism : a report*, Québec : Centre international de recherche sur le bilinguisme.

CHAUDENSON Robert et collab. (1991), *La francophonie : représentations, réalités, perspectives*, Montmagny : Marquis, Aix-en-Provence : Institut d'études créoles et francophones.

CRÉOLE
Robert Chaudenson

Ce terme, initialement employé comme adjectif (*langue créole, patois créole*), l'est aujourd'hui comme substantif (*les créoles*) pour désigner diverses langues nées des colonisations européennes entre le XVIe et le XVIIIe siècles.

Créole (de l'espagnol *criollo*) a d'abord servi à désigner les Blancs nés dans ces colonies de parents européens; toutefois, en raison même du petit nombre de femmes européennes, le mot a rapidement qualifié des Métis (nés de femmes indiennes) et des Mulâtres (nés de femmes noires). On en est venu ensuite à nommer *créole* toute réalité qui apparaissait comme propre à ces zones coloniales de l'Amérique (latine surtout), de la zone caraïbe, de certaines régions occidentales de l'Afrique et de l'océan Indien (*cheval créole, café créole* ou *messe créole*). C'est ainsi qu'on a appelé *créoles* des parlers spécifiques de ces zones qui se rattachaient, de toute évidence, aux langues de colonisation, mais qui s'en distinguaient de façon tout aussi nette.

Les principales langues de la colonisation européenne ont ainsi donné naissance à près d'une centaine de créoles dans de nombreuses régions du monde, les plus importantes étant les suivantes :

– pour l'anglais : Jamaïque, Guyana, Hawaï

– pour l'espagnol : Colombie (palanquero), Philippines (chabacano)

– pour le français : Grenade, Guadeloupe, Guyane, Haïti, La Dominique, Louisiane, Martinique, Maurice, Réunion, Sainte-Lucie, Seychelles, Trinidad

– pour le néerlandais : anciennes Antilles hollandaises (negerhollands), Afrique du Sud (afrikaans, mais l'origine de cette langue est l'objet de controverses)

– pour le portugais : Anobon, Cap-Vert, Casamance, Curaçao, Guinée-Bissau, Inde (Ceylan, Damão, Goa), Principe, San-Tomé.

Cette classification n'est toutefois pas rigoureuse dans la mesure où certains créoles ont à peu près disparu (créoles français de Grenade et de Trinidad) et où d'autres peuvent relever de deux langues européennes (papiamento, créoles de Surinam, chabacano des Philippines). En outre, il n'est pas facile de décider si deux variétés proches constituent des °dialectes d'un même créole ou deux créoles différents (aux Petites Antilles françaises par exemple). De ce fait, le dénombrement des créoles et leur classification à partir des langues européennes sont sujets à caution.

L'apparition des créoles est liée, le plus souvent, à la colonisation esclavagiste. La plupart de ces langues sont apparues dans des îles où s'étaient installés des colons européens et où ont été transportées ensuite des populations d'esclaves d'origines diverses, dont l'immigration était rendue nécessaire par le développement économique de ces territoires. De ce fait, on peut admettre que la plupart des créoles sont des parlers exogènes (résultant des contacts de populations *immigrées*), apparus dans les contextes socio-économiques de l'« habitation » (pour user du nom colonial de l'exploitation rurale) et/ou de la plantation; ces parlers exogènes peuvent être aussi bien insulaires (cas le plus fréquent) que continentaux (Guyane ou Louisiane, où les populations serviles n'étaient pas autochtones). Les créoles sont plus rarement des parlers endogènes, c'est-à-dire des langues formées, dans un contexte historique différent (colonies de traite sans peuplement européen important), dans le contact des Européens avec des populations *autochtones*. Ce cas, beaucoup plus rare, est celui des créoles portugais de Casamance ou de Guinée-Bissau; compte tenu des différences considérables qui existent, au plan historique comme au plan sociolinguistique, avec les créoles exogènes, il n'est pas sûr que l'assimilation des uns aux autres ne soit pas abusive, dans la mesure où elle repose, pour l'essentiel, sur l'usage commun du terme *créole* dans leur dénomination. Se pose, à cet égard, la question de savoir si les langues dites créoles possèdent, en commun, des caractères qui permettraient de les définir de manière spécifique; on incline à croire qu'il n'en est rien (S. Mufwene, 1992).

On peut estimer qu'une dizaine de créoles français sont en usage dans le monde, totalisant 9 à 10 millions de locuteurs, qui l'utilisent souvent comme première langue; le créole haïtien avec 7 millions d'usagers est de très loin le plus important à cet égard, suivi par le mauricien (un peu plus d'un million).

Tous les créoles se trouvent dans des situations dites de °diglossie, les langues des colonisateurs s'étant, la plupart du temps, maintenues comme langue de °statut social supérieur (administration, éducation, justice, etc.). Dans le cas des créoles français, les situations ont été parfois modifiées par l'histoire, puisque la Grande Bretagne s'est emparée, au cours des siècles, de territoires initialement colonisés par la France. Il en résulte des diglossies de natures diverses où les créoles coexistent soit avec le français, soit avec l'anglais, soit avec ces deux langues :

Créoles/français : Départements d'Outre-Mer français (Guadeloupe, Guyane, Martinique, Réunion), Haïti
Créoles/anglais : La Dominique, Louisiane, Sainte-Lucie
Créoles/anglais/français : Maurice, Seychelles.

La question de l'origine de ces langues est très controversée. On peut considérer que les divers points de vue se rattachent à trois types majeurs d'hypothèses :

1. Les créoles seraient des formes d'évolution spécifiques des langues européennes. On a même prétendu autrefois qu'ils n'étaient que des formes anciennes ou dialectales de ces langues ; ce point de vue ne peut guère être soutenu aujourd'hui, même s'il a le mérite de souligner que les créoles français, par exemple, sont issus de variétés de français anciennes, populaires et régionales qui sont, à bien des égards, très éloignées de l'état standard [voir *Langue standard*] actuel de la langue française. Désormais, on incline souvent à penser que les créoles français (comme les autres créoles par rapport aux autres langues de la colonisation) résultent de formes d'apprentissage approximatif de variétés anciennes et populaires de français, qui avaient déjà dû elles-mêmes être soumises à une certaine koinéisation, dont les °français marginaux d'Amérique du Nord donnent une image intéressante. A cet égard, il est important de noter que la Nouvelle-France (colonies françaises d'Amérique du Nord, dont le Canada n'est qu'une partie) a été peuplée au même moment que les Indes occidentales et orientales (zone américano-caraïbe et océan Indien), par des colons français venus des mêmes régions de France et issus des mêmes °classes sociales.

2. Les créoles n'auraient °emprunté aux langues européennes que des éléments de surface (lexique ou même « forme sonore » seule) et seraient en fait, dans leur réalité profonde, des langues identiques à celles des esclaves. Cette hypothèse est souvent présentée, de façon quelque peu abusive, comme celle du °substrat africain (pour un point récent sur ces aspects, *cf.* S. Mufwene, 1993). La démonstration n'a guère été tentée de façon étendue que sur le créole haïtien, d'abord par S. Sylvain en 1936, avec la formule selon laquelle le créole haïtien serait une langue africaine à vocabulaire français, puis, beaucoup plus récemment, par un groupe de linguistes de l'Université du Québec à Montréal, sous la direction de C. Lefebvre, dont le point de vue ne diffère de celui de S. Sylvain que par le recours aux théories chomskiennes. A partir de productions recueillies auprès de locuteurs haïtiens immigrés au Québec, ce groupe s'est attaché à démontrer que le créole haïtien est du « fon [langue du Bénin actuel] °relexifié en français » ou même que cette langue est du

fon «à la forme sonore près», celle-ci étant le seul élément emprunté au français. En dépit d'une production abondante de publications visant à démontrer cette hypothèse, ce point de vue demeure très contesté, tant au plan de la nature des données utilisées qu'à celui de la méthode mise en œuvre pour les traiter (absence de fondements socio-historiques, sélection discutable des données, etc.). Par ailleurs, nul ne semble en mesure ou désireux de la vérifier sur d'autres créoles.

3. Selon un troisième point de vue, dont le principal théoricien a été D. Bickerton (1981), les créoles seraient les seules langues dans lesquelles émergerait un «bioprogramme linguistique», qui se serait constitué au cours de l'évolution de l'humanité. Ce point de vue repose sur un double fondement : d'une part, la mise en évidence de traits propres aux langues créoles et qui caractériseraient également ce bioprogramme; d'autre part, la présence de traits du même type dans les systèmes provisoires mis en œuvre par les enfants au cours de leur acquisition des diverses langues. La °créolisation et l'acquisition des langues seraient donc les deux cas majeurs d'émergence de ce bioprogramme; dans le premier cas, au sein des situations de grande hétérogénéité linguistique qu'auraient offertes les sociétés coloniales naissantes, les enfants auraient pu, en quelque sorte, imposer les structures du bioprogramme, en empruntant le matériau linguistique lui-même aux langues en présence et, en particulier, à la langue du colonisateur. En revanche, dans l'acquisition des langues, la confrontation des tentatives de restructurations esquissées sur le modèle du bioprogramme avec la production linguistique homogène du groupe social conduirait les enfants à renoncer à leurs restructurations, qui n'apparaîtraient donc que dans les premières phases de l'acquisition. Ce point de vue, exposé de façon systématique et brillante par D. Bickerton a suscité de nombreux débats dans les dernières années et entraîné nombre de tentatives de vérification ou de réfutation, en particulier sur la question de l'existence dans tous les créoles d'une organisation particulière des marques de temps, de modalité et d'aspect (TMA). Les conclusions sont assez diverses; en tout cas, il ne semble pas possible d'affirmer l'existence de structures que partageraient tous les créoles et qu'ils seraient les seuls à présenter.

Naturellement, il existe, entre ces divers points de vue, des nuances et des combinaisons nombreuses; certains linguistes, en particulier S. Mufwene, essayent de faire des synthèses de ces divers points de vue, ce qui est sans doute, à l'écart des positions extrêmes, la voie vers une reconstitution plus exacte du processus de la créolisation.

Les créoles sont devenus un domaine majeur de la recherche en sciences du langage, car leur étude permet de déterminer, dans des conditions exceptionnellement favorables, un processus longtemps réputé inobservable : la genèse d'une langue. Il semble, en effet, que les créoles se caractérisent moins par des traits linguistiques qui leur seraient propres que par les conditions historiques et sociolinguistiques de leur formation. L'avantage des situations insulaires où ils se sont, pour la plupart, constitués, est qu'on peut, en général, connaître avec une grande précision, non seulement l'importance et la nature des diverses immigrations, mais aussi les conditions et modalités du développement économique et social de ces territoires. La quasi-totalité d'entre eux voit son histoire marquée par deux phases successives : la période initiale d'installation (société d'habitation), où les Blancs sont plus nombreux que les Noirs, ces derniers vivant en interaction constante avec leurs maîtres et dans des conditions matérielles quasi identiques ; ensuite, la période du développement agro-industriel (société de plantation), où l'essor des agro-industries coloniales (sucre, café, épices) rend indispensables de fortes immigrations de main d'œuvre servile et réduit considérablement le pourcentage des Blancs dans l'ensemble des populations, tout en changeant radicalement le mode de socialisation des nouveaux esclaves. L'examen des documents anciens et l'analyse sociolinguistique des situations font présumer que c'est au début de cette seconde phase que s'opère la créolisation proprement dite, c'est-à-dire la stabilisation des systèmes et leur autonomisation par rapport à la langue européenne de départ.

Il n'est pas possible de donner une définition strictement linguistique des créoles et on ne peut totalement souscrire à l'idée qu'ils constitueraient des formes *simplifiées* des langues européennes dont ils dérivent. Il s'agit plutôt de restructurations dont on doit toujours considérer qu'elles sont issues de variétés anciennes, populaires et régionales de la langue d'origine. Si l'on prend l'exemple des créoles français, on constate que ces restructurations procèdent à la fois de tendances auto-régulatrices du français (français zéro [voir *Langue zéro*]) et de stratégies constantes que l'on peut observer dans l'appropriation de la langue française, aussi bien comme langue première (acquisition par les enfants) que comme °langue seconde (apprentissage non institutionnel). Peut-être de telles stratégies sont-elles relativement universelles et retrouve-t-on par là une idée qui rappelle le bioprogramme bickertonien ? Toutes les formes d'appropriation d'un système linguistique engendrent, en effet, des restructurations qui sont, à certains égards, proches ou même homologues ; la créolisation d'une langue résulte de certains modes de son appropriation ou, si l'on veut, de sa transmission ; cette circonstance ne doit pas toutefois conduire à désigner comme créoles toutes les variétés d'une langue en situation de °contact ou toutes les formes d'interlangues dans la genèse desquelles elle peut intervenir.

BICKERTON Derek (1981), *Roots of language*, Ann Arbor : Karoma.
CHAUDENSON Robert (1992), *Des îles, des hommes, des langues*, Paris : L'Harmattan.
CHAUDENSON Robert (1995), *Les créoles*, Paris : PUF, coll. «Que sais-je?», n° 2970.
MUFWENE Salikoko (1992), «A propos de substrat et de superstrat dans la genèse des créoles : les vrais et faux problèmes», *Études créoles*, 1992, 2, 135-149.
MUFWENE Salikoko (éd.) (1993), *Africanisms in Afro-American language varieties*, Athens et Londres : University of Georgia Press.
VALDMAN Albert (1978), *Le créole : statut, structure, origine*, Paris : Klincksieck.

CRÉOLISATION Robert Chaudenson

Une langue se créolise, non par simple évolution au contact d'une ou plusieurs autres langues (toutes les langues du monde, ou presque, seraient alors des °créoles), mais dans des conditions très particulières qui sont celles que réunissaient les sociétés coloniales esclavagistes du XVIe au XVIIIe siècle. En prenant pour exemple les créoles français, on peut faire apparaître que plusieurs conditions indispensables semblent requises :

– présence d'un peuplement français de départ important; il n'y a pas de créole français en Nouvelle-Calédonie (le cas du tayo est discutable), en Afrique subsaharienne ou aux Comores.

– transmission du français par voie quasi exclusivement orale, en l'absence de superstructure socio-culturelle (école).

– société esclavagiste vouée aux agro-industries coloniales (sucre, café, épices) et entraînant l'immigration massive d'esclaves d'origines diverses; il n'y a pas de créole français au Canada où pourtant la première et, pour partie, la deuxième conditions ont été réunies; il n'y en pas eu davantage en Algérie où le peuplement français a pourtant été important, mais tardif (XIXe siècle) et où les populations non françaises autochtones ont conservé leur langue et, pour une partie d'entre elles, appris le français.

Dans les colonies où se trouvaient réunis tous ces facteurs, la créolisation du français a résulté d'une appropriation approximative par les esclaves de variétés de français ancien et populaire, elles-mêmes distantes du français standard, en usage notamment chez les esclaves créoles et créolisés chargés de l'encadrement et de la socialisation des nouveaux arrivants. Dans de telles conditions, quoique l'essentiel des matériaux linguistiques mis en œuvre dans les créoles ait été d'origine française, ces systèmes se sont rapidement autonomisés par rapport au français.

DÉMOLINGUISTIQUE   Calvin Veltman

Champ disciplinaire

La démolinguistique est un sous-domaine de la démographie qui analyse la structure linguistique de la société et les facteurs qui influent sur l'évolution de sa composition linguistique. Les règles touchant la conduite des études et analyses ne sont pas complètement formalisées ; ce qui suit tente de synthétiser le plus possible l'orientation générale de la discipline.

Comme la démographie traditionnelle, la démolinguistique est étroitement associée au recueil des données par les agences de recensement national, suivant les orientations fixées par les Nations unies quant au type de données linguistiques à rechercher, notamment celles concernant la °langue maternelle, la langue habituellement parlée (la langue d'usage) et l'aptitude déclarée à parler certaines langues, notamment la °langue officielle d'un pays ou d'une région.

Objectifs

La démolinguistique vise d'abord à dénombrer les habitants d'un pays qui appartiennent à chaque groupe linguistique important, c'est-à-dire les groupes qui présentent un effectif suffisant pour permettre au démolinguiste de calculer des taux de natalité, de mortalité, de flux migratoires, etc. Au-delà de cet objectif simple, la démolinguistique vise à prévoir l'évolution des groupes linguistiques composant la population, en tenant compte notamment de la °mobilité linguistique.

Origine de la discipline

Les démographes ont toujours manifesté un intérêt pour la composition et l'évolution ethnolinguistiques de la population. Mais la formation d'une sous-discipline en démolinguistique doit son origine aux études démographiques réalisées au Québec sur des données recueillies lors du recensement canadien de 1971. A partir de cette année, les questionnaires de Statistique Canada demandent aux répondants d'identifier la langue qu'ils parlent le plus souvent à la maison, les réponses étant un meilleur indicateur de la pratique linguistique effective que les données précédemment disponibles dans le recensement canadien, qui mentionnaient seulement la langue maternelle et la connaissance générale du français et de l'anglais.

Dès la publication des données du recensement de 1971, les démographes québécois ont commencé l'étude en profondeur de la mobilité linguistique : quels sous-groupes linguistiques présentent une propension à conserver leur langue maternelle, lesquels présentent au contraire une tendance à rallier un autre groupe linguistique ? L'analyse devait éclairer la situation du moment, mais permettre aussi des prévisions sur son évolution. Ce sont toujours des préoccupations de ce type qui resteront au cœur de la discipline.

Méthodologie de recherche

Les données servant à l'analyse démolinguistique sont normalement recueillies par questionnaire lors d'un recensement. Rappelons-le, le recensement est un sondage administré à la quasi-totalité de la population, au moyen soit d'un questionnaire adressé par la poste, soit de questions posées au cours d'entretiens. Son caractère soulève donc l'ensemble des problèmes associés à ce type de recherche en sciences humaines : représentativité de la population échantillonnée, traitement des non-réponses, méthode d'administration, qualité des indicateurs, etc. En ce qui concerne ces questions méthodologiques, les démolinguistes font confiance aux agences de recensement pour assurer la qualité scientifique des données.

Par ailleurs, bien que peu de recherches de type démolinguistique se soient dotées d'une méthodologie leur permettant d'apprécier la fiabilité des réponses relatives à la capacité de parler une langue ou aux pratiques linguistiques effectives, on a pu montrer que les réponses fournies à ces questions se révèlent certes moins fiables que celles portant sur l'°âge et le °sexe (et l'identification «raciale» aux États-Unis), mais bien plus que celles concernant l'ethnicité, le lieu de naissance, la date d'immigration, la scolarité, la profession, le revenu (U.S. Census Bureau, 1974, 1975) et, bien entendu, toutes les questions psychosociales touchant aux sentiments et aux °attitudes des répondants. Les données relatives à la langue maternelle et à la langue habituellement parlée à la maison sont donc d'une très grande qualité par rapport à la plupart des données recueillies dans les différentes disciplines des sciences humaines.

Par contre, les questions employées par les agences de recensement réduisent parfois la diversité de la réalité linguistique : souvent, ces questions se limitent à langue maternelle et à la langue d'usage, en omettant la possibilité d'une réponse qui identifierait plusieurs langues, comme ce pourrait être le cas pour un répondant bilingue ou multilingue, dont la pratique linguistique varie souvent selon l'interlocuteur et la situation (conjoint, enfants, amis, patron, collègues de travail, etc.).

Stratégies d'analyse

Certaines variables sont d'une importance capitale pour la démographie. Il est essentiel ainsi d'obtenir lors d'un recensement des données fiables touchant l'âge, le sexe, le lieu de naissance, le lieu de résidence au moment du dernier recensement et la période d'arrivée des immigrants dans le pays. En effet, l'analyse démographique traditionnelle découpe la population selon l'âge et le sexe, puis, pour chacun des sous-groupes ainsi définis, elle applique des taux appropriés de mortalité ; de la même façon, elle prend en compte les taux de fécondité des femmes, par groupes d'âge, pour obtenir des estimations de la croissance naturelle de la population. La démographie traditionnelle intègre aussi à ses analyses des estimations de flux migratoires (entre plusieurs pays ou entre plusieurs régions au sein d'un même pays), toujours établies selon l'âge et le sexe ; les entrées internationales sont catégorisées en fonction du lieu de naissance et la période d'établissement dans le pays ou la région.

La démolinguistique va encore plus loin dans le découpage de la population que la démographie traditionnelle, la décomposant en termes d'appartenance linguistique, notamment selon la langue maternelle. On détermine les paramètres spécifiques à chaque sous-groupe linguistique concernant la natalité, la mortalité, et les divers comportements migratoires, ce qui permet d'établir des prévisions différenciées pour chacun de ces sous-groupes. L'ajout des paramètres relatifs à la mobilité linguistique des différents sous-groupes linguistiques complète l'analyse.

La mobilité linguistique

La contribution la plus originale de la démolinguistique consiste à intégrer le phénomène de la mobilité linguistique dans l'analyse prévisionnelle. Cela présuppose la présence d'au moins deux questions linguistiques dans un questionnaire : la première rechercherait un comportement langagier plutôt lointain (normalement la langue maternelle), l'autre, la pratique actuelle (par exemple, la langue principalement parlée à la maison). La comparaison des réponses fournies aux deux questions permet de déterminer les taux de mobilité linguistique pour chaque sous-groupe linguistique.

Évolution de la méthodologie démolinguistique

Selon l'un des grands principes de la démographie traditionnelle, la probabilité qu'un individu soit impliqué dans un événement démographique est structurée par l'entrée de cet individu dans un état de risque, ainsi que par la durée de cet état de risque.

La démolinguistique considère donc que l'âge d'une personne au moment de son établissement dans un pays structure le risque qu'elle court de connaître la mobilité linguistique. Les immigrants les plus âgés ont plutôt tendance à conserver leur langue maternelle comme langue d'usage, alors que les plus jeunes adoptent beaucoup plus rapidement la langue d'accueil. A titre d'exemple, le comportement linguistique des plus jeunes immigrants hispanophones ressemble fortement à celui des enfants de langue maternelle espagnole natifs des États-Unis (Veltman, 1989).

De plus, le risque d'une mobilité linguistique augmente avec la durée d'exposition à la langue d'accueil. En fait, l'analyse démolinguistique montre que la mobilité progresse rapidement après l'établissement des immigrants dans leur nouveau pays ; dans les dix ans suivant l'immigration, elle est à peu près complète et elle s'arrête après un séjour d'environ 15 à 20 ans, les immigrants ayant à ce moment fixé définitivement leur forme d'adaptation linguistique à leur nouvel environnement social.

L'analyse prévisionnelle requiert donc qu'on dispose des informations relatives à l'âge de l'immigrant au moment de son établissement, et à la durée de résidence dans le pays d'accueil. Pour les membres d'une minorité linguistique natifs d'un pays, le problème est moins complexe, la durée de séjour étant toujours égale à l'âge du répondant. Les taux de mobilité linguistique sont tout simplement calculés en fonction de l'âge des individus.

Prévisions de la mobilité linguistique

L'analyse prévisionnelle en démolinguistique tient donc compte de l'ensemble des facteurs ayant une incidence sur l'évolution future d'un sous-groupe linguistique : natalité, mortalité, immigration et émigration, ainsi que gain et perte de membres en raison de la mobilité linguistique. L'analyse de différents scénarios permet de déterminer quels facteurs influencent le plus l'évolution prévisible, ce qui confère à certaines études démolinguistiques une très grande pertinence sociale par rapport à la politique d'immigration, la politique de la famille, ou la °politique linguistique.

Par exemple, au Québec, l'analyse de la mobilité linguistique au recensement de 1971 a révélé que les trois quarts de l'immigration non francophone rejoignaient le groupe anglophone, ce qui a contribué à l'adoption des différentes législations linguistiques du milieu des années 1970.

En fait, si on pousse davantage l'analyse, il apparaît que l'anglicisation des immigrés non francophones n'a jamais été suffisamment importante pour enrayer le recul de la communauté anglophone au Québec, étant donné l'ampleur de l'émigration des jeunes anglophones vers le Canada anglais. Étant donné qu'environ deux tiers de l'immigration non francophone intègrent maintenant le groupe francophone (Veltman et Paré, 1993), la régression du groupe anglophone s'accélère. Et les études démolinguistiques prévoient un maintien de la tendance (Veltman, 1989 ; Termote, 1994), ce qui aurait pour effet de rendre le Québec de plus en plus francophone et le Canada anglais, davantage anglophone (Lachapelle et Henripin, 1980).

Autre exemple : aux États-Unis, une croyance répandue veut que le groupe hispano-américain résiste à l'anglicisation, ce qui incite certains intervenants à réclamer un °statut officiel pour l'anglais, dans les différents États de l'Union américaine. Une étude basée sur les données américaines de 1976 prévoit le doublement des effectifs hispanophones de 8 à 16 millions pendant le dernier quart du XXe siècle, poussé notamment par une importante immigration internationale et un taux de natalité plus élevé que celui des groupes dits blancs et noirs. Ces facteurs permettent de cacher un taux d'anglicisation d'environ 45 % chez les immigrants et d'environ 67 % chez les hispanophones nés aux États-Unis, bien que la plupart conserve la pratique de l'espagnol comme °langue seconde. Néanmoins, environ 4 millions de personnes auront perdu la pratique de l'espagnol pendant la période (Veltman, 1988), qui auraient pu porter la taille globale du groupe à 20 millions au lieu de 16.

Ici aussi, la modélisation démolinguistique permet de localiser la source la plus importante des pertes : les parents bilingues ne réussissent pas à transmettre l'espagnol à leurs enfants comme langue activement parlée. Le °bilinguisme des parents est, dans ce cas, transitoire vers un unilinguisme anglais des enfants. En fait, l'analyse prévisionnelle montre que pour une génération d'immigrants hispanophones, plus de quatre petits-enfants sur cinq ne parleront plus la langue espagnole, et moins de 4 % la conserveront comme langue d'usage principale.

LACHAPELLE Réjean et HENRIPIN Jacques (1980), *La situation démolinguistique au Canada : évolution passée et prospective*, Montréal : Institut de recherches politiques.
TERMOTE Marc (1994), *L'avenir démolinguistique du Québec et de ses régions*, Québec : Conseil de la langue française.
U.S. Bureau of the Census (1974), *Accuracy of data for selected population characteristics as measured by reinterviews*, Washington, D.C., publication PHC(E)-9.
U.S. Bureau of the Census (1975), *Accuracy of data for selected population characteristics as measured by the 1970 CPS-Census Match*, Washington, D.C., publication PHC(E)-11.
VELTMAN Calvin (1988), *The future of the Spanish language in the United States*, Washington and New York City : Hispanic Policy Development Project.
VELTMAN Calvin (1989), *L'impact de l'immigration internationale sur l'équilibre linguistique de la région montréalaise*, Ottawa : Ministère de la Santé et du Bien-être.
VELTMAN Calvin et PARÉ Sylvie (1993), *L'adaptation linguistique des immigrants de la décennie 1980*, Montréal : Ministère des communautés culturelles et de l'immigration.

DÉTERMINISME LINGUISTIQUE André-Marcel d'Ans

Toute l'anthropologie contemporaine s'inscrit dans la tension qui s'établit entre deux assertions fondamentales :

– d'une part celle de l'unité de l'Homme, l'*anthropos* hérité des Lumières, avec tout ce que ceci implique aux plans moral et juridique, notamment en matière de Droits de l'Homme ;

– et d'autre part l'acquiescement sans réserves à l'infinie variété des cultures — même si, réintroduisant de la diversité dans l'unité, cet acquiescement semble au premier abord venir en réduction de l'affirmation précédente.

Or, cette contradiction n'est qu'apparente : elle se résout sans peine dès lors qu'on définit l'humanité comme l'espèce qui — fait sans contre-partie dans l'univers biologique — échappe d'une façon croissante aux déterminismes de sa condition première, à mesure qu'elle progresse dans la prise de conscience du *processus d'auto-transformation* dont elle est le produit en même temps que l'agent.

Cette faculté d'auto-transformation repose sur la capacité dont s'est pourvue l'humanité de modifier — concrètement par l'artifice de la technique, mais aussi conceptuellement par le simple jeu de l'imagination — le milieu dans lequel s'actualise sa présence au monde.

Le lien entre la perception et l'imagination étant par définition indéterminé, il s'ensuit qu'unique en son principe, la production du monde par l'homme et pour l'homme, s'exerce en fait d'une façon infiniment variée, dans la mesure où chaque segment organisé d'humanité opère une mise en perspective particulière de ce qu'on pourrait nommer «la matérialité des choses brutes»... si celle-ci était envisageable en soi! Or, ce n'est pas le cas, sachant que les éléments du monde ne peuvent devenir réels pour l'Homme que dans la mesure où celui-ci les « domestique » en greffant sur les impressions sensibles qu'il en reçoit un faisceau de notions *idéelles*, fruit donc de l'imagination, mais également *conventionnelles*, en ceci qu'elles doivent donner matière à communication au sein du groupe humain considéré.

Le langage étant le moyen primordial de cette communication, il n'est pas étonnant que se soit concentré sur lui, dès l'origine, l'essentiel de la réflexion que suscite cette apparente contradiction entre l'unité de l'Homme et la diversité de ses «cultures». Comment et pourquoi une seule pensée humaine s'exprime-t-elle en une telle quantité de langues? Ou alors faut-il admettre qu'il existerait autant d'inconciliables modalités d'être homme que celui-ci dispose de langues pour s'exprimer? Ce débat a traversé toute l'histoire de la pensée, depuis l'alternative, ouverte par Platon et Aristote, entre le *réalisme* ou le *symbolisme* présidant au rapport du nom avec les choses, jusqu'aux solides convictions de la grammaire générale du XVIIe siècle, laquelle prenait pour des catégories de langage universelles celles qui en fait ne sont que propres au latin, au grec et au français. Comme l'indique l'article «Langues» de l'*Encyclopédie*, ce moderne rationalisme tenait en effet pour évident que toutes les langues ont le même but, qui est d'énoncer les pensées, et que sont universels les moyens, tout à la fois logiques et grammaticaux, qu'on met en œuvre à cet effet.

La faiblesse de ces diverses théories était qu'elles se constituaient sur le terrain de la pure spéculation, et dans le parti pris de travailler sans documentation. Il fallut attendre jusqu'à Wilhelm von Humboldt (1767-1835) pour enfin rencontrer un philosophe qui se posât le défi de faire précéder sa réflexion sur le langage en général de l'étude détaillée d'un certain nombre de langues, et notamment de langues fort différentes de celles de l'Europe classique, comme : le basque, les langues amérindiennes, le sanscrit et le kawi, langue anciennement parlée dans l'île de Java. Bien que restant — comme le fait observer Trabant (1992) — « explicitement attaché à la grammaire philosophique », Humboldt se donnait ainsi le moyen d'opposer aux apriorismes de la grammaire générale le projet d'un « système non philosophiquement mais *historiquement* général », dont les contours se dégageraient empiriquement de la description du plus grand nombre possible de langues diverses.

Humboldt estimait en effet que, bien que toutes tendues vers un même accomplissement idéal, les différentes nations humaines ne peuvent mieux faire que de s'en approcher toutes plus ou moins, et chacune d'une façon qui lui est propre, en raison des imperfections particulières des langues dont elles font usage. En d'autres termes, pour le savant prussien, alors qu'idéalement l'intelligence humaine tend forcément vers l'unité, la « substance phonétique » inhérente aux langues concrètement parlées pousse au contraire dans le sens de la diversité. Voilà pourquoi, prenant le contre-pied de ceux qui à son époque prétendaient établir une taxonomie des langues — et en particulier les frères Schlegel, qui les hiérarchisaient d'emblée en « flexionnelles » (supérieures) et « non flexionnelles » (inférieures), Humboldt, poussant « à son extrême limite l'idéologie romantique allemande qui veut que toute richesse culturelle vienne du peuple », préfère considérer toutes les langues de plain-pied, associant différence linguistique et différence de mentalités, sans toutefois renoncer à sa conviction de l'unicité de l'entendement humain. Au fond, conclut Georges Mounin dans son *Histoire de la linguistique, des origines au XXe siècle* : « le grand rêve de la vie [d'Humboldt] aura été non pas d'écrire une grammaire comparée, mais une anthropologie comparée (le mot est de lui) : il n'a étudié les langues que pour cela ».

Longtemps occultée par la montée en puissance, au XIXe siècle, du point de vue historico-comparatif, la pensée de Humboldt, selon laquelle « la nature de la langue consiste à couler la matière du monde dans le moule des pensées » devait connaître, cent ans plus tard, un vif regain de faveur à travers l'œuvre de deux grands chercheurs américains : Edward Sapir (1884-1939), puis son disciple et continuateur, Benjamin Lee Whorf, dont les noms demeurent associés dans l'intitulé de cette sorte de pont-aux-ânes de l'ethnolinguistique qu'est «l'hypothèse Sapir-Whorf». Celle-ci peut s'énoncer de la façon suivante : «*Constructions historiques extrêmement complexes*» (Sapir, 1953), *les langues, en tant que classificateurs et organisateurs de l'expérience sensible, déterminent la vision du monde de ceux qui les parlent.* Pour Whorf (1969), «le langage est donc avant tout une classification et une réorganisation opérées sur le flux ininterrompu de l'expérience sensible, classification et réorganisation qui ont pour résultat une ordonnance particulière du monde».

Ce qu'il y avait d'intéressant chez Whorf aussi bien que chez Sapir, c'est que ces deux auteurs, loin de limiter leur intérêt à l'étude du lexique, prirent largement en compte les données de la morphologie et de la syntaxe. Leurs continuateurs, hélas, ne les ont guère suivis dans cette voie. En effet, attachés à montrer le rôle du langage dans l'organisation des perceptions, ils concentrèrent leur attention sur les domaines où, comme dans le cas des couleurs par exemple, il paraît légitime de poser que la perception physique est universellement uniforme, pour examiner de quelle façon le vocabulaire des diverses langues opère des segmentations variées dans le continuum perçu. L'ouvrage de Berlin et Kay (1969) fait une brillante synthèse de ce genre d'études.

Fermement engagée de la sorte sur la voie des études lexicologiques et sémantiques, l'ethnolinguistique se concentra dès lors essentiellement sur l'analyse de micro-lexiques spécialisés : vocabulaires de la numération, de la parenté, des métiers, des maladies, de l'ethnozoologie et de l'ethnobotanique, soit donc autant de domaines où, contrairement à celui des couleurs, l'universalité des perceptions n'a plus rien d'évident. Ethnolinguistique, ethnophilosophie et ethnoscience entrèrent ainsi dans d'étroits cousinages, cimentés par la conviction — essentiellement antimarxiste — de la primauté des systèmes idéels sur la réalité matérielle : la langue étant censée commander la culture, et la culture les organisations sociales.

Très en retrait par rapport aux positions hyper-relativistes de l'anthropologie structuralo-culturaliste américaine, sont les positions que l'école fonctionnaliste britannique a héritées de son fondateur, Bronislaw Malinowsky (1884-1942). Positions que l'on trouve énoncées dans les deux importantes postfaces — intitulées «Théorie ethnographique du langage» et «Théorie ethnographique du mot magique» — que l'éditeur a adjointes à la publication posthume des *Jardins de corail* (Malinowsky,

1974). Le point de vue qui s'y développe est résolument anti-psychologique : non, en aucune façon le langage ne reflète la pensée, puisque le rôle de toute énonciation est fondamentalement *pragmatique*. En effet, expose Malinowsky, «le discours n'a pas de sens si on le détache de l'activité dont il fait partie». S'il est compréhensible, ce n'est que par référence à trois niveaux de «contexte» : le contexte verbal, celui de la situation, et celui de «l'entour culturel». En somme, la signification est ici présentée comme étant «la fonction des mots».

Dans leur *Dictionnaire encyclopédique des sciences du langage* publié en 1972, Oswald Ducrot et Tzvetan Todorov repéraient bien le lien qu'il convient d'établir entre le fonctionnalisme malinowskyen et la pensée des philosophes anglais du langage ordinaire tels que Ludwig Wittgenstein (1889-1951) et surtout John Austin (1912-1960), singulièrement lorsque ce dernier s'attache à définir le rôle «performatif» des énoncés ainsi que la «force illocutoire» qui est constitutive de leurs effets (*How to do things with words*, Oxford University Press, 1962; trad. fr. : *Quand dire, c'est faire*, Seuil, 1970)). En revanche, on peut se demander si Ducrot et Todorov rendaient vraiment justice à la pensée de Malinowsky lorsqu'ils écrivaient que, classant les énoncés d'après leur fonction, l'anthropologue anglais oppose globalement la «langue des indigènes» aux «langues occidentales», les énoncés courants dans ces dernières servant essentiellement à exprimer la pensée», tandis que «les énoncés courants des langues 'primitives' servent à réaliser une action»...

Exprimé de la sorte, ceci évoque un décevant retour à une dichotomie entre «langues supérieures» et «inférieures», attribuées à des peuples étalonnés de la même manière ! A y regarder de plus près cependant, il ne s'agit pas du tout de cela. C'est ainsi par exemple que, se référant explicitement à la «fonction phatique» telle que la définit Malinowsky, Jeanne Favret-Saada peut reprendre à son compte (dans *Les mots, la mort, les sorts. La sorcellerie dans le Bocage*, Gallimard, 1977) la distinction qu'opère l'anthropologue anglais, pour expliquer la différence de conception de langage qui la sépare elle, ethnographe parisienne, de ses «informateurs» paysans de la Mayenne, *alors même que de part et d'autre on s'exprime en français* : dans son cas, explique-t-elle, la langue est pensée en tant que *véhicule du savoir*; dans le cas de ses informateurs, en tant que *moyen du pouvoir*.

Grâce à cette dissociation, chez Jeanne Favret-Saada, de l'exotisme et de l'ethnographie, on comprend mieux que ce que désignait la distinction de Malinowsky, ce n'est pas la différence entre langues «occidentales» et «non occidentales», mais *deux façons distinctes de recourir au langage, dans quelque langue que ce soit.* Malinowsky n'observe-t-il pas lui-même que « chacun d'entre nous peut constater par expérience que, dans notre culture, le langage retrouve souvent son caractère foncièrement pragmatique, et qu'il ne répond plus, dès lors, à la « définition idéale » qui voudrait ne voir en la parole qu'un « moyen de transmettre les idées du cerveau du locuteur à celui de l'auditeur » ?

L'anthropologue britannique n'est pas loin de mettre le doigt sur la raison précise de cette différence dont l'analyse le préoccupe lorsque, s'attachant à montrer que, pour autant qu'on les considère en situation, les parlers mélanésiens ne sont pas d'une efficacité inférieure aux langues occidentales, il observe que les confusions « n'apparaissent qu'une fois les mots jetés sur le papier, après qu'on les a arrachés à leur contexte ». Constatant cela, il n'y avait plus qu'un pas à franchir — que Malinowsky hélas ne franchit pas — pour arriver à la conclusion que le langage-information, le langage-savoir, le langage-communication, est un domaine radicalement nouveau que se sont mis à découvrir les peuples chez qui ont prospéré ces différentes « révolutions technologiques » (Auroux, 1994) qu'entraînèrent l'invention de l'°écriture, suivie de la °grammatisation, puis aujourd'hui de l'automatisation du langage.

Voilà pourquoi il apparaît urgent, tant que les derniers peuples d'oralité nous offrent encore l'inestimable témoignage de leurs pratiques langagières (même si celles-ci subissent déjà l'invincible érosion de l'écriture et de la grammatisation), d'en reprendre l'étude dans une optique pragmatique, conforme à celle que préconisaient Austin aussi bien que Malinowsky, à l'opposé du paradigme saussurien qui, appliquant d'emblée la notion de *code* aux actes de langage des peuples d'oralité, les englobait dans l'univers des langues écrites/grammatisées, qui leur est par définition étranger.

Nous permettant de mieux comprendre la différence entre les *ethnophasies* que sont les langages essentiellement performatifs des peuples d'oralité, et ce que l'invention de l'écriture, puis la grammatisation, ont depuis lors constitué en « langues », ce renouvellement radical de l'approche théorique en ethnolinguistique devrait au surplus livrer des hypothèses enrichissantes en vue de la représentation de ce qu'a pu être, dans un stade antérieur, la naissance du langage humain.

BERLIN Brent et KAY Paul (1969), *Basic color terms, their universality and evolution*, Los Angeles : University of California Press.
MALINOWSKY Bronislaw (1965), *Coral gardens and their magic*, Bloomington : University of Indiana Press. Publication posthume où se trouve notamment reprise la matière de : *The meaning of meaning*, de 1923 ; et *The language of magic and gardening*, de 1935. Trad. fr. : *Les jardins de corail*, Paris : Maspero, 1974.

SAPIR Edward (1921), *Language*, New York : Harcourt. Trad. fr. : *Le langage. Introduction à l'étude de la parole*, Paris : Payot, 1953.
TRABANT Jürgen (1992), *Humboldt ou le sens du langage*, Liège : Mardaga.
WHORF Benjamin Lee (1956), *Language, thought and reality*, Cambridge : Massachusetts institute of technology. Trad. fr. : *Linguistique et anthropologie*, Paris : Denoël, Gonthier, 1969.

DIALECTE   Pierre Knecht

D'origine savante, le terme français a fait l'objet de définitions artificielles (notamment par rapport à son synonyme *patois*) induites par une °représentation inadéquate de l'histoire de la situation sociolinguistique en France. Ces descriptions, largement diffusées par les dictionnaires, même spécialisés, ajoutées à l'interférence sémantique de plus en plus fréquente de l'anglais *dialect*, privent ce mot de toute précision terminologique. Aussi peut-il désigner aujourd'hui *n'importe quelle forme d'écart linguistique, d'emploi restreint (en général quant à la géographie) par rapport à une autre variété relativement proche qui est soit* un autre dialecte, *soit* une °norme centrale *sociolinguistiquement dominante, appelée langue et tenue seule pour correcte.*

Dans cette formulation très large et qui semble autoriser un usage pratiquement illimité, il y a néanmoins deux critères qui sont indispensables :
– la *référence implicite* à une autre variété linguistique,
– une certaine *proximité structurale* avec cette autre variété.

La référence, implicite mais obligatoire, à une autre variété fait que *dialecte* ne peut pas avoir de définition indépendante.

Le dialecte comme variété géographique

Dialecte *référé à un ou plusieurs* autres dialectes

Lorsque la référence est constituée par un autre ou plusieurs autres dialectes, on a affaire à un ensemble de variétés linguistiquement proches, dont aucune ne domine les autres. C'était le cas en Grèce entre le VIIe et le Ve siècle av. J.-C., où chaque cité avait son parler propre. «Mais ces parlers ne différaient pas assez les uns des autres pour empêcher de sentir l'unité fondamentale de la langue» (Meillet). La proximité structurale était fondée sur l'origine commune qui laisse supposer une unité préalable, mais non documentée. Ce n'est qu'au IVe siècle av. J.-C. que se forma une °langue commune historique (appelée *koinè*) sur la base du dialecte attique.

Dialecte *référé à une* °langue standard

Dans la grande majorité des cas, la référence est constituée par une langue standard génétiquement apparentée, mais sociolinguistiquement dominante. C'est le cas des dialectes italiens par rapport à l'italien standard, des dialectes allemands par rapport à l'allemand standard, etc. Contrairement à des préjugés encore très tenaces, cette domination n'implique aucune sorte d'infériorité linguistique du *dialecte* qui est *un système cognitivement aussi complexe qu'une langue standard*. Ceci vaut pour l'ensemble des structures : phonético-phonologiques, morphosyntaxiques et lexicales.

Les différences entre dialecte et langue standard sont de nature *sociolinguistique* et portent sur leur place dans la communication sociale, un dialecte ayant des fonctions globalement plus restreintes qu'une langue. Selon un schéma largement répandu, mais qui ne peut s'appliquer tel quel aux dialectes dotés de °prestige social, comme par exemple le dialecte alémanique en Suisse, les limitations habituelles concernent la sphère d'emploi, le °style, le groupe des locuteurs, la géographie et la portée communicative. Ce déficit va généralement de pair avec un déséquilibre médial : de nombreux dialectes sont confinés dans l'oralité et ne trouvent que sporadiquement une expression écrite.

Différences fréquentes entre dialecte et langue standard

	Dialecte	*Langue standard*
Sphère	privée	publique
Style	familier	formel
Milieu social	milieu populaire	élite
Extension	locale, régionale	nationale
Rayon de communication	étroit	étendu

On ne peut cependant négliger certaines *différences de forme* dues à l'absence de variation et de polymorphisme grammatical dans la langue standard et, surtout, au fait que la richesse lexicale ne se trouve pas dans les mêmes domaines sémantiques. Le vocabulaire dialectal est par exemple souvent raffiné dans le domaine de la météorologie et du relief, alors qu'il est naturellement moins développé pour tout ce qui touche à la vie et à la technologie modernes, ainsi qu'aux concepts d'une grande abstraction.

Degrés de proximité structurale

Il y a deux causes possibles à une relation de proximité structurale entre deux variétés :

– elles sont apparentées parce qu'elles descendent d'un même ancêtre,
– elles présentent des convergences parce qu'elles ont été en contact pendant des siècles à travers des générations de locuteurs °bilingues.

La proximité entre dialectes ou entre dialecte et langue standard est le plus souvent due à la parenté génétique et plus rarement à un phénomène de convergence. Mais le degré de parenté peut varier notablement selon l'éloignement de l'ancêtre commun, ce qui conduit en Europe, où la plupart des familles linguistiques sont implantées depuis des millénaires, à la coexistence de différents degrés de variation géographique. Ainsi, le dialecte vénitien a une parenté lointaine avec le dialecte napolitain parce que les deux sont issus directement du latin parlé, tandis que l'italien régional vénitien ou l'italien régional napolitain, qui représentent un deuxième type de variation géographique, sont beaucoup plus étroitement apparentés parce que tous les deux issus de l'italien.

Il arrive aussi que certains dialectes se trouvent, pour des raisons d'histoire territoriale, sous la domination d'une langue standard relativement éloignée, alors qu'il existe une langue standard génétiquement beaucoup plus proche. En Allemagne, les dialectes du nord font partie du bas-allemand, contrairement au standard allemand qui appartient au groupe haut-allemand. Le standard néerlandais, en revanche, appartient lui au groupe bas-allemand.

La variation géographique dans le domaine du français

Diffusé dans les principales langues d'Europe occidentale, le terme *dialecte* a été employé dans des contextes de variation géographique très divers. Sans être simple, le profil de la variation géographique ne serait pas plus complexe en France qu'ailleurs, si des interventions terminologiques injustifiées n'avaient pas contribué à brouiller les cartes. Ainsi a-t-on voulu établir une analogie entre la situation de la France médiévale et celle de la Grèce antique avant la formation de la *koinè*, quand existaient plusieurs dialectes littéraires. Développée dans la première moitié du XIXe siècle déjà (Thomas, 1953), colportée entre autres par Littré

(Wolf, 1980) et propagée jusqu'à nos jours par des manuels et de nombreux dictionnaires, cette thèse affirme l'existence de dialectes littéraires médiévaux en langue d'oïl en France, *dialectes* qui seraient ensuite déchus à l'état de *patois*. Mais, contrairement à la Grèce, de tels dialectes littéraires susceptibles d'être décrits en tant que systèmes linguistiques homogènes n'ont jamais existé dans le domaine d'oïl, même si les textes médiévaux exhibent, à des degrés divers, des traits géographiquement localisables. Cette explication avait l'avantage de justifier pourquoi il y avait en français deux termes concurrents, *dialecte* et *patois* pour la variation géographique et pourquoi le terme *patois* avait une charge péjorative. En réalité, *dialecte* est plus générique que *patois* — on parle d'espace *dialectal* comprenant plusieurs patois — mais il peut être employé comme son synonyme.

Il existe 3 types de variétés géographiques, dont chacune peut être considérée comme un *dialecte* par rapport à la langue française. Ce sont, dans l'ordre chronologique de leur apparition : les *patois*, les °*créoles* et les *français régionaux*.

Les patois

Le terme appartient aussi bien à l'usage populaire qu'à l'usage scientifique, bien que certains spécialistes lui préfèrent *dialecte*, à cause de l'image péjorative qui est associée au mot *patois*. Il désigne les parlers gallo-romans directement issus du latin qui, pour des raisons socio-historiques particulières, n'ont pas accédé au °statut de langue codifiée. Il s'agit donc de formes linguistiques qui se situent historiquement au même niveau que la langue française, mais qui sont sociolinguistiquement dominées par elle. Ils fonctionnent en tant que systèmes complets avec une phonétique, une morphosyntaxe et un lexique autonomes.

Les créoles

Contrairement aux patois, les *créoles* à base française sont issus d'un français parlé du XVIe siècle. Les locuteurs (mais pas les spécialistes) les appellent souvent *patois*. Leurs structures morphosyntaxiques très particulières sont en rapport avec les conditions socio-historiques dans lesquelles ils ont émergé. Ils représentent également des systèmes linguistiques complets.

Les français régionaux

Appelés aussi °*régiolectes*, les français régionaux se situent à l'intérieur du système linguistique français, dont ils ne s'écartent que par certains traits phonético-phonologiques, morphosyntaxiques et surtout lexicaux. On peut ainsi parler de «français du Midi», «français de

Belgique», «français québécois», etc. Leurs spécificités géographiques ont été marginalisées dans les ouvrages de référence (dictionnaires et grammaires) par la codification, à partir du XVIIe siècle, de la norme centrale.

Les étiquettes de la variation géographique

Terme français	Equivalent anglais	Origine	Grammaire autonome	Zones de diffusion
patois ou *dialecte*	*vernacular*	latin parlé	oui	Europe : F, B, CH, I
créole	*creole*	français parlé	oui	Caraïbes, Oc. Ind.
français régional ou *régiolecte*	*dialect*	français non codifié	non	Francophonie

Comme le tableau le montre, une des principales ambiguïtés dans l'emploi du terme *dialecte*, génératrice de nombreux malentendus, vient de la divergence d'usage entre le français et l'anglais. Ainsi, chez des linguistes français travaillant dans des cadres théoriques américains, *dialecte* peut se référer au *français régional* plutôt qu'au *patois*.

De nouvelles dénominations sont apparues dans le but de remplacer *dialecte* considéré comme trop flou. Il s'agit de °*topolecte*, *régiolecte* ou *géolecte*. Ils ont l'avantage de préciser qu'il s'agit de variation *diatopique* à l'exclusion des autres types de variation, *diachronique*, *diastratique* et *diaphasique*. Mais ils restent malheureusement ambigus en ce qui concerne la distinction entre *patois* et *français régional*.

Le dialecte comme variété sociale

Le terme *dialecte social* est aujourd'hui de plus en plus remplacé par °*sociolecte*.

THOMAS Jacques (1953), «Dialecte et patois. Esquisse d'une étude sémantique», *Romanica Gandensia*, 1, 93-117.

WOLF Lothar (1980), «Zur Definition von «Patois» in Frankreich», *in* GöSCHEL Joachim, IVIC Pavle et KEHR Kurt (éd.), *Dialekt und Dialektologie*, Wiesbaden : Steiner, 65-72.

DIGLOSSIE
Michel Beniamino

Le concept de diglossie est utilisé en sociolinguistique pour la description des situations linguistiques et des phénomènes de °contacts de langues ainsi que dans la réflexion sur l'°aménagement linguistique. Il peut être aussi pertinent du point de vue de la didactique des langues et pour l'étude des littératures. Sans refaire l'histoire du concept (Jardel, 1979; Prudent, 1981), il faut rappeler que celui-ci a d'abord servi à décrire une situation de coexistence entre deux systèmes linguistiques génétiquement apparentés (ainsi, en Grèce, la katharévousa et la démotiki). Il s'est imposé ensuite dans la linguistique nord-américaine grâce aux travaux de Ferguson (1959) sur la situation de la Grèce, des pays arabes, de la Suisse germanophone et d'Haïti. Bien que certains chercheurs (Martinet) aient considéré que le concept instaurait une dichotomie simpliste alors que les possibilités de contacts entre deux langues étaient nombreuses, il a été repris par les créolistes et par les linguistes s'intéressant à la situation des °langues minorées (occitan, catalan, etc.) et s'est imposé aujourd'hui comme un concept majeur de la sociolinguistique.

Dans sa plus grande extension, le concept de diglossie est utilisé pour la description de situations où deux systèmes linguistiques coexistent pour les communications internes à cette communauté.

Le mérite de Ferguson a été de souligner que l'égalité entre les langues est impossible, même entre langues de °prestige égal (cas de l'anglais et du français au Québec). Dans une situation de diglossie se trouvent donc en présence une °*variété haute* — variété H — prestigieuse (la langue de culture et des relations °formelles), et une °*variété basse* — variété B ou variété L(ow) — (la langue commune, celle de la vie quotidienne...), généralement stigmatisée. Corollaire de l'inégalité de leur °statut, dans une telle situation, les deux variétés fonctionnent en *répartition* (ou °*complémentarité*) *fonctionnelle* pour couvrir l'ensemble de l'espace énonciatif.

La *diglossie formelle* suppose une distinction entre l'oral et l'écrit, particulièrement dans l'analyse des cas de *diglossie médiale* (comme c'est le cas, en Suisse, où l'allemand et le suisse allemand se répartissent en fonction du canal de communication; voir Lüdi et Py, 1986 : 22) ou de °*diglossie littéraire*.

Les critères qui permettent de parler d'une situation de diglossie sont variables selon les auteurs, mais se réfèrent tous aux critères de Ferguson, certains étant retenus comme fondamentaux, d'autres étant considérés comme accessoires, d'autres encore ayant été réaménagés.

Ainsi, le concept de diglossie, tel qu'il est défini par Ferguson, ne prend pas en compte le nombre d'individus diglottes et le comportement réel des locuteurs. Une situation peut apparaître sous l'aspect d'une diglossie alors qu'elle n'en constitue pas une, les deux langues en présence n'étant pas en contact effectif. Par exemple, à Haïti, deux langues sont en présence, mais 95 % de la population sont unilingues (Valdman, 1973).

Par ailleurs, Ferguson pose comme définitoire la durée, la stabilité de la situation diglossique. Le critère semble en fait contestable puisque l'on peut remarquer que dans le cas de la Grèce, la démotiki a conquis peu à peu les espaces jadis réservés à la katharévousa. De même, en Afrique francophone, si on a une situation diglossique avec le français comme variété H et une langue °véhiculaire (wolof, bambara, lingala...) comme variété B, on constate aussi d'une part que les véhiculaires investissent certains secteurs formels, d'autre part que certaines variétés de français fonctionnent dans des cadres °informels.

Ferguson restreint l'usage du concept aux cas de contact entre deux langues génétiquement apparentées. Mais pour Gumperz, l'analyse des variables sociales présidant au choix de l'un ou l'autre code au sein des groupes sociaux montre que le concept de diglossie s'applique aussi aux sociétés unilingues bi- ou multidialectales. Fishman (1971) adopte les mêmes critères que ceux de Ferguson, sauf celui de parenté et de proximité des langues, et propose une typologie des situations de diglossie en rapport avec le °bilinguisme. La relation génétique n'est plus considérée aujourd'hui comme un critère pertinent et le concept concerne toutes les situations de °contacts de langues : l'accent est mis sur la dynamique sociale et la variété des situations sociolinguistiques. Cette évolution ne manque pas de poser problème dans la mesure où le concept pourrait perdre son pouvoir discriminant par rapport à celui de bilinguisme — on y reviendra.

Pour Ferguson, les langues en contact possédant des fonctions spécifiques (*diglossie fonctionnelle*), les °interférences sont des phénomènes instables et conjoncturels. Le critère de durée et de stabilité étant abandonné aujourd'hui, un paramètre important dans l'analyse de la diglossie est la prise en compte du type de langues en contact (*distance interlinguistique*) et de la nature de ces contacts (lieu, durée du contact, p. ex.).

L'analyse de la diglossie pose aussi la question de savoir quel type de communauté fait l'objet de l'analyse. On peut en effet adopter un point de vue géographique et/ou un point de vue social. Dans ce dernier cas, il est nécessaire de prendre en compte le degré de cohésion de la °communauté linguistique (unité politique, administrative, sociale, ethnique, etc.), ainsi que la dynamique sociale (urbanisation, migrations...). Dans certaines études, le concept de diglossie est utilisé au sein de tout groupe social, et même dans la famille (*diglossie intrafamiliale*) ou chez l'individu lui-même, ce qui conduit à une définition extensive du concept.

La théorisation de l'analyse des contacts de langues a été enrichie par les réflexions des créolistes, s'appuyant sur le concept de °continuum. Dans une situation diglossique, l'essentiel des productions linguistiques ne se situe pas à chacun des pôles de la diglossie (°acrolecte *vs* °basilecte) mais au contraire s'organise selon un spectre continu de productions « intermédiaires », difficiles à catégoriser linguistiquement, qui constituent le °mésolecte, c'est-à-dire l'espace interlectal régi par le contact entre deux langues. La prise en compte de la production linguistique interférentielle dans une situation de continuum linguistique a donc conduit à forger le concept d'*interlecte* ou d'°*entrelangue* compris comme une variété d'une langue cible, approximative et en évolution permanente.

L'analyse des situations de diglossie par rapport à ces critères met en évidence que le concept est pertinent pour l'analyse de la situation au plan macrosociolinguistique, c'est-à-dire permet de décrire les régularités de niveau global qui dirigent les choix des codes constitutifs du répertoire linguistique d'une communauté. C'est cependant moins vrai sans doute lorsque l'on passe au plan microsociolinguistique, c'est-à-dire aux fluctuations interpersonnelles des locuteurs. La hiérarchie des critères à utiliser n'y apparaît pas toujours clairement du fait de la stratification sociale et de l'écart entre les comportements effectifs des locuteurs et les °représentations qu'ils en ont et qu'ils traduisent dans leur discours épilinguistique.

Un des problèmes posés par le concept de diglossie est qu'il risque d'interférer avec celui de bilinguisme connu depuis plus longtemps : en particulier, une confusion est possible entre le bilinguisme social et la diglossie.

En suivant Fishman (1971 : 97), on peut proposer de spécialiser le concept de diglossie dans le sens « attribution sociale de certaines fonctions à diverses langues ou variétés », tandis que le bilinguisme désignerait « l'habileté linguistique individuelle ». Cette dichotomie est accentuée par les sociolinguistes catalans, pour qui la diglossie doit être considérée comme une donnée publique de la structure et le bilinguisme comme un désordre de l'individu par rapport à son milieu (Giordan et Ricard, 1976 : 152).

Dans la même optique, Mackey (1976 : 9) propose de distinguer le bilinguisme où alternent deux (ou plusieurs) langues utilisées à des mêmes fins, des situations de diglossie où existent des «phénomènes de divergence linguistique selon la fonction sociale» des langues, conduisant à les utiliser à des fins différentes. A partir d'une réflexion sur les variables du bilinguisme, Mackey (1976 : 378 sq.) propose par exemple de distinguer la *diglossie personnelle* (dichotomie selon la personne qui utilise la langue x ou y dans le foyer avec un enfant), la *diglossie locale* (dichotomie langue du foyer / langue du milieu professionnel), la *diglossie institutionnelle* dans les communautés dont la stabilité linguistique dépend de cette répartition fonctionnelle [voir *Complémentarité fonctionnelle*].

Cela a conduit à proposer d'analyser bilinguisme et diglossie comme un continuum comprenant de nombreux degrés intermédiaires de bilinguisme et de diglossie. Hamers et Blanc (1983 : 29) opèrent une distinction entre les situations de juxtaposition de deux communautés unilingues réparties territorialement, les situations de contacts de langues (superposition) et les situations où «les deux langues sont parlées par une partie variable de la population, mais [...] sont en usage plus ou moins complémentaire». Ces auteurs proposent donc une tripartition entre la bilingualité (compétence des individus), le bilinguisme (les comportements légitimes et attestés dans une société par rapport à l'usage de plusieurs langues) et la diglossie (phénomènes de contacts de langue abordés sous l'angle du statut des langues en présence).

Le concept de diglossie rend compte en synchronie de situations linguistiques, mais les facteurs historiques ne doivent pas être sous-estimés. L'approche diachronique met en évidence qu'une diglossie coloniale vient souvent se plaquer sur une diglossie antérieure (cas de Madagascar où préexistait une diglossie née de l'expansion du royaume mérina ou bien cas du Maghreb). C'est aussi le cas pour la distinction entre les diglossies coloniales *stricto sensu* où l'on a superposition de la langue du colonisateur à la situation linguistique pré-coloniale, c'est-à-dire mise en place de la domination du français sur un territoire °vernaculairement alloglotte, et les diglossies °créoles qui proviennent d'une autre dynamique sociolinguistique (°créolisation).

FERGUSON Charles A. (1959), «Diglossia», *Word*, 15 : 325-340.
FERNÁNDEZ Mauro (1993), *Diglossia : A comprehensive bibliography; 1960-1990*, Amsterdam : John Benjamins.
FISHMAN Joshua A. (1971), *Sociolinguistique*, Paris, Bruxelles : Nathan, Labor.
HAMERS Josiane F. et BLANC Michel (1983), *Bilingualité et bilinguisme*, Bruxelles : Mardaga.
JARDEL Jean-Pierre (1979), «De quelques usages des concepts de *bilinguisme* et de *diglossie*», *in* WALD Paul et MANESSY Gabriel (éd.), *Plurilinguisme : normes, situations, stratégies*, Paris : L'Harmattan, 25-38.
LÜDI Georges et PY Bernard (1986), *Être bilingue*, Berne : Peter Lang.
MACKEY William F. (1976), *Bilinguisme et contact des langues*, Paris : Klincksieck.
MACKEY William F. (1989), «La genèse d'une typologie de la diglossie», *Revue québécoise de linguistique théorique et appliquée*, *8*, 2, 11-28.
PRUDENT Lambert-Félix (1981), «Diglossie et interlecte», *Langages*, *61*, 13-38.

DIGLOSSIE ENCHÂSSÉE / DIGLOSSIE JUXTAPOSÉE

Michel Beniamino

La multiplication des analyses de terrain se fondant sur l'emploi du concept de diglossie a conduit à remarquer que dans de nombreuses situations, plus de deux langues se trouvaient en situation de contact. D'où la proposition d'analyser ces situations comme des situations de *triglossie*, de *tétraglossie*, de *polyglossie*, etc. En fait, ces situations sont le plus souvent ramenées à des situations de diglossie enchâssée ou de diglossie juxtaposée.

Par exemple, dans beaucoup de situations africaines, la diglossie est dite *enchâssée* quand la situation linguistique est caractérisée par un «emboîtement» de deux diglossies : français / °véhiculaire(s) africain(s) (wolof, swahili, p. ex.) d'une part, véhiculaire(s) / °vernaculaire(s) africains d'autre part. Dans cette situation, la discontinuité entre les productions langagières en français et les autres conduit au maintien d'un français normé et à l'apparition de chevauchements fonctionnels découlant de l'apprentissage scolaire (°*bilinguisme coordonné*). La dynamique sociolinguistique dans ce cas peut tendre à l'élimination du français. Elle est en outre caractérisée par une nette concurrence entre le véhiculaire et le français.

On peut en ce cas mettre en évidence l'émergence d'un discours mixte caractérisé par des °interférences discursives.

En revanche, dans d'autres situations africaines, on parlera de *diglossie juxtaposée* quand la langue d'origine européenne se trouve en position de °variété haute et assure aussi des fonctions de communication inter-ethnique, en l'absence de véhiculaire africain.

Les productions langagières sont alors caractérisées par des interférences morphosyntaxiques, sémantiques et phonétiques. Émergent alors des °pidgins ou °sabirs difficiles à distinguer des langues du °substrat et découlant d'un apprentissage scolaire incomplet (*bilinguisme composé*).

MAURER Bruno (1996), «"Continuité" et "convivialité" : utiliser le concept de *continuum* pour situer les français d'Afrique», *in* ROBILLARD Didier de et BENIAMINO Michel (éd.), *Le français dans l'espace francophone*, Paris : Honoré Champion, 873-885.

DIGLOSSIE LITTÉRAIRE   Michel Beniamino

La diglossie littéraire a été définie par Mackey comme la «distribution des genres littéraires en des langues diverses» (*in* Giordan et Ricard, 1976 : 30). Laffont a proposé d'analyser la production et la textualisation de la diglossie dans le texte en langue dominante, dégageant les différentes formes de cette idéologie (le discours de la folklorisation, l'occultation, la répudiation et la minorisation).

GIORDAN Henri et RICARD Alain (éd.) (1976), *Diglossie et littérature*, Bordeaux-Talence : MSHA.

DIVERGENCE   Caroline Juillard

Le terme est utilisé en référence à la manière dont les locuteurs accentuent les différences linguistiques et non verbales entre eux-mêmes et leurs partenaires dans l'interaction. Dans certains cas, les gens essaient de maintenir leurs manières de parler propres, ou même de diverger des manières perçues comme caractéristiques des autres, lorsqu'ils définissent la rencontre interpersonnelle en termes de relation intergroupe et qu'ils désirent positiver leur °identité propre, ou bien quand ils souhaitent se dissocier personnellement d'un autre dans une interaction, ou bien encore quand ils désirent élever le comportement verbal de l'autre à un niveau qu'ils jugent acceptable. L'ampleur de telles divergences sera fonction de l'étendue des répertoires du locuteur, des différences entre les individus et des facteurs environnementaux qui accroissent la pertinence sociale, cognitive ou affective des désirs qui les motivent. La divergence linguistique sera négativement évaluée par les récepteurs, lorsque les actes sont perçus comme psychologiquement dissociatifs ; cependant les observateurs présents, qui définiraient la rencontre en termes d'interaction intergroupe et qui partageraient avec le locuteur une appartenance de groupe commune et valorisée réagiraient favorablement à ces phénomènes de divergence (Beebe et Giles, 1984).

Il existe un ensemble de stratégies divergentes possibles pour les locuteurs : dissociations symboliques et objectivement indexées (emphase portant sur des traits phonologiques, par exemple), non-alignement au niveau des propositions (alternances linguistiques), mauvaise humeur, abus verbal, absence physique, voire dissolution de l'interaction (Bourhis et al., 1979).

La divergence est utilisée également par le locuteur pour maintenir son intégrité, son identité personnelle ou la distance qui le sépare de son partenaire, quand l'incompréhension du contenu du message n'est pas, en toute vraisemblance, une tactique possible.

BEEBE Leslie M. et GILES Howard (1984), «Speech accommodation theories : a discussion in terms of language acquisition», *International journal of the sociology of language*, 46, 5-32.
BOURHIS Richard Y., GILES Howard, LEYENS Jacques P. et TAJFEL Henri (1979), «Psycholinguistic distinctiveness : language divergence in Belgium», *in* GILES Howard et St CLAIR Robert (éd.), *Language and social psychology*, Oxford : Blackwell, 158-185.

ÉCONOMIE   Boureima Diadié

Étudier la variable «économie» en sociolinguistique revient à envisager la place des activités de la science linguistique dans l'ensemble des activités économiques, ou l'inverse. Cette nouvelle approche des faits linguistiques et économiques — l'*éconolinguistique*, selon le néologisme de de Robillard (1989) — permet de décrire une séquence des différentes formes de civilisation, où l'on voit que les caractéristiques sociolinguistiques des communautés se trouvent en relation avec leur production économique et leur niveau de développement.

Formes de civilisation et activités linguistiques

Ainsi, Corbeil (1984), s'inspirant de l'analyse de Toffler, distingue trois types successifs de civilisations :

– Dans les *civilisations agricoles*, l'économie est de subsistance et la production correspond aux besoins élémentaires. Les populations sont généralement dispersées sur le territoire, la communication est orale, immédiate. On assiste, dans ces civilisations, à une grande variation linguistique. L'°écriture y jouit d'un grand prestige et n'est utilisée que pour les messages de grande importance. Les personnes qui accèdent à l'écrit constituent souvent une classe d'élites, qui détient le pouvoir politique et économique.

– Dans les *civilisations industrielles*, qui ont pour base la production de biens de consommation, apparaît la notion de marché et de distribution. La population se concentre dans les centres urbains. Cette civilisation, fondée sur l'application des connaissances théoriques, exige une culture technico-scientifique, d'où la généralisation de l'enseignement et des communications, surtout écrites. Ces modifications rendent nécessaire la constitution d'une °langue standard, qui s'élabore sur la base d'une description linguistique, d'une codification, d'une °normalisation des terminologies et d'une production d'ouvrages de référence. Ainsi réduit-on la variation linguistique et promeut-on un usage unique de la langue ; on assiste parallèlement au développement de vocabulaires de spécialités.

– Dans les *civilisations post-industrielles*, les moyens électroniques bouleversent les modes de vie et de travail. La communication est rapide grâce aux satellites, à l'informatique. Cette évolution s'accompagne d'une réduction du nombre de langues utilisées pour véhiculer les connaissances nouvelles. L'usage d'une langue internationale de référence (ainsi, l'anglais) s'impose. Dans le même temps, on note une grande tolérance vis-à-vis des variations linguistiques, dans la mesure où l'usage légitime national [voir *Langue nationale*] est établi. La recherche d'une communication optimale entre les interlocuteurs implique une spécialisation très poussée du vocabulaire.

A chaque stade du développement économique d'une civilisation correspondent donc des changements sociolinguistiques. Inversement, des faits d'ordre linguistique au départ présentent parfois des répercussions importantes dans le domaine économique. Cette liaison a parfois débouché sur la notion de «°marché linguistique», qui recouvre certes des réalités différentes selon les auteurs (par exemple, Bourdieu, 1982 ;

de Robillard, 1989), mais qui souligne toujours la relation entre les deux ordres de réalités, linguistique et économique.

La langue, un facteur de développement économique?

Dans les communautés à forte hétérogénéité linguistique, si on adopte le principe de l'égalité des différentes langues, le fonctionnement des institutions se solde par des coûts parfois importants. Ainsi, selon de Robillard (1989), le Parlement européen consacre entre 40 et 45 % de son budget, soit 45 millions de dollars, pour assurer la circulation de l'information dans les °langues officielles des différents États membres.

De manière plus générale, l'hétérogénéité linguistique paraît avoir des effets négatifs sur le développement économique même des pays. Ainsi, Fishman (1968) et Pool (1972) relèvent que les pays dont le PNB est élevé sont le plus souvent monolingues ou °bilingues, et ne se caractérisent en tout cas pas par un multilinguisme aigu. En revanche, le PNB est moins élevé dans les pays multilingues comme ceux du tiers monde, qui présentent pour la plupart les caractéristiques suivantes :

– une majorité de locuteurs n'utilisant pas la langue standard ;

– une cohabitation de populations qui font usage de différents °dialectes ;

– une variation sociolinguistique très grande (classes pauvres *vs* classes riches).

Au niveau micro-économique, on constate que selon la ou les langue(s) qu'ils parlent, les individus ont des accès différents à la promotion sociale et financière. On donnera de cela quelques exemples.

– On peut remarquer en Afrique que les grandes fortunes commerciales se retrouvent généralement parmi les opérateurs économiques dont la langue (°véhiculaire, le plus souvent) a contribué à renforcer le sentiment °identitaire du groupe ethnolinguistique dominant. C'est notamment le cas des commerçants dioula en Côte d'Ivoire, des Yoruba au Nigéria, des Hausa au Nigéria et au Niger, etc.

– Connaître une °langue seconde déterminée constitue parfois un avantage déterminant. Ainsi, dans les pays africains d'ancienne colonisation française ou belge, tout individu scolarisé à un haut niveau en français fait partie de l'élite intellectuelle, qui exerce un contrôle sur les ressources économiques, quelquefois au détriment de la majorité de la population analphabète.

— Le marché des langues secondes ne les valorise pas toutes de manière égale. Or les °classes sociales ne paraissent pas également armées ni pour repérer quels sont les choix avantageux ni pour fréquenter les filières où leurs membres pourront recevoir un enseignement approprié.

— Chacun des °sociolectes est lié, de manière stéréotypée, à une certaine image sociale, en relation notamment avec des catégories d'emplois professionnels, supérieurs ou subalternes. Et toutes les recherches sur les °attitudes montrent que suivant le sociolecte dont ils font usage, les individus ont des chances différentes de conquérir les postes les plus prestigieux et les mieux rémunérés.

L'existence d'un marché linguistique se traduit aussi dans la production de biens et de services à retombées économiques. Toutefois, parce que ces produits se présentent sous la forme de messages linguistiques, leur appréciation, en termes économiques, passe inaperçue aux yeux du public.

De Robillard (1989) distingue trois catégories de produits et de services liés à l'industrie de la langue :

– *les produits et services métalinguistiques* dont le contenu porte sur la langue elle-même : manuels, dictionnaires, méthodes audio-orales, audio-visuelles, etc.

– *les produits et services linguistiques* qui permettent l'utilisation intensive de la langue-cible : romans, films, etc.

– *les produits et services linguistiquement différenciés* qui sont uniformes dans leur composante linguistique : étiquettes, notices d'emploi, traductions, etc.

A cette classification, il faut ajouter la nouvelle génération de produits et de services générée par l'informatique : autoroutes de l'information, supports ludiques, logiciels interactifs, etc.

La consommation de ces types de produits est liée à la valeur emblématique de la langue qui y donne accès. En effet, l'on accepte mieux des produits de consommation et des services, lorsque ceux-ci sont exécutés dans la langue à laquelle on s'identifie. La composante linguistique des biens et des services est donc un facteur essentiel de marketing.

L'intention de développement

La mondialisation de l'économie fait que les pays du Sud doivent faire face à la civilisation industrielle de même qu'au mode d'organisation qui leur est propre. Les velléités d'indépendance économique et linguistique manifestées dans les années 60 s'assujettissent progressivement aux contraintes administratives des organismes internationaux de financement. Or, le modèle de développement économique qu'imposent ces organismes est calqué sur ceux des pays du Nord. Une telle intention de développement met en contact des langues de structure et de fonction différentes, qui ne couvrent pas les mêmes champs notionnels, de sorte que l'expression de la culture industrielle n'est pas totalement possible aujourd'hui par les langues du Sud. Ces dernières se distinguent par leur forte diversité et leur grande variation linguistique, ce qui représente d'ailleurs une contrainte majeure pour les différentes tentatives de leur utilisation dans l'enseignement notamment.

Pour le moment, les pays du Sud utilisent l'une ou l'autre langue du Nord pour favoriser la communication avec les autres pays du monde. Les langues européennes permettent d'acquérir les connaissances scientifiques et technologiques nécessaires à un minimum de développement industriel et économique. Les langues occidentales servent aussi les entreprises d'adaptation des langues du Sud à des fonctions nouvelles : °relexicalisation, terminologie, description linguistique, etc.

L'intention de développement ne se limite pas seulement à un transfert de technologie du Nord vers le Sud, elle devra prendre en compte ses propres implications culturelles et linguistiques.

BOURDIEU Pierre (1982), *Ce que parler veut dire*, Paris : Fayard.
COULMAS Florian (1992), *Language and economy*, Oxford : Blackwell.
CORBEIL Jean-Claude (1984), «Aménagement linguistique et développement», *in* RONDEAU Guy (éd.), *Introduction à la terminologie*, 2e édition, Québec : Morin.
FISHMAN Joshua A. (1968), *Readings in the sociology of language*, La Haye : Mouton.
ROBILLARD Didier de (1989), «Vers une approche globale des rapports entre langue et économie», *in* CHAUDENSON Robert (éd.), *Langue, économie et développement*, Université de Provence : Didier Érudition.

ÉCRITURE Didier de Robillard

Parmi les différents types d'écriture, on peut distinguer des écritures *glottographiques*, fondées sur une langue orale comme code premier, et des écritures *sémasiographiques*, qu'utilisent les peintures rupestres ou les systèmes comme celui des panneaux routiers, où la liaison entre signe graphique et référent s'effectue sans appui sur l'oral. Dans la sociolinguistique actuelle, c'est aux premières surtout qu'on s'est intéressé.

Les écritures glottographiques entretiennent des rapports variés avec leur code premier, l'oral : certaines prennent comme base de référence le signifiant oral (en choisissant des segments d'ampleur variable comme le phonème, la syllabe ou le morphème — avec ou sans marquage du suprasegmental, notamment des tons — et ne retenant parfois que certains phonèmes, par exemples consonantiques), d'autres le signifié (logogrammes).

Dans la plupart des cas, et même lorsqu'elle se fonde sur le signifiant, l'écriture glottographique ne se confond pas avec une simple transcription ou une notation graphique des langues : elle ne se borne en effet pas à la reproduction graphique d'un certain nombre de caractéristiques phoniques, mais elle assure d'autres fonctions, selon des modalités variables dans les différentes °communautés linguistiques : structuration des paradigmes dérivationnels, rappel de liens étymologiques, redondance de l'information, désambigüation d'homophones (*sang, cent, sans*...).

Cette définition plus extensive de l'écriture tient compte du fait empirique que l'écriture, bien plus qu'une simple traduction visuelle de l'oral, fait généralement accéder une langue, dans le cours de son évolution, à des fonctions sociolinguistiques nouvelles, qui exigent l'intelligibilité du message même lorsque celui-ci est coupé des conditions d'énonciation qui ont présidé à sa production. Cela entraîne notamment l'élaboration d'un système de ponctuation (qui indique pour partie, selon d'autres modalités que celles de l'oral, comment les énoncés se structurent syntaxiquement), la mise à disposition de paradigmes d'opérateurs syntaxiques, etc.

[Voir aussi *Grammatisation*.]

GOODY Jack (1977), *The domestication of the savage mind*, Cambridge : Cambridge University Press. Trad. fr. : *La raison graphique. La domestication de la pensée sauvage*, Paris : Minuit, 1979.
HAZAËL-MASSIEUX Marie-Christine (1993), *Écrire en créole*, Paris : L'Harmattan.

EMPRUNT   Josiane F. Hamers

Un emprunt est un mot, un morphème ou une expression qu'un locuteur ou une communauté emprunte à une autre langue, sans le traduire. Le terme *emprunt* est généralement limité au lexique, même si certains auteurs l'utilisent pour désigner l'emprunt de structures [voir *Calque*]. Lorsque l'emprunt est inconscient, il se confond avec l'°interférence.

Grosjean (1982) distingue entre l'emprunt de langue et l'emprunt de parole. Le premier se situe au niveau de la °communauté linguistique ou d'une langue normative (ex. : *rosbif* et *bulldozer*), le second ne concerne que l'individu (ex. : *je vais chéquer le courrier*).

L'emprunt de langue

Toutes les langues empruntent des mots à d'autres langues. L'emprunt, parfois appelé *transfert linguistique*, est un mécanisme normal de l'évolution linguistique. L'emprunt ancien est consacré et devient partie intégrante de la langue. Il en va ainsi des mots français *bazar* (persan), *café* (turc), *tomate* (nahuatl), *véranda* (hindi), *wagon* (anglais), *spaghetti* (italien), *robot* (tchèque), *junte* (espagnol), etc. On constate qu'il y a adaptation à la langue d'accueil (emprunt adapté) au minimum sur les plans phonologique et phonétique (le mot anglais *football* est prononcé de manière conforme au système phonique français); il peut y avoir aussi un ajustement morphologique (le mot nahuatl *tomata* devient *tomate* et le mot espagnol *junta* devient *junte*). Une fois adopté par la langue, un emprunt peut donner lieu à des dérivations (*bazarder*, *cafetière*, *robotique*).

Lorsque deux langues sont en °contact, il est rare qu'elles s'empruntent mutuellement la même quantité de mots. La proportion d'emprunts traduit généralement un rapport de force entre les communautés, celle qui est dominée, sur le plan politique, technique, °économique ou culturel, faisant davantage appel aux ressources linguistiques de l'autre. Même une langue de grande culture peut emprunter massivement à une langue dominante; c'est le cas du hindi, qui a adopté beaucoup de mots de l'anglais, langue de l'ancienne puissance coloniale.

Il arrive que l'emprunt de langue influence la langue elle-même, tant sur le plan phonologique, morphologique que grammatical. Le /ŋ/ final en français provient des emprunts à l'anglais (*parking*, *pressing*); avec des mots français comme *terrible*, *formidable*, l'anglais a importé les suffixes *-ible* et *-able*, qu'il a ensuite combinés à des racines anglo-saxonnes (ex. : *bearable*, *eatable*) (Grosjean, 1982).

L'emprunt de parole

Les individus en contact avec plusieurs langues intègrent parfois, dans leurs énoncés produits dans une langue, des mots d'une autre langue, qui ne figurent pas dans le répertoire des individus monolingues. On distinguera deux types d'emprunts, suivant le degré de maîtrise linguistique des locuteurs. L'emprunt de compétence, tout comme l'°alternance codique, se rencontre surtout chez des °bilingues équilibrés ou très compétents dans les deux langues; ils font appel à leurs deux lexiques, parce que l'équivalent de traduction n'existe pas dans la langue qu'ils sont occupés à parler (ex. : *tapas*), ou parce que le terme qui y est disponible n'exprime par toutes les nuances souhaitées (ex. : *A Noël, nous allons en France; l'an dernier, nous avons fêté Christmas chez Granma à Boston*), ou pour atteindre un effet de style (ex. : *tortillas* plutôt que *crêpes*) ou, de manière plus générale, pour maximiser la communication, comme dans cette conversation entre deux anglo-québécoises parfaitement bilingues : *I told you she is a nounounne; she is a perfect niaiseuse* (Hamers et Blanc, 1983).

Le statut phonologique et morphologique de l'emprunt de parole est vague : parfois, il est prononcé dans la langue d'origine, parfois dans la langue d'accueil; parfois, il est associé avec un morphème de la langue d'accueil.

L'emprunt d'incompétence est produit par le bilingue dominant (en particulier chez l'apprenant de °langue seconde ou l'enfant bilingue précoce simultané), qui fait appel à sa °langue maternelle chaque fois que le mot lui manque dans la langue-cible (ex. : *Est-ce que je peux écrire avec eh un pencil?*). Les emprunts augmentent sous l'effet de la fatigue et du stress.

De l'emprunt de parole à l'emprunt de langue

Un mot est d'abord emprunté par un ou plusieurs individus bilingues; pour qu'il y ait *intégration* (Mackey, 1976) d'un mot à la langue d'accueil — c'est le fait d'une minorité d'unités (Grosjean, 1982) —, il faut une conjonction de divers facteurs, d'ordre linguistique, social, culturel et économique. Beaucoup d'emprunts (notamment ceux du domaine scientifique) ont un statut intermédiaire. Un indice de leur intégration est leur utilisation par des monolingues et les médias.

CLYNE Michael (1978), «Some (German-English) language contact phenomena at the discourse level», *in* FISHMAN Joshua (éd.), *Advances in the study of societal multilingualism*, La Haye : Mouton.

CRYSTAL David (1987), *The Cambridge encyclopedia of language*, Cambridge : Cambridge University Press.

GROSJEAN François (1982), *Life with two languages*, Cambridge, Mass. : Harvard University Press.

HAMERS Josiane F. et BLANC Michel (1983), *Bilingualité et bilinguisme*, Bruxelles : Mardaga.
MACKEY William F. (1976), *Bilinguisme et contact des langues*, Paris : Klincksiek.

ENDOLINGUE *VS* EXOLINGUE Daniel Baggioni

Parlant d'acquisition des langues, Porquier (1994) propose la notion de communication exolingue, définie comme « celle qui s'établit entre individus ne disposant pas d'une L1 commune », par opposition à la communication endolingue, entre individus de même °langue maternelle. D. Baggioni et D. de Robillard, étudiant la situation linguistique de la francophonie à l'île Maurice, étendent cette opposition au niveau sociolinguistique et distinguent, dans une même °communauté linguistique, des locuteurs endolingues et des locuteurs exolingues d'une langue donnée.

Si, dans les sociétés tendanciellement monolingues, on observe qu'une pression constante s'exerce sur les locuteurs non natifs, visant à leur °assimilation, les sociétés fonctionnellement plurilingues où domine une variété °véhiculaire de °prestige censurent moins la diversité : les locuteurs natifs (endolingues) de la variété de prestige jugent légitime que les non-natifs (exolingues) recourent à une autre variété que la leur. La conformité à la °norme linguistique n'est pas exigée de la part des locuteurs exolingues et ceux-ci peuvent par conséquent se cantonner dans un usage fonctionnel, qui, socialisé sous la forme de certains traits récurrents, détermine l'apparition de variétés dites exolingues, au travers desquelles ils peuvent exprimer leur °identité.

L'opposition entre sociétés tendanciellement monolingues comme celles de l'Europe occidentale et sociétés fonctionnellement plurilingues doit être envisagée comme une opposition bi-polaire et non comme séparation radicale. Cette bi-polarisation doit par ailleurs se comprendre comme une vue purement théorique et synchronique d'une situation sociolinguistique qui ferait abstraction de toute la dynamique sociohistorique. En effet, potentiellement, toute société est à la fois plurilingue et tendanciellement monolingue. D'une part, dans les sociétés fonctionnellement plurilingues, dès lors qu'une langue véhiculaire est dotée de prestige, les usages linguistiques de la société sont structurés par une norme, c'est donc un projet d'homogénéisation linguistique qui est mis en route à plus ou moins long terme ; d'autre part, dans les sociétés tendanciellement monolingues, l'uniformisation linguistique est sans cesse battue en brèche par l'arrivée de communautés alloglottes qui, au moins pour une ou deux générations, peuvent faire émerger plus ou moins nettement des communautés de locuteurs exolingues. C'est donc une question de netteté dans l'apparition du phénomène exolingue au niveau sociolinguistique qui nous fait illustrer la notion par ce qui s'observe dans les sociétés fonctionnellement plurilingues. On pourrait tout aussi bien rencontrer le contraste endolingue/exolingue dans des sociétés tendanciellement monolingues, comme l'est actuellement la France, surtout si on se souvient que ce pays a vécu, jusqu'à une époque récente, sous le régime d'une °diglossie français/°dialectes ou langues régionales.

BAGGIONI Daniel et ROBILLARD Didier de (1990), *Île Maurice : une francophonie paradoxale*, Paris : l'Harmattan.

PORQUIER Rémy (1984), « Communication exolingue et apprentissage des langues », *in* PY Bernard (éd.), *Acquisition d'une langue étrangère*, vol. III, Paris : Presses de l'Université de Vincennes (Paris VIII), 17-47.

ENTRELANGUE   Daniel Baggioni

Certains linguistes, travaillant sur l'acquisition des langues, ont émis au tournant des années 1960-70 (textes fondateurs *in* Richards, 1974 ; Corder, Krashen, Selinker *in* Arcaini et Py, 1984) l'hypothèse de la construction par les apprenants de °langue seconde d'*interlangues*, c'est-à-dire d'états de langue par lesquels passe l'apprenant (le plus souvent adulte) au cours du processus d'apprentissage, lorsqu'il construit, dans l'interaction, des hypothèses de plus en plus adéquates sur le fonctionnement de la langue-cible.

D. Baggioni et D. de Robillard (1990 : ch. II et III), en étudiant la situation linguistique de la francophonie à l'île Maurice, se sont posé la question de savoir si, en ce qui concerne les variétés de français produites par les locuteurs °exolingues mauriciens, l'on peut considérer que l'on a affaire véritablement à une *interlangue* classique ou s'il ne s'agirait pas plutôt d'une variété de langue spécifique, identifiable, et relativement homogène, dont les particularités sont partagées par une population déterminée. En effet, la variété exolingue ne peut être considérée comme une interlangue au sens strict, dans la mesure où elle n'est pas (plus ?) évolutive : on a souvent affaire à des adultes en contact avec la langue cible dès leur plus jeune âge, dont la compétence ne se modifie plus. S'il s'agissait d'une interlangue, il s'agirait d'une interlangue « fossilisée », figée, d'un état de langue non pas provisoire, mais, en ce qui concerne chaque sujet, parvenue à un état définitif. D'autre part, même si la surface linguistique des énoncés produits peut souvent, par les écarts manifestés (dans les accords en genre, ou la prononciation, par exemple), faire penser à une interlangue, le caractère social et/ou collectif de ces variétés conduit à émettre une autre hypothèse. Elles ont en effet un certain ancrage social, correspondant à une catégorie idéologique («français créolisé», «mauvais français», etc.). Contrairement à ce qui se produirait pour une interlangue véritable, les locuteurs francophones mauriciens compétents hésitent à exclure la variété exolingue de l'aire du français. Pour les °endolingues, et tous les francophones compétents, ce type de français n'est certes pas normé, mais tout membre de la °communauté linguistique mauricienne accepte de communiquer, au moins passivement, à travers cette variété, sans avoir recours au «langage des étrangers» (simplification volontaire de sa langue par un locuteur natif : *Toi marcher droit, tourner à gauche après bâtiment.*), qui serait un signe de non-°légitimité, ou à une autre langue qu'il pourrait supposer mieux maîtrisée par son interlocuteur.

La stabilité dans le temps de la variété, son caractère collectif (la variation est relativement indépendante de la variation individuelle) et son °statut social suggèrent qu'il est utile de ne pas la considérer comme une *interlangue* (évolutive, individuelle et stigmatisée), mais plutôt comme une *entrelangue*.

On peut se demander si, dans d'autres situations de francophonie du Sud, où certaines variétés de français exolingues très éloignées de la °norme peuvent apparaître avec des régularités explicables aussi par un °substrat commun, on peut aussi parler d'*entrelangue* (ou alors de °pidgins ou de °créoles) et non pas seulement de classiques interlangues d'apprenants. Des travaux comparatistes, tant sur le plan sociolinguistique (caractéristiques sociales des locuteurs, processus d'apprentissage, etc.), que sur celui des productions (faits syntaxiques, phonétiques, lexicaux, discursifs), qui mettraient en regard les données de la situation mauricienne et des «français °vernacularisés» étudiés par exemple par G. Manessy en Afrique «francophone», permettraient peut-être d'étendre cette opposition à d'autres situations de francophonie exolingue. Il paraît cependant qu'une différence essentielle sépare les exolingues mauriciens des locuteurs de français vernacularisé d'Afrique : les premiers semblent beaucoup plus proches de la norme que les seconds, et leur mode d'appropriation est vraisemblablement plus imprégné de contact direct avec une norme extra-scolaire (interaction avec les «détenteurs légitimes» que sont les francophones endolingues), alors que la référence normative des seconds est constituée par une norme scolaire lointaine (Manessy et Wald, 1984 : 16) [voir *Norme endogène*].

ARCAINI Enrico et PY Bernard (éd.) 1984, *Interlingua. Aspetti teorici e implicazioni didattiche*, Rome : Istituto della Enciclopedia italiana fondata da G. Treccani.

BAGGIONI Daniel et ROBILLARD Didier de (1990), *Île Maurice : une francophonie paradoxale*, Paris : l'Harmattan.

MANESSY Gabriel et WALD Paul (1984), *Le français en Afrique noire, tel qu'on le parle, tel qu'on le dit*, Paris : L'Harmattan.

ETHNIE   Toussaint Y. Tchitchi

Utilisé, dans un premier temps, en rapport avec une différenciation de communautés socio-culturelles surtout africaines (parfois avec une charge péjorative), le terme *ethnie* a pris, en sociolinguistique une extension beaucoup plus large, pour désigner toute communauté dont les membres partagent une même origine géographique et culturelle. Ainsi voit-on qu'il est question par exemple des ethnies fon, eve ou yoruba en Côte d'Ivoire ou au Gabon, mais aussi des ethnies irlandaise, italienne, etc. aux USA; russe, française, américaine, etc. en Israël.

La question de la définition critérielle de ce qui fait l'appartenance à un groupe ethnique n'est pas abordée par les sociolinguistes, qui, dans leurs travaux empiriques posent cette appartenance comme un donné, se bornant à écarter de leur échantillon les sujets dont l'identification ethnique semble problématique. Ils examinent en revanche davantage les rapports qu'entretiennent les communautés avec leur langue propre et avec les autres langues.

Dans cette optique, on constate par exemple, que certains groupes (ainsi, les Manjak du Sénégal) associent étroitement leur °identité et leur langue, considèrent que leur langue, au même titre que leurs pratiques culturelles et cultuelles propres, constitue le ciment sur lequel se fonde l'individuation même de la communauté. Plus que dans le partage d'une langue, d'autres groupes conçoivent que leur identité se traduit fondamentalement dans les interdits, les totems, et dans des manifestations rituelles comme les baptêmes, le culte des morts, la circoncision, les cicatrices, etc. Ainsi, au Bénin, si certains groupes gulmanceba ont préservé leur langue [voir *Préservation linguistique*], d'autres, qui ne parlent plus le gulmancema (mais le batonum barum, le dendi cine ou le biali, selon les villes), se perçoivent néanmoins comme faisant partie d'une même communauté, et se rassemblent autour du partage de divers éléments culturels, dont les plus importants sont ceux de la circoncision.

Autre liaison entre langue et identité : la manière dont les communautés maintiennent leur langue [voir *Préservation linguistique*]. Le groupe conserve d'autant mieux la langue d'origine qu'il maintient un ensemble de pratiques culturelles spécifiques et que, dans la hiérarchie implicite des cultures en présence, il considère que la sienne occupe une position intéressante. On constate ainsi que les immigrés grecs aux États-Unis maintiennent d'autant mieux l'usage du grec que leur communauté parvient à s'identifier comme distincte des groupes environnants, par exemple dans la pratique de la °religion orthodoxe, ou la fréquentation de boutiques qui proposent des produits grecs, ou des pratiques culinaires propres, etc. De même, dans le quartier parisien de Belleville, qui connaît une forte population immigrée de différents horizons, les langues d'origine, qui sont utilisées pour les échanges entre les parents, ne se transmettent pas nécessairement aux enfants, qui les comprennent, mais les parlent peu. Les groupes asiatiques arrivent toutefois mieux à transmettre leur langue aux enfants : à ceci concourt sans doute la pratique d'une religion spécifique, mais plus largement, le rattachement à une tradition et à une culture perçues comme aussi légitimes que celles de la communauté d'accueil (Calvet, 1994 : 262 sv.).

Ce que les groupes préservent de leur langue d'origine varie aussi selon les cas. Ainsi, dans le Sud-Bénin et au Sud-Togo, toutes les familles ou groupes d'individus se reconnaissent à travers un ako ou akota (le champ de ce terme pouvant recouvrir celui de l'ethnie). S'ils identifient et reconnaissent leurs liens, bien que pratiquant des langues différentes, c'est parce qu'ils ont conservé le répertoire des «salutations et [des] louanges qui rappellent soit les noms forts de l'ancêtre éponyme, soit le lieu d'origine du groupe» (*Atlas et études sociolinguistiques du Bénin*, 1980).

Certains groupes, par ailleurs, ne marquent pas de leur empreinte propre la langue à laquelle ils se sont convertis, d'autres le font, en investissant ce marquage de fonctions différentes (résistance à l'°assimilation, solidarité avec le groupe, etc.) ; les °changements linguistiques qui affectent la langue adoptée ne sont pas suivis de la même manière par tous (même à la deuxième ou troisième génération, indépendamment donc du °substrat, et les communautés se différencient aussi dans leurs °attitudes par rapport aux °innovations — voir par exemple Labov, 1972).

CALVET Louis-Jean (1992), *Les voix de la ville. Introduction à la sociolinguistique urbaine*, Paris : Payot.

Commission nationale de linguistique (1980), *Peuples, langues, histoire, données socio-culturelles, répartition géographique*, Paris, Cotonou : ACCT, UNESCO, CNL.

LABOV William (1972), *Sociolinguistic patterns*, Philadelphie : University of Pennsylvania Press. Trad. fr. : *Sociolinguistique*, Paris : Minuit, 1976.

ÉTIOLEMENT LINGUISTIQUE   Albert Valdman

Les communautés humaines naissent, croissent et disparaissent, entraînant dans leur sillage les langues à travers lesquelles elles s'expriment. Hors les rares cas où elle est provoquée par des cataclysmes, la disparition d'une langue prend une forme lente et graduelle ; pour cette raison, le terme d'*étiolement linguistique* traduit mieux ce processus que celui de *language death* utilisé dans l'ouvrage fondateur de Nancy Dorian (1981).

L'étude de l'étiolement linguistique

L'émergence relativement tardive d'un champ d'études consacré à ce phénomène s'explique par le fait que les linguistes ont préféré fonder leurs descriptions sur les échantillons les plus robustes des langues. En revanche, l'intérêt croissant pour l'étiolement linguistique au cours des deux dernières décennies témoigne d'un renouveau de l'étude des aspects du langage perçus comme dysfonctionnels ou déviants : la genèse des °pidgins et des °créoles, les systèmes approximatifs de l'appropriation du langage (acquisition de la °langue maternelle et apprentissage des °langues secondes et étrangères), le langage des aphasiques. Par ailleurs, il correspond à l'essor des domaines de la sociolinguistique portant sur le °contact linguistique et les processus qui s'en dégagent : métissage linguistique [voir *Mélange de codes*], °alternance codique, pidginisation, °créolisation, °véhicularisation et °vernacularisation.

Par sa nature plurilingue, génératrice de contact linguistique, le domaine francophone abonde en situations d'étiolement linguistique. La diffusion du °dialecte francien à travers l'Hexagone et les aires romanophones périphériques a provoqué l'étiolement, d'abord, de ses congénères d'oïl et, ensuite, des langues régionales. Dans certaines régions plurilingues du Sud, le français, introduit par la colonisation, évince les langues locales de certains rôles langagiers et les mène inexorablement à leur disparition. Dans les régions de diaspora de l'Amérique du Nord, de la Caraïbe et de l'océan Indien, l'étiolement linguistique se montre sous une forme double : la déstabilisation des variétés °vernaculaires par le français standard [voir *Langue standard*] véhiculé par l'école et les médias, et celle de toutes les variétés de français dominées par l'anglais. C'est surtout ce dernier cas de figure qui nous occupera dans cet article.

Facteurs sociaux dans l'étiolement linguistique

Les études de l'étiolement linguistique n'ayant pas encore dépassé le stade descriptif, aucune théorie cohérente n'existe pour expliquer ce phénomène et identifier des constantes. Dans son ébauche d'une telle théorie, H.-J. Sasse (1992) postule que la communauté °bilingue où les langues (a) évoluent en chevauchement fonctionnel plutôt qu'en répartition complémentaire [voir *Complémentarité fonctionnelle*] et (b) sont stratifiées socialement, constitue le contexte prototypique générateur d'étiolement linguistique. En adoptant la langue socialement dominante comme langue seconde (L2), les locuteurs de la langue dominée cessent de l'utiliser de manière créatrice (par ex., abandon des jeux de mots) et réduisent leurs activités métalinguistiques (par ex., correction d'erreurs). Il en résulte une transmission imparfaite à la génération suivante, pour laquelle la langue dominée devient la L2. Non seulement les locuteurs de la langue dominée utilisent celle-ci sous une forme profondément réduite, mais ils adoptent une °attitude dépréciative envers elle. De plus, conscients de leur manque de compétence, ils évitent de l'utiliser, accélérant ainsi son étiolement.

Tout facteur social qui contribue à réduire les domaines d'utilisation de la langue dominée tend à la fragiliser. Certains, telle l'exogamie, tendent à l'éliminer du foyer et portent atteinte à son rôle de vernaculaire. D'autres, tels le poids démographique des locuteurs et la cohésion de leur regroupement ou leur influence politique, déterminent dans quelle mesure elle sera officialisée et présente dans les domaines générateurs de prestige et de pouvoir (médias, administration, système scolaire). Enfin, la valeur identitaire qu'attachent ses locuteurs à la langue dominée constitue un facteur central. Ainsi, le lien étroit entre le cadien et l'°identité franco-louisianaise a déclenché un mouvement revendicatif de revitalisation comprenant l'ébauche d'une °norme littéraire. Les mesures conçues pour freiner le processus d'étiolement se révèlent parfois à double tranchant cependant. Ainsi, dans le cas des parlers vernaculaires dominés par l'anglais, l'introduction du français à l'école les soumet à une double pression déstabilisante, car à celle de l'anglais s'ajoute celle du français standard.

N. Dorian découvrit que les sujets de son enquête se répartissaient le long d'un continuum de compétence qu'elle divisa en deux : les locuteurs ayant une pratique courante de la langue dominée (*fluent speakers*) et ceux qui n'en avaient qu'une maîtrise imparfaite (*semi-speakers*), que nous dénommons *semi-locuteurs*. Mais K. Rottet (1995), qui adopta cette catégorisation, observa parmi ses sujets que, si le groupe de locuteurs compétents comprenait des sujets appartenant à toutes les classes d'âge, aucun des sujets âgés de plus de 55 ans ne faisait partie des semi-locuteurs. A moins que la distinction entre les locuteurs compétents et les semi-locuteurs ne repose sur des critères explicites et faciles d'application, elle risque d'être tautologique, les sujets démontrant certains traits discursifs et structuraux définitoires étant caractérisés comme semi-locuteurs.

Changements structuraux internes

Sur le plan morphosyntaxique, l'étiolement des parlers français d'Amérique du Nord s'accompagne de processus de restructuration s'orientant vers une apparente simplification : régularisation des paradigmes verbaux, réduction du nombre des formes pronominales, extension de la neutralisation de la distinction de genre. Il comprend aussi le remplacement de structures synthétiques par des traits analytiques et la réduction du polymorphisme par la sélection des variantes à plus forte densité phonologique. Par exemple, en Louisiane, dans la variété la plus régularisée, pour chaque temps, le verbe se présente sous un thème unique, et le choix du pronom sert à différencier les diverses personnes verbales :

je travaille   *nous aut' travaille*
ti travaille   *vous aut' travaille*
i' travaille   *eux aut' (eusse, ça, i') travaille*

Notons au passage la régularisation des pronoms pluriels par l'adjonction de l'élément invariable *aut'*. Dans les parlers de l'Acadie actuelle apparentés au cadien louisianais, subsiste le système hérité du français dialectal où, pour la première et la troisième personne, le pronom est invariable et le pluriel se distingue du singulier par l'adjonction de la désinence /õ/ :

je travaille   *je travaillons*
i' travaille   *i' travaillont*

En fait, cette dernière forme se manifeste aussi en Louisiane, mais tend à se perdre chez les semi-locuteurs. En franco-ontarien (Chaudenson, Mougeon et Beniak, 1992), l'allomorphie des thèmes verbaux est réduite, le thème de l'imparfait se modelant sur celui du présent de l'indicatif :

faire/font → *fontais*
être/sont → *sontais*
avoir/ont → *ontais.*

En Louisiane, ce type de régularisation s'étend au futur et au conditionnel (Rottet, 1995) :

aller/va → *allerai* ou *vadrai*
vouloir/veux → *veurrais*
pouvoir/peux → *peurrais*

La simplification du système des pronoms personnels se manifeste par la substitution des pronoms toniques, plus étoffés phonologiquement, aux formes clitiques correspondantes : *m'a manger lui*, « je vais le manger », *faut qu'elle marisse lui*, « il faut qu'elle l'épouse », *i' dit à elle*, « il lui dit », *donne ça à zòt*, « donne-le-leur ».

Largement répandue en français standard (ainsi dans les formes pré-vocaliques du déterminant défini *l'* et des adjectifs possessifs *mon, ton, son*), la neutralisation de l'opposition masculin-féminin s'étend à l'adjectif démonstratif (*c'te pays, c'te femme*) et aux adjectifs (*des grands jambes, elle était sec*).

La régularisation des paradigmes verbaux conduit à une économie de moyens linguistiques dans l'organisation du discours. L'élimination de traits redondants et la tendance vers les structures analytiques établissent une relation univoque entre le signifié et le signifiant. Notons : l'enchâssement de propositions subordonnées par parataxe (*Tu veux je vienne, M'as prends l'argent j'ai besoin.*); le remplacement des temps fléchis par des tournures périphrastiques à valeur principalement aspectuelle :

– le progressif (*je suis après manger*)

– le futur périphrastique (*je vais manger*), dont les emplois recouvrent, en français standard, ceux du futur fléchi (ou indéfini) *je mangerai* et ceux du futur périphrastique (futur proche ou défini) *je vais manger*

– l'obligatif (*j'a pour travailler* « je dois travailler »).

Il n'existe aucune étude détaillée de l'effet de l'étiolement linguistique sur les plans de la phonologie et du lexique, du moins pour les parlers français. Dans son étude de l'étiolement des dialectes occitans des vallées vaudoises du Piémont exportés en Caroline du Nord, C. Pons (1990) observe certaines restructurations lexicales : (1) extension de sens, l'hyperonyme s'appliquant aux termes qu'il coiffe, par ex., *truito* « truite » dénommant tout poisson; (2) convergence sémantique au sein d'une même classe, par ex., le terme *ghèepo* « guêpe » assumant aussi le sens d'*abélho* « abeille »; (3) remplacement de termes simples par des tournures périphrastiques construites avec des formes non marquées, par ex., *far d'üu* « faire des œufs » pour *ouvar* « pondre », *maire dë mun om/dë ma fenno* « mère de mon mari/de ma femme » pour *madonna* « belle-mère ».

Influences externes

Comme toute variété de langue utilisée par des bilingues, les langues en voie d'étiolement montrent des phénomènes de métissage linguistique : °emprunts, °calques, °alternances codiques. Les emprunts et les calques liés aux thèmes et aux domaines discursifs où l'anglais domine sont parfaitement prévisibles, surtout lorsqu'ils dénomment des realia absentes de la culture traditionnelle. Ces traits mixtes ne se distinguent guère de ceux qui apparaissent dans des variétés stables, tels le français québécois ou même le français standard, soumises à une certaine influence externe. Ce qui est particulier à la situation d'étiolement est la haute fréquence du métissage linguistique et le fait qu'il s'étend aux formes courantes, surtout les fonctifs. Par exemple, on relève dans plusieurs parlers (acadien, cadien, franco-ontarien) l'utilisation de la particule verbale *back* pour le préfixe *re-* (*il lui a donné back son argent*, « il lui a rendu son argent »), d'adverbes comme *about* « au sujet de » ou *right* « tout à fait » et de conjonctions comme *so* « alors » ou *but* « mais » (*I' aviont fait un movie* [« film »] *about it, hein ; j'ai pas vu le movie but je suivais ça right ça là.*). En cadien (Rottet, 1995), la structure calquée sur les complétives anglaises du type *to be* + adjectif ou verbe + infinitif remplace les phrases subordonnées contenant le subjonctif. Comparons les expressions de la série : *Je veux qu'ils soyont contents, Je veux qu'ils êt' contents, Z'veux eusse êt' contents, Z'veux eusse à êt' contents, Je les veux à d'êt' contents* (cf. *I want them to be happy*) ; *Je veux toi partir* « Je veux que tu partes ».

Plutôt que de relier tout trait métissé à l'un ou l'autre des systèmes en contact, M. Picone (1996) les interprète comme appartenant à un intercode. Dans la phrase cadienne *Ils voulaient CHECK sur la situation* « Ils voulaient s'informer de la situation », le verbe *to check* conserve sa prononciation d'origine et n'apparaît ni sous sa forme assimilée *checker* ni sous sa forme pleine anglaise *to check*. Ce recours à l'intercode constituerait une stratégie lexicogénétique qui permet aux semi-locuteurs de pallier les carences lexicales en puisant dans le lexique de la langue dominante, toujours disponible, sans avoir recours à l'emprunt assimilé ou effectuer une alternance de code caractérisée.

Réduction de la variation

La variation présente dans les parlers français moribonds se distingue de celle des langues stables d'au moins deux manières. Premièrement, la variation n'est pas déterminée par les traits sociaux habituels (°classe sociale, °sexe, etc.); par ex., en franco-ontarien le parler des jeunes de la classe ouvrière rejoint celui des jeunes appartenant à la classe moyenne. Deuxièmement, la variation stylistique s'estompe : par ex., l'opposition °formel vs °informel disparaît à la deuxième personne; les semi-locuteurs utilisent moins souvent les formes vernaculaires qui marquent le °style informel (par ex., l'utilisation de /we/ pour /wa/ dans *moi*, *toi*), et ils sous-utilisent les formes vernaculaires en contexte informel. Le seul facteur régissant la variation est le niveau de compétence linguistique; par ex., en cadien, pour le pronom de la 3ᵉ personne du pluriel, les semi-locuteurs se distinguent des deux groupes de locuteurs compétents par la distribution des quatre principales variantes attestées (Rottet, 1995) :

Répartition des formes du pronom 3ᵉ pers. pl. en cadien

	eusse	*eux-aut'*	*ils*	*ça*	*Autres*
Locuteurs compétents (+ 55 ans)	33 %	34 %	25 %	9 %	0 %
Locuteurs compétents (-55 ans)	74 %	7 %	8 %	9 %	2 %
Semi-locuteurs	64 %	12 %	1 %	21 %	2 %

Étiolement, restructuration interne et *terminus a quo*

L'éloignement des parlers vernaculaires d'Amérique par rapport au français standard a accéléré les processus autorégulateurs observables dans les parlers régionaux et le français populaire (Valdman, 1979). Il semblerait que l'étiolement linguistique se distingue moins par le déclenchement de processus autorégulateurs particuliers que par l'accélération de leurs effets se reflétant par une plus grande fréquence des variantes °innovatrices, comme le montre la distribution des pronoms de la 3ᵉ personne du pluriel. Chez les semi-locuteurs *ils* et *eux-aut'* cèdent la place à *eusse* et *ça*; et une relation de complémentarité semble s'instaurer entre ces deux dernières formes, *ça* portant la valeur «inanimé» et *eusse* la valeur «animé». Toutefois, avant d'invoquer des processus de restructuration interne, il faut démontrer que les formes déviantes par rapport au français standard ne proviennent pas du fonds dialectal exporté de France. Par exemple, la présence dans des aires distantes les unes des autres (l'Ontario, le Missouri et Saint-Barth) des formes *sontaient* et *ontaient* engendrées par des règles mineures suggère une origine métropolitaine commune. Seule la reconstruction du *terminus a quo* des parlers de la diaspora à l'aide d'études comparatives poussées permettrait de résoudre ce problème épineux.

Conclusion

Les processus autorégulateurs et l'orientation vers une organisation pragmatique (plutôt que syntaxique) du discours que révèlent les variétés moribondes du français — univocité paradigmatique, iconicité, structures analytiques — se retrouvent dans les créoles produits par l'appropriation de la part d'allogottes des parlers vernaculaires dont les formes actuelles subissent l'étiolement. Ces similitudes proviennent-elles du fonds commun — elles refléteraient alors les tendances évolutives de la langue — ou de traits et mécanismes imputables à la transmission imparfaite de la langue cible dans des contextes sociaux qui limitent l'accès aux formes normées? La notion de *français zéro* (Chaudenson, Mougeon et Beniak [voir *Langue zéro*]) — la totalité des traits révélés par l'ensemble des parlers d'oïl — est fort intéressante à cet égard. Un nombre important de traits des créoles à base lexicale française se trouvent en dehors de l'espace du français zéro. Qu'en est-il des variétés moribondes du français? Les complétives du type *Je veux qu'ils êt' contents* relevées en cadien (Rottet, 1995) sembleraient se situer en dehors de cet espace, mais voilà une piste prometteuse pour de futures recherches.

Enfin, les situations d'étiolement linguistique posent un grave dilemme pour les °aménageurs linguistiques qui souhaitent revitaliser les variétés moribondes de français. L'apprentissage formel, ciblé sur le français standard, est le principal moyen de pallier la transmission imparfaite de la langue du foyer, mais il risque d'accélérer l'érosion de celle-ci. La revitalisation des vernaculaires doit donc se confronter au choix difficile entre le maintien emblématique du vernaculaire, reflet de la culture des groupes minoritaires, et l'adoption du français standard comme lien avec le monde francophone d'aujourd'hui.

CHAUDENSON Robert, MOUGEON Raymond et BENIAK Édouard (1992), *Vers une approche panlectale de la variation du français*, Paris : Didier Erudition.
DORIAN Nancy (1981), *Language death : The life cycle of a Scottish Gaelic dialect*, Philadelphie : University of Pennsylvania Press.

PICONE Michael (1996), «Stratégies lexicogénétiques franco-louisianaises», *Plurilinguismes* (sous presse).
PONS Cathy R. (1990), *Language death among Waldensians of Valdese, North Carolina*, Thèse de doctorat inédite, Indiana University.
ROTTET Kevin J. (1995), *Language shift and language death in the Cajun-French speaking communities of Terrebonne and Lafourche parishes, Louisiana*, Thèse de doctorat inédite, Indiana University.
SASSE Hans-Jürgen (1992), «Theory of language death», in BRENZINGER Matthias (éd.), *Language death : factual and theoretical explorations with special reference to East Africa*, New York : Mouton de Gruyter, 7-30.
VALDMAN Albert (1979), «Créolisation, français populaire et le parler des isolats francophones d'Amérique du Nord», in VALDMAN Albert (éd.), *Le français hors de France*, Paris : Champion, 183-197.

ÉVALUATION
Didier de Robillard

Joan Rubin est sans doute l'auteur qui a, à juste titre, le plus promu le rôle de l'évaluation dans les interventions sur les langues et situations linguistiques. Toute décision d'intervention se fonde toujours sur une analyse préalable qui dégage un certain nombre de problèmes linguistiques et des objectifs à atteindre pour améliorer la situation. C'est ce que l'on appelle évaluation. Cette évaluation préliminaire ne dispense pas les aménageurs de faire évaluer des opérations en cours pour estimer le succès des °actions mises en œuvre et identifier d'éventuelles réorientations de la °politique. En bonne méthode, il semble impératif de procéder également à une évaluation *a posteriori*, en fin d'opération d'°aménagement. On n'insistera pas inutilement sur le fait que les évaluations sont toujours au centre d'enjeux importants, puisque ce sont ces analyses qui informent les décideurs.

L'évaluation est une opération très délicate, dans la mesure où se pose, de manière cruciale, la question des critères pertinents (priorité à l'économique, au quantifiable, au culturel, à l'°identitaire...), la hiérarchie entre ceux-ci, l'horizon temporel retenu comme pertinent, etc. Toute évaluation aurait intérêt à se livrer à une analyse globale de la situation sociolinguistique, en commençant bien entendu par l'intégration des travaux déjà accomplis, sans *a priori* d'aucune sorte, et à observer à la fois les comportements, les °attitudes et les discours des locuteurs.

Un volet important de toute évaluation semble l'estimation des chances de succès des différents scénarios proposés, car, sauf à basculer dans la coercition, il semble impossible de procéder à un quelconque aménagement linguistique sans, au moins, la neutralité des locuteurs. L'adhésion de ceux-ci est évidemment souhaitable. Une des difficultés de l'évaluation face à cette délicate question consiste à faire le départ entre la résistance au changement (quel qu'il soit), que l'on observe presque toujours, et la résistance au type de changement identifié comme souhaitable.

Dans le pire des cas, si l'on suit Jean-Claude Corbeil, qui se fonde sur l'expérience québécoise, l'aménagement linguistique peut se borner, pendant longtemps, à évaluer les possibilités de changement, tout en procédant à des campagnes d'information du public, en attendant que se présente une conjoncture (politique, économique, etc.) favorable au lancement d'une opération.

RUBIN Joan (1983), «Evaluation status planning : what has the past decade accomplished?», *in* COBARRUBIAS Juan et FISHMAN Joshua (éd.), *Progress in language planning*, Berlin, New York, Amsterdam : Mouton, 329- 343.

FORMEL *VS* INFORMEL   Julie Auger

Tout locuteur pratique, au cours d'une journée, des °styles définis par divers niveaux de formalité, qui ne se contrastent pas en une variété formelle d'une part et une variété informelle d'autre part, mais qui se répartissent sur un continuum, correspondant à un continuum de situations qui requièrent du locuteur des degrés différents d'attention à son langage.

Le **style le plus informel** est le °vernaculaire. Parce que c'est celui dans lequel les locuteurs ne prêtent aucune attention à leur façon de parler, c'est le style le plus systématique et donc le plus intéressant pour Labov et de nombreux °variationnistes. Ce style est malheureusement le plus difficile à étudier, puisque c'est celui que les locuteurs utilisent dans des situations familières où ils se sentent parfaitement à l'aise. Presque par définition, les entretiens sociolinguistiques sont incapables de recréer de telles situations, puisqu'elles mettent le locuteur en présence d'un enquêteur peu ou pas familier, et placent entre eux un microphone ou un carnet de notes. Pour Trudgill (1972), c'est du discours formel que le sociolinguiste recueille lors de ses entretiens avec les sujets dont il observe le langage. Une question méthodologique cruciale en sociolinguistique concerne donc la recherche de protocoles et de °méthodes d'entretien qui favorisent l'émergence d'un parler aussi informel que possible. L'implication active du chercheur dans la communauté visée permet aux témoins de se familiariser avec lui, et est de nature à réduire le niveau de formalité au moment où les données sont recueillies (Milroy, 1980). Les entretiens de groupe constituent une autre approche méthodologique intéressante ; d'une part, la présence de pairs peut dissuader les témoins d'utiliser un autre style que celui qui leur est le plus habituel ; d'autre part, elle suscite souvent des échanges plus animés, où les sujets observés peuvent davantage oublier la présence du microphone. Enfin, même au sein des entretiens sociolinguistiques de type conventionnel où un enquêteur inconnu rencontre un sujet pour la première fois, les réponses à des questions susceptibles de provoquer un engagement émotionnel de la part du locuteur (par exemple, la fameuse question du danger de mort) et les apartés que constituent les conversations téléphoniques et les interactions avec les proches fournissent souvent des données informelles qui contrastent nettement avec le style plus surveillé de l'entretien proprement dit.

Le **style formel** est caractéristique des contextes qui requièrent du locuteur une surveillance de son langage : situations officielles, entretiens d'embauche, lecture, etc. Si les techniques utilisées pour faire émerger les styles informels connaissent des taux de succès variables, pour augmenter le niveau de formalité des productions, le sociolinguiste a à sa disposition des méthodes éprouvées. Il pourra ainsi, dans un entretien sociolinguistique typique, recourir à diverses tâches de lecture. D'abord, celle d'un texte suivi, qui incite les locuteurs à employer des formes plus standards [voir *Langue standard*, *Norme*] que dans la conversation, tout en les empêchant de se concentrer pleinement sur la production de ces formes. Si on fait lire des phrases séparées, on obtient un style encore plus formel et davantage encore, si on soumet à la lecture des listes de mots isolés et des paires minimales.

En Amérique du Nord, les tâches formelles suivent la conversation informelle ; on veut par là éviter que les conditions formelles déteignent sur la partie conversationnelle de l'entretien. En Europe, la stratégie inverse semble privilégiée : on présente d'abord les tâches formelles et on passe ensuite à la conversation informelle ; on espère ainsi donner au sujet observé l'impression que l'entretien tel quel est terminé et qu'il est plus libre de parler de façon détendue. A notre connaissance, l'efficacité relative des deux approches n'a jamais été comparée.

LABOV William (1969), *The study of non-standard English*, Champaign, IL : National Council of teachers of English.

MILROY Lesley (1980), *Language and social networks*, Oxford : Blackwell.

TRUDGILL Peter (1972), « Sex and covert prestige : linguistic change in the urban dialect of Norwich », *Language in society*, *1*, 179-196.

FRANÇAIS MARGINAUX Robert Chaudenson

Ce terme, proposé par R. Chaudenson (1989), fait référence à une marginalité à la fois géographique et structurelle (il n'a donc rien de péjoratif et ne porte nulle connotation). Les français marginaux se rencontrent en particulier en Amérique du Nord, essentiellement dans des zones où le français s'est transmis, des siècles durant par voie exclusivement orale, indépendamment de toute superstructure culturelle, le français n'y étant pas transmis par l'école. On les trouve surtout en Louisiane (français acadien louisianais ou «cajun») et dans le Missouri, où la variété locale, quoique bien établie et décrite, n'a plus de locuteurs; le français de Saint-Barthélemy (Antilles françaises) entre probablement aussi dans cette catégorie. A cet égard, des variétés de même origine, comme le français québécois, sont moins intéressantes dans cette perspective, car l'influence de la °norme y est devenue considérable, au moins dans les formes °acrolectales urbaines.

Ces français marginaux se caractérisent par des traits qui tiennent, pour une bonne part, au jeu des processus auto-régulateurs de la langue que nulle pression normative n'a contrariés; leur évolution doit par ailleurs peu aux langues extérieures : dans ces communautés, l'influence de l'anglais a été très faible, la plupart des locuteurs ignorant cette langue ou n'y ayant qu'une compétence très réduite.

Ces variétés de français ont donc la même origine que les °créoles (français populaire et régional ancien du nord-ouest de la France) et ils ont subi, du fait de l'autorégulation, des restructurations homologues à celles qui ont sans doute affecté, à date ancienne, le français parlé par les colons des aires créolophones; de ce fait, ces français marginaux, sans être en quoi que ce soit des fossiles linguistiques, permettent de mieux percevoir à partir de quelles formes de français s'est opérée la °créolisation.

CHAUDENSON Robert (1989), *Créoles et enseignement du français*, Paris : L'Harmattan.

GLOTTOPHAGIE Louis-Jean Calvet

Comment apparaissent ce qu'il est convenu d'appeler des «langues internationales»? Leur liste, telle qu'elle est généralement dressée, donne déjà à réfléchir : anglais, français, espagnol, arabe, russe, chinois, les six langues de travail de l'ONU ou de l'UNESCO ont toutes un °statut issu d'une expansion impériale à fondement économique, politique ou °religieux. Et les absences sont également significatives, qu'il s'agisse des langues des vaincus de la Seconde Guerre mondiale (l'allemand, le japonais), des langues asiatiques ou des langues africaines utilisées par plusieurs nations comme le swahili, le hausa, le lingala ou le bambara, qui sont donc dans les faits « internationales », mais que l'on classe comme des langues °véhiculaires. Or le français, l'espagnol, l'anglais ou l'arabe sont aussi des langues véhiculaires et ce qualificatif supplémentaire, *internationales*, témoigne d'une inégalité de statut. Les langues dites internationales sont le résultat de rapports de force, d'une « guerre des langues » en quelque sorte consubstantielle au plurilinguisme.

A l'époque coloniale, cette guerre des langues s'est manifestée d'une façon plus brutale, plus lisible. La culture européenne des siècles passés avait construit un modèle des rapports entre les peuples fondé sur le principe de l'inégalité. Les peuples de l'occident « civilisé » étaient supérieurs aux peuples « sauvages », et leurs langues (« plus claires », « plus logiques », « plus évoluées ») étaient dans le même rapport de supériorité avec celles des colonisés. Dans les pratiques sociales, ce principe de l'inégalité a donné naissance à une organisation des rapports fondée sur la domination, domination d'un peuple par un autre bien sûr, mais en même temps domination d'une culture par une autre, d'une langue par une autre. Qu'il s'agisse de la constitution des États européens ou de la colonisation des pays africains, dans les deux cas, la langue du pouvoir était considérée comme légitimement dominante, et l'idéologie justifiait cette domination, ce processus *glottophage*. De même que la Révolution française proclamait qu'à une République une et indivisible, il fallait une langue une et indivisible, les États colonisateurs ont exporté ce modèle vers l'Afrique en utilisant en partie des arguments « scientifiques » : distinction fallacieuse entre langues, °dialectes et patois, ou utilisation idéologique de certaines typologies (langues agglutinantes, isolantes, flexionnelles...).

La glottophagie est donc un processus inhérent à toute domination coloniale. On peut la lire à différents niveaux : discours sur les langues, organisation de la communication sociale, système des °emprunts, nomination de l'autre, culpabilisation linguistique, etc. Et, à l'heure de la décolonisation, plus de trente ans après les indépendances, le processus se survit sous d'autres formes, en particulier dans certaines °politiques linguistiques. Dans tous ces cas, l'intériorisation de la supériorité ou de l'infériorité linguistiques est, °*in vivo*, le support nécessaire à l'instauration °*in vitro* de ces rapports de domination.

CALVET Louis-Jean (1974), *Linguistique et colonialisme, petit traité de glottophagie*, Paris : Payot.
CALVET Louis-Jean (1987), *La guerre des langues et les politiques linguistiques*, Paris : Payot.
PHILLIPSON Robert (1992), *Linguistic imperialism*, Oxford : Oxford University Press.

GRAMMATISATION André-Marcel d'Ans

Nous savons que l'°écriture ne consiste pas, pour l'essentiel, en la consignation de paroles réellement prononcées. Dans la masse des écrits qui nous entoure, rares sont ceux qui répondraient à cette définition : mis à part les corpus des linguistes et autres ethnographes (sciemment constitués, justement pour soumettre de la parole à l'analyse), seuls certains comptes rendus de parole très °formelle ou solennelle — par exemple judiciaire ou °religieuse — prétendent être «du mot à mot» (même si c'est loin d'être toujours aussi vrai qu'on le dit). Dans tous les autres cas, ce qui apparaît dans les textes comme étant du «discours direct», ne reproduit que très rarement de la parole vraiment dite, qu'on y trouve restituée sous une forme «arrangée», en fonction justement de ce qu'on nomme la grammatisation.

Ce qui empêche que l'on fasse la transcription «mot à mot» d'une émission orale, c'est que dans l'oralité, il n'y a pas de mots. Ceux-ci n'y correspondent à aucune pose, même «virtuelle» : l'espace que nous laissons entre eux dans l'écriture témoigne, non d'une interruption possible dans le flux du langage, mais de la conscience que nous avons de la possibilité théorique de remplacer certains mots par d'autres dans un contexte inchangé. Le mot n'a donc de réalité que par référence à des *discours virtuels*.

Cette observation nous conduit au cœur même de la définition de la grammatisation : être grammatisé revient en effet à assortir constamment, au moins de façon implicite, tout discours d'un discours sur le discours, c'est-à-dire d'un *méta-langage grammatical*. Formés (ou déformés) à ce jeu, nous sommes aujourd'hui devenus pratiquement incapables de nous représenter ce qu'a pu être l'élocution aussi longtemps que le langage était oral et rien qu'oral. Walter J. Ong ne soutient-il pas que, «avant l'apparition de l'écriture, la plupart des pensées qui nous sont aujourd'hui familières étaient purement et simplement impensables»?

Par suite, il est difficile d'imaginer que langues d'usage purement oral et langues assorties d'écriture et de grammatisation puissent ne pas présenter des différences significatives dans l'organisation de leurs moyens. Auroux (1994) y voit l'effet d'une véritable «révolution technologique», qui découle de la mise en œuvre de moyens externes à la langue proprement dite, tels que les dictionnaires et les grammaires. Inévitablement, à mesure que se diffuse profondément l'usage de ces outils porteurs d'un discours sur le langage, il faut en effet s'attendre :

1. à ce que se produise une uniformisation de la langue ainsi équipée, la grammatisation étant, comme le dit Auroux, seule à même de faire prendre corps à des formes linguistiques «homogènes et isotopes, partout identiques à elles-mêmes, parce qu'indépendantes de l'espace, des circonstances et des locuteurs»;

2. à ce que de la codification de la langue découlent des possibilités syntaxiques jusqu'alors impossibles dans l'oralité. Dans celle-ci en effet, à défaut des retours en arrière et des possibilités de prise en considération globale que permet la lecture, chaque nouvel élément doit s'appuyer linéairement sur celui qui le précède. Rien n'est mieux fait pour s'inscrire dans le présent en acte. A l'opposé, comme le montre Halliday (1989), indubitablement l'écriture confère aux phrases, avec une architecture plus complexe, une densité d'information plus grande.

Il va de soi que l'efficacité des outils de la grammatisation ne peut qu'être multipliée par l'adjonction d'apports technologiques nouveaux, comme ce fut le cas naguère de l'imprimerie, et puis plus récemment des techniques visant au traitement automatique de l'information.

Quelles conséquences ont engendrées ces innovations décisives, qu'à coup sûr il convient de ranger au nombre des dernières advenues parmi les étapes de ce long processus d'auto-transformation que constitue l'évolution humaine? Il n'y a encore là que matière à conjectures. Il est néanmoins remarquable que dans le célèbre essai au long duquel il énumère toutes les conséquences : économiques, sociales, religieuses, politiques et intellectuelles qui découlèrent de l'invention de l'écriture, Goody (1977) aille jusqu'à considérer comme une «hypothèse plausible» que, «changeant le type de données auxquelles on a affaire», aussi bien que «la gamme des programmes dont on dispose pour traiter ces données», l'usage de l'écriture, puis de la grammatisation qui en découle, finisse par entraîner des modifications dans ce qu'il appelle le «support organique» de l'humanité, soit donc des modifications dans le fonctionnement du système nerveux central.

AUROUX Sylvain (1994), *La révolution technologique de la grammatisation. Introduction à l'histoire des sciences du langage*, Liège : Mardaga.

GOODY Jack (1977), *The domestication of the savage mind*, Cambridge University Press. Trad. fr. : *La raison graphique. La domestication de la pensée sauvage*, Paris : Minuit, 1979.

HALLIDAY Michael A.K. (1989), *Spoken and written language*, Oxford University Press.

HYPERCORRECTION   Michel Francard

Le concept d'hypercorrection a été traditionnellement associé à des considérations de type diachronique. Dans ce contexte, il désigne le processus par lequel certains locuteurs lettrés créent, à rebours de l'évolution attendue, des formes linguistiques qu'ils considèrent comme plus conformes à un modèle intériorisé. De nombreuses illustrations nous sont fournies par les modifications graphiques proposées à la Renaissance pour rapprocher les formes de leur étymon — réel ou supposé. Si la réintroduction d'un -p- dans la graphie du mot *temps* est conforme à l'étymon latin *tempus*, la finale graphique de *poids* est, quant à elle, due à un rapprochement indu avec le latin *pondus*, puisque le mot dérive en réalité du latin *pensum*.

Des phénomènes de même nature peuvent également être observés dans le domaine de la prononciation. En ancien français, l'ouverture du groupe [ɛr] en [ar] était caractéristique de la langue populaire (*cf.* lat. *derbita* > *dartre*; fq. *herda > *harde*, etc.), mais les lettrés ont réussi à limiter l'extension du phénomène dans la langue cultivée. Cette réaction des lettrés a même touché indûment des mots où le [ar] était primitif, d'où des formes modernes hypercorrectes comme *gerbe* (< fq. *garba, a.fr. *jarbe*), *serpe* (< lat. *sarpa, a.fr. *sarpe*), etc.

Les sociolinguistes exploitent aujourd'hui le concept d'hypercorrection (et son contraire l'hypocorrection) pour rendre compte d'une propension de certains locuteurs à produire des formes qu'ils veulent conformes à un usage socialement légitimé, mais qui en réalité s'en écartent.

Les exemples sont nombreux et relèvent de domaines linguistiques variés. Au rang des hypercorrectismes syntaxiques observés fréquemment chez des locuteurs francophones, citons par exemple l'emploi abusif du relatif *dont* (caricaturé par certains auteurs, qui placent volontiers le redondant *dont auquel* dans la bouche de pandores bornés), forme censée appartenir à un °registre «°formel». Ou, au plan phonétique, la tendance de certains locuteurs à multiplier les liaisons (quitte à commettre l'un ou l'autre cuir...), la réalisation de nombreuses liaisons facultatives étant associée à un registre «soigné». Ou encore, du côté du lexique, l'emploi de mots châtiés ou vieillis, que leur caractère précieux ou suranné place en marge de la °légitimité linguistique escomptée.

La forme écrite des mots génère également de nombreux hypercorrectismes de prononciation dans la bouche de locuteurs soucieux d'assurer un maximum de conformité entre leur usage oral et l'orthographe. Réintroduction de consonnes depuis longtemps amuïes (comme dans *dompter*, *sculpteur*, etc.), allongement de la durée consonantique dans des mots savants dont les géminées avaient été réduites dès l'ancien ou le moyen français (*addition*, *grammaire*, *syllabe*, etc.) et autres «cas tératologiques» (Saussure) illustrent le °prestige exercé par l'écrit sur de nombreux locuteurs francophones.

L'hypercorrection peut également être le fait de locuteurs pratiquant une variété °topolectale, mais soucieux de produire des formes «standards». Ainsi, des locuteurs en contact avec les parlers wallons produisent une finale -[ij] dans le mot *tranquille*, croyant que la finale graphique *-ille* du français se prononce toujours [ij]. Il y a là un hypercorrectisme dans la mesure où ces locuteurs associent la finale [ij] au français standard [voir *Langue standard*, *Norme*], pour l'opposer à la finale [il], stigmatisée parce qu'elle apparaît dans les formes wallonnes correspondantes (ainsi, à *famille*, *pastille*, *vanille*, correspondent les mots wallons *famile*, *pastile*, *vanile*, dont la forme orale se termine par [il]).

On peut également considérer comme une forme d'hypercorrectisme le rejet de variantes topolectales considérées à tort comme «°emprunts» à des langues en °contact et, de ce fait, écartées par certains puristes au profit d'autres formes du français de référence : tel le prétendu anglicisme *trafic*, auquel certains Québécois recommandent de substituer *circulation*.

Tous ces exemples montrent que l'hypercorrection est liée à la volonté qu'ont les locuteurs de produire des formes qu'ils jugent «°prestigieuses», volonté contrecarrée par leur maîtrise insuffisante de la variété légitime. Il y a là une tension que l'on associe généralement au sentiment d'°insécurité linguistique, et qui caractérise effectivement la petite bourgeoisie. Chez ces locuteurs, l'hypercorrection dévoile une stratégie consciente d'appropriation d'une légitimité linguistique et sociale qui est l'apanage des °classes supérieures.

Comme le fait remarquer P. Bourdieu (1982 : 54-55), cette stratégie de la petite bourgeoisie « ne peut que susciter de nouvelles stratégies de distinction chez les détenteurs des marques distinctives socialement reconnues comme distinguées ». L'une de ces stratégies est de se démarquer de ces locuteurs qui veulent « en faire trop » en pratiquant « l'hypocorrection contrôlée qui associe le relâchement assuré et l'ignorance souveraine des règles pointilleuses à l'exhibition d'aisance sur les terrains les plus périlleux ». La légitimité des productions langagières n'a rien d'intrinsèquement linguistique : elle obéit aux règles d'un °marché linguistique dominé par les détenteurs du capital symbolique.

Signalons enfin que des locuteurs placés dans des conditions d'apprentissage linguistique — d'une °langue maternelle (pour des enfants) ou d'une °langue étrangère — produisent également des formes orales et écrites que l'on peut assimiler à des hypercorrectismes. Les mécanismes, bien connus en français parlé, de réduction des groupes consonantiques en finale de mot (à la pause) et d'assourdissement des consonnes sonores dans le même contexte amènent certains (qui ne sont pas exclusivement des apprenants...) à produire des formes comme *vende* (pour *vente*), *centripède* (pour *centripète*), ou même comme le célèbre *pédérastre* du président du tribunal où se déroulait le procès de Verlaine... De même nature sont les hypercorrectismes graphiques ou syntaxiques relevés par Henry Frei dans sa *Grammaire des fautes* (Paris-Genève, 1929), au départ de la correspondance d'adultes peu instruits, laquelle témoigne d'une « langue épistolaire du peuple », hypercorrecte parce qu'inspirée par le désir de « bien faire » (H. Schogt). Ces derniers exemples montrent que l'hypercorrection — qu'elle soit petite-bourgeoise, enfantine ou populaire — est une source précieuse de renseignements sur les mutations qui touchent la langue dans son usage quotidien. A ce titre, elle contribue, au même rang que d'autres manifestations concrètes des °représentations linguistiques, à une meilleure compréhension du °changement linguistique.

BOURDIEU Pierre (1982), *Ce que parler veut dire. L'économie des échanges linguistiques*, Paris : Fayard.

GUMPERZ John J. et HYMES Dell (éd.) (1972), *Directions in sociolinguistics. The ethnography of communication*, Holt : Rinehart et Winston.

IDENTITÉ   Salikoko Mufwene

La notion d'identité linguistique est liée de prime abord à celle de °communauté linguistique. Comme cette dernière, elle est fluide, dans ce sens qu'elle change selon le discours dans lequel le locuteur est engagé. En termes ethnographiques, l'identité sociolinguistique d'un locuteur est associée à son appartenance sociale, notamment sa °classe socio-économique, son °ethnie dans certaines sociétés multi-ethniques, son °âge, son °sexe, son niveau d'éducation, sa profession, etc. Dans le contexte spécifique d'un discours, l'identité est aussi déterminée par le rapport du locuteur avec son interlocuteur, notamment le statut, lequel le situe comme inférieur, égal, ou supérieur, ainsi que sa disposition dans l'interaction.

Selon les circonstances et le modèle d'analyse privilégié, particulièrement dans l'étude des textes, l'on peut souligner soit l'identité communautaire déterminée par n'importe lequel des facteurs énumérés ci-dessus, lesquels indiquent l'appartenance à un groupe social, soit l'identité individuelle déterminée par des combinaisons diverses des mêmes facteurs, qui individualisent alors le locuteur ou l'auteur d'un texte. Dans ce dernier cas, on est parfois en présence d'une variation linguistique non interprétable en termes de groupes sociaux.

On parle d'identité linguistique surtout dans la mesure où le langage du locuteur révèle son appartenance à un groupe. Ceci se manifeste plus clairement dans des territoires multi-ethniques et plurilingues où l'usage natif d'une langue donnée permet à ceux qui l'entendent et la reconnaissent d'inférer l'affiliation ethnique du locuteur.

Le rôle de la langue comme marque identitaire peut être très politisé, surtout quand la langue définit l'unité d'un groupe social (Laponce, 1984). C'est le cas au Québec et dans les pays balkaniques, en dépit des influences mutuelles des langues en °contact. Il peut aussi être idéalisé et mobilisé par l'idéologie, comme dans la définition du monde francophone, étendue de façon à inclure des pays du tiers monde, où le français est parlé seulement par une élite très minoritaire. La langue joue dans ce cas un rôle autant unificateur que séparateur, dans la mesure où c'est par opposition à d'autres groupes que l'appartenance ou la non-appartenance à un groupe est associée à certains actes politiques ou idéologiques communautaires, comme on peut le voir par exemple dans les organisations internationales construites sur la base de la francophonie ou de l'anglophonie. Le même rôle se reconnaît dans les mouvements nationalistes, dans lesquels la langue est utilisée comme symbole de l'autonomie réclamée au pouvoir établi. Il n'est donc pas rare qu'une lutte pour l'autonomie politique soit accompagnée d'une campagne pour promouvoir une langue, comme c'est le cas en Irlande, ou pour la communauté kurde en Turquie.

Comme les locuteurs portent souvent plus d'une identité, la langue qu'ils choisissent de parler est fonction des circonstances et de la manière dont ils veulent y être perçus. Par exemple, à Kinshasa (Zaïre), un Zaïrois occupant une fonction exécutive supérieure dans le gouvernement ou l'administration utilise le plus souvent le français dans le contexte de son travail, surtout quand il traite avec des personnes scolarisées dont il ignore l'origine nationale ou régionale et qu'il soupçonne d'être bien scolarisées. Il parle aisément le lingala (une des °langues nationales et lingua franca locale) au bureau avec des Kinois (habitants de Kinshasa) avec lesquels il maintient des rapports plutôt personnels, et certainement dans la rue à Kinshasa s'il se préoccupe de se faire accepter par les citadins de la classe moyenne ou inférieure. Cependant il peut parler une autre langue encore de son répertoire à la maison ou dans des cercles intimes régionaux ou ethniques.

De la même façon, dans des communautés créoles des Antilles et de l'océan Indien, beaucoup de locuteurs °alternent entre le °créole et une autre langue locale selon les circonstances de communication et/ou selon l'identité qu'ils veulent projeter. Les choix de code apparaissent ainsi comme des « actes d'identité » (Le Page et Tabouret-Keller, 1985). Les variables identitaires peuvent donc jouer un rôle important (parmi d'autres) en déterminant la victoire dans ce que Calvet (1987) appelle la « guerre des langues », c'est à dire la compétition dont certaines langues émergent comme dominantes dans des communautés plurilingues.

Ce qui vaut pour les situations plurilingues peut être transposé à l'intérieur d'une même langue : l'identité des locuteurs se marque dans la variété qu'ils pratiquent. Elle les signale d'abord comme étant des locuteurs natifs ou non natifs. Ainsi, dans les territoires francophones et anglophones, par exemple, les locuteurs non natifs des anciennes colonies se distinguent bien des locuteurs natifs des métropoles, et la distinction peut être utilisée au désavantage de certains groupes.

Même dans des contextes où la plupart des locuteurs de la lingua franca sont non natifs, l'on peut aussi souvent identifier le groupe ethnolinguistique auquel le locuteur appartient, parce qu'il est difficile de se débarrasser de certaines marques des °langues maternelles sur les °langues secondes. La langue peut donc jouer un rôle identitaire particulièrement important, si les traits physiques des locuteurs ne permettent pas déterminer dès le premier abord leur affiliation ethnique ou leur région d'origine. (En fait, cet aspect de l'usage des linguas francas remet en question leur rôle unificateur, car les discriminations ethniques peuvent bien être perpétuées, même quand les locuteurs n'utilisent pas leurs °vernaculaires ethniques!)

La langue joue le même rôle discriminatoire parmi les locuteurs natifs. Ainsi, même les variétés standards [voir *Langue standard*] des langues européennes parlées par les Euro-Américains (français, anglais, espagnol, portugais) sont différentes des variétés standards parlées par les Européens. De manière analogue, les différentes variétés permettent de situer des locuteurs dans leur région et leur classe sociale d'origine. De même encore la forme linguistique indique-t-elle le groupe d'âge et le sexe du locuteur, au-delà des caractéristiques physiques de sa voix. Autre source de variation linguistique liée à l'identité : les spécialisations et sous-spécialisations professionnelles (voire les écoles de pensée).

Le poids de ces différentes variables dans la constitution des identités sociales et des identités linguistiques, et en corrélation, la capacité pour les auditeurs de procéder à des catégorisations exactes, diffèrent d'une communauté à l'autre et d'une langue à l'autre. Si le français, par exemple, ne marque les identités statutaires que de manière relativement marginale, il en va autrement en japonais (voir ci-dessous). Les stratifications sociales et les divers rôles qu'occupent les locuteurs ne se manifestent pas avec la même clarté dans les différentes langues et communautés. Ainsi, chez certaines populations autochtones australiennes, des langues comme le guugu yimidhirr (Haviland, 1979) comportent des variétés dites d'affinité («langue de la belle-mère» ou «du beau-frère»), dont on pourrait difficilement trouver des équivalents dans les langues européennes.

Il semble clair par ailleurs que les différentes facettes qui composent l'identité d'une personne se hiérarchisent, et ce de manière variable selon les contextes. La classification des locuteurs devient d'autant plus difficile que, dans la forme écrite surtout, certains marqueurs d'identité prévalent dans certains discours. Dans un texte scientifique écrit en anglais, par exemple, il est souvent difficile de déterminer si l'auteur est un homme ou une femme, étant donné que le style scientifique prévaut.

Par ailleurs, si la culture de beaucoup de communautés mentionne la possibilité d'identifier à quel groupe les individus appartiennent, il reste cependant à déterminer avec quel degré de succès les auditeurs d'une variété sont à même de pratiquer ces identifications et dans quelle mesure cette capacité identificatoire relève au contraire de °stéréotypes culturels.

Restent les aspects identitaires que l'on tend à négliger, à savoir ceux qui apparaissent au niveau des interactions individuelles : la forme du message reflète l'identité statutaire du locuteur, de l'adressé, et/ou du référent, parce que, dans de nombreuses communautés linguistiques, elle varie selon certaines considérations (psycho-)sociales (Scherer et Giles, 1979). Dans des langues telles que le japonais et le coréen, on attend du locuteur qu'il change non pas seulement les honorifiques d'adresse et de référence (même à soi-même), mais aussi la forme des verbes dans son discours. La forme linguistique adoptée par le locuteur permet ainsi de déterminer son identité statutaire (il est de statut égal, inférieur ou supérieur) par rapport à la personne à qui il s'adresse ou dont il parle. Nous voyons dans ces langues, poussées à un niveau bien avancé dans la structure langagière, les conventions de déférence le plus souvent exprimées dans certaines langues (par exemple, le français, l'espagnol, et l'allemand) surtout par le choix des pronoms et titres honorifiques. Ainsi, en français, l'emploi de titres tels que *sa/votre excellence*, *sa/votre majesté*, ou l'alternance, pragmatiquement conditionnée, des noms sans titre ou précédés d'un titre (*Monsieur, Madame, Mademoiselle, (le) Docteur, (le) Professeur*, etc.); ou celle, tout aussi déterminée par des variables pragmatiques, des pronoms *tu* et *vous*, voire l'emploi déférent de la troisième personne.

D'une certaine façon, dans la plupart, si pas dans toutes les langues, certaines formes d'adresse, ainsi que l'usage de certains termes de référence (pas nécessairement à des personnes), indiquent aussi si les rapports entre les interlocuteurs sont intimes ou ordinaires. L'usage des termes tels que *chéri(e)* et *collègue* comme formes d'adresse sert à identifier la disposition psycho-sociale du locuteur par rapport à l'adressé. L'on peut aussi voir de la même façon l'emploi des termes de famille comme °termes d'adresse ou de référence, par exemple, *papa, maman*, ou Possessif + *frère/sœur*, suivi ou pas d'un nom. Dans certains contextes de communication, se référer à son époux ou à son épouse, par exemple, par son nom ou son titre (ainsi, *mon mari/ma femme* ou *Philippe/Catherine*) connote des dispositions différentes. Toutes ces formules donnent des informations identitaires sur la disposition psycho-sociale du locuteur, au même titre que le code qu'il choisit, pour établir des rapports de distance ou de proximité psycho-sociale avec l'interlocuteur (Calvet, 1994 : chap. I, section 4).

CALVET Louis-Jean (1987), *La guerre des langues et les politiques linguistiques*, Paris : Payot.

CALVET Louis-Jean (1994), *Les voix de la ville : introduction à la sociolinguistique urbaine*, Paris : Payot.

HAVILAND John B. (1979), «How to talk to your brother-in-law in Guugu Yimidhirr», in SHOPEN Timothy (éd.), *Languages and their speakers*, Cambridge, Mass. : Winthrop, 161-239.

LAPONCE Jean (1984), *Langue et territoire*, Québec : Presses de l'Université Laval.
LE PAGE Robert B. et TABOURET-KELLER Andrée (1985), *Acts of identity : creole-based approaches to language and ethnicity*, Cambridge : Cambridge University Press.
SCHERER Claus R. et GILES Howard (éd.) (1979), *Social markers in speech*, Cambridge : Cambridge University Press.

IDIOLECTE
Claudine Bavoux

L'idiolecte n'est assurément pas la langue d'un individu, mais l'utilisation particulière qu'il en fait. Il est à l'individu ce que le °sociolecte est au groupe social. La sociolinguistique s'intéresse peu au locuteur en tant qu'individu et à son idiolecte, dans la mesure où elle a tendance à définir les langues et variétés de langues en fonction de groupes et non pas d'individus.

Il convient par ailleurs de ne pas confondre l'idiolecte, qui est un système socialement stabilisé, et l'interlangue de l'apprenant, qui est une approximation instable et provisoire d'une langue cible, un système en construction.

IMAGINAIRE LINGUISTIQUE (THÉORIE DE L'-)
Anne-Marie Houdebine

L'imaginaire linguistique est défini comme le rapport du sujet à la lalangue (Lacan) et à La Langue (Saussure), repérable par ses commentaires évaluatifs sur les usages ou les langues (versant unilingue ou plurilingue des évaluations linguistiques). L'imaginaire linguistique des sujets peut être étudié selon un axe discontinuisé en catégories allant du degré neutre de l'évaluation au degré le plus qualifiant, qu'il s'agisse de valorisation ou de dépréciation, minoration, stigmatisation — soit d'une évaluation d'usages, simplement constatative (Cécile Canut) à une qualification prescriptive —. On peut donc aussi parler de °normes subjectives.

Sur un plan plus large, qui justifie qu'on parle d'une théorie, l'étude de l'imaginaire linguistique, dans la perspective linguistique synchronique dynamique, suppose qu'on mette en relation les normes subjectives et les normes objectives (statistiques et systémiques), afin de dégager la rétroaction des imaginaires sur les usages et les systèmes.

Cette conceptualisation, élaborée dès 1975 par Anne-Marie Houdebine dans sa thèse de doctorat, publiée dans différents articles (1982, 1985, etc.), s'inscrit dans la problématique de la linguistique générale ou linguistique des langues. Le point de vue est dit synchronique dynamique (Martinet). Ce qui implique une recherche descriptive mettant au jour l'état des systèmes, leur diversité d'usages (épaisseur synchronique) et une analyse explicative (ou interprétative) qui recherche les causalités de leur variation et évolution dans la synchronie (dynamique). Ces causalités ressortissent à l'économie linguistique ou langagière des systèmes (économie interne, causalités internes ou systémiques) ou conditions sociales des usages ou des langues (causalités externes).

La conceptualisation de l'imaginaire linguistique tente de lever cette binarité en (ré)introduisant l'analyse du rôle du Sujet parlant dans la dynamique linguistique, sans réduire celui-ci à son statut de sujet social dont les évaluations (°représentations, opinions, °attitudes, etc.) seraient surdéterminées par son ou ses groupes d'appartenance. L'analyse de l'imaginaire linguistique à l'aide des évaluations spontanées (reprises ou interruptions d'autrui *in vivo*) ou provoquées (lors d'entretiens ou d'enquêtes) relève de l'étude des représentations subjectives (ou mentalités). Elle voisine avec des sciences affines : psychologie cognitive (analyse des représentations mentales), philosophie ou psychologie sociale (analyse des idéologies), sociologie, psychosociologie — analyse des représentations collectives (Durkheim), des représentations sociales (Moscovici) — de la sociologie du langage ou de la sociolinguistique. Le voisinage avec cette dernière se marque notamment dans le recours à la notion de normes, que reprend la conceptualisation de l'imaginaire linguistique, pour cadrer les phénomènes qu'elle dégage. Elle s'en différencie par le maintien du point de vue linguistique interne (Saussure), en mettant l'accent sur la mise au jour des normes internes régulant le système.

Les *normes* dites *objectives* sont dégagées par les descripteurs linguistes qui repèrent, dans les usages, des *normes statistiques*. Les *normes systémiques*, isolées à partir de l'analyse °idiolectale, prennent en compte la manière dont les systèmes s'auto-régulent. La mise au jour des normes systémiques facilite le repérage de la mouvance des systèmes, de leurs zones fermes ou en déséquilibre, contrôlées par leurs apparitions dans d'autres idiolectes. Le va-et-vient entre normes systémiques et normes statistiques permet de rendre compte des conflits des usages s'homogénéisant et s'hétérogénéisant dans les interactions (unification et diversification des usages, spécification, singularisation — aux plans social et individuel), donc d'une dynamique linguistique interne.

Les *normes subjectives*, de leur côté, ne se définissent pas seulement comme des idéologies linguistiques ou des normes sociales intériorisées (D. Baggioni, H. Boyer, entre autres). Le terme *imaginaire* renvoie à ce qu'un Sujet produit : d'une part son rapport intime, primaire (Freud) à une langue (sa langue) le constituant comme sujet parlant (*parlêtre* selon Lacan), donc sa biographie, et d'autre part un trait universel des langues humaines : leur capacité métalinguistique, qui implique la capacité épilinguistique des sujets. Ceux-ci, depuis toujours et dans tous les idiomes, formulent des remarques sur ce qui appartient à la langue ou en est exclu (la «non-langue» ou les bords de la langue), et évaluent les langues et les usages : fiction venue du «rapport du sujet à sa langue» et de son «filtre linguistique» originaire.

La taxinomie des normes subjectives (Houdebine, 1982, 1985) distingue les *normes prescriptives, fictives, évaluatives* et *communicationnelles*. Les normes prescriptives (Denise François-Geiger) relèvent de discours institutionnels prescriptifs : académique, scolaire. Les normes fictives témoignent des rationalisations des sujets (esthétisation, historicisation, etc.). Les normes évaluatives sont de simples constats sans qualification. Les normes communicationnelles (Corinne Baudelot), à rapprocher de la notion d'hypo-correction (Labov), sont celles qui incitent des locuteurs à ne pas utiliser les normes prescriptives, bien qu'ils les connaissent, pour être compris aisément — souci d'adaptation aux discours contemporains à l'aide d'un «langage médiant» ou du «français avancé» (H. Frei).

Des enquêtes en cours indiquent que les sujets se construisent différemment leurs imaginaires suivant que leur langue est à tradition orale ou écrite; dans le premier cas, les commentaires et les évaluations relèvent essentiellement des normes fictives, alors que les normes prescriptives l'emportent encore dans le second.

HOUDEBINE Anne-Marie (1982), «Norme, imaginaire linguistique et phonologie du français contemporain. La norme, concept sociolinguistique», *Le français moderne*, *1*, 42-51.

HOUDEBINE Anne-Marie (1985), «Pour une linguistique synchronique dynamique», *La linguistique*, *21*, 7-35.

INDICATEUR
Julie Auger

La distinction entre *indicateur*, °*marqueur* et °*stéréotype* a été proposée par William Labov (1972 : 314; 1976 : 419) pour rendre compte de la différence entre trois types de variables linguistiques. Le recours aux différentes variantes de l'indicateur est conditionné par des facteurs sociaux tels que l'°âge ou la °classe socio-économique, mais on n'observe pas de corrélation avec le niveau de formalité de la situation. L'existence de l'indicateur n'est généralement pas reconnue dans la °communauté linguistique et aucune valeur sociale n'est donc attachée à l'emploi de l'une ou l'autre variante. Les exemples d'indicateurs sont relativement rares dans la littérature. Pour l'anglais, Labov (1972) mentionne le cas de la fusion des voyelles postérieures de *hawk* « faucon » et *hock* « jarret » et l'emploi positif de l'adverbe *anymore* « plus ». Le français acadien du nord-est du Nouveau-Brunswick comporte sept marqueurs phonologiques et un seul indicateur. En effet, dans cette communauté, les jeunes locuteurs ont tendance à employer un [ʁ] uvulaire, alors que les plus âgés préfèrent le [r] apical. Ce qui fait de cette variable un indicateur est que le comportement des locuteurs ne varie pas de façon significative selon qu'ils se trouvent en contexte de conversation libre ou de lecture (Flikeid, 1984).

LABOV William (1972), *Sociolinguistic patterns*, Philadelphia : University of Pennsylvania Press. Trad. fr. : *Sociolinguistique*, Paris : Minuit, 1976.
FLIKEID Karin (1984), *La variation phonétique dans le parler acadien du nord-est du Nouveau-Brunswick*, New York : Peter Lang.

INGÉNIÉRIE LINGUISTIQUE
Didier de Robillard

L'ingéniérie linguistique, surtout avant l'essor de la sociolinguistique contemporaine, était souvent purement et simplement assimilée à l'°aménagement linguistique. De nos jours, on admet qu'il s'agit d'une partie de l'aménagement linguistique spécialisée dans l'aménagement des °corpus linguistiques. A ce titre, l'ingéniérie linguistique a pour vocation d'aménager les systèmes linguistiques au plan de la phonologie, de la graphie, de la morphologie, du lexique, de la syntaxe, de la diversification registrale, etc. Une activité particulière faisant partie de l'ingéniérie linguistique est la terminologie, qui s'est beaucoup développée ces dernières années, parfois en dehors des cadres strictement internalistes traditionnels en ingéniérie linguistique (socioterminologie). Il existe bien évidemment un lien étroit entre ingéniérie et aménagement du °statut des langues : la promotion d'une langue entraîne, par exemple, sa °standardisation, notamment à travers l'aménagement d'une °écriture, de structures syntaxiques permettant d'adapter la langue à de nouveaux °registres, de termes décrivant soit des référents nouveaux (juridiques, technologiques...) soit encore de nouvelles manières de percevoir des référents qui existaient déjà, mais sont perçus de manière différente compte tenu de l'évolution sociale. L'ingéniérie est à distinguer soigneusement d'une tendance souvent jugée excessive (qui réduit les langues à des systèmes formels à l'exclusion de toute dimension sociolinguistique) que l'on appelle *instrumentalisme* ou *ingéniérisme* (voir *Aménagement linguistique*). Une forme marginale d'ingéniérie (parfois d'ingéniérisme) consiste en l'activité de création de langues artificielles (espéranto, volapük, etc.). Le terme *ingéniérie linguistique*, parce qu'il a servi à dénoter une conception réductrice de l'aménagement linguistique, conserve souvent une charge péjorative, au contraire du terme °instrumentalisation, qui annonce clairement un rapport entre activités d'aménagement du corpus et besoins sociaux.

RAY Punya Sloka (1963), *Language standardization : studies in prescriptive linguistics*, La Haye : Mouton.
CLAS André et collab. (1985), *Guide de recherche en lexicographie et terminologie*, Paris : ACCT.

INNOVATION LINGUISTIQUE   Pierrette Thibault

Il n'y a qu'une façon d'arriver à observer un °changement linguistique en cours dans une °communauté linguistique, c'est de localiser l'innovation à travers l'étude empirique de la variation linguistique, selon la méthode proposée dans Weinreich, Labov et Herzog (1968). Il s'agit d'une tâche difficile dans la mesure où toutes les variations ne sont pas l'indice d'un changement en cours et où les innovations ne se révèlent à la conscience des membres de la communauté qu'au moment où le changement a beaucoup perdu de sa vigueur initiale.

Les recherches °variationnistes sur le changement ont permis de dresser un portrait-type des innovateurs, en tant qu'agents sociaux de sa diffusion. «Les innovateurs n'appartiennent ni à la °classe dominante, ni au prolétariat. Ils appartiennent aux classes moyennes [...] qui ont une trajectoire sociale ascendante et qui sont les mieux estimés par leur groupe local» (Labov, 1983 : 68-9). Au sein de ces classes moyennes, les femmes adopteraient l'innovation plus rapidement que les hommes, étant plus sensibles que ces derniers au °prestige local que revêt l'innovation dans son groupe d'origine.

La mobilité sociale, on l'aura compris, est la clé de la diffusion de l'innovation, mais la consolidation de son emploi se fait à l'intérieur de °réseaux sociaux étroits où le °vernaculaire est roi.

L'innovation discutée ici émerge spontanément et inconsciemment, se distinguant ainsi des changements délibérément incorporés aux °normes standards [voir *Langue standard*] et vernaculaires qui impliquent un apprentissage conscient.

LABOV William (1983), *in* «Le changement linguistique» (texte d'un entretien avec Pierre Bourdieu et Pierre Encrevé), *Actes de la recherche en sciences sociales*, 46 : 67-71.
WEINREICH Uriel, LABOV William et HERZOG Marvin (1968), «Empirical foundations for a theory of language change», *in* LEHMANN Winfred P. et MALKIEL Yakov (éd.), *Directions for historical linguistics*, Austin : University of Texas Press, 95-188.

INSÉCURITÉ LINGUISTIQUE   Michel Francard

Aspects théoriques

Naissance du concept

La notion d'insécurité linguistique apparaît pour la première fois en 1966, dans les travaux de W. Labov sur la stratification sociale des variables linguistiques. Dans son étude d'un °changement linguistique en cours dans la communauté new-yorkaise — la réalisation du phonème /r/ —, le sociolinguiste américain relève notamment une discordance entre la prononciation effective de certains locuteurs et ce que ces mêmes locuteurs prétendent prononcer. Cet écart entre la performance observée par le linguiste et l'auto-évaluation qu'en donnent les locuteurs révèle une insécurité linguistique dont les manifestations les plus nettes caractérisent, selon Labov, la petite bourgeoisie. Celle-ci, de par sa position intermédiaire et sa trajectoire sociale ascendante, est en effet soucieuse d'adopter des pratiques linguistiques qui la rapprochent des groupes dominants. D'où un effort conscient de correction — pouvant aller jusqu'à l'°hypercorrection —, qui s'accompagne d'autres traits caractéristiques des locuteurs de la petite bourgeoisie : une hypersensibilité à des traits linguistiques qu'ils emploient mais qu'ils savent stigmatisés, des réactions fortement négatives envers certains des usages linguistiques dont ils ont hérité, une perception erronée de leurs propres productions (Labov, 1972 : 183, 200).

Quelques années plus tard, P. Bourdieu propose une analyse similaire. Les locuteurs de la °classe dominée, considérée comme telle parce qu'elle ne possède ni le capital économique ni le capital culturel (dont la langue légitime est une composante), sont maintenus dans cet état de domination avec leur propre complicité (puisqu'ils ne contestent pas la légitimité des productions linguistiques dominantes), ce qui se traduit notamment dans leur discours par des «corrections, ponctuelles ou durables, auxquelles les dominés soumettent, consciemment ou inconsciemment, les aspects stigmatisés de leur prononciation, de leur lexique (avec toutes les formes d'euphémismes) et de leur syntaxe; ou dans le désarroi qui leur fait "perdre tous leurs moyens" les rendant incapables de "trouver leurs mots", comme s'ils étaient soudain dépossédés de leur propre langue.» (Bourdieu, 1982 : 38).

Divers travaux, à la suite de Labov, montrent que d'autres catégories de locuteurs présentent un écart significatif entre les pratiques linguistiques effectives et l'auto-évaluation qui en est donnée. Ainsi P. Trudgill (1974) observe chez des locuteurs féminins de Norwich (Grande-Bretagne) une propension à surévaluer le nombre de variantes phonétiques «°prestigieuses» dans leur production (par exemple, la prononciation [ju :], jugée plus «prestigieuse» que [u :], dans des mots comme *tune*, *student*, *music*, etc.), ce qui montre clairement leur aspiration à s'approprier les formes légitimes (qu'elles n'utilisent cependant pas de manière systématique). Bourdieu (1982 : 35) propose de cette attitude une analyse qui en souligne l'étroite proximité avec l'insécurité de la petite bourgeoisie mise en évidence par Labov : si les femmes sont plus promptes que les hommes à adopter la langue légitime, c'est que leur statut social les rend davantage dociles à l'égard des usages dominants («par la division du travail entre les °sexes, qui les spécialise dans le domaine de la consommation, et par la logique du mariage, qui est pour elles la voie principale, sinon exclusive, de l'ascension sociale, et où elles circulent de bas en haut»), et qu'elles sont ainsi plus prédisposées à se conformer aux exigences du marché des biens symboliques, en particulier dans le domaine des pratiques linguistiques.

L'insécurité linguistique est donc présentée, dès l'apparition du concept, comme la manifestation d'une quête de légitimité linguistique, vécue par un groupe social dominé, qui a une perception aiguisée tout à la fois des formes linguistiques qui attestent sa minorisation et des formes linguistiques à acquérir pour progresser dans la hiérarchie sociale. En d'autres termes, les locuteurs dans une situation d'insécurité linguistique mesurent la distance entre la °norme dont ils ont hérité et la norme dominant le marché linguistique. L'état de sécurité linguistique, par contre, caractérise les locuteurs qui estiment que leurs pratiques linguistiques coïncident avec les pratiques légitimes, soit parce qu'ils sont effectivement les détenteurs de la légitimité, soit parce qu'ils n'ont pas conscience de la distance qui les sépare de cette légitimité. Précisons qu'entre l'état de sécurité et celui d'insécurité, l'opposition n'est pas bipolaire, mais graduelle, et que divers travaux se sont fixé comme objectif d'évaluer le taux d'insécurité chez les locuteurs.

Développements théoriques

C'est dans le monde francophone que le concept d'insécurité linguistique va susciter les recherches les plus nombreuses. Cet ancrage géographique n'est pas dû au hasard : l'insécurité linguistique est concomitante de l'expansion du français depuis le Moyen Age (dès la fin du XIIe siècle, des auteurs comme Conon de Béthune, originaire du Pas-de-Calais, ou comme le lyonnais Aimon de Varennes disent clairement leur dépit de ne pouvoir user d'une «parole françoise» telle qu'on la pratique dans l'Île-de-France) et on peut en observer des manifestations dans toutes les régions où le français s'est imposé comme langue de culture et de grande diffusion. Un récent colloque (Francard, 1993-1994) en a fait la démonstration, tant pour les marches les plus lointaines de la francophonie que pour les pays voisins de l'Hexagone et même pour sa périphérie.

C'est l'ouvrage de N. Gueunier, Genouvrier et Khomsi (1978), intitulé *Les Français devant la norme*, qui sera le premier à exploiter le concept d'insécurité linguistique dans le domaine francophone. Adoptant une démarche proche de celle de Labov, tant dans ses postulats théoriques que dans sa méthodologie, Gueunier et ses collaborateurs vont étudier les °attitudes face à la norme dans quatre milieux urbains : Tours, Lille, Limoges et Saint-Denis-de-la-Réunion. Par rapport aux travaux antérieurs, la principale originalité de cette recherche sera de mettre en évidence l'hypothèse d'une relation privilégiée entre insécurité linguistique et situation de °diglossie. Alors que la région de Tours, où le français ne partage le terrain linguistique avec aucun usage °dialectal, présente un sentiment général de sécurité linguistique, les villes de Limoges (dans l'aire dialectale du nord-occitan), de Lille (dans l'aire picarde) et le milieu réunionnais (zone créolophone) présentent une insécurité linguistique que les auteurs de l'étude associent à la coexistence, en ces régions, du français et d'une langue régionale. L'insécurité linguistique est d'autant plus manifeste que le parler régional est vivace, les °interférences de celui-ci étant réputées «abâtardir» le français «pur».

L'analyse que fait M. Francard (1989) d'une situation de diglossie franco-wallonne conduit toutefois à réinterpréter cette corrélation entre le degré d'exposition à un parler régional et l'insécurité linguistique : le sentiment d'insécurité linguistique n'a pas de rapport direct avec la pratique effective de la langue régionale (le wallon), mais paraît plutôt aller de pair avec le taux de scolarisation des informateurs. D'où l'hypothèse, confirmée par des recherches ultérieures (Francard, 1993), selon laquelle l'institution scolaire, dans le monde francophone, accroîtrait l'insécurité linguistique en développant à la fois la perception des variétés linguistiques régionales et leur dépréciation au profit d'un modèle mythique et inaccessible (le «bon» français, souvent assimilé au «français de Paris»).

Ces hypothèses élargissent la conception labovienne de l'insécurité linguistique. La langue reconnue comme légitime est tantôt celle d'une classe dominante (Labov, Bourdieu), tantôt celle d'une autre °communauté linguistique où la pratique du français n'est pas abâtardie par des interférences avec des parlers en °contact (Gueunier *et al.*), tantôt celle de locuteurs fictifs détenteurs de «la» norme linguistique prônée par l'institution scolaire (Francard). Comme on peut le constater, la légitimité linguistique prend progressivement des contours de plus en plus abstraits, ce qui la rend d'autant plus inaccessible. Nous sommes dans le domaine des °représentations, qui sont moins un miroir du réel (c'est-à-dire des pratiques linguistiques objectives) que des constructions mentales investies des présupposés, de la subjectivité, des stratégies de tout un corps social.

Aspects méthodologiques

Pratiques et attitudes linguistiques : un couple indissociable ?

Dépréciation des usages linguistiques de sa communauté, souci constant de correction linguistique, perception erronée de son propre discours sont autant de facettes de l'insécurité linguistique mises en évidence par les recherches de Labov, qui privilégie comme *indice* de ce sentiment le décalage entre ce que produisent effectivement les locuteurs, et ce qu'ils disent produire.

A cette approche conjointe, un certain nombre de travaux récents ont préféré l'étude des représentations des locuteurs indépendamment de leurs pratiques effectives. Cette méthodologie fait, cette fois, la part belle au locuteur : celui-ci est amené à se prononcer sur certains phénomènes linguistiques tantôt de façon directe, en produisant un discours épilinguistique explicite (en réponse à des questions du type «Êtes-vous satisfait de votre façon de parler?», «Y a-t-il des endroits où l'on parle mieux que chez vous?», etc.), tantôt de manière indirecte, en suivant des consignes d'évaluation (comme, par exemple, dans les travaux fondés sur la technique du °locuteur masqué, où on lui demande d'évaluer l'intelligence, l'éducation, l'honnêteté, etc. de locuteurs s'exprimant en des langues ou des °lectes différents). L'analyse de ces productions épilinguistiques permettra au linguiste de dégager quelles valeurs, positives ou négatives, sont associées aux usages mis en présence.

Cette dissociation des pratiques et des attitudes n'est pas sans soulever quelques objections. Elle risque en effet, surtout dans le cas d'un discours épilinguistique explicite, d'entraîner une confusion entre l'intensité du sentiment d'insécurité linguistique et la capacité du locuteur à verbaliser cette même insécurité. Lorsqu'on sait que la forme ultime de l'insécurité linguistique est celle qui contraint le locuteur au silence, on mesure le danger qu'il y aurait à évaluer le taux d'insécurité linguistique à l'aune de la prolixité d'un informateur sur le sujet.

En outre, l'analyse thématique du discours épilinguistique (ou des représentations reconstruites sur la base d'indices indirects) laisse apparaître un °imaginaire linguistique largement stéréotypé. Dans son analyse de l'insécurité linguistique en Belgique francophone, Francard (1993) dégage quatre caractéristiques principales : (i) la sujétion linguistique à la France; (ii) l'auto-dépréciation des pratiques linguistiques endogènes; (iii) le recours à des stratégies de compensation en faveur de ces mêmes variétés; (iv) le pessimisme des «clercs» face à l'avenir du français. Sous des formes concrètes différentes et avec des degrés de pertinence variables, on retrouve ces traits dans de nombreuses communautés francophones (Francard, 1993-1994). La seule analyse thématique du discours épilinguistique risque donc, à elle seule, de devenir rapidement répétitive.

Enfin, en privilégiant une approche qualitative, l'analyse thématique rend malaisée toute évaluation quantitative du taux d'insécurité linguistique. S'il est instructif d'inventorier les facettes multiples de l'insécurité linguistique à travers le discours épilinguistique des locuteurs, il faut reconnaître que ce terrain est plus mouvant que celui des corrélations objectives établies par Labov entre certains comportements linguistiques et l'auto-évaluation des locuteurs.

Nouvelles perspectives

Est-ce à dire qu'il faut en revenir à l'analyse combinée des pratiques et des attitudes telle qu'on la pratiquait dans les travaux fondateurs ? Non, sans doute, dans la mesure où notre perception de l'insécurité linguistique s'est affinée depuis Labov, singulièrement par la prise en compte du discours épilinguistique, le seul à rendre tangibles certaines formes d'insécurité linguistique « abstraite » comme la vivent de nombreux francophones.

Une direction de recherche à explorer serait l'analyse en profondeur d'une grande diversité de productions discursives, où on porterait une attention particulière à des données comme les suivantes :
– faits d'interaction tels que changements de registres, °alternance codique, etc. ;
– interventions métalinguistiques du locuteur dans son propre discours (auto-corrections, explicitations, questionnement sur la norme, etc.) ;
– variations, dans des contextes situationnels différents, de la productivité discursive d'un locuteur, de sa volubilité, de la complexité syntaxique de ses énoncés, de sa richesse lexicale, etc.

Ces observations devraient toutefois être mises en parallèle avec des jugements explicites des locuteurs sur leurs productions, pour éviter que le linguiste ne projette son propre imaginaire linguistique dans l'interprétation des faits relevés. Si la rapidité du débit, par exemple, est considérée positivement par les francophones de Belgique (qui y voient une des caractéristiques du parler des Français), elle est dépréciée dans certains pays africains (comme le Burundi), où elle inspire la méfiance vis-à-vis du locuteur. Il y a donc lieu de valider les hypothèses en interrogeant le sentiment linguistique des locuteurs, ce qui nous ramène à une étude conjointe des pratiques et des attitudes linguistiques.

Les indices évoqués ci-dessus ne seraient donc retenus comme pertinents pour une étude de l'insécurité linguistique que dans la mesure où le témoignage des informateurs (sous des formes multiples : discours épilinguistique, chroniques de langage, courrier des lecteurs, etc.) permettrait de les identifier comme tels.

Il conviendrait par ailleurs — et c'est là une seconde piste de recherche — d'émanciper les recherches sur l'insécurité linguistique des seuls constats descriptifs pour tenter de formuler, comme le suggère M.-L. Moreau (1996), des «hypothèses générales falsifiables». De telles hypothèses devraient permettre à la fois une meilleure analyse interne de l'insécurité linguistique (interprétation plus fiable de certains indices, mesure de son intensité) et sa mise en perspective par rapport à d'autres phénomènes tels que la «loyauté linguistique», l'émergence de °normes endogènes dans une communauté, les revendications °identitaires d'une minorité linguistique [voir *Langue minorée et langue minoritaire*], etc. Elles permettraient également de mieux saisir la dynamique du phénomène : d'une génération à l'autre, le taux d'insécurité peut varier; il conviendrait donc d'identifier les paramètres de cette variation. Enfin, et ce n'est pas leur moindre intérêt, ces hypothèses inscriraient plus clairement la problématique de l'insécurité sur le terrain de l'investigation scientifique, pour l'affranchir de préoccupations «moralisantes» déplorant le «mal-être linguistique» des locuteurs insécurisés.

Dans cette perspective, l'insécurité linguistique (re)prend toute son importance : celle d'un concept-clé dans l'étude des représentations, dont l'apport est essentiel pour une théorie du changement linguistique et pour la compréhension du fonctionnement social des usages linguistiques.

BOURDIEU Pierre (1982), *Ce que parler veut dire. L'économie des échanges linguistiques*, Paris : Fayard.

FRANCARD Michel (en collaboration avec Joëlle LAMBERT et Françoise MASUY) (1993), *L'insécurité linguistique en Communauté française de Belgique*, Bruxelles : Ministère de la Culture, Service de la langue française.

FRANCARD Michel (en collaboration avec Geneviève GERON et Régine WILMET) (éd.) (1993-1994), *L'insécurité linguistique dans les communautés francophones périphériques*, Volume I, *Cahiers de l'Institut de Linguistique de Louvain*, 19 (3-4), 1993 [paru en 1994]. – Volume II, *Cahiers de l'Institut de linguistique de Louvain*, 20 (1-2), 1994.

GUEUNIER Nicole, GENOUVRIER Émile et KHOMSI Abdelhamid (1978), *Les Français devant la norme. Contribution à une étude de la norme du français parlé*, Paris : Champion.

LABOV William (1972), *Sociolinguistic patterns*, Philadelphie : University of Pennsylvania Press. Trad. fr. : *Sociolinguistique*, Paris : Minuit (1976). [Les numéros de page fournis dans le texte renvoient à l'ouvrage en français.]

MOREAU Marie-Louise (1996), *Insécurité linguistique : pourrions-nous être plus ambitieux?*, in BAVOUX Claudine (éd.), *Français régionaux et insécurité linguistique*, Paris : L'Harmattan, Saint-Denis : Université de la Réunion, 103-114.

TRUDGILL Peter (1974), *Sociolinguistics*, Harmondsworth : Penguin Books.

INSTRUMENTALISATION
Didier de Robillard

Constitution ou transformation du répertoire et des règles d'une langue, de son °corpus, afin qu'elle puisse remplir certaines fonctions pour laquelle elle était, avant instrumentalisation, peu adaptée. Ce sens général a tendance à se confondre avec celui de °*standardisation*. On pourrait donc proposer une signification différente, afin à la fois d'éviter cette synonymie inutile, et de combler un vide terminologique ailleurs. L'instrumentalisation pourrait désigner une partie des opérations de standardisation, à savoir celles qui ne concernent que le corpus ; il aurait alors vocation à remplacer le syntagme °*aménagement du corpus* ou °*ingénierie*, dans le sens où ce type d'opération consiste toujours à faire en sorte qu'une langue corresponde mieux, comme instrument, à certaines fonctions sociolinguistiques.

RONDEAU Guy (1981) *Introduction à la terminologie*, Montréal : Centre éducatif et culturel Inc., Chicoutimi : Gaëtan Morin.

INTELLIGIBILITÉ MUTUELLE
Pierre Knecht

Critère qui a été proposé pour déterminer si deux codes représentent des variétés d'une même langue ou des langues distinctes. Son application pratique s'est cependant avérée très difficile. On peut bien mesurer statistiquement, par les méthodes quantitatives de la dialectométrie, le taux de similarité entre données recueillies à des endroits différents d'un espace géolinguistique. Cela permet de constater par exemple que la variété A est plus proche de la variété X que la variété B. Mais ces résultats ne coïncident pas nécessairement avec l'appréciation subjective des locuteurs eux-mêmes, qui est fonction de nombreux facteurs extra-linguistiques, comme la qualité des °attitudes interethniques et le volume des échanges interculturels entre une communauté et une autre. Dans un célèbre article, Wolff (1964) a montré toute la complexité du problème à partir d'un certain nombre d'expériences de terrain en Afrique. Des résultats intéressants ont néanmoins été obtenus grâce à des tests d'intercompréhension où les sujets sont invités non pas à traduire des phrases mais à répondre à des questions de contenu (Casad, 1974).

CASAD Eugene H. (1974), *Dialect intelligibility testing*, Oklahoma.
WOLFF Hans (1964), «Intelligibility and inter-ethnic attitudes», *in* HYMES Dell (éd.), *Language in culture and society*, New York : Harper et Row, 440-445.

INTERFÉRENCE   Josiane F. Hamers

Le terme *interférence* réfère aussi bien à l'interaction de deux processus psycholinguistiques, qui fonctionnent habituellement de façon indépendante chez un individu °bilingue, qu'au produit linguistique non conscient de cette interaction. Ce produit se définit dans tous les cas comme une déviation par rapport aux °normes des deux langues en °contact. Le concept d'interférence est proche de celui d'°emprunt. Il s'en distingue cependant dans la mesure où l'emprunt peut être conscient, alors que l'interférence ne l'est pas. On pourra considérer les °calques, les faux-amis et les °mélanges des codes comme des interférences, dans la mesure où ils sont produits inconsciemment.

L'interférence se manifeste surtout chez des locuteurs qui ont une connaissance limitée de la langue qu'ils utilisent et elle prend de moindres proportions à mesure que le °bilinguisme s'équilibre. Elle se manifeste davantage dans la °langue seconde que dans la °langue maternelle, mais on constate aussi des effets de la langue seconde sur la langue maternelle, en particulier lorsque la pression sociale de la seconde langue est forte, et que les locuteurs y sont constamment exposés, par exemple chez des immigrants ou des groupes minoritaires dominés.

Les manifestations linguistiques de l'interférence

L'interférence peut se manifester à tous les niveaux de production linguistique : phonémique, morphémique, lexical, syntaxique, etc.

Il y a une interférence phonémique lorsqu'un bilingue utilise dans la langue active des sons de l'autre langue ; elle est très fréquente chez l'apprenant de langue seconde, surtout lorsque l'apprentissage se fait à l'adolescence ou à l'âge adulte ; elle permet souvent d'identifier comme tel un locuteur étranger.

On parlera d'interférence lexicale lorsque le locuteur bilingue remplace, de façon inconsciente, un mot de la langue parlée par un mot de son autre langue. On en recense diverses formes, soit que le locuteur opère une substitution de mots simples (*le chat dort dans le seat*), soit qu'il remplace la racine et la combine avec un préfixe ou un suffixe (*mailer la lettre*) ; soit qu'il utilise de faux amis (comme le bilingue français-anglais, qui produit la phrase *l'avion est arrivé avec un délai de quatre heures*, en donnant au mot français *délai* le sens « retard » de l'anglais *delay*).

L'interférence grammaticale suppose que le locuteur utilise dans une langue certaines structures de l'autre. Elle existe pour tous les aspects de la syntaxe : l'ordre, l'usage des pronoms, des déterminants, des prépositions, les accords, le temps, le mode, etc. Les énoncés suivants, produits par des apprenants anglophones, sont des exemples d'interférence grammaticale : *le vide verre* (ordre), *j'étais née à Boston* (temps), *mon père est né dans Londres* (préposition), *j'ai pris le manteau et j'ai aidé Anne à mettre sa manteau* (accord).

L'interférence peut aussi se manifester au niveau de l'orthographe, par exemple quand un anglophone écrit *addresse* en français.

L'interférence chez l'apprenant de langue seconde

L'apprenant d'une langue seconde procède souvent par transfert d'éléments de la langue maternelle vers la langue cible. Cette stratégie est adéquate lorsque les deux structures sont semblables; par exemple, l'ordre peut être le même dans les deux langues. Dans ce cas, on parle de transfert positif. Par contre, lorsque les deux structures diffèrent, le transfert, négatif cette fois, donnera lieu à une interférence.

BEN-ZEEV Sandra (1977), « Mechanisms by which childhood bilingualism affects understanding of language and cognitive structures », *in* HORNBY Peter A. (éd.), *Bilingualism : psychological, social and educational implications*, New York : Academic Press, 29-55.
HAMERS Josiane F. et LAMBERT Wallace E. (1974), « Bilingual reactions to cross-language semantic ambiguity », *in* CAREY Stephen T. (éd.), *Bilingualism, biculturalism and education*, Edmonton : University of Alberta Printing Department, 101-114.
HAMERS Josiane F. et BLANC Michel (1983), *Bilingualité et bilinguisme*, Bruxelles : Mardaga.
PENFIELD Wilder et ROBERTS Lamar (1959), *Speech and brain mechanisms*, Oxford : Oxford University Press.
WEINREICH Uriel (1953), *Languages in contact*, La Haye : Mouton.

IN VITRO *VS* IN VIVO Louis-Jean Calvet

L'histoire linguistique de l'humanité, c'est-à-dire l'histoire des langues (apparition, évolution, disparition) et l'histoire des rapports entre les langues (domination, minorisation [voir *Langue minorée et langue mino-*

ritaire], etc.) relève de deux grands mouvements. Le premier est la pratique sociale des locuteurs qui, dans leurs actes de paroles quotidiens, interviennent sur la langue et sur les langues, modifient les formes et les situations. L'évolution phonétique, sémantique, syntaxique d'une langue, l'apparition de nouveaux mots, l'émergence d'une langue °véhiculaire, sont ainsi le produit d'une action *in vivo*, dans la vie, action qui est à la fois inconsciente et permanente. Le second mouvement est l'intervention consciente, raisonnée, ponctuelle, sur la langue ou sur les rapports entre les langues, dans le cadre par exemple de °politiques linguistiques. Les réformes de l'orthographe, la néologie institutionnelle, la promotion d'une langue à la fonction de °langue officielle, la politique linguistique scolaire, sont ainsi le produit d'une °action *in vitro*, décidée à un niveau politique et appliquée par les planificateurs dépendant de l'État.

Il y a donc deux façons d'intervenir sur les langues et sur les situations sociolinguistiques, l'une qui procède de la politique linguistique (*in vitro*) et l'autre de la pratique sociale (*in vivo*). Un des problèmes de la première est de savoir comment intervenir sur la seconde : faut-il accompagner la pratique des locuteurs, aller dans le sens des °changements *in vivo*, est-il possible à l'inverse de prendre le contre-pied de cette pratique et d'imposer *in vitro* des solutions qu'elle ne semble pas favoriser, etc.?

ISOGLOSSE
Pierre Knecht

Courbe qui sépare sur une carte linguistique des espaces où dominent des traits différents. Le terme s'applique à toutes les catégories de traits, bien qu'on trouve parfois pour des isoglosses phonétiques l'appellation *isophones*. Lorsqu'on a, dans des cartes de synthèse, l'accumulation de plusieurs isoglosses sur un même parcours, on parle de *faisceau d'isoglosses*. La séparation entre deux domaines dialectaux est d'autant plus nette qu'il y a d'isoglosses dans un même faisceau. Un exemple célèbre est le faisceau qui traverse la péninsule italienne à la hauteur d'une ligne qui va de La Spezia à Rimini et qui sépare l'ensemble de la Romania occidentale (comportant les domaines portugais, espagnol, catalan, occitan, français, rhéto-roman et italien du nord) de la Romania orientale (comportant le centre-sud de l'Italie et la Roumanie). Dans ce faisceau, les isoglosses les plus importants sont ceux qui concernent le traitement des consonnes occlusives intervocaliques sourdes du latin (P/T/K), consonnes qui ont été sonorisées (b/d/g) au nord et à l'ouest, tandis qu'elles sont restées sourdes au sud et à l'est.

LANGUE COMMUNE   Daniel Baggioni

Dans l'entre-deux-guerres, divers *Congrès internationaux des linguistes* ont abordé la question de ce qu'ils nommaient «langue commune» ou «langue de civilisation» (Meillet, 1918). Les discussions sur ce thème, souvent confuses, mettent en avant le rôle des langues littéraires, mais il est peu théorisé; elles abordent aussi les rapports sociaux, mais souvent en termes d'opposition villes-campagnes; l'importance du facteur politique est rarement évoqué, et l'existence de nations préexistantes aux langues communes est posée comme une évidence jamais mise en discussion. De cette tradition issue du comparatisme historique, il nous reste l'esquisse (*cf.* Fourquet, 1968) d'une typologie des voies par lesquelles se forment les langues communes : à partir de l'opposition entre parlers ou °dialectes soumis à la variation et code commun stabilisé, on distingue, parmi les langues supralocales, celles formées à partir d'une *koinè*, c'est-à-dire d'une variété littéraire stabilisée et s'étendant dans l'espace dialectal, et celles qui dérivent d'une *Verkehrsprache*, langue °véhiculaire formée °*in vivo* par métissage.

Il existait de grandes langues communes (chinois mandarin, sanskrit, zend, araméen, koinè grecque, latin, arabe...) dans les formations anciennes de type impérial (Chine, Inde, Égypte, Perse, Empire alexandrin, Rome, Empires arabo-islamique(s), ottoman) mais, outre que ces koinès, souvent liées à une °religion, servaient essentiellement à l'administration, elles se sont révélées inadéquates à remplir les tâches dévolues aux nouveaux États territoriaux nés à partir du XVe siècle sur les débris des structures impériales. De nouvelles langues communes associées à des États, embryons des futurs États-nations, se sont alors développées en Europe occidentale à partir de la littérarisation des °vernaculaires. Leur fonctionnement social souvent en opposition avec les langues «impériales» et/ou religieuses (latin, grec, slavon) et leur irrésistible diffusion dans l'espace européen, amènent à considérer ces modernes langues communes, futures °langues nationales, comme distinctes d'une part des anciennes langues communes religieuses et impériales, d'autre part des langues °véhiculaires purement orales qui peuvent se développer en contexte plurilingue, sans aboutir la plupart du temps à émerger comme °langues standards associées à un État.

Le flou terminologique et l'originalité de l'expérience ouest-européenne poussent à conceptualiser la distinction entre langue commune et langue nationale, pour rendre compte des processus de construction des °identités linguistiques-nationales en Europe et l'apparition des langues standards de type moderne. Dans le cas des langues standards d'Europe en effet, la distinction d'une phase *langue commune* antérieure à celle de *langue nationale* permet d'historiciser et de mieux comprendre les phénomènes tant linguistiques que sociolinguistiques qui caractérisent cette invention européenne : celle de l'uniformisation par le monolinguisme d'un espace communicatif correspondant à un territoire national. En ce qui concerne les grandes langues européennes (anglais, français, espagnol...), nous constatons en effet que :

1. pour toutes, une longue gestation a caractérisé l'élaboration des koinès littéraires, quelquefois avec des tentatives avortées (vieil allemand, vieil anglais, toscan de l'époque classique), quelquefois avec une accélération due à l'action d'un « fondateur » ;

2. ces koinès ont précédé la fixation de la langue standard, fixation assurée par la °grammatisation et la formation d'un volume linguistique suffisant pour fonder symboliquement la °légitimité du standard (par exemple, le français existe comme langue littéraire depuis les Xe-XIe siècles, avant d'être grammatisé à partir du XVIe siècle) ; la description-fixation qu'est la °standardisation d'une langue commune peut s'étendre sur plusieurs siècles (pour le français, elle se réalise aux XVIe-XVIIe siècles, pour l'allemand, du XVIe au XVIIIe), et faire l'objet de réélaboration au cours des siècles, avant une stabilisation acceptée par tous les acteurs (réformes de l'orthographe, du lexique, fixation de nouvelles °normes morphosyntaxiques ; ainsi, la fixation de l'orthographe française au XIXe, trois réformes de la langue finnoise du XVIe au XXe siècles) ;

3. cette stabilisation rend possible parallèlement la conquête, par les langues standardisées, de nouveaux espaces énonciatifs qui leur permettront, en devenant *langues communes*, de prétendre vraiment au titre de *langues nationales*, leur °statut éventuel de °langues officielles de l'État n'étant de ce point de vue qu'une condition à peine nécessaire et certainement pas suffisante. Le travail de description/prescription des écrivains et grammairiens (procès de grammatisation), la diffusion de ces langues communes par l'écrit imprimé, et son extension à de nouveaux emplois déterminent un double effet de légitimation (°normalisation) et de stabilisation/fixation (standardisation) d'une variété écrite qui va bientôt servir de norme d'abord aux élites, puis à des couches élargies du territoire « national ». Ce processus long de formation de langues communes s'est produit, pour les plus anciennes langues de l'Europe au tournant de la Renaissance, à la faveur de différents facteurs (renforcement étatique, urbanisation, Réforme et Contre-Réforme, imprimerie, développement d'une société civile et d'un espace public), parmi lesquels figurent aussi les changements qui, de l'époque carolingienne au XVIe siècle, ont affecté

le statut du latin (langue de l'élite, il se transforme, parce que de moins en moins parlé, en langue morte classique, seulement écrite).

AUROUX Sylvain (1992), «Introduction. Le processus de grammatisation et ses enjeux», *in* AUROUX Sylvain (éd.), *Histoire des idées linguistiques*, T. 2, Bruxelles : Mardaga, 11-64.

CERQUIGLINI Bernard (1991), *La naissance du français*, Paris : PUF.

FODOR Istvan et HAGÈGE Claude (éd.) (1983-89), *La réforme des langues. Histoire et avenir*, Hambourg : Buske Verlag, 4 vol.

FOURQUET Jean (1968), «Langue, dialecte, patois», *in* MARTINET André (éd.), *Le langage*, Encyclopédie de la Pléïade. Paris : NRF, 569-596.

SCAGLIONE Aldo (éd.) (1984), *The emergence of national language*, Ravenna : Longo Ed.

LANGUE MATERNELLE, LANGUE PREMIÈRE, LANGUE SECONDE, LANGUE ÉTRANGÈRE

William F. Mackey

Ces concepts étant étroitement liés, et la différence entre les paires associées étant parfois liée au contexte, il est difficile de les traiter séparément.

Il existe de grandes différences entre les connotations des termes liés à la langue, puisque la manière dont nous concevons le discours et la langue fait partie de notre système de valeurs. La langue n'a pas le même poids ni les mêmes associations dans toutes les cultures. Dans certaines, elle est associée aux normes du comportement correct; dans d'autres, elle est surtout liée à l'empathie ou à l'efficacité de la communication. Toute déclaration universelle de principe concernant les concept liés à ces termes peut donc donner lieu à des interprétations différentes. C'est le cas notamment de *langue maternelle*, de *langue seconde* et de °*langue nationale* (Skutnabb-Kangas, 1989), de même que *langue* °*véhiculaire*, *langue* °*vernaculaire*, *langue de culture*, etc. On est donc confronté dès l'abord avec des problèmes d'attribution et d'interprétation (Mackey, 1990).

Chaque composante de ces notions de base possède divers termes dont les significations sont variables, instables et imprécises. On a parfois l'impression qu'ils sont également arbitraires. On fait donc appel aux symboles. Bien qu'il semble salutaire de remplacer ces impressions vagues, polysémiques et émotives par des symboles neutres tels que L_1

et L_2, le remplacement en soi n'enlève pas pour autant l'ambiguïté des concepts. Le symbole ne fait que créer une illusion d'exactitude. Un L_1 ne nous fournit aucune indication sur la nature de la primauté. L'utilisation de ce symbole a porté confusion entre compétence, comportement et acquisition; il a été utilisé pour signifier indifféremment, « la langue mieux connue », « le parler usuel », « la première langue acquise », « la langue du foyer » et « la langue °ethnique » (Mackey, 1996).

Même quand on se borne à l'une de ces significations, l'importance relative de la langue demeure toujours incertaine. La réalité sous-jacente à la notion de langue maternelle est variable et instable, quand elle n'est pas confuse et sans valeur pratique. En effet, la langue maternelle n'est pas nécessairement la première langue de la mère ou du père; ce n'est même pas toujours leur langue principale. Même si elle a la même appellation que la langue enseignée à l'école, il peut s'agir d'un °dialecte, apparenté à cette dernière par son origine, mais en réalité si éloigné d'elle qu'il est presque inintelligible pour l'enseignant (Mackey, 1984).

La plupart des « langues maternelles » parlées dans le monde sont des amalgames de dialectes qui se fondent les uns dans les autres et parfois se confondent avec des langues voisines ou apparentées. Décider où une langue commence et où elle finit, est une démarche souvent arbitraire, qui repose parfois sur des considérations géographiques, historiques ou politiques. La décision selon laquelle ce sera telle forme ou tel dialecte qui représentera la langue aura, elle aussi, un caractère circonstanciel.

Attribuer une langue première à une personne bilingue détermine souvent son potentiel social, °économique et politique, y compris les écoles où elle pourra inscrire ses enfants ainsi que le type et le degré de leur éducation. L'attribution d'une langue ou variété de langue à l'individu détermine souvent son °identité ethnique et culturelle, sa °classe sociale et sa nationalité.

Sur les critères qui permettent de distinguer deux langues reposent les fondements des théories interlinguistiques. Ces critères constituent les prémisses qui ont généré les notions de base du °contact des langues — concepts tel que « °bilinguisme », « bilingualité », « °diglossie », « °interférence », « °emprunt » et bien d'autres.

Langue seconde et *langue étrangère* se définissent évidemment comme ce qui figure à l'extérieur du champ délimité — sur la base de critères variables, comme on l'a dit — comme étant celui de la langue maternelle et de la langue première.

Pendant longtemps, on ne faisait aucune distinction entre *langue seconde* et *langue étrangère*. Depuis les années 60, dans le contexte du bilinguisme officiel, on a eu tendance à réserver le terme *langue seconde* à une langue qui bien que n'étant pas langue première, possède une ou plusieurs fonctions dans le milieu à titre de langue véhiculaire, langue de culture, langue scolaire ou deuxième °langue officielle.

MACKEY William F. (1984), «Langue maternelle et enseignement : problèmes et perspectives», *Perspectives*, *14*, 37-51.

MACKEY William F.(1990), «A terminology for sociolinguistics», *Sociolinguistics*, *19*, 99-124.

MACKEY WILLIAM F. (1992), «Langues maternelles, autres langues et langues véhiculaires : leur signification dans un monde en mutation», *Perspectives*, *22*, 41-52.

MACKEY William F. (1996), «Langue première et langue seconde», *in* NELDE P., WOLCK W., STARY Z. et GOEBL H. (éd.), *Kontaktlinguistik / Linguistique de contact*, Berlin : Walter de Gruyter (chapitre 33).

SKUTNABB-KANGAS Tove et PHILLIPSON Robert (1989), «"Mother-tongue" : the theoretical and sociopolitical construct of a concept», *in* AMMON Ulrich (éd.), *Status and function of languages and language varieties*, Berlin : Walter de Gruyter.

LANGUE MINORÉE ET LANGUE MINORITAIRE Jean-Michel Kasbarian

La minorisation linguistique fait l'objet d'une abondante littérature relevant de la sociolinguistique, mais aussi de l'anthropologie et de l'ethnologie. Les différentes approches du concept se distribuent en deux grandes tendances.

A) Les **approches macrolinguistiques**, objectivantes et déterministes, décrivent une langue minorée ou minoritaire comme un état stable et homogène, caractérisable par un certain nombre de données quantitatives et qualitatives, structurelles et fonctionnelles.

Une langue minorée ou minoritaire s'y caractérise à partir de critères objectifs, extralinguistiques et sociolinguistiques, retenus *a priori* comme pertinents par le descripteur. Parmi les paramètres extralinguistiques, le principe territorial, largement requis, partant sans doute du présupposé que la situation normale est celle où frontières géographiques et frontières linguistiques coïncident, considère comme monolingues (critère d'«unicité») tous les habitants d'une aire régionale et définit arithmétiquement comme minoritaire la langue du ou des groupes numériquement inférieurs (critères de «taille» et d'«usage»).

Les approches qui privilégient ces critères extralinguistiques (sociologiques, démographiques) tiennent les rapports entre les langues (ou les variétés) comme une conséquence du rapport numérique entre les groupes et non comme l'origine du processus de minorisation de l'une d'entre elles, confondant de ce fait langue minorée et langue minoritaire. Or, l'étude des situations de plurilinguisme met en évidence la diversité des effets des rapports numériques entre les groupes, la faiblesse numérique n'induisant pas nécessairement une inégalité statutaire entre les langues, ni donc la minorisation d'un usage.

Dans d'autres descriptions macrolinguistiques, une langue est considérée comme minorée, lorsqu'elle se caractérise par tout ou partie des critères sociolinguistiques suivants.

1. L'absence de °statut officiel : la langue minorée n'est pas officielle [voir *Langue officielle*], co-officielle ou nationale [voir *Langue nationale*].

2. L'absence d'usages institutionnalisés : la langue minorée n'est pas autorisée pour la rédaction de textes officiels, administratifs.

3. Elle n'est pas médium ou matière d'enseignement.

4. Sa diffusion est essentiellement orale. La production écrite est inexistante ou marginale (quelle que soit par ailleurs sa fonction emblématique).

5. Elle ne bénéficie pas d'un accès aux médias audio-visuels.

6. L'acquisition de la langue minorée se fait essentiellement dans le cadre familial, et pas à l'école.

7. Sa rentabilité sociale est restreinte, sa connaissance restant sans profit pour le locuteur en terme de mobilité sociale, de promotion professionnelle.

8. La langue minorée n'est pas en distribution concurrente avec d'autres langues, mais en distribution complémentaire [voir *Complémentarité fonctionnelle*] : la langue dominante assure la fonction °véhiculaire quand la langue dominée a des fonctions °vernaculaires et emblématiques (°identitaires).

9. Les rapports fonctionnels de la langue minorée avec une langue dominante sont stables dans la longue durée.

10. La langue minorée ne connaît pas de processus de °normalisation/ °standardisation. Ses différentes variétés ne font pas l'objet d'un mouvement d'unification ; il ne se crée pas une variété élaborée de langue, ou elle ne se diffuse pas ; la langue minorée n'est pas soumise à des proces-

sus de °grammatisation (réduction de la variation par le recours à l'écrit et la conformation des productions écrites à un standard, objet de description métalinguistique) et il n'y est donc pas associé d'outils de régulation des usages (dictionnaires, codification orthographique...).

L'usage des paramètres sociolinguistiques dans les descriptions objectivantes révèle les présupposés de l'analyse. Ainsi, une langue ayant un statut officiel, une diffusion scolaire, une fonctionnalité véhiculaire ou une codification avancée ne peut être catégorisée comme langue minorée. Une telle détermination n'est cependant possible que si on considère la °communauté linguistique comme un ensemble homogène, sans tenir compte ni de la diversité des variétés (°sociolectales, °régiolectales, °registrales...), ni de la manière différenciée dont les différents sous-groupes (sociaux, géographiques) peuvent se représenter le code commun.

Parmi les approches macrolinguistiques, certaines tirent argument de la distance réduite qui sépare la variété standard [voir *Langue standard*] de certaines langues et les autres variétés pour exclure celles-ci du champ des langues minorées. On notera cependant que cette différenciation relève moins de l'analyse sociolinguistique que d'une °politique linguistique visant à identifier les langues susceptibles de bénéficier de droits à l'intérieur d'un État.

B) Les **approches microlinguistiques**, interactionnelles, considèrent que la minorisation d'une langue (ou d'une variété) est le produit de l'activité langagière en contexte plurilingue, un effet des rapports interlectaux qui s'élaborent dans la communication. Les langues minorées ne s'y définissent plus sur la base de critères objectifs qui détermineraient *a priori* les conduites langagières de l'extérieur de la scène communicationnelle. Ce sont les locuteurs qui, subjectivement, légitiment dans l'échange les attributs des langues et des variétés lectales, en attachant une valeur sociolinguistique (comme registre, °dialecte, sociolecte, ethnolecte) à certaines productions porteuses d'écart social entre les locuteurs. Quand les valeurs sociolinguistiques attribuées à une langue ou une variété lectale par les locuteurs divergent au cours d'un échange, la production d'un interactant peut se trouver soumise aux valeurs produites par d'autres, l'obligeant à modifier ses choix langagiers. C'est l'asymétrie interactionnelle caractérisée par l'inégalité de position des différents usages (une langue pouvant occuper une position dominante ou dominée suivant les contexte de l'échange) qui rend compte du processus de minorisation. Une langue ou une variété est minorisée quand les productions de l'utilisateur sont interprétées et évaluées en fonction des attributs produits par un autre interactant et que la différence des valeurs affectées à ces productions a des effets négatifs sur le déroulement de l'échange. Les dysfonctionnements langagiers caractéristiques de la minorisation d'une langue ou variété prennent la forme de ratages, de blocages, de ruptures de la communication ou d'un changement de code de la part du locuteur qui perçoit sa position interactionnelle dominée.

Le problème posé par les approches interactionnelles de la minorisation linguistique tient au couplage (ou à l'absence de couplage) entre les dimensions sociolinguistiques objectives des langues et l'ordre de l'interaction en tant qu'il est constitutif des positions dominantes/dominées qu'elles occupent. L'analyse des interactions permet pourtant de repérer des régularités dans la manière dont les locuteurs légitiment le statut des langues, leur diffusion, leur distribution fonctionnelle et leur standardisation, et par là-même le caractère motivé des catégorisations contextuelles de «langue minorée». Il apparaît que les attributs attachés aux langues dans l'interaction et donc les positions qu'elles occupent (dominante/dominée) sont fonction de règles externes qui fournissent aux locuteurs un cadre sociolinguistique objectif non codifié figurant les rapports entre les langues ainsi que leurs propriétés, cadre qu'ils interprètent et adaptent dans les interactions.

De ces différentes approches, on retiendra les deux définitions suivantes d'une langue minorée, que le descripteur doit coupler dans une approche sociolinguistique :

1) une langue minorée est une langue dont l'absence d'autonomie, de statut, de diffusion, de distribution fonctionnelle et de standardisation constituent des caractéristiques objectives issues de la description macrolinguistique ;

2) une langue minorée est une langue dont les valeurs ne sont pas reconnues sur la scène interactionnelle par les locuteurs d'une langue sociolinguistiquement dominante (langue officielle, écrite, véhiculaire, scolaire, dotée de °normes régulatrices et prescriptives), les locuteurs de la langue minorée se conformant pratiquement aux normes d'usage et d'interaction produites par leurs interlocuteurs.

GIORDAN Henri (éd.) (1992), *Les minorités en Europe, droits linguistiques et droits de l'homme*, Paris : Kimé.
HAUGEN Einar (1989), *Minority language today*, Edimbourg : Edinburgh University Press.
HUMBLET Jean (éd.) (1978), *Minorités linguistiques et interventions. Towards a typology*, Québec : Presses de l'Université Laval.
LÜDI Georges et PY Bernard (éd.) (1989), *Minorisation linguistique et interaction*, Genève : Droz.
VERMÈS Geneviève et BOUTET Josiane (éd.) (1987), *France, pays multilingue* (2 volumes), Paris : L'Harmattan.

LANGUE NATIONALE

Daniel Baggioni

Il est difficile de ne proposer qu'une seule définition de la langue nationale, car l'emploi de ce concept recouvre des réalités historiques, géographiques et géopolitiques fort différentes. Parler d'une langue nationale dans l'Europe du XVIe siècle n'a pas la même signification qu'à l'époque contemporaine, et ce qu'on nomme langues nationales aujourd'hui au Mali n'a pas grand chose à voir avec les langues nationales de la défunte URSS ou avec les langues nationales des États souvent anciens de l'Union européenne ou des nouveaux États issus de l'ex-Yougoslavie, etc.

La langue nationale : un concept né avec les États-nations modernes

Évoquer le problème des langues nationales en Europe ne peut se faire qu'en rapport avec la problématique du rapport entre langue et nation, qui elle-même doit être éclairée par une réflexion historique. On peut distinguer deux étapes dans la construction des plus anciens États-nations européens, la première caractérisée par le renforcement étatique et la stabilisation d'États territoriaux à partir du XVe siècle, mouvement parallèle à l'émergence de langues communes associées aux pouvoirs politiques, s'imposant par étapes dans des domaines (°religion, administration, droit, sciences) où jusque-là régnait le latin, langue universelle de la communication savante. Mais on ne peut parler de langue nationale pour ces langues communes qu'à partir du début du XIXe siècle, avec l'essor d'un nouveau type de formation sociale : l'État-nation moderne, qui vise à l'homogénéisation linguistique du territoire, repose sur le principe plus ou moins étendu de la souveraineté populaire et détermine, dans les populations mobilisées par l'idée nationale, une loyauté linguistique étrangère à l'esprit des siècles précédents, puisque l'usage des langues communes ne concernait qu'une mince couche sociale.

Il faut y insister, entre l'État-nation et la langue nationale se noue alors un rapport nouveau, pour ainsi dire organique, différent de celui que les langues communes entretenaient avec les États territoriaux, pour ne rien dire du rôle des langues écrites utilisées dans les formations impériales comme la Russie ou l'Empire ottoman. Ce qui est incontestable au niveau de la société globale (une langue est associée à la formation sociale nouvelle) se retrouve au niveau de l'individu, en ce sens que sont maintenant associées loyauté linguistique et citoyenneté ou appartenance nationale. Un sujet de sa Majesté n'était pas tenu à parler la langue du roi. Celui-ci s'intéressait en effet beaucoup plus à la foi religieuse et au paiement des impôts qu'à la langue, maternelle ou non, parlée par ses sujets. A partir du XIXe siècle, au contraire, tout membre d'un État-nation sera bientôt tenu à une connaissance plus ou moins approfondie de la langue nationale. Aussi les gouvernements vont-ils se lancer, à des époques différentes, dans des politiques d'°alphabétisation des populations, avec plus ou moins de bonheur.

Ce qui est visé, de manière plus ou moins explicite, par le projet commun aux politiques d'extension d'une langue nationale dans un espace national donné, c'est l'uniformisation linguistique horizontale et verticale de la communication sociale. Projet utopique puisque, en s'étendant à d'autres domaines d'énonciation, une langue se diversifie et le plurilinguisme individuel est remplacé par une pluriglossie jouant sur la diversité °registrale et non sur l'alternance des langues. Autrement dit, là où, autrefois, un individu spécialisait les langues de son répertoire dans différentes situations de communication (°langue commune dans les emplois °formels, °dialecte ou langue régionale dans les emplois familiers, pour le cas le plus courant d'une °diglossie du type français/patois), le locuteur moderne n'aura à sa disposition que la langue nationale, mais avec un registre formel proche de la variété normée, et un ou plusieurs registres plus familiers, plus ou moins colorés de régionalismes. Les linguistes et grammairiens ne tardèrent pas à se rendre compte qu'en devenant « nationale », la langue commune devait disposer d'un registre stylistique simple, susceptible de pouvoir être enseigné aux larges masses à acculturer dans la langue nationale. Du « français d'école primaire » aux différents « styles simples » des littératures populaires qui ont accompagné les grandes entreprises de scolarisation de masse (pour l'italien, les romans de De Amicis, pour le français, *Le Tour de France par deux enfants*; pour le suédois, *Niels Olgersen* et autres récits didactiques), les différents pays européens ont tenté de combler le fossé entre une littérature raffinée qui fonda la °légitimité des grandes °langues standards et une littérature populaire susceptible de rallier les masses populaires à la lecture en langue nationale et, si possible, à une certaine forme d'°écriture.

Pour la France, ce titre de langue nationale a été symboliquement acquis très tôt (sous la Révolution) pour le français, mais il n'entre vraiment dans les faits, en ce qui concerne l'extension géographique et sociale, qu'au début du XXe siècle, avec la généralisation de l'école obligatoire et à la suite du grand brassage de populations pendant la guerre de 14-18. Pour l'allemand, en revanche, la réalité de son extension dans l'espace social est plus précoce, du fait d'une alphabétisation très en avance sur la «grande Nation»; elle précède l'unification politique, qui se veut parachèvement du processus de construction nationale. Quant à «l'italien national», malgré les illusions nées de l'Unité italienne à partir de 1866, il n'est devenu réalité que dans la deuxième moitié du XXe siècle.

L'extension en dehors de l'Europe du concept de langue nationale au sens européen

Elle s'est faite avec plus ou moins de bonheur d'une région du monde à l'autre. Il est certain que l'existence d'une langue commune ancienne, associée à une formation étatique préalable, ou antérieure à une éventuelle colonisation, préparait puissamment la transformation de la langue commune en langue nationale, emblème d'un État-nation de type moderne. Plusieurs formations sociales asiatiques dans ce cas de figure (Japon, Corée, Chine, pays d'Indochine, Malaisie, Indonésie) ont pu ainsi, sans difficulté majeure, tout en préservant leur spécificité culturelle, rejoindre grosso modo le modèle occidental. On peut, d'une certaine manière, évoquer aussi les pays de colonisation à forte proportion de population d'origine européenne, qui ont pu, sans problème, adopter comme langue nationale du nouvel État indépendant, la langue européenne du pays colonisateur (espagnol et portugais pour l'Amérique latine, anglais pour les États-Unis, l'Australie et la Nouvelle-Zélande). La situation se complique en cas de population européenne d'origines linguistiques différentes (anglais et français au Canada, anglais et néerlandais en Afrique du Sud), et plus encore si, à la population européenne colonisatrice, s'ajoute une population non européenne, indigène ou importée, souvent majoritaire (Antilles, Afrique du Sud, Nouvelle-Calédonie, Afrique noire pour la plus grande partie des nouveaux pays indépendants).

Les langues nationales dans les États récemment indépendants

Dans le dernier cas, c'est-à-dire celui d'États ayant acquis plus ou moins récemment leur indépendance après une colonisation européenne, le choix de la langue nationale aboutit souvent à sélectionner d'une part une °langue officielle — qui n'est pas toujours, loin s'en faut, une langue autochtone, mais plus souvent celle de l'ancien colonisateur — et d'autre part, une langue nationale (ou plusieurs). On voit bien que, dans ce cas, la langue nationale, dénuée des attributs de la langue officielle est souvent réduite à des fonctions emblématiques, si une °politique linguistique délibérée ne se donne pas les moyens de prévoir sa promotion comme langue standard effective. C'est ainsi que le bambara, bien que langue nationale au Mali, à côté des trois autres langues nationales, souffre de la concurrence du français, langue officielle et seule véritable langue de la promotion sociale. Ainsi, dans de nombreux autres pays du Sud de l'espace francophone, le titre de langue nationale, accordé sans problème à une ou plusieurs langues °vernaculaires, ne les rapproche pas pour autant du °statut de ce qu'on a appelé plus haut du même nom. Le terme de *langue nationale* semble alors se définir par opposition à celui de *langue officielle*, alors que, comme nous l'avons vu, en Europe, c'est l'officialité étatique qui a accompagné la promotion des langues nationales dans leur marche vers l'hégémonie au sein du territoire national.

BAGGIONI Daniel (1977), «Pour un point de vue relativisé et historicisé sur la norme», *Lengas* (Montpellier), 2, 15-33.
BALIBAR Renée (1994), *Le colinguisme*, Paris, PUF, «Que sais-je?».
HOBSBAWM Eric (1990), *Nations and nationalisms since 1780. Programm, myth, reality*, Cambridge : Cambridge University Press (tr. fr. : *Nations et nationalismes depuis 1780*, Paris : Gallimard, 1992).
MEILLET Antoine (1918), *Les langues dans l'Europe nouvelle*, Paris : Payot (2ᵉ éd. augmentée, avec un appendice de L. Tesnière «Statistique des langues de l'Europe» : 1928).

LANGUE OFFICIELLE Daniel Baggioni

On ne peut définir la langue officielle qu'en rapport avec un certain développement des fonctions administratives et étatiques et, dans certains cas, notamment celui des pays nouvellement indépendants, en rapport avec la définition de la «°langue nationale» par l'État, pour qui, justement, le choix d'une «langue officielle» se pose.

L'emploi de ce concept est donc moderne et contemporain de l'émergence des États-nations, qui se caractérisent par une prise en charge des problèmes de communication à l'intérieur des frontières nationales, notamment en ce qui concerne la communication administrative, la justice et l'école. Il est difficile de dater le premier acte d'officialisation d'une langue en Europe. Les deux fameux articles de l'ordonnance de Villers-Cotterêts (1539) officialisent le français comme langue juridique et d'état civil, mais, dès 1370, était parue une ordonnance imposant les procédures en français. D'autre part, si, en 1477, les communes des

Pays-Bas arrachent à la duchesse Marguerite de Bourgogne l'engagement écrit de s'adresser à ses sujets flamands dans leur langue, cela prouve-t-il que la future langue néerlandaise soit la première langue européenne à avoir été officialisée? D'où la distinction utile entre langue officielle *de jure* et langue officielle *de facto*. Le latin restera *de jure* la langue officielle de l'empire austro-hongrois jusqu'en 1914, mais, dans la réalité, ce sont l'allemand et le hongrois qui, *de facto*, étaient les langues officielles de la double monarchie.

L'officialisation des langues standards en Europe occidentale s'est faite par étapes et de façon très variable. Certains actes symboliques ont parfois ponctué le passage du latin au °vernaculaire (textes officiels, création d'une académie, décision solennelle comme la proclamation par la Convention du «français, langue nationale»), mais souvent, l'officialisation de la langue commune muée en langue nationale au cours du XIXe siècle s'est accomplie insensiblement par l'invasion progressive des différents espaces de communication publique : vie politique, juridique, administrative, éducative (aux divers degrés d'enseignement), à l'oral comme à l'écrit.

Les constitutions des différents États modernes portent parfois la trace de cette officialisation, soit en général, soit en mentionnant la langue d'usage dans tel ou tel domaine de la vie publique (justice, administration, éducation...). Mais très souvent, il n'est fait nullement mention d'une langue officielle, et c'est la langue employée dans la rédaction des textes constitutifs qui indique *de facto* quelle est la langue officielle. Au contraire, on peut dire que, s'il est besoin de faire mention d'une langue officielle, c'est que le problème se pose et donc que celle-ci est concurrencée par d'autres langues en usage dans l'espace national.

Les États modernes peinent à reconnaître plusieurs langues officielles et le plurilinguisme officiel est l'exception en Europe (4 pays sur une trentaine, le cas de l'ex-URSS étant mis à part) et il est minoritaire ailleurs (une vingtaine d'États sur près de 200), ce qui ne reflète nullement la réalité plurilingue de la majeure partie des pays du monde. Il faut rectifier ces données, en signalant toutefois que certaines dérogations sont prévues pour certaines entités régionales à l'intérieur des États souverains.

Un autre cas concerne celui des États ayant acquis plus ou moins récemment leur indépendance après une colonisation européenne. La question du choix d'une langue officielle, en l'absence d'une langue autochtone suffisamment consensuelle, y a souvent abouti à la proclamation, à côté de la ou des *langue(s) officielle(s)* — celle(s) de l'ancien colonisateur dans la plupart des cas —, d'une ou plusieurs *langue(s) nationale(s)* distinctes de la langue officielle. Les langues dites nationales, sans les attributs de la langue officielle, sont alors réduites parfois à des fonctions emblématiques.

En revanche, depuis 1979, aux Seychelles, l'anglais, le français et le °créole sont langues officielles et nationales, mais ce pays représente une exception au milieu des nombreux pays du Sud de l'espace francophone, où le titre de langue nationale semble plutôt se définir par opposition à celui de langue officielle.

BAGGIONI Daniel (1980), « La langue nationale, problèmes linguistiques et politiques », *La pensée, 209*, 36-49.
BALIBAR Renée et LAPORTE Dominique (1985), *Le français national, politique et pratique de la langue nationale sous la Révolution*, Paris : Hachette.
FISHMAN Joshua (1969), « National language and wider communication in the developping nations », *Anthropological linguistics*, Repris dans FISHMAN Joshua (1972), *Language and sociocultural change*, Stanford : Stanford University Press, 191-223.
MAURAIS Jacques (1987), *L'aménagement linguistique*, Québec, Paris : Conseil de la langue française, Le Robert.

LANGUE STANDARD   Pierre Knecht

Terme qui qualifie toute forme de langue qui fonctionne comme °*norme de référence*, parce que reconnue dans une °communauté linguistique en tant qu'*étalon de correction*. Sur un plan plus symbolique, une langue standard remplit trois autres fonctions qui sont l'*unification* sous sa bannière d'un ensemble de domaines dialectaux, la *séparation* identificatrice par rapport aux sociétés voisines et la fonction de °*prestige* qu'elle confère à la communauté qui s'en sert (Garvin, 1964).

Pris communément pour la modalité première et naturelle d'une langue, le °statut de langue standard est en réalité le *résultat artificiel* d'un long processus interventionniste de *codification* ou °*normalisation*. Une langue standard se démarque donc en premier lieu par rapport à des variétés qui n'ont pas été artificiellement normalisées, comme les °dialectes, dont les normes de correction, tout aussi réelles, ne sont pas explicitées.

Dans les sociétés à °écriture, la langue dominante qui sert de norme présente souvent un haut degré de codification. C'est le cas des langues sacrées de quelques grandes °religions comme le sanscrit, l'hébreu biblique ou l'arabe, mais aussi des langues impériales comme le latin, le portugais, l'espagnol ou l'anglais. L'administration et le droit écrit notamment ne peuvent se passer d'instruments linguistiques stabilisés. D'autres facteurs, comme l'°identité nationale, ont également favorisé une normalisation forte de certaines variétés. La norme linguistique fonctionne alors comme symbole de cohésion de groupe et ne peut être contestée dans son principe.

Une telle conjoncture marginalise les dialectes en tant que formes linguistiques douteuses et en tout cas comme des écarts par rapport à la norme. Cette façon de voir peut même conduire à la négation de leur existence, ce qui s'est par exemple passé jusqu'à une époque très récente dans les pays arabes par rapport aux dialectes arabes, pourtant bien réels.

L'idée que l'état naturel d'une langue est celui des langues normalisées a passablement retardé l'étude du processus de °standardisation des langues. Comme objet de recherche, elle est en effet de beaucoup postérieure à la dialectologie scientifique, qui a au moins un siècle et demi de tradition. C'est maintenant que la réflexion théorique sur la variété standard est en pleine expansion (*cf.* Ammon, 1987, 1989), sans toutefois avoir produit une typologie qui fasse l'objet d'un consensus suffisamment large. A la complexité des objets identifiés correspond d'ailleurs une nomenclature encore très instable parce que trop riche en termes qui se font concurrence. On ne mentionnera donc ici que quelques approches contemporaines qui paraissent particulièrement prometteuses.

La « standardologie » d'aujourd'hui doit incontestablement beaucoup au développement des recherches sur la °planification des langues. Cette orientation a fourni plusieurs concepts de base immédiatement utilisables dans l'analyse des longs processus historiques qui ont conduit à la codification et à la normalisation de quelques grandes langues de culture.

Le processus de la standardisation

En utilisant une matrice proposée en 1983 par Einar Haugen à propos de la planification des langues (Haugen, 1987), on peut résumer comme suit les démarches indispensables à toute standardisation :

Détermination du °corpus de base à standardiser

C'est une opération qui peut varier essentiellement par rapport au degré de réalité du corpus choisi, les deux principales options étant

– la sélection d'une *variété réelle* parlée ou écrite (exemples : le français standard repose sur le parler de la cour de Paris au XVIIe siècle ; l'italien standard est issu du florentin écrit du XIVe siècle),

– l'adoption d'un paradigme de *compromis* issu d'un ensemble de variétés voisines (exemples : l'allemand standard, dont la norme n'a pas d'origine géographique déterminable ; le rumantsch grischun, standard entièrement planifié et résultat d'un compromis entre les deux principales variétés standardisées du rhéto-roman — le sursilvan et l'engadinois).

Élaboration du corpus de base

C'est un travail de longue durée qui peut être effectué de manière plus ou moins organisée. Qu'il s'agisse d'une entreprise globale et planifiée ou d'une succession d'actes spontanés, les interventions portent nécessairement sur les axes suivants :

– unification de la graphie

– élimination de la variation morphosyntaxique

– enrichissement et °instrumentalisation du lexique

– réalisation d'ouvrages consignant la codification (grammaires, dictionnaires) et permettant sa diffusion.

Les *koinès*

L'histoire connaît de nombreux exemples de langues communes qui se sont formées à partir d'un ensemble de dialectes, le cas le plus célèbre étant celui de la koinè grecque [voir *Dialecte*]. Ce type de formation peut sans doute être assimilé à une sorte de *standardisation spontanée*, avec cependant un certain nombre de démarches en moins. Ainsi, au moment où certains patois ou dialectes sont utilisés comme instruments littéraires mineurs, il se produit généralement une certaine unification de la graphie, de même qu'une élimination partielle de la variation morphosyntaxique. Mais d'autres dimensions indispensables à une véritable standardisation ne sont pas prises en compte.

Le modèle de Heinz Kloss

Le modèle conceptuel le plus novateur et qui porte à la fois sur la forme et la fonction du statut standard est dû à Kloss (1967 ; pour une discussion de ce modèle, *cf.* Muljai, 1986 et Goebl, 1989). Il contribue non seulement à une meilleure compréhension de la hiérarchie langue/dialecte, mais permet en même temps de mieux situer les rapports entre langue standard et langue écrite en général.

Kloss distingue deux types de situations qui permettent à un code d'accéder à la qualification de « langue ».

A. Certains codes sont trop isolés par rapport aux langues ou dialectes qui les entourent pour pouvoir être appelés *dialectes*, terme qui ne se justifie que dans une relation de proximité. Le basque par exemple est tellement différent des structures linguistiques gallo-romanes et ibéro-romanes qui l'entourent qu'on devrait le qualifier de langue, même s'il n'existait aucun texte écrit en basque. Le statut de *langue* est ici conféré par la distance et on parle dans ce cas de *langue par distanciation (Abstandsprache)*. De nombreux autres codes linguistiques notamment africains ou amérindiens ne sont *langues* que par la distanciation.

B. En revanche, certains codes acquièrent le statut de langues (et non de *dialectes*) parce qu'ils occupent la totalité des fonctions de la communication sociale. On parle dans ce cas de *langue par élaboration (Ausbausprache)*. Kloss considère comme critère décisif d'un tel statut l'existence d'une prose didactique. Il n'y a pratiquement plus de dialecte aujourd'hui sans textes littéraires en prose ou en vers. Mais cela ne suffit pas pour qu'on puisse parler de langue. Ce qui compte est de savoir s'il y a des manuels d'économie politique ou des horaires de chemin de fer rédigés dans cette variété. Pour Kloss, le slovaque est un exemple de langue par élaboration seulement : il est linguistiquement très proche du tchèque, mais il est présent dans tous les domaines de l'écrit.

Il revient au mérite de Kloss d'avoir su opérer la distinction entre ces deux modalités, étant donné que la majorité des langues standards comme le français, l'allemand, l'arabe, l'hébreu, le chinois, le japonais, etc., sont à la fois langues par distanciation et par élaboration.

Grâce à cette approche, la démarcation de la langue standard par rapport à une catégorie « langue écrite » devient plus intelligible. Toute langue standard est nécessairement écrite, car il n'y a pas d'intervention sur un objet sans la distance que garantit la représentation écrite. Mais l'inverse n'est pas vrai, puisque tout énoncé est susceptible de revêtir une forme écrite sans satisfaire à aucune des fonctions sociolinguistiques d'un vrai standard [voir *Écriture, Grammatisation*].

AMMON Ulrich (1987), «Language-variety / standard variety / dialect», *in* AMMON Ulrich, DITTMAR Norbert et MATTHEIER Klaus J. (éd.), *Sociolinguistics, An international handbook of the science of language and society; Soziolinguistik, Ein internationales Handbuch zur Wissenschaft von Sprache und Gesellschaft*, Berlin, New York : de Gruyter, 316-335.

AMMON Ulrich (éd.) (1989), *Status and function of languages and language varieties*, Berlin, New York : de Gruyter.

GARVIN Paul L. (1964), «The standard language problem — concepts and methods», *in* HYMES Dell (éd.), *Language in culture and society*, New York : Harper et Row, 521-526.

GOEBL Hans (1989), «Quelques remarques relatives aux concepts *Abstand* et *Ausbau* de Heinz Kloss», *in* AMMON Ulrich (éd.), *Status and function of languages and language varieties*, Berlin, New York : de Gruyter, 278-290.

HAUGEN Einar (1987), «Language planning», *in* AMMON Ulrich, DITTMAR Norbert et MATTHEIER Klaus J. (éd.), *Sociolinguistics, An international handbook of the science of language and society; Soziolinguistik, Ein internationales Handbuch zur Wissenschaft von Sprache und Gesellschaft*, Berlin, New York : de Gruyter, 626-637.

KLOSS Heinz (1967), «"Abstand languages" and "Ausbau languages"», *Anthropological linguistics*, *9*, 29-71.

MULJAI arko (1986), «L'enseignement de Heinz Kloss (modifications, implications, perspectives)», *Langages*, *83*, 53-63.

LANGUE ZÉRO   Robert Chaudenson

Cette expression a été utilisée à propos du français pour désigner un ensemble de variables, empiriquement et statistiquement identifiées dans le système de cette langue par l'observation du jeu des variations dans le temps, l'espace et les différentes °classes sociales (R. Chaudenson, 1985, 1993). Cette dénomination ne fait nullement référence à un système minimal de la langue, mais plutôt à la théorie de la racine indo-européenne. Le degré zéro est une variante parmi d'autres, constituée par la racine, qui peut se muer en divers autres degrés par l'adjonction de voyelles ou de schwas. De même, le français zéro (FØ), dans la théorie ici évoquée, est formé par l'ensemble des variables qu'on peut observer dans un nombre aussi étendu que possible d'usages du français (à condition toutefois qu'il s'agisse de langues premières, de façon à éviter le jeu des facteurs interlinguistiques). L'intérêt de la notion est qu'elle permet, à travers la mise en évidence de cet ensemble commun de variables (le français zéro), de faire apparaître la nature et le rôle de *processus auto-régulateurs* proprement intralinguistiques.

Le français est une langue qui se prête sans doute mieux que d'autres à ce type d'observations, dans la mesure où des migrations et des installations de francophones se sont opérées, à travers le monde, à des périodes différentes. L'Amérique du Nord est, à cet égard, un terrain particulièrement intéressant, car des communautés francophones s'y sont installées depuis longtemps, où le français s'est transmis, des siècles durant, par voie uniquement orale. La pression de la °norme, qui est une force antagonique au jeu des processus auto-régulateurs, y a donc été très réduite, sinon totalement abolie. Certains français, qu'on peut qualifier de marginaux [voir *Français marginaux*], tant géographiquement (isolats du Missouri ou de Louisiane par exemple) que structurellement, constituent un champ d'observation unique d'une évolution linguistique largement libérée des contraintes normatives.

L'hypothèse du français zéro est également utile dans l'étude de la °créolisation d'où elle est d'ailleurs partiellement issue (Qu'est-ce qui distingue un français marginal d'un °créole?). En effet, alors que dans un français marginal, la variation ne s'étend pas, en principe, hors du français zéro, dans le cas des créoles, les zones «dures» du système français (extérieures au français zéro) se trouvent atteintes; se forment ainsi des systèmes nouveaux et autonomes qui, tout en étant, sur bien des points, proches des français marginaux, s'en distinguent à la fois par la radicalisation de tendances évolutives qu'on trouve, à de moindres degrés, dans les français marginaux et par la restructuration de zones du système extérieures au français zéro.

Le français zéro peut aussi amener à mieux définir les français régionaux, en particulier, en permettant de distinguer des faits proprement régionaux (°variation diatopique) ceux qui résultent du jeu des processus autorégulateurs du français et qui s'intègrent dans le français zéro (R. Chaudenson, 1993). *Je vais au coiffeur*, par exemple, qu'on trouve signalé dans un grand nombre de descriptions de français régionaux, n'a absolument rien de régional. En revanche, *J'y sais pas* («Je ne le sais pas», dans le domaine franco-provençal) cumule deux traits, l'un général et relevant du français zéro (la variante de négation du verbe sans *ne*), l'autre spécifique de la région franco-provençale (*y* comme substitut de *le*, pronom neutre). Un français régional réunit donc, par rapport au français standard [voir *Langue standard, Norme*], à la fois des traits généraux relevant de l'autorégulation du français (FØ) et des traits proprement régionaux qui peuvent être, soit des variantes régionales de variables du français zéro, soit, plus rarement, des traits hors français zéro.

Ce type d'analyse peut être appliqué à toutes les langues (*cf.* H. Do Couto pour le portugais, VIIe Colloque des études créoles, 1992); il a l'intérêt de permettre une étude de la variation, aussi bien dans le temps (variation diachronique) que dans l'espace géographique ou social (variations diatopique et diastratique). On peut par ailleurs supposer que l'autorégulation linguistique, même si elle prend des formes diverses selon l'organisation des langues, présente des constantes qui sont peut-être à mettre en rapport, sinon avec un bioprogramme linguistique, du moins avec certaines caractéristiques du système cognitif humain.

CHAUDENSON Robert (1985), «Français avancé, "français zéro", créoles», *Actes du XVIIe Congrès de linguistique et philologie romane*, Aix-en-Provence : Presses de l'Université de Provence, 165-180.

CHAUDENSON Robert, MOUGEON Raymond et BENIAK Édouard (1993), *Vers une approche panlectale de la variation du français*, Paris : Didier Érudition.

CHAUDENSON Robert (1993), «Francophonie, "français zéro" et français régional», in ROBILLARD Didier de et BENIAMINO Michel (éd.) (1993), *Le français dans l'espace francophone*, Paris : Champion, 385-405.

LECTE   Claudine Bavoux

Le mot est généralement utilisé comme synonyme de *variété linguistique*. Ainsi, on parlera de deux lectes (ou plus) d'une même langue pour prendre en compte la variation que connaît cette langue. Le plus souvent, le lecte est conçu comme le produit de la variation sociolinguistique, que celle-ci soit d'origine géographique (°*topolecte*, °*régiolecte*) ou sociale (°*sociolecte*, °*acrolecte*, °*mésolecte*, °*basilecte*, °*idiolecte*). Plus rarement, il est conçu comme le résultat de la variation linguistique à l'intérieur de contraintes structurelles qui ne sont pas corrélées à des variables sociolinguistiques.

Le terme, utilisé comme un suffixe, reste productif : ainsi parlera-t-on de *chronolecte*, de *métrolecte*, et la liste peut s'allonger.

Plus rarement, en linguistique, le lecte est défini comme une variante phonologique, syntaxique ou sémantique (selon les auteurs) dans ses rapports oppositifs à l'intérieur du système linguistique, celui-ci étant défini comme un système de systèmes. Ainsi conçu, le lecte est étudié sans corrélation ni à la °classe sociale des individus (*vs* sociolecte), ni à une aire géographique (*vs* régiolecte, topolecte), ni à la diachronie (*vs* chronolecte), ni à un genre particulier de communication.

BERRENDONNER Alain, LE GUERN Michel et PUECH Gilbert (1983), *Principes de grammaire polylectale*, Lyon : Presses universitaires de Lyon.

LÉGITIMITÉ LINGUISTIQUE   Michel Francard

Dès la fin du XIXe siècle, des linguistes comme A. Meillet ont clairement mis en évidence l'importance des variations qui se manifestent dans tout système linguistique. Les produits de ces variations, qu'ils ressortissent à la prononciation, à la syntaxe ou au lexique, sont évalués au sein du °marché linguistique (Bourdieu), en fonction de leur plus ou moins grande légitimité.

La légitimité/illégitimité attribuée à une forme linguistique ou, plus généralement, à une variété linguistique est, dans certains cas, la traduction symbolique d'une stratification sociale : les groupes qui détiennent la maîtrise du capital culturel imposent leur « °style » (au sens où Labov et Bourdieu entendent ce mot) comme étalon de référence pour hiérarchiser l'ensemble des productions langagières en concurrence au sein du marché linguistique. Dans d'autres cas, lorsque la dimension sociale interfère avec la dimension régionale, la légitimité est reconnue à la variété « de référence », entendue comme celle qui ne subit pas d'°interférence avec des parlers en °contact : c'est l'opposition entre un français « standard », souvent assimilé au « français de Paris », et des français « régionaux », réduits abusivement à « ce qui reste des patois quand les patois ont disparu ». Enfin, les jugements de légitimité/illégitimité peuvent aussi s'exercer en référence à des °normes abstraites (le « bon usage »), telles que celles véhiculées par l'institution scolaire.

Dès qu'une variété est imposée comme légitime par un groupe dominant, cela entraîne une marginalisation des autres variétés concurrentes et, partant, des locuteurs qui les pratiquent. Par rapport à l'usage parisien dominant, qui a imposé *soixante-dix* et *quatre-vingt-dix*, l'utilisation de *septante* et *nonante* est stigmatisée (*cf.* la marque « vieux ou régional » dans les dictionnaires), quelles que soient la vitalité et la diffusion géographique de ces formes. A l'échelle d'un groupe de langues en concurrence sur un même territoire, la promotion d'une d'entre elles au rang de °langue nationale entraînera la dialectalisation des autres variétés. Cela explique la fortune du francien face aux dialectes normands, picards, lorrains, wallons, etc.

La légitimité d'une variété ou d'un parler ne s'appréhende donc pas en fonction de normes objectives : elle relève de normes subjectives, liées aux °attitudes linguistiques des locuteurs. Si le nombre de voyelles longues est objectivement plus important chez un francophone wallon que chez un Parisien, l'opinion selon laquelle les Wallons ont un « parler pâteux» (*cf.* la définition du verbe *wallonner* dans le *Larousse du XXe siècle*) quitte le terrain de l'observation pour celui de la °représentation, dans ce cas stigmatisante pour la prononciation non conforme à l'usage parisien.

Pour les locuteurs dont la variété ou la langue est dépourvue de légitimité, plusieurs stratégies sont possibles, conscientes ou inconscientes. Certains, mus par l'°insécurité linguistique, tenteront de s'approprier les formes légitimes (d'où l'°hypercorrection qui les caractérise). D'autres, par contre, tenteront de compenser le déficit de légitimité «officielle» de leur parler en attribuant à ce dernier un °prestige lié à des valeurs telles que l'°identité, la connivence, la convivialité, etc. Ce type de compensation est caractéristique des situations de °diglossie.

Bibliographie : voir *Insécurité linguistique*.

LOCUTEUR MASQUÉ Cécile Bauvois

<u>Autres termes</u> : faux couple, matched guise.

Cette technique a été mise au point par Lambert (1958) dans le cadre des études sur les °attitudes linguistiques, pour aider à déterminer comment des groupes se perçoivent eux-mêmes ou perçoivent d'autres groupes, au travers des jugements qu'ils expriment sur des personnes pratiquant différentes langues ou variétés de langue. Utilisée par de nombreux chercheurs, notamment en psychologie sociale, la technique connaît différentes variantes, qui n'affectent cependant pas ses principes fondamentaux.

Pratiquement, on enregistre des locuteurs °bilingues lisant un même texte dans chacune des deux langues. Ces enregistrements, présentés comme provenant de personnes différentes, sont soumis à des sujets, à qui on demande d'évaluer la personnalité et/ou le statut socio-économique des locuteurs en utilisant un différenciateur sémantique. On les invite, par exemple, à situer les personnes dont ils entendent la voix sur une échelle à 7 cases, dont un des pôles est étiqueté «compétent» et le second «incompétent», puis sur une autre allant de «honnête» à «malhonnête», etc.

La technique a certes permis une avancée intéressante dans le domaine concerné. Elle n'est cependant pas à l'abri de tout risque et de tout reproche (voir notamment Lee, 1971). Parmi les principaux, on retiendra la difficulté qu'il y a à disposer de locuteurs bilingues vraiment identifiables comme des natifs dans les deux langues : lorsque tel n'est pas le cas, les locuteurs risquent d'être mal évalués, parce que perçus comme des «traîtres» linguistiques (Woolard, 1984). Par ailleurs la technique est supposée *a priori* neutraliser les variables extra-linguistiques (la qualité de la voix par exemple); mais on doit se demander si les locuteurs ne modifient vraiment que les aspects linguistiques de leur production quand ils passent d'une langue à une autre, ou s'il ne jouent pas plutôt des rôles différents dans l'une et dans l'autre. Enfin, dans un autre ordre d'idées, on peut remarquer que la passation des épreuves provoque une lassitude chez les sujets d'autant plus marquée que sont élevés le nombre d'enregistrements à évaluer et le nombre d'échelles, surtout lorsque le contenu du texte proposé ne varie pas.

LAFONTAINE Dominique (1986), *Le parti pris des mots, normes et attitudes linguistiques*, Bruxelles : Mardaga.
LEE Richard R. (1971), «Dialect perception : a critical review and reevaluation», *Quarterly journal of speech*, 57, 410-417.
WOOLARD Kathryn A. (1984), «A formal measure of language attitudes in Barcelona : a note from work in progress», *International journal of the sociology of language*, 47, 63-71.

MARCHÉ LINGUISTIQUE Cécile Bauvois

La langue n'est pas uniquement l'instrument permettant la maximalisation du rendement informatif : les variations de langue, parce qu'elles sont directement liées aux normes sociales, acquièrent une fonction sociale. Tout échange de parole se base sur une *économie sociolinguistique* où locuteur et récepteur s'inter-évaluent par rapport à un certain nombre de facteurs conjugués (l'°âge, le °sexe, l'origine sociale, le degré de scolarisation, la profession, le contexte socioculturel...) en prenant appui sur les rapports objectifs entre les groupes et leurs usages linguistiques. Les discours sont toujours marqués par un certain souci du «bien dire» qui s'impose à tout locuteur doté d'une certaine compétence sociale. Le récepteur attribue une valeur sociale et une efficacité symbolique au °style expressif de l'émetteur en fonction des styles concurrents. Toute la structure sociale est donc présente dans chaque interaction. C'est Pierre Bourdieu (1982 : 42) qui définit le sujet parlant par sa capacité de parole à la fois linguistique et sociale : apprendre à parler se fait en société, une société dont les règles varient selon les situations. «La compétence suffisante pour produire des phrases susceptibles d'être comprises peut être tout à fait insuffisante pour produire des phrases susceptibles d'être écoutées, des phrases propres à être reconnues comme recevables dans toutes les situations où il y a lieu de parler».

Dans cette économie s'inscrivent différents types de *marchés*, définis comme l'ensemble des conditions politiques et sociales d'échange des producteurs-consommateurs. *Marché* doit donc s'entendre ici de façon très large, comme «toute pratique symbolique ayant un caractère social» (1982 : 35). La métaphore économique, avec son vocabulaire (*prix*, *profit*, *consommateurs*, etc.), est surtout utilisée pour sa valeur heuristique, elle permet en effet d'analyser les conditions d'interaction sous un éclairage nouveau.

L'effet des marchés linguistiques se fait sentir dans toutes les situations de communication, qu'il soit conscient ou inconscient; par exemple, dans les situations de multilinguisme, le locuteur délivre ses énoncés en choisissant un code, sa sélection étant guidée par les caractéristiques sociales de son interlocuteur et de l'auditoire, des consommateurs; c'est aussi l'effet des marchés qui est mis en œuvre lorsqu'une personne modifie son °accent ou module son vocabulaire (du moins °légitime vers un plus légitime, ou l'inverse) en fonction de la situation.

Les marchés sont classés sur un continuum selon qu'ils sont plus ou moins proches de celui où prévaut la °norme officielle (marché soumis à la norme dominante, peu autonome, comme l'école, la justice...) ou complètement affranchis de cette norme (marché franc, comme dans les bandes de jeunes, les prisons...). Ces marchés ne se relativisent donc pas mutuellement, mais se hiérarchisent en fonction de leur écart par rapport à la norme reconnue comme légitime. Les marchés de la norme dominante sont ceux de la langue de °prestige (*cf. prestige apparent*), alors que les marchés francs sont liés à la notion de *prestige latent*, régis par des lois qui leur sont propres, «c'est-à-dire dans des espaces propres aux °classes dominées, repaires ou refuge des exclus, dont les dominants sont de fait exclus, au moins symboliquement» (1983 : 102). Les rapports de force entre les langues sont d'autant plus marqués que les dominés n'ont que peu d'accès à la langue légitime, et que le marché officiel appartient aux dominants.

Les marchés linguistiques se différencient selon la *tension* qui les caractérise, et donc selon le degré de censure et de sanction qui y est imposé : minimale dans les échanges privés et familiers, elle atteint son maximum dans les situations °formelles, dont certaines, comme celle de l'entrevue d'embauche, imposent une recherche stylistique.

Affrontée au marché officiel, la compétence populaire peut ne pas trouver à s'exprimer et les utilisateurs de variétés dominées peuvent être réduits au silence (le phénomène se produisant, entre autres, dans la situation d'enquête linguistique, marché particulier et d'un très haut degré de tension, puisque ses lois s'apparentent à celles du marché scolaire).

C'est donc dans la relation à un marché, caractérisé par une *loi de formation des prix* qui lui est particulière, qu'un discours prend sa valeur et son sens. La loi de formation des prix prend en compte les conditions sociales de l'acceptabilité d'un discours, autrement dit la norme en vigueur dans une °communauté linguistique particulière et par conséquent la tension du marché. C'est pour que son discours soit accepté que le locuteur se corrige et s'autocensure, dans une mesure variable selon la tension caractéristique du marché déterminé. L'anticipation de l'acceptabilité du discours, et donc des *profits* qui en découlent, est liée à la connaissance que l'on a des lois de formation des prix sur les différents marchés.

Les variations du discours dépendent donc de la tension objective du marché, et de la façon dont l'individu évalue cette tension. Pour être plus précis, on peut dire que ce qui oriente la production linguistique (et sa perception), c'est la relation entre un degré de tension objective « moyenne » du marché concerné et un *habitus linguistique* caractérisé par la réceptivité à la tension de ce marché. C'est donc le sens social du récepteur qui, selon sa sensibilité propre, repère dans le discours l'ensemble des traits sociologiquement pertinents de la situation de marché, qui ont eux-mêmes, selon la sensibilité du locuteur, orienté la production du discours. Le locuteur anticipe ainsi ses profits selon sa vision objective du marché, vision qui dépend bien entendu de sa capacité à évaluer adéquatement ses profits possibles.

L'habitus linguistique est lié au marché, non seulement par ses conditions d'utilisation, mais aussi par ses conditions d'acquisition : nous avons aussi appris à parler en parlant, donc en offrant un parler déterminé sur un marché déterminé (la famille), et nous avons appris la valeur de ce produit sur ce marché, puis sur d'autres (par exemple, l'école). Cette expérience fonde sans doute le sens qu'a tout individu de sa propre valeur sociale, qui commande le rapport pratique aux différents marchés (timidité, aisance...). Une des dimensions de l'habitus linguistique est l'*habitus de classe*, c'est-à-dire la position occupée, synchroniquement et diachroniquement, dans la structure sociale. C'est dans cette dimension que s'inscrit l'°hypercorrection linguistique de la petite bourgeoisie, qui réagit ainsi en raison de sa sensibilité particulièrement vive à la tension du marché.

Les rapports entre les langues ne peuvent être niés qu'en apparence : la stratégie de condescendance, qui consiste à s'exprimer dans une langue non légitime dans un milieu où la tension sociale est élevée, ne se fera que si le locuteur est perçu comme étant de toute évidence un locuteur légitime de la langue légitime (par exemple, un maire du Béarn, professeur agrégé, qui dans le cadre d'un discours, s'exprime en béarnais). Cette stratégie de négation toute symbolique de la hiérarchie n'est en fait qu'un renforcement de cette même hiérarchie, l'emploi de la langue non officielle par un locuteur non légitime n'ayant, lui, aucune valeur hors sa valeur propre.

La définition du rapport de force symbolique entre les langues peut aussi faire l'objet d'une négociation par le biais du métadiscours («*Si vous permettez*», «*sauf votre respect*», «*nous sommes entre nous*»...). Comme dans le cas de la stratégie de condescendance, la capacité de manipulation est d'autant plus grande que le capital possédé est important, et la loi officielle est provisoirement suspendue plutôt que réellement transgressée.

BOURDIEU Pierre (1982), *Ce que parler veut dire - L'économie des échanges linguistiques*, Paris : Fayard.
BOURDIEU Pierre (1983), «Vous avez dit *populaire*?», *Actes de la recherche en sciences sociales*, 46, mars 1983, 102-103.

MARQUEUR Julie Auger

Un marqueur est une variable linguistique dont la distribution est corrélée avec les dimensions stylistique et sociale à la fois. La répartition des variantes d'un marqueur varie donc dans la °communauté linguistique en fonction des caractéristiques sociales des locuteurs, et, dans le parler des locuteurs individuels, en fonction de la situation sociale dans laquelle ils se trouvent. Un marqueur célèbre est le /r/ postvocalique en anglais de New York. En français, l'effacement variable de la particule négative *ne* dans *Je (ne) veux pas* constitue un bon exemple. Ainsi, à Tours, le taux d'effacement de *ne* diminue à mesure que l'on monte dans l'échelle socio-économique et à mesure que le °style devient plus °formel (Ashby, 1981).

Bien que les membres de la communauté n'aient pas nécessairement conscience de l'existence de ces schémas variationnels, les tests d'évaluation subjective indiquent qu'ils savent utiliser l'information sociale qui est associée aux marqueurs pour évaluer les caractéristiques sociales des locuteurs.

ASHBY William J. (1981), «The loss of the negative particle *ne* in French : A syntactic change in progress», *Language*, 57, 3, 674-687.
LABOV William (1972), *Sociolinguistic patterns*, Philadelphia : University of Pennsylvania Press. Trad. fr. : *Sociolinguistique*, Paris : Minuit, 1976.

MÉLANGE DE CODES   Michel Blanc

L'expression *mélange codique* (*code mixing*) est généralement employée par les linguistes dans un sens très large pour désigner tout type d'interaction entre deux ou plusieurs codes linguistiques différents dans une situation de °contact des langues. Une telle définition englobe donc l'°*emprunt* (utilisation d'un élément lexical d'une langue A intégré morphologiquement et syntaxiquement à une langue B) et l'°*alternance codique* (emploi alterné de deux codes linguistiques différents dans un même énoncé); il faut toutefois noter que l'alternance codique est plutôt une juxtaposition de codes qu'un mélange et ressortit davantage au discours qu'à la langue. Elle inclut aussi les °*pidgins* (°langues secondes créées pour les besoins de la communication par deux °communautés linguistiques parlant des langues différentes); mais si les pidgins sont la résultante d'un mélange codique, tous les mélanges codiques ne sont pas des pidgins.

D'autres phénomènes encore de contact des langues voient deux ou plusieurs codes s'interpénétrer et aboutir à un code mixte intégré. A chaque fois il faut se poser des questions du type : s'agit-il de langue ou de parole? de compétence ou de performance? de diachronie ou de synchronie? quel est le degré d'intégration (de minimal à maximal) des deux langues? à quels niveaux linguistiques (lexique, phonologie, grammaire) se fait l'intégration? le mélange codique est-il stable ou instable? peut-on parler ou non d'une «langue-matrice»? enfin, pourquoi les locuteurs mélangent-ils les codes?

Un très grand nombre de langues sont la résultante de mélanges codiques dus à des brassages de populations parlant des langues différentes. Ainsi, la langue française est issue des °dialectes gallo-romans, latin populaire parlé par des Gaulois celtophones, enrichis par un apport lexical germanique (franc). L'anglais est la résultante de dialectes bas-allemands (anglo-saxon) et scandinaves pénétrés d'influences lexicales françaises (anglo-normand, °langue officielle de l'Angleterre de 1066 à 1204) et d'emprunts au latin savant. Le yiddish, code judéo-allemand, a été développé par des Juifs immigrés en Rhénanie aux IXe-Xe siècles sur la base d'un dialecte allemand avec un lexique emprunté à l'hébreu, au slave et même aux langues romanes. On pourrait multiplier les exemples de langues issues du mélange de deux ou plusieurs codes. Mais on ne peut plus parler aujourd'hui de ces langues comme étant des codes mixtes, pas plus que les pidgins et °créoles actuels, dans la mesure où ils ne sont plus sentis comme tels. Font exception les codes mixtes ossifiés, comme le jargon du droit anglais, plein de termes latins et français, ces derniers étant souvent utilisés en doublets (exemple : *will and testament*), survivances de l'époque où il fallait que la loi soit comprise des deux populations, saxonne comme normande.

Ce n'est pas seulement sur le plan phylogénétique que les langues peuvent être des codes mixtes. Le mélange de codes, semble-t-il, fait aussi partie intégrante de l'ontogenèse des °bilingues simultanés. Non seulement ces enfants mélangent le lexique des deux langues (emprunts, emprunts adaptés, doublets bilingues, °calques); mais au premier stade du développement linguistique, caractérisé par la présence de mots lexicaux et l'omission de mots grammaticaux, les enfants bilingues développent un système lexical unique, tiré des deux langues, mais de façon complémentaire, sans équivalents de traduction. Au deuxième stade, où l'enfant commence à employer des mots grammaticaux, les bilingues différencient leurs deux lexiques, mais développent une syntaxe unique. L'observation d'une enfant bilingue français-anglais montre ainsi qu'elle acquiert des règles syntaxiques des deux langues, mais que, dans un premier temps, elle les emploie aussi bien en contexte français qu'anglais : par exemple, elle utilisera un même morphème interrogatif, que la phrase soit anglaise ou française, aboutissant ainsi à un mélange syntaxique du type *EST-CE QUE you give it to her ?* Ce n'est qu'au stade suivant que les deux langues commencent à être différenciées aux niveaux lexical et syntaxique.

Les interlangues pratiquées dans les pays d'accueil par des groupes nouvellement immigrés sont souvent des codes hybrides que l'on a quelquefois comparés, à tort, à des pidgins. Un exemple de ces codes mixtes est le cocoliche, autrefois parlé par les Italiens émigrés en Argentine. Les locuteurs se situaient sur un continuum linguistique allant d'un italien dialectal à un espagnol non natif. Au niveau de moindre hybridation, des éléments lexicaux espagnols (noms, adjectifs, radicaux verbaux) étaient importés dans un système morphosyntaxique italien, souvent avec une «coloration» italienne (ainsi, *amico* au lieu de *amigo*), du moins dans la mesure où la parenté des deux langues permettait aux Argentins de comprendre. Les morphèmes de l'espagnol, comme le pluriel en -*s*, étaient les derniers éléments à être intégrés. Le cocoliche était, comme toute interlangue, instable, mais il se renouvelait avec chaque nouvelle arrivée d'immigrants. Pour devenir un pidgin, il aurait fallu que le cocoliche se stabilise en direction de l'espagnol et qu'il devienne uniforme.

Peut-on considérer les langues artificielles, telles que l'espéranto ou l'interlingua, comme des codes mixtes? Oui, si l'on se rappelle qu'il s'agit là de langues auxiliaires. L'espéranto a un lexique emprunté aux racines des langues européennes occidentales, tandis que sa syntaxe est basée sur le slave. L'interlingua a une grammaire empruntée aux langues romanes, alors que son vocabulaire °standardisé est basé sur les langues européennes occidentales. Ces langues artificielles ont leurs partisans, mais elles n'ont jamais été adoptées comme langues internationales. Il y a un certain nombre de raisons à cela : elles sont trop liées aux langues occidentales pour avoir vocation universelle; leur vocabulaire n'a pas d'assises culturelles spécifiques; et elles sont surtout fonctionnelles et ne sont pas l'expression d'une °identité.

Au contraire des langues artificielles, certains mélanges de codes peuvent servir à exprimer l'identité de ceux qui les parlent. Ainsi, les trois codes suivants, qui mélangent une variété de français à une autre langue, sont parlés par des groupes d'adolescents en milieu urbain. En Ontario comme au Nouveau-Brunswick, les jeunes Franco-Canadiens sont soumis à l'influence de l'anglais dans tous les domaines, sauf peut-être celui de la famille. Mais la langue °vernaculaire hybride que ces adolescents utilisent entre eux est avant tout un symbole de solidarité, une expression de leur identité, qui n'est ni celle de leurs parents ou de leurs professeurs francophones, ni celle de leurs pairs anglophones. On remarquera la forte présence d'emprunts, qui peuvent affecter jusqu'à la syntaxe du français, surtout dans le deuxième exemple de (2).

(1) franco-ontarien :
Y'a parti RUNNer son bicyc' pour une coup' de minutes sa : MAIN.
(«Il est parti faire du vélo pendant quelques minutes sur la rue Principale.»)
Noter que *sa :* , avec un /a/ long, s'oppose au possessif *sa*.

(2) chiac (de la ville de Shediac, au Nouveau-Brunswick) :
Des MOOSES, ça USUALLY reste dans des SWAMPS.
(«Les orignaux, ça demeure d'habitude dans les marécages.»)

tous les sujets que vous avez JUSTE de parler ABOUT.
(« tous les sujets dont vous venez de parler. »)

Le troisième exemple est emprunté à un code hybride français-kituba parlé et même écrit par des adolescents zaïrois éduqués :

(3) *BAdirecteur MINGI penseke TI i faut KASALU commencer NA 7 heures.*
PLURIEL + directeur PLUSIEURS pensent + PASSÉ DURATIF il faut TRAVAIL etc.
(« Plusieurs directeurs pensaient qu'il fallait commencer le travail à 7 heures. »)

Pour terminer, nous examinerons un mélange de codes original. Il s'agit du métif (prononcé [mitʃif]), langue mixte parlée par des métis dans l'ouest canadien et américain. La structure grammaticale est pour moitié cri (langue algonquine) et pour moitié français dialectal. Mais ce qui est remarquable, c'est que, de manière systématique, lexicalement, morphosyntaxiquement et phonologiquement, le syntagme nominal est français, alors que le verbe est cri. Il semblerait cependant que la syntaxe de la phrase soit plus algonquine que romane. Voici une phrase typique du métif :

Li prizidan KA-KITCHI-ITWE : -W li bizwen pur il job.
Le président FUT IMPORTANT DIRE * le besoin pour les jobs.
* W est un morphème signalant l'intransitivité du verbe et le caractère animé du sujet.
(« Le président affirmera la nécessité de créer des emplois. »)

Comment définir le métif ? Est-ce un cas de mélange codique ? d'alternance codique ? une langue mixte ? un pidgin ? Quelle que soit la réponse à ces questions, que précisément ils amènent à poser, de tels mélanges codiques soulèvent des problèmes intéressants pour la théorie linguistique et la définition de la compétence linguistique.

MÉSOLECTE Robert Chaudenson

Dans une situation de °*continuum* linguistique, ce terme, formé par analogie avec °*acrolecte* et °*basilecte*, désigne les productions, souvent °interférentielles, qui se classent dans la zone intermédiaire entre les deux variétés désignées par ces termes.

MÉTHODES   Louis-Jean Calvet

Un des problèmes de la sociolinguistique, sans doute le premier, est celui de la constitution de ses corpus, du recueil et du traitement des données, problème technique donc, mais qui, comme on le verra, peut avoir des retombées importantes sur les résultats mêmes de l'analyse.

La sociolinguistique n'a pas, en la matière, inventé grand-chose (sauf peut-être la technique du °locuteur masqué), elle a le plus souvent adapté des techniques déjà utilisées ailleurs, chez les sociologues, les psychologues, voire les journalistes. Qu'il s'agisse de l'observation (directe, indirecte ou participante) ou de l'enquête (par entretien ou par questionnaire, oral ou écrit), les grandes techniques de constitution du corpus, de la matière première soumise ensuite à l'analyse, nous viennent d'ailleurs et ont simplement été adaptées à l'objet d'étude que constitue la parole. Mais il est épistémologiquement important de réfléchir sur les données que ces techniques nous permettent de recueillir.

Comment recueillir tout d'abord les données ? Le questionnaire est l'une des techniques utilisées, et se posent alors les problèmes de son élaboration, de sa passation et de sa validation ; mais on utilise aussi les entretiens (plus ou moins directifs) et les jeux de rôle.

Lorsqu'on recueille les productions des sujets, il convient de transcrire les données recueillies, et cette transcription est déjà en soi un début d'analyse. Il serait en effet naïf de croire en l'existence d'une seule transcription possible, univoque et légitime, d'un corpus. La transcription a toujours une finalité qui détermine ses principes (on ne transcrit pas de la même manière suivant qu'on s'intéresse aux interactions, aux °représentations, aux variables phoniques ou syntaxiques, ou au rapport entre verbal et non-verbal, etc.).

Il faut ensuite traiter les données recueillies : la matière brute, la parole, peut être analysée de différentes façons, en mettant par exemple l'accent sur l'aspect statistique, quantitatif, ou au contraire qualitatif des données. Et dans chacun de ces cas, la méthodologie utilisée pose des questions épistémologiques.

On connaît les travaux de Werner Heisenberg qui ont débouché sur ses « relations d'incertitude » : critiquant les notions de position, de vitesse et de trajectoire, il posait que la localisation temporelle et spatiale d'un système atomique ne peut être effectuée en même temps que la détermination de son état de mouvement qu'au prix de certaines limitations. En d'autres termes, une expérience dont le but est de mesurer avec exactitude la position d'un électron ne permet pas de mesurer en même temps son mouvement et réciproquement, pour la « simple » raison que le système observé est perturbé par les appareils d'observation. On trouvait ainsi dans la mécanique quantique, bien avant la formulation du °paradoxe de l'observateur par William Labov, cette idée que l'observation modifie la chose observée. Le choix d'une technique de constitution d'un corpus, d'une technique de recueil de données, modifie donc l'objet étudié et influe sur les résultats de son analyse. C'est pourquoi la réflexion méthodologique sur le mode de constitution et d'analyse des données est un passage indispensable dans l'approche sociolinguistique.

Comment observer, recueillir des données sans modifier le comportement des locuteurs ? De l'enregistrement à la transcription, du questionnaire à l'entretien, la constitution du corpus est ainsi le premier problème méthodologique auquel est confronté l'enquêteur. Comment ensuite utiliser les données ainsi recueillies, pratiquer des tris dans les réponses aux questionnaires, analyser les entretiens ? Sur ces différents points, qu'il n'est pas question de traiter dans le cadre étroit de cette notice, nous renverrons le lecteur à l'ouvrage dont les références suivent.

[Voir aussi *Formel*, *Informel*.]

CALVET Louis-Jean et DUMONT Pierre (éd.) (à paraître), *L'enquête sociolinguistique, techniques et problèmes*.

MOBILITÉ LINGUISTIQUE Calvin Veltman

L'étiquette renvoie sensiblement au même concept que celle d'°*assimilation*; elle porte une plus grande attention aux différentes étapes du cheminement de l'individu soumis aux pressions assimilatrices d'un autre groupe linguistique, dont la langue fait l'objet d'un apprentissage, puis est employée dans des contextes de plus en plus nombreux et larges, jusqu'à rendre secondaire l'emploi de la °langue maternelle, qui, au terme du processus, est potentiellement abandonnée. Il peut donc être question de mobilité linguistique pour tout mouvement du groupe linguistique d'origine vers l'intégration complète (l'assimilation) dans un autre groupe linguistique.

MONOGENÈSE   Robert Chaudenson

Parmi les théories concernant la genèse des °créoles, les hypothèses monogénétiques tendent, dans leurs formes extrêmes, à postuler une origine unique pour tous les créoles du monde, quelle que soit la langue européenne à laquelle ils paraissent se rattacher. Une telle supposition ne peut se justifier que si l'on parvient à mettre en évidence, dans ces créoles, un ensemble de structures dont la présence ne pourrait être expliquée à partir des langues européennes elles-mêmes. Il n'en est rien, semble-t-il, et cela d'autant que les langues de colonisation étant toutes indo-européennes, elles présentent de fortes analogies au plan typologique, que la probable similitude des stratégies d'appropriation linguistique ne peut qu'avoir renforcées. Les langues les plus souvent présentées comme la source de tous les créoles sont un °pidgin afro-portugais ou un proto-créole portugais utilisé sur la côte occidentale de l'Afrique au XVIIe siècle (M. Valkhoff, 1966) ou, d'une façon plus inattendue, le °sabir ou lingua franca en usage dans la Méditerranée, du XIVe au XVIIIe siècle (ces dates sont fort approximatives; pour certains auteurs, le proto-afro-portugais dériverait lui-même du sabir).

S'il ne fait aucun doute que les idiomes proposés comme origine à l'ensemble des créoles ont bien existé (le sabir méditerranéen est bien connu et on en possède de nombreuses attestations), rien ne fonde sérieusement de telles hypothèses, ni au plan *linguistique*, car il est impossible de mettre en évidence un ensemble de traits définis comme spécifiquement créoles dont l'existence et la nature seraient dues à cet ancêtre commun, ni au plan *historique*, car rien ne justifie sérieusement l'idée de leur dispersion à travers le monde, pas plus que celle de leur °relexification dans les diverses langues. Les langues ne se propageant pas comme la peste, des fondements historiques et sociolinguistiques seraient par ailleurs nécessaires à de telles hypothèses.

CHAUDENSON Robert (1992), *Des îles, des hommes, des langues*, Paris : L'Harmattan.
TODD Loreto (1974), *Pidgins and creoles*, Londres et Boston : Routledge et Kegan Paul.
VALKHOFF Marius (1966), *Studies in Portuguese and creoles*, Johannesbourg : Wittwatersrand University Press.

NÉOFRANCOPHONIE Daniel Baggioni

Ce concept a été forgé au départ pour rendre compte de la situation sociolinguistique du français à l'île Maurice, où on peut contraster *a priori* deux groupes de francophones : ceux dont c'est la °langue maternelle (locuteurs °endolingues) et ceux qui l'ont appris comme deuxième langue (locuteurs °exolingues). Un troisième groupe vient cependant enrichir le schéma. On peut observer en effet que dans certaines familles en voie de promotion sociale, le répertoire a tendance à se réorganiser d'une génération à l'autre : la pratique du français en famille, chez des parents qui l'avaient appris comme deuxième ou troisième langue, favorise son acquisition comme première langue [voir *Langue maternelle*] par les enfants. C'est par le terme *néofrancophonie* qu'on peut définir ce phénomène de °vernacularisation du français dans des couches de la nouvelle bourgeoisie urbaine d'origine hindoue, musulmane ou créole, qui adoptent le français comme langue familiale par un choix assez volontariste.

A Maurice, le pourcentage de francophones natifs peut être considéré comme négligeable (quelque 5% de la population), et le nombre de néofrancophones est difficile à estimer, mais l'importance sociale et symbolique de la néofrancophonie est intéressante pour la dynamique des rapports de langues.

BAGGIONI Daniel et ROBILLARD Didier de (1990), *Île Maurice : une francophonie paradoxale*, Paris : l'Harmattan.

BAGGIONI Daniel et ROBILLARD Didier de (1992), «Le français régional mauricien : une variété de langue en contact et en évolution dans un milieu à forte mobilité linguistique», *in* BAGGIONI Daniel, CALVET Louis-Jean, CHAUDENSON Robert, MANESSY Gabriel et ROBILLARD Didier de, *Multilinguisme et développement dans l'espace francophone*, Paris : ACCT, Didier Érudition, Montmagny : Marquis, 141-216.

NORMALISATION Didier de Robillard

Pour éviter tout risque de confusion, on a intérêt à considérer que la normalisation est l'une des tendances spontanées des °communautés linguistiques (et donc des langues), cependant que la codification consiste en un effort délibéré d'°aménagement. On conçoit en effet mal qu'une langue puisse fonctionner sans des régularités dans les pratiques linguistiques et dans le °corpus linguistique mis en œuvre, assurant l'intercompréhension entre individus différents par l'°âge, le milieu social, le lieu de naissance et/ou de résidence, l'éducation, etc. On sera attentif au fait que les °normes sont implicites en cas de normalisation et explicites lorsqu'il y a codification. La normalisation s'oppose toujours aux tendances à la diversification, à la dialectalisation, avec lesquelles elle se trouve en équilibre relatif et en relation antagonique (ce qui explique partiellement le °changement linguistique). Les processus de normalisation s'expliquent de manières diverses : d'une part l'ergonomie cognitive des locuteurs fait qu'ils tendent à préférer la régularité (économie de formes, de règles) à l'irrégularité ; d'autre part, la cohésion sociale peut également favoriser la normalisation, en opérant une sélection parmi des formes concurrentes et fonctionnellement équivalentes pour n'en conserver qu'un sous-ensemble, ayant par exemple, une valeur °identitaire. La normalisation s'effectue donc à deux niveaux : la régularité des systèmes linguistiques (simplification des paradigmes et des règles) et l'homogénéité sociolinguistique (extension d'un modèle à l'ensemble d'une communauté linguistique).

FREI Henri (1929, rééd. 1971), *La grammaire des fautes*, Genève : Slatkine.
BÉDARD Édith et MAURAIS Jacques (éd.) (1983), *La norme linguistique*, Paris : Le Robert ; Québec : Conseil de la langue française.

NORMALISATION-STANDARDISATION Daniel Baggioni

Cette opposition conceptuelle a été proposée par la sociolinguistique occitano-catalane et des créolistes et romanistes allemands travaillant sur les minorités linguistiques [voir *Langue minorée et langue minoritaire*], donc par une sociolinguistique qui se veut militante et qui voit dans la normalisation le processus par lequel, dans un espace dialectal, une variété régionale, sociale ou autre s'impose comme modèle °prestigieux sur lequel les autres pratiques tendent à se régler, alors que la standardisation serait le processus rationnel d'imposition d'une variété stabilisée et grammatisée (une variété écrite et décrite, évidemment dans un procès de °grammatisation) sur un territoire donné, unifié par des institutions entre autres culturelles et linguistiques. Cette distinction peut se révéler utile à titre d'abstraction éclairante notamment pour distinguer l'aspect « spontané » de l'aspect volontaire-rationnel dans le procès au terme duquel les pratiques langagières caractérisées par la variation sont régulées par le recours à une °langue standard.

Il n'est cependant pas certain qu'on puisse toujours dissocier les deux aspects : le choix d'une °norme (variété de prestige objet d'un consensus de la part des futurs scripteurs-locuteurs de la °langue commune) dépend en grande partie d'un début de standardisation (la fixation-description pèse d'un grand poids dans le consensus qui se forme autour d'une variété), et toute contre-norme doit entamer un processus de standardisation pour se rendre crédible dans sa lutte pour la reconnaissance.

Par ailleurs, si on considère que l'opposition renvoie à des phases distinctes dans le processus d'élaboration des langues standards, il faut constater qu'elle n'est pas pertinente pour les grandes langues standards européennes : dans la majeure partie des situations, les deux mouvements ne sont guère isolables. De l'apparition des premières langues littéraires issues de °vernaculaires, jusqu'au compartimentage actuel de l'Europe en espaces tendanciellement unifiés par une langue standard, les processus de constitution des °langues nationales en Europe se développent dans le long terme (cinq à six siècles au moins) et à l'échelle du continent. Et dans ce large espace temporel, il n'est pas vraiment possible d'isoler une phase de normalisation précédant le processus de standardisation qui devrait nécessairement y faire suite.

L'histoire de la langue peut néanmoins tirer profit de cette opposition, si elle considère normalisation et standardisation comme deux aspects d'un même procès, et non pas comme deux phases chronologiquement distinctes. Ainsi, on pourra ranger sous la normalisation d'une part les écrits et les °actions pour la promotion de la variété vernaculaire, d'autre part tout ce qui contribue à orienter le choix de la norme vers une variété précise (ainsi, dans la constitution des langues standards européennes, la variété littéraire toscane *vs* les autres °dialectes de la péninsule, la koinè saxonne *vs* les dialectes alémaniques, etc.) ou un choix de °registre (variété plus ou moins littéraire *vs* variété plus proche des dialectes parlés, type de locuteurs-scripteurs de référence, etc.). L'aspect standardisation touche tout ce qui a trait au travail de description-fixation de la langue, ce qui se manifeste aussi bien par l'élaboration d'outils métalinguistiques (grammaires, dictionnaires, rhétoriques, manuels d'enseignement) que par des œuvres littéraires de référence servant de corpus pour l'élaboration-justification des « règles » sans lesquelles on ne peut parler de langue standard. Dans cette optique, il apparaît que les grandes œuvres littéraires fondatrices des langues standards touchent parfois aux deux aspects : l'œuvre de Dante fonde en °légitimité le « vulgaire illustre » qu'il appelle de ses vœux (en même temps qu'en <u>latin</u>, il argumente en faveur de sa possibilité, œuvre théorique de propagande à classer dans le travail de normalisation); par ailleurs, la *Divine comédie* (comme la Bible de Luther ou de Christiensen) va servir dans le corpus de référence des grammairiens et lexicographes italiens des XVe-XVIe siècles. En revanche, l'énorme travail de «défense et illustration de la langue française», œuvre de légitimation — donc de normalisation — des écrivains de La Pléiade, précède le travail de standardisation, qui se réalisera vraiment au siècle suivant (malgré les débuts de description-fixation des premiers grammairiens du XVIe siècle) avec les institutions mises en place par le pouvoir royal en France.

VALLVERDÜ F. (1980), *Aproximacio critica a la sociolingüistica catalana*, Barcelona : Institut d'estudis catalans.

BOURDIEU Pierre (1982), *Ce que parler veut dire, L'économie des échanges linguistiques*, Paris : Fayard.

NORME   Daniel Baggioni et Marie-Louise Moreau

Genèse du concept   Daniel Baggioni

Le mot *norme* appliqué à la langue est d'utilisation récente. D'origine allemande, né dans les milieux de la philosophie néo-kantienne, il s'est diffusé dans les nouvelles sciences sociales allemandes, puis anglo-saxonnes, dans l'entre-deux-guerres, pour apparaître assez récemment en linguistique. Au sens de norme linguistique, il ne figure que tardivement dans les dictionnaires de langue.

Mais ce n'est évidemment pas parce que le mot n'a pas été enregistré dans les dictionnaires avant la Deuxième Guerre mondiale que la pratique normative n'existait pas. Dans le domaine français, à l'époque classique (XVIIe-XVIIIe), tout ce qui est grammaire — qu'il s'agisse de grammaire «générale», philosophique ou de grammaire d'une langue particulière — est normatif sans complexe : à cette époque, une science est à la fois descriptive et normative, et on ne voit pas du tout l'intérêt de distinguer deux éventuels moments dans l'activité de connaissance (pour la bonne raison que la science classique ne les distingue pas ontologiquement). Comme le disaient les «idéologues» (Condillac, Destut de Tracy), la grammaire est un «art-science» et il est normal que le grammairien vise à réglementer la langue dont il décrit le (bon) usage. C'est au milieu du XIXe, avec le triomphe de la linguistique historique que le normativisme devient «honteux» et que l'expression *bon usage* quitte peu à peu la scène scientifique et a tendance à être périphérisé : l'usage n'est plus revendiqué alors comme un objet d'études par ceux qui s'intitulent maintenant linguistes et non plus grammairiens, il y a une période de clandestinité pour l'activité normative, qui se réfugie chez d'autres professionnels de la langue, qu'ils soient gens de lettres ou grammairiens dits traditionnels. De la même manière, dans l'entre-deux-guerres, la linguistique synchronique et, après la Deuxième Guerre mondiale, le structuralisme tirent leur légitimité d'une opposition entre grammaire descriptive — dont ils se réclament — et grammaire normative — volontiers stigmatisée.

Avec le développement de la sociolinguistique, par la critique des présupposés du structuralisme (conception de la langue comme un objet homogène, abstrait de ses conditions de production historique et sociale, exclusion du sujet énonciateur, envisagé comme un locuteur sans °identité...), il a bien fallu envisager cette réalité normative qu'on avait voulu réduire à une fausse conscience ou à une idéologie linguistique confondue avec le purisme. Solidaire de cette thématique, la prise en compte de la variation linguistique et/ou langagière, de même qu'une réflexion sur des questions connexes, comme celle de la °langue nationale, qui est à la source de « la production et de la reproduction de la langue °légitime » (P. Bourdieu, 1982).

BAGGIONI Daniel (1977), «Pour une réflexion relativisée et historicisée sur la norme linguistique», Montpellier : *Lengas*, 2, 137-160.
BOURDIEU Pierre (1982), *Ce que parler veut dire. L'économie des échanges linguistiques*, Paris : Fayard.

Les types de normes　　　　　　　　　　　　Marie-Louise Moreau

La réflexion sur le concept de norme s'est développée surtout chez les linguistes et sociolinguistes francophones. Elle s'est enrichie d'un certain nombre de distinctions, proposées par différents auteurs, dont les vues se recouvrent assez largement, au-delà des disparités dans la terminologie, l'étendue du champ considéré et les points de focalisation. Leurs travaux conduisent à distinguer cinq types de normes.

A. Les normes de fonctionnement (on parle aussi de normes de fréquence, de normes ou règles statistiques, normes objectives, constitutives, etc.) correspondent aux habitudes linguistiques partagées par les membres d'une °communauté ou d'un sous-groupe de celle-ci. Ce sont les règles qui sous-tendent les comportements linguistiques, indépendamment de tout discours méta- ou épilinguistique. Observer les normes de fonctionnement revient à considérer un groupe d'individus et à examiner quelles unités ils utilisent, dans quelles combinaisons, avec quelles valeurs, dans quelle situation, etc.

A l'intérieur d'une même communauté, certaines normes de fonctionnement ont un champ d'application général. Ainsi, tous les francophones placent l'auxiliaire devant le verbe. D'autres normes de fonctionnement, en revanche, peuvent se décrire comme concurrentes, soit que certains membres recourent tantôt à l'une, tantôt à l'autre (accord ou non-accord du participe avec l'objet), soit que les divers groupes qui composent la communauté privilégient des normes de fonctionnement différentes (ainsi, certains groupes utilisent préférentiellement *Je suis tombé*, d'autres *J'ai tombé*).

Même si elles sont implicites, et si aucun impératif d'imposition n'accompagne leur intégration, l'acquisition de ces normes suppose qu'une certaine pression sociale s'exerce sur l'individu en sorte que son langage se conforme aux pratiques du groupe.

B. Les normes descriptives (dites aussi normes ou règles constatatives, objectives, etc.) décrivent les normes de fonctionnement, qu'elles rendent donc explicites. Elles ne peuvent être considérées comme descriptives que dans la mesure où elles se bornent à enregistrer les faits, sans associer de jugement de valeur à la description, sans hiérarchiser les normes de fonctionnement concurrentes.

Même pour les langues les mieux décrites, l'ensemble des normes descriptives est considérablement plus réduit que celui des normes de fonctionnement, parce que les linguistes n'ont pas porté une égale attention aux normes de fonctionnement des divers groupes (certaines variétés sont davantage décrites que d'autres) et parce que, à l'intérieur même des variétés les plus observées, certaines régularités ont échappé aux observateurs, peut-être provisoirement.

C. Les normes prescriptives (aussi appelées normes sélectives, règles normatives, etc.) identifient un ensemble de normes de fonctionnement, une variété de la langue, comme étant le modèle à rejoindre, comme étant «la» norme. Elles hiérarchisent donc les normes de fonctionnement concurrentes, même si elles prennent souvent les apparences des normes descriptives (elles ont plus souvent la forme *Le participe s'accorde avec l'objet* que *Il faut accorder le participe avec l'objet*), dans un discours méta- ou épilinguistique explicite.

Bien que les critères sous-jacents à la hiérarchisation soient présentés parfois comme internes à la langue (la sélection des formes préférées est dite reposer sur des arguments esthétiques, fonctionnels, logiques, etc.), ils sont le plus souvent externes, les formes valorisées se caractérisant essentiellement par une plus grande fréquence d'emploi dans un groupe social déterminé, identifié de manière variable selon les communautés et selon les circonstances.

– *Priorité au groupe*. Dans certains cas, les normes prescriptives assimilent bonnes formes et formes du groupe. Ainsi, dans certaines sociétés rurales, chaque village considère ses formes propres comme meilleures que celles des villages avoisinants et une certaine pression sociale pousse les individus à ne pas adopter les formes extérieures. C'est un principe de sélection analogue qui est à l'œuvre dans des normes prescriptives qui s'expriment sous la forme *Cause comme on t'a appris* ou *Parle comme tout le monde* (il faut noter que l'expression ne désigne en fait que les membres du groupe). C'est sans doute aussi à cette conception qu'il faut rattacher la valorisation de la «pureté» linguistique et la stigmatisation associée aux °emprunts, qui conduisent à considérer les monolingues comme de meilleurs témoins du bon langage que les °bilingues, parce que les premiers sont davantage préservés des influences extérieures.

– *Priorité à la tradition*. D'autres communautés, ou les mêmes dans d'autres circonstances, sensibles au mythe de l'âge d'or, localisent le bon langage dans le passé et le lient à la tradition constitutive du groupe. En conséquence de quoi, pour le présent, on aura une meilleure image de ce qu'est la bonne variété en écoutant les vieux plutôt que les jeunes, les gens qui habitent à la campagne plutôt que les citadins, les faiblement scolarisés plutôt que les fortement scolarisés, moins proches de la tradition et davantage soumis à l'influence du modernisme. Dans le cas de langues associées à un groupe ethnique, l'attribution d'une meilleure variété aux membres de l'°ethnie qu'aux non-membres (à conditions pourtant égales d'exposition et d'apprentissage) s'inscrit assurément dans cette conception, tout comme la tendance, quand l'origine de la langue est localisée dans une certaine zone géographique, à tort ou à raison, à créditer les habitants de cette zone d'une meilleure variété. Ainsi les Français sont-ils quelquefois réputés parler une meilleure variété de français que les autres francophones, qui, moins proches des lieux originels, sont perçus comme des héritiers moins directs de la tradition.

– *Priorité au capital symbolique*. Dans les communautés socialement stratifiées, comme celle que Labov observe à New York, les formes utilisées surtout par la °classe supérieure, même en situation °informelle, voient leur proportion augmenter, chez les membres des autres classes, lorsqu'ils passent d'un contexte de production informel à un contexte

°formel. Dans ce type de société, le sous-groupe particulièrement réputé disposer des bonnes formes s'identifie avec la classe détentrice du capital culturel, la classe socio-culturellement dominante. La norme se définit ainsi au départ de l'usage des intellectuels, des écrivains, des artistes, des professionnels de médias, etc. Sont tenues pour légitimes les formes qu'eux-mêmes emploient, ou qui, provenant d'un autre groupe, accèdent à la °légitimité par le fait qu'eux-mêmes y recourent.

Lorsque l'argumentation sur laquelle repose la hiérarchisation des formes fait explicitement référence aux critères externes à la langue et donc aux groupes sociaux, elle fait sienne tantôt l'une, tantôt l'autre priorité, pratiquant parfois un certain panachage, lorsque les différentes priorités se révèlent convergentes, et témoignant de quelque plasticité : dans certains cas, il s'agira de proscrire les formes des moins scolarisés, parce qu'ils sont ignorants (priorité au capital symbolique), dans d'autres, le «peuple» se verra au contraire créditer d'une connaissance principielle des régularités de la langue (priorité à la tradition).

Ces différentes conceptions s'observent dans la culture épilinguistique et les normes prescriptives émises par les membres des communautés, même chez ceux qui n'ont reçu aucune formation linguistique. Mais ce sont les mêmes conceptions qu'on trouve relayées, le cas échéant, par les membres qui tiennent sur le langage un discours davantage spécialisé : les grammairiens. Le terme désigne ici les auteurs d'ouvrages de référence (grammaires et dictionnaires, principalement), les membres des académies de langue, les responsables des chroniques de langage, etc. Émetteurs professionnels de normes prescriptives, ils partagent un même objectif, l'identification et la promotion des bonnes formes, et ils jouent un rôle important dans le processus de codification, de °standardisation et de °normalisation d'une langue. La hiérarchisation et la sélection des formes qu'ils préconisent ne se nourrit pas d'autres conceptions que celles de la culture épilinguistique ambiante dans la communauté, et en particulier dans la classe détentrice du capital symbolique, le phénomène nouveau consistant seulement en un déplacement des attributions : ainsi, la forme qu'ils sélectionnent en considérant la répartition sociale de son emploi apparaît comme devant sa légitimité non pas à son association avec un groupe ou un sous-groupe, mais à la sélection qu'eux en ont faite. *Je suis tombé* est par exemple considéré comme meilleur que *J'ai tombé* non pas en fonction de sa plus grande utilisation par les groupes socio-culturellement dominants (critère qui fonde la hiérarchisation à la fois chez les spécialistes et les non-spécialistes), mais parce qu'il s'agit de la forme préconisée par les grammairiens. Bien que les membres de la communauté se les représentent souvent comme investis de l'autorité linguistique, ce n'est pas eux ni les autres institutions normatives qui hiérarchisent les variétés. La norme préexiste à leur intervention. Ils ne sélectionnent pas vraiment les formes qu'ils préconisent ; ils entérinent, cautionnent et renforcent une sélection qui, pour l'essentiel, s'opère en dehors d'eux.

D. Les normes évaluatives (ou subjectives) se situent sur le terrain des °attitudes et des °représentations. Elles entretiennent avec les normes prescriptives des rapports complexes, les conditionnant partiellement et étant pour partie déterminées par elles. Elles consistent à attacher des valeurs esthétiques affectives ou morales aux formes : ainsi, quand la priorité va au capital symbolique, les formes préconisées sont jugées belles, élégantes, etc., les stigmatisées étant perçues comme dysphoniques, relâchées, vulgaires... Quand c'est au groupe que la priorité est accordée, les formes préconisées sont ressenties comme, par exemple, plus expressives, plus chaleureuses, les autres étant prétentieuses et froides, etc. La hiérarchisation en fonction de la priorité à la tradition attachera aux traits de la variété privilégiée les adjectifs *vrai*, *authentique*, *pur*, etc.

Les normes évaluatives peuvent être implicites ou explicites ; en ce dernier cas, elles sont souvent le domaine de prédilection de diverses stéréotypies.

E. Avec les normes fantasmées, on reste dans le domaine des représentations. Les membres de la communauté linguistique se forgent un ensemble de conceptions sur la langue et son fonctionnement social, qui ne présentent parfois qu'une faible zone d'adhérence avec le réel. Individuelles ou collectives (et s'intégrant alors à la culture épilinguistique du groupe), elles peuvent se greffer sur les quatre types de normes précédentes, dont elles méconnaissent généralement l'extension, avec pour terrain privilégié, mais non exclusif, celui des rapports entre normes de fonctionnement, normes prescriptives et évaluatives. Les jeunes francophones seront ainsi réputés ne plus faire de liaisons, les Tourangeaux préserver le contraste /e/-/ɛ/, la forme *Elle s'est dite que* sera perçue par certains comme plus chic que *Elle s'est dit que*, etc. Un secteur important des normes fantasmées concerne la manière dont les membres de la communauté conçoivent ce qu'est la norme, la part que prennent les grammairiens et les autres institutions normatives dans sa définition, et les groupes sociaux qui la détiennent. On peut ainsi mettre parfois en évidence, dans certaines communautés — c'est le cas pour la francophonie —, qu'une proportion importante de locuteurs se représentent la norme comme un ensemble abstrait et inaccessible de prescriptions et d'interdits, qu'ils ne voient s'incarner dans l'usage de personne et par rapport auquel tout le monde se trouve donc nécessairement en défaut. [Voir aussi *Imaginaire linguistique (Théorie de l'-), Langue standard*.]

BÉDARD Édith et MAURAIS Jacques (1983), *La norme linguistique*, Québec, Paris : Conseil de la langue française.

KASBARIAN Jean-Michel, BAGGIONI Daniel et GRIMALDI Élisabeth (éd.) (1994), *Genèse de la (des) norme(s) linguistique(s)*, suivi de *Le concept de norme en philosophie et dans les sciences humaines et le concept de «norme linguistique»*, Aix-en-Provence : Publications de l'Université de Provence.

Langue française, numéro thématique : *La norme*, 16, 1972.

Le français moderne, numéro thématique : *La norme, concept sociolinguistique*, L, 1, 1982.

NORME ENDOGÈNE   Gabriel Manessy

Technique, sinon pédante, l'expression *norme endogène* exige avant toute analyse quelques commentaires liminaires. *Endogène* ne doit pas être pris pour un simple euphémisme suppléant *indigène*; il ne s'applique pas à un attribut permanent de la communauté désignée, mais à une production contingente déterminée par une situation sociolinguistique particulière. Quant à *norme*, il n'évoque pas ici le corps de règles, de prescriptions et de contraintes où les puristes veulent voir la projection du génie de la langue et les linguistes celle du «système» ou du «code grammatical», mais plus simplement le bon usage, c'est-à-dire un mode d'expression utilisé par une fraction °prestigieuse de la °communauté linguistique et pris pour modèle de comportement langagier par la majorité des membres de celle-ci. Sur le plan sociolinguistique, cette norme n'est que la représentation consciente, éventuellement formalisée par des gens dont la compétence en matière de langage est reconnue (les anciens, les rhéteurs, les grammairiens), de l'usage courant admis par l'ensemble des locuteurs comme ordinaire, comme neutre, ne donnant pas lieu à des jugements de grammaticalité ou d'adéquation, usage que tous tiennent pour naturel hors des circonstances où les choix de langage deviennent significatifs. Sur le plan linguistique, cet usage se caractérise par la mise en relief d'un certain nombre de traits phoniques (élocution, prononciation), morphophonologiques (en français, les liaisons), morphologiques (type de flexions), syntaxiques (par exemple, règles d'accord et de concordance) et sémantiques (rigueur dans la désignation, tri des connotations), souvent objectivement secondaires parce que d'un rendement fonctionnel limité.

Il va de soi qu'une telle norme est «endogène», puisque construite à tout moment par la communauté qui l'emploie; elle n'en relève pas moins pour celle-ci de la nature des choses et sa «normalité» lui confère une sorte de transcendance. Le qualificatif serait donc superflu s'il n'existait des situations où cette transcendance supposée se trouve contredite par la présence d'une autre entité normative. Cela se produit lorsque des populations acceptent pour référence un parler importé, historiquement et structurellement apparenté à la langue ordinaire, mais tenu pour source et archétype de celle-ci. Il peut s'agir, dans des territoires colonisés et linguistiquement unifiés (du moins dans la terminologie officielle), de l'usage de la métropole : castillan et portugais ibérique en Amérique latine, anglais britannique dans les territoires anglophones; ce peut être aussi, et simultanément, une langue académique, l'arabe classique au Maghreb, au Proche et au Moyen-Orient, ou le français littéraire, transmis par l'école, dans l'ensemble de la francophonie. Ce dernier exemple nous est le plus accessible et il permet de discerner la dialectique par laquelle une norme externe, mais admise en raison de son contenu symbolique et politique, entre en opposition avec une norme interne affleurant à la conscience de ses usagers. Il y faut, semble-t-il, une situation sociale, économique et culturelle telle qu'un groupe constitué de locuteurs, unis par des intérêts communs et se reconnaissant pour détenteurs légitimes de la norme locale, perçoive l'écart qui la sépare de la norme importée et s'approprie la première comme marque d'°identité. Ce qui est communément conçu en termes d'imperfection, de licence ou d'approximation et justifié par les exigences de la compétence communicationnelle (dans la mesure où, souvent, elle n'implique pas le strict respect des contraintes normatives), se trouve dès lors revendiqué comme la manifestation d'une personnalité sociale particulière. Une telle réaction peut être nationale; elle s'est produite dans nombre de colonies d'outre-mer et la langue parlée au Brésil, au Mexique ou dans les États-Unis d'Amérique, si elle demeure proche des anciennes métropoles, n'en a pas moins acquis sa pleine autonomie; mais on a alors affaire, en deux points du globe, à deux normes complémentaires et, pour leurs utilisateurs respectifs, toutes deux «endogènes». Le vrai problème sociolinguistique ne se pose que lorsque deux modèles normatifs coexistent au sein d'une même communauté; tel est probablement le cas dans certains pays de langue arabe; ce l'est certainement dans l'espace francophone, en particulier au Québec et en Afrique Noire.

Là encore, pourtant, les situations sont différentes. Les Canadiens francophones se présentent volontiers comme héritiers d'une norme authentique et vivante qu'ils mettent en contraste avec la norme sclérosée et inefficace qui prévaut en France, où elle n'est d'ailleurs plus que médiocrement utilisée dans un petit nombre de situations stéréotypées. En Afrique, il y a au contraire répartition des tâches. La norme importée, «exogène», est considérée comme convenable aux usages officiels ou «°formels» de la langue; le système social en vigueur dans les États africains est tel en effet que la maîtrise de la langue de colonisation y est tenue pour indice d'aptitude à l'exercice des fonctions de pouvoir et de responsabilité; cette forme linguistique est donc la seule enseignée et supposée être la seule parlée. Cependant, pour une bonne part de la °classe moyenne urbaine (fonctionnaires, employés, commerçants, hommes d'affaires, membres de professions libérales, intellectuels), le français est langue de communication courante, mais un français marqué, sur le plan du discours surtout, par des habitudes qui ne doivent rien à l'enseignement scolaire et qui lui confèrent, au sentiment de ses usagers, une incontestable africanité. Le qualificatif *endogène* est ici pleinement justifié en ce qu'il décrit à la fois un état de fait et la °représentation qu'en ont ceux qui y participent. Les particularismes en cause sont propres à une strate sociale consciente de son statut (à mi-chemin entre l'«élite» et le vulgaire), en pleine expansion, qui en affirme la °légitimité; ils constituent donc indubitablement une norme : leur mise en œuvre sanctionne l'appartenance du locuteur au groupe qui s'en réclame et leur omission l'en exclut.

En bref, il n'est de norme endogène que consciente et opposée à une autre norme parallèle appliquée à la même langue, mais réputée exogène. Le contenu linguistique de la première importe peu; il doit seulement être différent, sur certains points que les usagers tiennent pour significatifs, de celui de la norme externe. Celle-ci n'est pas exclue ni même contestée, mais fonctionnellement circonscrite à des domaines bien délimités, comme l'a été le latin en France jusqu'au seizième siècle et bien au-delà.

BÉDARD Édith et MAURAIS Jacques (1983), *La norme linguistique*, Québec, Paris : Conseil de la langue française.
GUEUNIER Nicole, GENOUVRIER Émile, KHOMSI Abdelhamid (1978), *Les Français devant la norme*, Paris : Champion.
KASBARIAN Jean-Michel (éd.) (1994), *Genèse de la (des) norme(s) linguistique(s). Hommage à Guy Hazaël-Massieux*, Aix-en-Provence : Presses de l'Université de Provence.
MANESSY Gabriel et collaborateurs (1992), «Norme endogène et normes pédagogiques en Afrique noire francophone», in BAGGIONI Daniel, CALVET Louis-Jean, CHAUDENSON Robert, MANESSY Gabriel et ROBILLARD Didier de, *Multilinguisme et développement dans l'espace francophone*, Paris : Didier-Érudition, 43-81.
ROBILLARD Didier de et BENIAMINO Michel (1993), *Le français dans l'espace francophone*, Paris : Champion.

PARADOXE DE L'OBSERVATEUR Julie Auger

Selon Labov, le parler °vernaculaire constitue l'objet d'étude le plus intéressant pour le linguiste, parce qu'il correspond à la grammaire de base de chaque individu. Dans la plupart des cas, c'est la variété acquise dès la plus petite enfance et donc celle où le locuteur se sent le plus à son aise. C'est aussi celle qu'il utilise dans des situations intimes et familières ; c'est donc la plus difficile à observer pour le linguiste. « Le but de la recherche linguistique dans une °communauté doit être de découvrir comment les gens parlent lorsqu'ils ne font pas l'objet d'une observation systématique ; pourtant, nous ne pouvons obtenir de telles données que par le biais d'une observation systématique » (Labov, 1970 : 32, traduction J.A.). Il s'agit là de l'équivalent sociolinguistique de l'effet Hawthorne tel que défini par Murray (1985) : le comportement de n'importe quel sujet dans une expérience se modifie en réponse à la perception que les sujets ont d'eux-mêmes comme sujets d'expérience. Bien que le paradoxe de l'observateur ne puisse jamais être totalement éliminé (les enregistrements secrets étant moralement répréhensibles), Labov suggère certaines techniques destinées à favoriser l'utilisation du vernaculaire : par exemple, l'évocation de circonstances où le sujet s'est trouvé en danger de mort, les apartés avec les proches et les animaux domestiques et les entretiens de groupe.

Notons cependant que si le vernaculaire constitue l'objet d'étude privilégié de Labov, sa contribution ne se limite aucunement à décrire la façon de parler des gens quand ils ne se savent pas observés : parmi les apports significatifs de ses travaux, figurent les conclusions qu'il dégage d'études où il contraste les productions selon les conditions de production, et où il observe la répartition des variantes de °prestige selon les groupes sociaux et les °styles (ce qui lui permet notamment de mettre en relief l'°hypercorrection de la petite bourgeoisie).

LABOV William (1970), « The study of language in its social context », *Studium generale*, 23, 30-87.
MURRAY Thomas E. (1985), « On solving the dilemma of the Hawthorne effect », *in* WARKENTYNE Henry J. (éd.), *Papers from the Firth international conference on methods in dialectology*, Victoria : Department of linguistics, University of Victoria, 327-340.

PIDGIN   Robert Chaudenson

Variété de langue, à lexique et grammaire réduits, permettant d'assurer des communications minimales et/ou spécialisées (commerce) entre des interlocuteurs qui conservent par ailleurs, dans toutes les autres situations, l'usage de leurs langues propres. L'origine du mot demeure mal établie, mais l'une des hypothèses les plus fréquemment avancées serait une prononciation chinoise du mot anglais *business*; cette étymologie a l'avantage de souligner le caractère fonctionnel de ce genre d'idiome, un «pidgin English» ayant été initialement utilisé dans le commerce entre Anglais et Chinois.

Plusieurs langues, généralement dérivées de l'anglais, sont actuellement désignées par ce terme en Afrique et en Asie; on adjoint généralement un adjectif qui précise l'aire d'usage de ces parlers : *pidgin camerounais*, *pidgin nigérian*. Si ces langues répondent au départ à la définition donnée ci-dessus et n'étaient donc pas les °langues premières des locuteurs qui en usaient, leur emploi dans des aires hautement multilingues, comme le Cameroun ou le Nigéria, font qu'elles finissent peu à peu par être acquises comme langues premières par certains groupes de locuteurs. On peut donc supposer que, de même que la °véhicularisation d'une langue engendre certains °changements structurels, la °vernacularisation de ces pidgins, strictement véhiculaires à l'origine, pourrait entraîner l'extension de leur lexique et la complexification de leurs structures.

Pour R.H. Hall Jr (1966), la pidginisation des langues concerne le processus de déstructuration de la langue-source, la °créolisation celui de la restructuration des nouveaux usages. Pour cet auteur, tout °créole est issu d'un pidgin, la créolisation s'opérant quand le pidgin devient langue première d'une partie des locuteurs du groupe social où il est en usage. Ce point de vue paraît devoir être contesté aujourd'hui, au moins dans le cas de la plupart des créoles «historiques», dans la mesure où les conditions sociolinguistiques initiales des sociétés coloniales en cause n'étaient nullement propres à l'émergence de pidgins. Les esclaves introduits, souvent très jeunes et très fortement intégrés à la maisonnée des maîtres, apprenaient rapidement la langue des Européens et la relation constante entre maîtres et esclaves ne suscitait en aucune façon l'émergence d'un pidgin. Il est néanmoins resté de cette hypothèse une association quasi automatique entre pidgin et créole, que ne justifient plus les développements les plus récents de la créolistique. Cette observation n'implique toutefois nullement qu'il n'y ait pas de rapport entre la pidginisation et la créolisation d'une langue, puisque, dans un cas comme dans l'autre, on se trouve en présence de modes approximatifs d'appropriation du même système linguistique.

HALL Robert A. Jr. (1966), *Pidgin and Creole languages*, Ithaca : Cornell University Press.

PLANIFICATION Didier de Robillard

Chez certains auteurs, la planification linguistique se confond avec l'°aménagement linguistique et la °politique linguistique. Si l'on veut éviter cette confusion, on a intérêt à considérer que la planification n'est qu'une partie de l'ensemble du processus d'aménagement linguistique, suivant logiquement la phase d'élaboration d'une politique linguistique et consistant à traduire celle-ci en une stratégie d'ensemble composée d'°actions viables, programmée dans le temps, dont les agents sont identifiés, les moyens (financiers, humains, scientifiques...) prévus, etc. Un aspect de la planification sur lequel on ne saurait assez insister est celui de l'horizon temporel, qui doit nécessairement être ample, le °changement linguistique ne se faisant jamais rapidement. La planification doit donc prévoir un échelonnement des actions dans le temps, selon un ordre logique, identifier des sources de financement, évaluer le coût des actions prévues, en opérant à l'intérieur du cadre des moyens financiers, humains, scientifiques disponibles. Compte tenu de la longue durée généralement nécessaire pour une opération d'aménagement linguistique, il est préférable de prévoir des phases d'°évaluation objective de l'intervention en cours afin de permettre aux aménageurs de faire le point sur la façon dont se déroule l'opération, ses points forts, les secteurs nécessitant une adaptation, etc. Cette évaluation n'est évidemment pas plus facile à réaliser que celle qui a lieu au stade de la politique linguistique, mais elle est tout aussi cruciale.

Dans un certain nombre de cas, les États ont mis sur pied soit une institution chargée de la totalité ou presque de la planification linguistique (ainsi, le Central Institute for Indian languages de Mysore en Inde, l'Office de la langue française au Québec), soit une institution à qui sont confiés des aspects bien précis de la planification : commissions de terminologie, organismes chargés de l'°alphabétisation, commissariat aux droits linguistiques, par exemple.

Une question se pose souvent lors de la planification : le rôle de la législation, et le moment où doit intervenir l'acte législatif. On peut considérer que la législation doit être programmée au début de tout programme d'aménagement, pour poser un cadre juridique qui soit garant de la suite des opérations. On peut préférer une législation n'intervenant qu'en fin d'opération, pour constater un changement amorcé, le conforter ou tenter de l'accentuer. Chacune des options a ses avantages et ses inconvénients : la législation en préalable a l'avantage de clairement marquer la détermination de l'État, et de donner des moyens d'action aux aménageurs (mais les contre-exemples sont très nombreux). Ce choix a l'inconvénient, parfois, de susciter une vive opposition de principe, qui se concrétise ensuite par la résistance aux actions subséquentes. Elle peut provoquer, comme cela a partiellement été le cas au Québec, une série de recours devant les tribunaux sur des aspects ponctuels de la loi, qui finissent, s'ils aboutissent, par miner l'efficacité de la loi conçue comme un dispositif d'ensemble, qui perd ainsi de sa cohérence. Lorsqu'on choisit de légiférer *a posteriori* seulement, on se donne mieux, certes, les chances de faire la démonstration, par la pratique, des avantages du changement avant de le rendre obligatoire. La fragilité des actions mises en œuvre est le prix à payer dans ce cas, puisque, sans appui législatif, elles sont à la merci de toute volonté réelle d'opposition. Il n'y a bien évidemment pas de solution universellement applicable en la matière, la planification devant, comme dans les autres domaines, s'adapter aux habitudes culturelles de la °communauté linguistique concernée.

HUDON Françoise (éd.) (1976), *Les implications linguistiques de l'intervention juridique de l'État dans le domaine de la langue*, Actes du Colloque international de sociolinguistique, Lac Delage, Québec, 3-6 octobre 1976, Québec : Office de la langue française.

TURI Giuseppe (1977), *Les dispositions juridico-constitutionnelles de 147 États en matière de politique linguistique*, Québec : Presses de l'Université Laval.

POLITIQUE LINGUISTIQUE   Didier de Robillard

Pour certains auteurs, *politique linguistique* est synonyme d'°*aménagement linguistique*. Il semble utile de spécialiser ce terme pour désigner la phase d'une opération d'aménagement linguistique la plus abstraite, consistant en la formulation d'objectifs, postérieurement à l'°évaluation d'une situation faisant apparaître des aspects perfectibles, soit dans le °corpus d'une langue (inadéquation de structures par rapport à des besoins), soit dans le °statut des langues.

Le plus souvent, les objectifs de la politique linguistique dépendent d'objectifs plus globaux, à l'échelle sociale toute entière : unification nationale, rapprochements diplomatiques, orientation de l'économie vers un nouveau secteur. Dans la plupart des pays néo-indépendants, le (non) choix de la (des) °°langue(s) officielle(s) et nationale(s) est lié à une problématique unificatrice. Le maintien de la langue de l'ancien colonisateur évite souvent des luttes intestines, et l'on s'aperçoit que la promotion d'une langue autochtone est toujours liée à des situations qui ne se décrivent pas comme des mosaïques linguistiques et °ethniques : Madagascar, Rwanda, Burundi. A Madagascar encore, ou au Vietnam, le choix du français après une période de désaffection pour cette langue est sans doute, partiellement au moins, une façon de manifester un ancrage géopolitique, tant il est clair (à Madagascar notamment) que la «relance du français» ne peut qu'être difficile, notamment à cause de l'absence quasi-totale d'enseignants formés. Le lien avec la sphère °économique peut se percevoir dans un pays comme l'île Maurice, où la place accordée au français et à l'anglais s'explique en partie par une volonté de développement par le biais du tourisme et de l'industrialisation.

On s'accorde généralement à penser que la politique linguistique est l'apanage de l'État à travers ses institutions (assemblée nationale) ou services (bureau du plan ou équivalent), et il est vrai que cela se vérifie dans nombre de cas concrets. On ne peut cependant exclure que d'autres agents que l'État formulent des propositions touchant à la politique linguistique. Ainsi, certaines institutions °religieuses ont parfois un rôle important à jouer (à travers la scolarisation notamment, ou la langue de diffusion des textes sacrés), de même que des partis politiques, ou associations culturelles (Alliance française, par exemple) nationales ou internationales (l'UNESCO, et la fameuse rencontre d'experts de 1951, voir *Aménagement linguistique*). Ces agents peuvent partager les mêmes priorités, ou au contraire opposer leurs points de vue à propos de ce que doit être le contenu de la politique linguistique.

L'évaluation de la situation (Joan Rubin a beaucoup insisté sur cet aspect dans ses écrits) peut être considérée comme faisant partie de l'activité de politique linguistique, car celle-ci s'appuie toujours sur une analyse de la situation, implicitement ou explicitement, pour identifier des *problèmes* et proposer des solutions pour améliorer ces points problématiques.

MAURAIS Jacques (éd.) (1987), *Politique et aménagement linguistiques*, Paris : Le Robert, Québec : Conseil de la langue française.

POLYGENÈSE   Robert Chaudenson

Théorie qui s'oppose à celle de la °monogenèse à propos de l'origine des °créoles. Même si l'on peut mettre en évidence que ces langues partagent un certain nombre de termes relevant d'un lexique colonial, souvent d'origine espagnole ou portugaise (dont le mot *créole* lui-même est le meilleur des exemples; *cf.* Chaudenson, 1974, «Le vocabulaire des Isles») et même si, par ailleurs, existent entre certains créoles des relations historiques et génétiques qu'on doit se garder d'ignorer, l'histoire et la géographie de la colonisation rendent infiniment probables les hypothèses polygénétiques, c'est-à-dire le développement séparé de la plupart des créoles.

Toutefois, la polygenèse doit intégrer dans son modèle explicatif les éléments d'unité déterminés par la similitude ou l'apparentement des sources européennes et par les relations entre les créoles résultant de mouvements de population d'une colonie à l'autre. Ainsi, tous les créoles français proviennent du français ancien, populaire et/ou régional. Mais alors que les Réunionnais ont été en contact direct avec le français (on parlera donc en ce cas de *créole de première génération*), la langue à laquelle les habitants de Maurice se sont trouvés exposés au début de l'occupation de l'île (1721-1722) par les colons et esclaves venus de la Réunion, ce n'est pas une variété de français, mais l'usage déjà créolisé de la Réunion, peuplée depuis plus d'un demi-siècle. Si des parentés unissent les deux créoles, au-delà de ce que prédit leur source commune, c'est bien évidemment que le mauricien est un *créole de deuxième génération*, dont la base est le réunionnais.

CHAUDENSON Robert (1974), *Le lexique du parler créole de la Réunion*, Paris : Champion.
MANESSY Gabriel (1995), *Créoles, pidgins, variétés véhiculaires*, Paris : CNRS.

PRÉSERVATION LINGUISTIQUE   Michel Blanc

Tous les jours, on découvre de nouvelles langues, surtout dans les régions encore pas ou peu explorées de la planète. Mais ces mêmes découvertes conduisent paradoxalement à la disparition rapide de ces langues. En effet, leurs locuteurs, peu nombreux, ne résistent pas à l'impact du monde moderne et sont voués à l'°assimilation ou à l'extinction. On estime aujourd'hui le total des langues du monde à 4 500 environ, dont plus de la moitié sont parlées chacune par moins de cent personnes. Faut-il essayer de préserver ces langues ? Si oui, pourquoi et comment ? Pourquoi certaines langues survivent-elles envers et contre tout, alors que d'autres disparaissent ?

Pour répondre à ces questions, on est généralement attentif à trois groupes de variables, qui, complémentairement, paraissent déterminer si les langues vont se maintenir ou disparaître : (1) la Valeur centrale (*core value*); (2) les °Réseaux sociaux; et (3) la °Vitalité ethnolinguistique.

(1) Pour qu'un groupe arrive à préserver sa langue, il faut d'abord que celle-ci soit une dimension saillante de son °identité culturelle ou °ethnique. C'est ce que définit le concept de *valeur centrale* (Smolicz, 1979) par laquelle un groupe s'identifie, comme par exemple la famille, la °religion ou la langue. Les groupes diffèrent entre eux quant à l'importance qu'ils attachent à la langue, et il existe des variations intergroupes et intragroupes, dans le temps et dans l'espace. Au Canada, par exemple, la langue n'est pas une valeur centrale pour les communautés hollandaises, qui s'assimilent linguistiquement; elle l'est un peu plus pour les Polonais et plus encore pour les Chinois, les Grecs et les francophones, qui s'assimilent le moins. Il faut distinguer ici entre velléité et résolution : le gaélique irlandais, °langue officielle de l'Eire, n'est parlé que par une infime minorité d'Irlandais qui ne sont pas prêts à l'abandonner. Une minorité de Gallois, elle, se bat pour la survie du gallois (autre langue celtique), l'une des deux langues officielles du Pays de Galles. Le basque (euskera), proscrit sous le régime franquiste, a fini par être reconnu comme langue régionale de l'enseignement, puis comme langue officielle au même titre que le castillan. Évolution semblable pour le catalan. C'est que Basques et Catalans étaient prêts à se battre pour la défense de leur langue, symbole et instrument de leur identité.

(2) Les *réseaux sociaux* : la famille et la communauté, dépositaires et véhicules des valeurs et des normes du groupe, sont parmi les meilleurs garants du maintien de la langue. A taille égale, les petits groupes isolés s'assimilent plus volontiers et préservent moins bien l'usage de leur langue que ceux qui entretiennent des rapports réguliers avec d'autres groupes de la même °communauté linguistique. De même, les milieux immigrés qui conservent les liens avec leur communauté d'origine (retours réguliers au pays, séjours de membres de la famille ou d'amis dans le pays d'accueil, mariages, etc.) conservent-ils mieux la pratique de leur langue d'origine que ceux dont les rapports avec le pays de départ se sont relâchés.

(3) La *vitalité ethnolinguistique* est l'ensemble des facteurs qui font qu'un groupe ethnolinguistique se comporte comme une entité distincte et active. La vitalité ethnolinguistique est fonction de trois facteurs principaux : la démographie du groupe, son statut et le °statut de sa langue, le support institutionnel qui leur sont accordés (écoles, mass médias, églises et autres organisations).

A la lumière de ces trois concepts, nous examinerons maintenant quelques cas-types, dans différentes parties du monde.

1. Amérique du Sud : shuar et quechua. Le shuar est parlé en Amazonie péruvienne et équatorienne par 150 000 « Jivaros », peuplade isolée, dispersée, longtemps scolarisée en espagnol. Cependant, dans les années soixante, les Shuar prennent en main leur destin : ils élisent leur propre fédération des centres shuar, qui se comporte comme un véritable État shuar en Équateur, installe un émetteur-radio (financé, entre autres, par l'UNESCO), émettant en shuar et castillan, et met sur pied un système scolaire radiophonique bilingue et biculturel. Il s'agit là d'une °politique linguistique atypique et exemplaire à la fois : atypique, en ce sens qu'elle est décidée par une minorité, qui instaure un °bilinguisme de fait; exemplaire, en ce qu'elle montre ce que peut accomplir une minorité isolée décidée à maintenir sa langue et sa culture (Calvet, 1987).

Rien de tel dans le cas du quechua au Pérou. Langue de l'Empire inca, adoptée comme langue °véhiculaire par les colonisateurs espagnols, le quechua, pourtant parlé par près de 3 millions de locuteurs, n'est jamais parvenu à s'imposer comme langue officielle à côté du castillan. C'est que le quechua est associé à une identité indienne, paysanne, arriérée, donc dévalorisée et stigmatisée (Paulston, 1992).

2. Afrique orientale : le swahili en Tanzanie et au Kénya. Le swahili, langue bantoue, est la langue véhiculaire de l'Afrique orientale, parlée par 25 millions de locuteurs, dont la première langue est l'une des nombreuses langues ethniques de cette région. Contrairement à la plupart des anciennes colonies d'Afrique, qui ont adopté la langue de l'ancien colonisateur comme langue officielle, le gouvernement socialiste de la République de Tanzanie a opté pour le swahili comme seule langue officielle, et a fait de cette langue un symbole du développement socio-°économique (lié à l'°alphabétisation) et de l'intégration nationale, l'anglais restant la langue de l'enseignement supérieur et des rapports internationaux. Au Kénya tout proche, cependant, la °langue nationale officielle est l'anglais; le swahili ne s'est jamais imposé comme un susbtitut possible, en raison des luttes interethniques et de la dévalorisation du swahili pendant la période coloniale (Paulston, 1992).

3. Asie du sud-est : Singapour et Malaisie. La politique linguistique, nous l'avons vu à propos de la Tanzanie, peut être un instrument puissant de préservation linguistique en situation multilingue. Mais elle peut aussi servir à la domination d'une langue sur les autres. A Singapour, trois langues, symboles de l'identité ethnique de leurs locuteurs, le malais, le mandarin et le tamil, sont reconnues officiellement, au même titre que l'anglais, langue internationale. En Malaisie, où ces mêmes langues sont utilisées, seul le Malais (bahasa malaysia) est reconnu officiellement par l'État et la promotion dont cette langue jouit risque de se faire au détriment de la survie des autres.

4. Amérique du Nord : Québec. Après 1945, la langue française au Québec était en dangereuse perte de vitesse face à l'anglais. Le statut du groupe francophone était subordonné à celui du groupe anglophone aux plans économique, social et culturel; seule la langue conservait un °statut °prestigieux, grâce au français de France. Sur le plan démographique, les francophones étaient noyés dans une mer anglophone : seul les protégeait un territoire national; mais la dénatalité forçait les Québécois à faire appel à l'immigration étrangère qui considérait l'anglais comme la langue de la réussite économique et sociale en Amérique du Nord. Restait le support institutionnel, dans les domaines de l'administration, l'école et la religion catholique; mais la culture québécoise était menacée par les mass médias et la publicité anglo-américains. Dans les années soixante, les experts prévoyaient l'extinction de la langue française dans un proche avenir. Or, à la fin du vingtième siècle, le français au Québec est une langue en pleine vitalité. Comment expliquer ce revirement spectaculaire? Le français est une valeur centrale pour les Québécois, à la fois symbole et instrument de leur identité. La défense de la langue a été liée aux revendications du peuple québécois pour le contrôle du pouvoir économique et politique dans la Province. C'est en concentrant leur lutte sur les problèmes culturels et linguistiques que les Québécois se sont emparés du «capital» (économique et social, jusqu'alors entre les mains des Anglo-Canadiens). Par une série de lois linguistiques et scolaires, qui font du français d'abord la langue de la scolarisation des immigrants, ensuite la langue du travail et de la publicité, enfin la seule langue officielle de la Province (Loi 101, connue sous le nom de *Charte de la langue française*), les Québécois ont assuré non seulement la survie, mais le développement et la vitalité de leur langue. Nous avons là aussi un exemple atypique et exemplaire de °planification linguistique dans la préservation d'une langue menacée (Bourhis et Sachdev, 1989).

Enfin, la politique et l'°aménagement linguistiques peuvent également faire revivre une langue tombée en désuétude. C'est le cas de l'hébreu, devenu langue officielle du nouvel état d'Israël en 1948.

BOURHIS Richard Y. et SACHDEV Itesh (1989), «Two decades of language planning in Québec : Issues and controversies», *The London journal of Canadian studies, 6*, 36-46.
CALVET Louis-Jean (1987), *La guerre des langues et les politiques linguistiques*, Paris : Payot, 196-204.
PAULSTON Christina B. (1992), «Linguistic minorities ans language policies», *in* FASE Willem, JASPAERT Keon et KROON Sjaak (éd.), *Maintenance and loss of minority languages*, Amsterdam : Benjamins, 55-79.
SMOLICZ J. (1981), «Core values and cultural identity», *Ethnic and racial studies, 4*, 75-90.
WARDHAUGH Ronald (1987), *Languages in competition. Dominance, diversity and decline*, Oxford : Blackwell.

PRESTIGE APPARENT *VS* PRESTIGE LATENT   Cécile Bauvois

W. Labov (1972), étudiant la prononciation du phonème /r/ à New York, montre que la réalisation de cette variable diffère de manière systématique selon les groupes sociaux et selon la formalité des contextes, les variantes des classes supérieures étant plus nombreuses, pour tous les groupes sociaux, dans les situations où les locuteurs exercent une surveillance sur leurs productions. Pour Labov, cette répartition de la variable linguistique doit être mise en relation avec les pressions sociales qui pèsent sur les comportements langagiers : les individus des °classes sociales inférieures cherchent à élever leur statut en assimilant les caractéristiques linguistiques des classes sociales les plus prestigieuses et en faisant disparaître de leur production les traits stigmatisés, caractéristiques de leur °sociolecte. Le prestige des classes sociales dominantes étant clairement reconnu par tous, on parle dans ce cas de prestige apparent (*overt prestige*), auquel on associe des valeurs telles que le statut, le succès et l'ascension sociale.

On ne voit pas cependant que les variantes stigmatisées soient toujours abandonnées au profit des variantes prestigieuses. Le prestige apparent est contrebalancé par un prestige latent, attaché aux variétés pratiquées par les groupes sociaux dominés (Trudgill, 1972). Ainsi, chez les adolescents °bilingues anglais-espagnol, issus de l'immigration latino-américaine aux États-Unis, la langue de la terre d'accueil est certes associée avec le statut, la culture dominante, l'aspiration à la mobilité sociale, c'est-à-dire aux valeurs en relation avec le prestige apparent; mais la langue d'origine est porteuse d'autres valeurs, qui sont celles du prestige latent (*covert prestige*) : solidarité, camaraderie, loyauté et intimité (Carranza et Ryan, 1975, Ryan, 1982). Des connotations de virilité sont par ailleurs attachées aux sociolectes populaires pratiqués par les hommes (Trudgill, 1972, Bourdieu, 1983). C'est le prestige latent qui explique pourquoi les langues ou les variétés peu prestigieuses ne disparaissent pas : elles sont investies par les locuteurs de valeurs différentes, complémentaires à celles de la langue prestigieuse.

CARRANZA Michael A. et RYAN Ellen B. (1975), «Evaluative reactions of bilingual Anglo and Mexican American adolescents towards speakers of English and Spanish», *International journal of the sociology of language*, 6, 83-104.
RYAN Ellen B. (1982), «Why do low-prestige language varieties persist?», *in* GILES Howard et ST CLAIR Robert (éd.), *Language and social psychology*, Londres : Blackwell, 145-157.
TRUDGILL Peter (1972), «Sex, covert prestige and linguistic change in the urban British of Norwich», *Language and society*, 1, 2, 179-196.

RÉGIOLECTE   Claudine Bavoux

Le concept de régiolecte, lié à celui de °variation linguistique, permet de prendre en compte la diversité des usages à l'intérieur d'une aire linguistique géographiquement circonscrite. On se trouve donc en face d'un phénomène lié à la variation diatopique.

Deux types de définition peuvent être distingués :

1. Les définitions traditionnelles s'intéressent essentiellement aux faits lexicaux ou aux faits phonétiques-phonologiques. Le régiolecte se limite pour certains auteurs à ses particularismes lexicaux, mots désignant des *realia* (faune, flore, objets de la vie quotidienne : le *zébu* de Madagascar, la *brousse* africaine, par ex.) absents de la variété de référence (parfois nommée variété standard [voir *Langue standard*, *Norme*] ou centrale), auxquels s'ajoutent des mots locaux ayant un équivalent dans la variété standard (le *bouchon* de Lyon, la *vidange* belge, le *zamou* burundais, qui correspondent respectivement à *café*, *consigne* et *gardien* en français standard), des mots, des expressions ou des constructions propres (ainsi, dans plusieurs pays africains, *augmenter qqn* signifiant «donner un supplément de nourriture à qqn»; en Belgique, *avoir bien le tour*, avec le sens «savoir bien s'y prendre»; en Afrique, *termite* au féminin). On a un reflet de cette conception dans des ouvrages à destination du grand public qui se bornent à présenter des listes de mots ou d'expressions avec leur équivalent en français standard.

Du régiolecte, on ne retient parfois que les particularités phonétiques, phonologiques et prosodiques, autrement dit les habitudes phonatoires locales. On parle alors d'°accent régional, par opposition à un théorique accent standard, sorte de non-accent ou d'accent neutralisé. Des particularités phonologiques permettent de découper une aire linguistique en sous-ensembles. Par exemple, en France, on distingue au minimum deux aires et deux systèmes phonologiques, le système standard et le système méridional, mais on peut pousser bien plus avant le découpage régional (Walter, 1982).

Dans cette conception, l'approche se définit toujours comme différentielle, puisqu'elle définit les faits régiolectaux par rapport à la variété de référence.

2. Les définitions élargies, plus actuelles, présentent le régiolecte comme une variété à part entière, et n'en définissent pas nécessairement les caractéristiques par rapport à la variété standard : le régiolecte y est conçu comme la variété de langue d'une communauté linguistique géographiquement circonscrite, ou plus exactement la mise en œuvre par cette communauté des ressources — phonologiques, morphologiques, lexicales, syntaxiques et sémantiques — qui sont celles de la °langue commune.

C'est sur cette définition que se fondent par exemple les travaux que G. Manessy consacre aux français d'Afrique. Ce deuxième type de définition présente l'avantage de considérer le régiolecte comme une variété de langue à part entière, comme un système linguistique plus ou moins autonome, selon son degré de °légitimité, par rapport à la variété centrale ou standard et non plus comme une liste de mots ou un ensemble d'habitudes phoniques.

Succédant à la dialectologie à laquelle elle reproche de se limiter à des parlers ruraux et archaïques, la sociolinguistique s'intéresse aux régiolectes, quels que soient les termes retenus par les auteurs : *parlers régionaux, langues ou variétés régionales*. Léon Warnant (in Lerond, 1973) présente les variétés régionales (on dirait aujourd'hui les régiolectes) comme des °dialectes qui auraient évolué en se rapprochant du «bon usage» par élimination progressive de leurs traits les plus patoisants.

Les faits régiolectaux doivent certaines de leurs caractéristiques à la langue avec laquelle le régiolecte coexiste (phénomène d'adstrat ou de °substrat), mais on ne peut faire du mécanisme d'°interférence un principe explicatif général. Il y a souvent lieu au contraire de considérer que les différentes communautés géographiques impulsent leur propre créativité dans leur usage de la langue, dont elles exploitent ainsi les ressources d'une manière qui leur est propre.

FRANCARD Michel et LATIN Danièle (éd.) (1995), *Le régionalisme lexical*, Louvain-la-Neuve : De Boeck, Paris : Aupelf-Uref.

LEROND Alain (éd.) (1973), *Les parlers régionaux. Langue française*, *18*, Paris : Larousse.

MANESSY Gabriel (Michel BENIAMINO et Claudine BAVOUX, éd.) (1994), *Le français en Afrique noire. Mythes, stratégies, pratiques*, Paris : L'Harmattan.

WALTER Henriette (1982), *L'enquête phonologique et les variétés régionales du français*, Paris : PUF.

REGISTRE   Julie Auger

Le terme *registre* a été proposé par Reid dans les années 1950 pour désigner une variété linguistique appropriée à une situation sociale particulière. De même, pour Ferguson, l'étiquette renvoie à un sous-système linguistique caractérisé par un certain nombre de constructions spécifiques et réservé à des situations circonscrites. C'est cet emploi qu'on retrouve, par exemple, dans ses écrits sur le registre enfantin (celui qu'on utilise en s'adressant à des enfants) ou sur les commentaires de parties de baseball à la radio. La notion de registre se distingue de la notion labovienne de °*style*, en ce que le premier n'est pas défini en termes de formalité, mais plutôt en fonction d'une situation spécifique et de l'emploi qu'on y fait d'un lexique spécialisé et d'un ensemble précis de constructions grammaticales. Ainsi, certains registres, tels celui des commentaires de parties de baseball à la radio, combinent des constructions °informelles et °formelles d'une façon qui serait à peu près inconcevable dans toute autre situation de communication. D'autres registres sont caractérisés par l'emploi de constructions qui seraient autrement impossibles ; par exemple, le registre des recettes de cuisine permet l'omission d'objets directs, de sorte que les passages *Laissez mariner pendant 12 heures* et *Servez avec du pain pita grillé*, qui sont tout à fait normaux dans le contexte d'un livre de cuisine, ne sauraient convenir dans la langue usuelle, où *mariner* et *servir* requièrent un objet direct explicite.

FERGUSON Charles A. (1982), « Simplified registers and linguistic theory », *in* OBLER Loraine et MENN Lise (éd.), *Exceptional language and linguistics*, New York : Academic Press, 49-66.

REID T.B.W. (1956), « Linguistics, structuralism and philology », *Archivum linguisticum*, *8*, 28-37.

RELEXICALISATION Robert Chaudenson

Relexicaliser ou relexifier une langue consiste à utiliser le lexique d'une langue A avec la grammaire d'une langue B. L'exemple historique classique (donné par Meillet, 1921 : 95) est celui de la langue des Tsiganes d'Arménie, dont la grammaire est arménienne et le lexique tsigane. Selon quelques auteurs, le °créole haïtien serait la relexicalisation en français d'une langue africaine, le fon (Bénin). On notera toutefois que ce cas est inverse de celui que mentionne Meillet.

MEILLET Antoine (1921), *Linguistique historique et linguistique générale*, Paris : SLP; rééd. Champion, 1965.

RELIGION Caroline Juillard

Lorsqu'une manière de parler est régulièrement associée avec la religion, on peut l'appeler un langage religieux, qu'il s'agisse d'un °style particulier dans un répertoire unilingue, ou d'un code distinct dans un répertoire bi- ou plurilingue. La religion, domaine de comportement individuel et social, offre donc un champ d'investigation pour la mise en évidence de répertoires linguistiques particuliers (langage religieux, glossolalie, °argots, nouvelles langues ou pseudo-langues, etc.), ou de genres de discours régulièrement associés à ce champ (prières, sermons, narrations, divinations, annonces, hymnes, etc.). D'autre part, l'adhésion à une forme de religion ou à une autre peut être considérée comme une variable sociale, au même titre que le °sexe, le degré de scolarisation ou la profession. Les communautés religieuses, définissables comme des groupes de personnes adhérant à un ensemble de croyances et de pratiques associées, se distinguent parfois sur le plan linguistique. La langue utilisée par telle communauté partageant la même religion est alors un facteur de renforcement de son °identité sociale, en ce qu'elle est partie intégrante de l'idéologie du groupe et organe de légitimation de son mode de vie et de ses croyances. On peut également signaler l'impact d'°attitudes envers le langage, de nature religieuse, sur les pratiques linguistiques, qu'elles soient religieuses ou quotidiennes. Les chevauchements, culturels autant que linguistiques, entre ce domaine et d'autres domaines de la vie sociale, sont également intéressants pour des études sociolinguistiques.

Nous examinerons d'abord les manières dont le langage est exploité à des fins religieuses, puis les processus sociolinguistiques à l'œuvre lorsqu'une langue est associée à une religion et enfin ce que l'association d'une langue avec la religion conditionne comme attitudes linguistiques.

De quelles manières le langage est-il exploité à des fins religieuses ?

Les pratiques religieuses requièrent toujours, plus ou moins, une certaine ritualisation. Chaque °communauté sociolinguistique se dote d'un ensemble d'attentes et d'obligations réciproques sur la manière dont le langage est utilisé, dans les divers actes de sa vie religieuse. La diversité linguistique est fonction de la diversité des croyances et des pratiques associées ; elle recoupe également d'autres aspects, variables également, de la dimension socioculturelle des groupes en question. La sociolinguistique s'intéresse donc tant à la différenciation de modes linguistiques propres au domaine religieux qu'à la manière dont l'appropriation et la sélection de ces modes fonctionnent comme outils de socialisation au sein des communautés.

Il existe, dans la plupart des religions, différents degrés de perception et d'expérience auxquels peuvent correspondre des emplois différenciés du langage. L'aspect mystique de l'usage sacré de certains mots ou formes correspond à une spécialisation extrême : il en est ainsi de la syllabe *o:m* dans l'hindouisme, des mots sacrés dans la Church of the Lord, Église indépendante africaine (exemples rapportés par Samarin, 1987), des mantras du bouddhisme tibétain ou japonais, des versets coraniques récités ou portés sur soi par les Africains musulmans, etc. Ces formes et leur usage, par récitation, répétition, voire évitement (les adeptes des Églises spiritualistes évitent d'utiliser certains mots, tels que *mort* ou *pauvreté*, qui « font » ce qu'ils « disent »), sont l'expression la plus directe de la croyance : c'est ainsi que l'on s'adresse aux divinités, unique ou plurielles, voire au(x) démon(s). Des genres linguistiques tels que les chants, les récitations, les prières, l'usage de formules divinatoires ou magiques, les incantations, permettent alors aux adeptes d'exprimer directement leur croyance ; ce sont le langage et le genre de discours par lesquels ce qui est d'ordre proprement religieux s'exprime sans autre intermédiaire. Certains théologiens ou religieux, dans des traditions aussi différentes que l'islam, le christianisme ou le bouddhisme, pensent même que le langage est un outil de la foi. L'usage, plus fréquent que dans d'autres domaines de la vie, de formules anomales, de phrases versifiées ou à périodicité rythmique, ainsi que leur verbalisation répétitive, éventuellement chantée, signalent, en tous les cas, une adéquation des moyens à des fonctions particulières, pertinentes dans le domaine en question.

Cette force du verbe, dans le domaine religieux, s'exprime également par d'autres moyens : création de modes discursifs (prières, sermons, témoignages, etc.) ou de styles particuliers, ou encore adoption, comme langue de la vie religieuse, d'une langue entièrement différente de celle de la vie quotidienne. De nombreuses variétés stylistiques sont attestées, manifestant un écart par rapport aux usages du langage hors du domaine religieux. Il existe, par exemple, un style particulier aux pentecôtistes traditionnels lorsqu'ils délivrent un témoignage à un rythme très rapide et avec un niveau tonal plus élevé que dans le langage habituel. De même, il existe deux styles distincts dans la prière juive, lorsqu'elle est publique, l'un où la congrégation alterne à l'unisson avec le leader de la prière, l'autre où les tours de prière de la congrégation ne sont pas à l'unisson et peuvent même chevaucher ceux du leader. La variation en question est historiquement attestée depuis longtemps et marque une différence idéologique essentielle : l'importance attachée à l'individu. L'effet du second style est de donner à celui qui prie une plus grande autonomie, mais lui demande plus d'expérience et de sophistication : prier seul dans un groupe n'est pas, en ce cas, à la portée de tous et suppose un réel apprentissage (Spolsky et Walters, 1985). L'adoption, à des fins religieuses, de langues entièrement différentes de l'usage courant est également fréquente : argots ou pseudo-langues, dont les particularismes doivent être appris, au travers d'initiations de diverses natures, par celui qui ambitionne de devenir membre de la communauté, le droit d'utiliser certains vocables de ces argots pouvant être réservé, selon le rang de chacun dans le groupe (Samarin, 1987). Ainsi, se convertir au Pentecôtisme entraîne une socialisation interne au groupe au travers d'un argot spécifique. De même, la glossolalie (médiation du message divin par le « parler en langues », où les fidèles s'expriment en des langues inconnues) est un symbole initiatique autant qu'un acte socialisant de l'expérience religieuse au sein de ce mouvement (Samarin, 1987).

Il peut également y avoir adoption d'une variété de langue historiquement considérée comme une langue sainte, parce qu'associée aux textes fondateurs de la religion : le *lashon kodesh* (variété d'hébreu rabbinique incluant des mots d'araméen) pour les juifs, l'arabe classique pour les musulmans, le sanscrit ou le pali pour les bouddhistes. Il s'agit de ce que Cohen (1956) appelle des « langues de conserve », c'est-à-dire des variétés figées, dont les parlers °vernaculaires se sont progressivement écartés au cours des siècles. La connaissance et la pratique des rituels en ces langues dépendent du degré de contact avec la forme écrite des textes sacrés (Bible, Talmud, Coran, etc.). Ceci a historiquement contribué à fortement hiérarchiser les communautés de croyants. Une distribution fonctionnelle de type °diglossique entre une °variété haute, le *lashon kodesh*, et une °variété basse, les judéo-langues, a persisté pendant des siècles au sein des communautés juives (Spolsky et Cooper, 1991). La revitalisation de l'hébreu moderne en Israël s'est faite, entre autres, sur la base du °statut de la variété haute. Dans le cas de l'arabe, il existe une gradation de formes entre l'arabe classique et l'arabe parlé tous les jours ; l'arabe classique est surtout une forme écrite qui peut être lue oralement, mais qui est rarement utilisée autrement ; très peu de personnes peuvent le parler couramment. Dans la plupart des pays plus récemment convertis aux grandes religions, la langue sacrée est utilisée par des fidèles dont la ou les langues vernaculaires sont d'autres origines : chinoise, japonaise ou tibétaine pour des fidèles bouddhistes utilisant des textes sacrés en sanscrit, en pali ou en chinois ancien ; langues des musulmans africains priant dans l'arabe du Coran ; langue hongroise pour les catholiques hongrois priant en latin. Le contraste est alors absolu.

La capacité des membres de communautés religieuses à utiliser la variété linguistique adéquate au moment et dans l'environnement appropriés est elle-même variable. Il est intéressant de connaître quelle est la compétence sociolinguistique requise pour chaque religion. La part de la tradition, du rituel et du conservatisme est en général prépondérante, mais certaines pratiques religieuses sont susceptibles de plus de variation intra-groupe : ainsi, la prière libre des protestants peut-elle se rapprocher parfois du sermon (Samarin, 1987). La capacité de se comporter d'une manière appropriée est symbolique de l'adhésion à une communauté religieuse donnée et y régule le comportement social (Spolsky et Walters, 1985). Ainsi, dans certains groupes protestants, on apprend à prier à haute voix en public, de manière à exprimer la solidarité de groupe. C'est un acte rituel, comme de venir à l'église, mais dont le sens social est plus fort et plus clair (Samarin, 1987). Certaines pratiques permettent d'autre part que se manifeste une compétition entre les adeptes, dont la position acquise dans le groupe par ce biais peut également être exploitée dans d'autres domaines de la vie sociale (Breitborde, 1983).

La spécialisation linguistique dans le domaine religieux entraîne divers effets aux confins du champ. En particulier, dans le domaine d'usage des langues savantes : l'arabe classique, comme le latin ou le sanscrit, ont été des langues religieuses, d'enseignement et de culture. L'expansion des grandes religions a été véhiculée par des °écritures qui se sont greffées hors des contrées d'origine sur d'autres langues : ainsi, le wolofal (wolof écrit en caractères arabes) au Sénégal. L'influence des langues religieuses sur les langues courantes se marque en général dans le vocabulaire de celles-ci : le judaïsme a influencé le yiddish, en préférant aux vocables germaniques trop tributaires du christianisme des termes surtout °empruntés à l'hébreu (Weinreich, 1953). Certains argots à usage religieux présentent des mots du langage standard qui, de ce fait, deviennent tabous dans l'usage courant (Samarin, 1987).

Processus sociolinguistiques

La religion est l'une des variables prises en compte par la sociolinguistique dans l'étude du maintien [voir *Préservation linguistique*] ou du déplacement de langues en contact, au même titre que la famille, le voisinage, l'école, le travail. En Amérique du Nord, religion et langage, longtemps inséparables, ont dû être dissociés ; c'est une évolution commune aux minorités linguistiques dans cette zone. En Ontario, l'Église catholique, seul espace social où la communauté franco-ontarienne peut encore préserver sa langue et sa culture, est désormais réduite à un rôle passif dans la défense du français, sinon les dévots anglicisés ne viendraient plus (Mougeon, in Dorian, 1989). Le norvégien s'est mieux maintenu aux USA que d'autres langues d'Europe du nord, parce que son usage exclusif, associé à une cohésion sociale et religieuse (luthérianisme) forte, élevait une barrière contre des sectes protestantes rivales et anglophones (Haugen, in Dorian, 1989). Le facteur d'appartenance religieuse peut également être utilisé, dans l'explication sociolinguistique, comme associé à d'autres aspects, °économiques, historiques, culturels, idéologiques, de la causalité complexe des changements en cours : c'est ce qu'indique Mertz (in Dorian, 1989) à propos du déplacement rapide vers l'anglais attesté, dans les années 1930 et 1940, chez les utilisateurs du gaélique, tant catholiques que protestants, au Cap Breton (Nouvelle-Écosse). Inversement, c'est en Pennsylvanie, dans les communautés agricoles des communautés amish et mennonite, que l'allemand se maintient le mieux aux USA, parce qu'il n'y est qu'un symbole parmi d'autres d'une identité de groupe séparée ; leurs hymnes et lectures bibliques sont dans une variété archaïque d'allemand standard, à la différence des sermons, en vernaculaire (Huffines, in Dorian, 1989).

Les religions chrétienne et musulmane, dans des pays de conversion récente, se diffusent parfois dans les langues vernaculaires. Au Nigéria, on observe un mixage entre langues nigérianes et langues importées (anglais, arabe) dans ou entre les prières, les sermons, les chants, tant dans les églises que dans les mosquées, et les écritures saintes sont traduites en langues vernaculaires (Brann, in Mc Cormack et Wurm, 1979). Si, dans les pays soumis à un dualisme missionnaire (protestants anglophones et catholiques francophones), le recours aux langues vernaculaires dans les pratiques religieuses est d'abord le fait des protestants, celles-ci s'étendent progressivement aux pratiques des catholiques, surtout depuis 1970 : ainsi, aux Seychelles, le °créole remplace le français pour les sermons et les annonces dans l'Église catholique, tandis que les cultes de l'Église anglicane se font en anglais, la °langue officielle; en Nouvelle-Calédonie, les protestants mélanésiens pratiquent leur culte en langues vernaculaires, sauf à Nouméa, la capitale, où c'est en français pour une audience mélangée de Mélanésiens, Européens et Tahitiens; la religion catholique se pratique généralement en français, sauf en brousse et dans les îles où c'est en langues vernaculaires (Bollée, Darot et Pauleau, in de Robillard et Beniamino, 1993).

Certains groupes voient dans leur langue le ciment de leur identité sociale, °ethnique et religieuse. Les Amish craignent que leur manière de vivre ne disparaisse si leurs enfants reçoivent un enseignement en anglais (Samarin, 1987). De même, les Mancagne de Casamance et de Guinée-Bissau affirment que leur langue ne peut disparaître, car autrement ils ne pourraient plus pratiquer correctement les funérailles ni célébrer le culte aux ancêtres. Le langage fait partie de l'idéologie du groupe, dont il est l'organe de légitimation. Là, le marquage social est légitimé sur le plan religieux.

L'appartenance religieuse peut, dans certaines communautés sociolinguistiques complexes, être un facteur identitaire suffisamment pertinent pour être associé de façon constante avec des pratiques linguistiques différenciées. Dans la vieille ville de Jérusalem, les types de °bilinguisme, et leur évolution, diffèrent selon les quatre groupes religieux : juifs, arméniens, chrétiens et musulmans (Spolsky et Cooper, 1991).

Toutefois, l'appartenance religieuse, comme paramètre identitaire, n'est pas toujours associée avec des différences linguistiques. Ainsi, en France, catholiques et protestants se partagent le même éventail de variétés, différenciées sur la base d'autres critères (socioculturels, par exemple) que leur religion. Il en est également ainsi, dans l'État indien de Maharashtra, des Brahmanes, des tailleurs et des Marathas, issus de trois castes distinctes, qui utilisent tous le marathi, bien que ne partageant pas la même idéologie religieuse (Apte, in Mc Cormack et Wurm, 1979).

Le processus de l'identification linguistique et religieuse peut être initié par des leaders politiques, dans le but d'une mobilisation de masse. C'est ce qui s'est passé, en Inde du nord, depuis le début du XXe siècle.

L'utilisation par une élite, à des fins politiques, d'un loyalisme religieux a conduit à délibérément investir une langue particulière d'une identité religieuse. L'ourdou et l'hindi, deux variétés apparentées de la même langue, ont ainsi été proclamées langues emblématiques, respectivement, des musulmans et des hindous malgré d'évidents chevauchements, linguistiques entre autres, entre les groupes considérés. Ces identifications ont été attaquées, du côté des hindous plus que des musulmans, après l'indépendance de l'Inde (das Gupta).

Langue, religion et attitudes linguistiques

Il est fréquent qu'une langue associée à une religion acquière un °statut privilégié. Si le grec, le sanscrit et l'hébreu ont suscité un si grand nombre d'études, auxquelles sont redevables tant la linguistique générale que la théologie, c'est qu'ils étaient la langue de textes sacrés (Samarin, 1987). La tradition juive considère que l'hébreu n'est pas seulement la langue de la Loi et de la Bible, mais la langue de Dieu, la langue qui existait même avant la création du monde (Fishman, 1965). De ce fait, tant parmi les intellectuels que parmi ceux, plus humbles, qui ne pouvaient comprendre l'hébreu de leur prière quotidienne, une conscience linguistique particulière s'est diffusée dans la culture juive. D'autres langues juives furent vectrices de la religion, mais aucune autre n'a eu ce caractère de sainteté, cette position exaltée, qui lui valut d'être protégée et étudiée pendant des siècles. Ce °prestige s'est même transféré sur le yiddish, qui est écrit avec des caractères hébreux.

L'usage linguistique dans le domaine religieux peut également être affecté par les attitudes linguistiques d'une communauté donnée. Dans des cas de °contacts de langues, la religion est un domaine où l'usage d'une langue se trouve soit permis soit inhibé. Si, comme on l'a vu, certaines communautés sont favorables à l'utilisation de leur vernaculaire lors des offices, d'autres préfèrent qu'on recoure en ces circonstances à des usages qui leur sont pourtant moins familiers, quand ils ne leur sont pas inintelligibles. Ainsi, les protestants haïtiens introduisent du français dans leur créole lors des occasions religieuses °formelles, et ils seraient heureux de recevoir un sermon entièrement en français, même s'il leur devenait ainsi incompréhensible (Samarin, 1987).

Le rôle de la religion dans l'acquisition linguistique par des pratiques associées telles que mémorisation, lecture, récitation, etc., ne doit pas être sous-estimé. Dans la trajectoire de vie, l'activité religieuse contribue à déterminer ce qu'est l'expérience linguistique des individus, au même titre que d'autres activités (scolaire, professionnelle, de loisir, etc.) ou que d'autres rencontres (amis, épouse(s), collègues nouveaux, etc.). Quel que soit le moment de la vie où l'on devient adepte d'une religion, cette adhésion entraîne un processus de socialisation où le langage joue un rôle très important (Samarin, 1987).

Quoique de nombreuses études attestent l'importance du facteur religion dans l'usage qui est fait du langage, les pratiques et attitudes s'exerçant dans le domaine en question ne sont pas dissociables des comportements sociolinguistiques dans d'autres domaines, même si une spécification de la forme et de la fonction se manifeste aux extrêmes confins du champ de la dénotation-connotation.

BREITBORDE L.B. (1983), «Levels of analysis in sociolinguistic explanation : bilingual code switching, social relations, and domain theory», *International journal of the sociology of language*, 39, 5-43.
DORIAN Nancy C. (éd.) (1989), *Investigating obsolescence. Studies in language contraction and death*, Cambridge : Cambridge University Press.
FISHMAN Joshua (1965), *Yiddish in America : socio-linguistic description and analysis*, Bloomington : Indiana University, La Haye : Mouton.
Mc CORMACK William et WURM Stephen (éd.) (1979), *Language and society, anthropological issues*, La Haye et Paris : Mouton.
ROBILLARD Didier de et BENIAMINO Michel (éd.) (1993), *Le français dans l'espace francophone*, Paris : Champion.
SAMARIN William J. (1987), «The language of religion», *in* AMMON Ulrich, DITTMAR Norbert et MATTHEIER Klaus J. (éd.), *Sociolinguistics, An international handbook of the science of language and society ; Soziolinguistik, Ein internationales Handbuch zur Wissenschaft von Sprache und Gesellschaft*, Berlin et New York : de Gruyter, Vol. 1, 85-91.
SPOLSKY Bernard et COOPER Robert (1991), *The languages of Jerusalem*, Oxford : Clarendon Press.
SPOLSKY Bernard et WALTERS Joel (1985), «Jewish styles of worship : a conversational analysis», *International journal of the sociology of language*, 56, 51-65.
WEINREICH Max (1953), «Yiddishkayt and Yiddish : on the impact of religion on language in Ashkenazic Jewry», *in* FISHMAN Joshua (éd.), *Readings in the sociology of language*, La Haye : Mouton (1968), 382-413.

REPRÉSENTATIONS LINGUISTIQUES   Nicole Gueunier

L'usage, en sociolinguistique, du terme *représentation* est un emprunt aux sciences humaines (géographie, histoire, psychologie sociale), qui le tiennent elles-mêmes du vocabulaire de la philosophie. Là, il désigne une forme courante (et non savante) de connaissance, socialement partagée, qui contribue à une vision de la réalité commune à des ensembles sociaux et culturels (D. Jodelet, 1993). Ainsi, la représentation de la mort dans les sociétés occidentales a-t-elle tendance à occulter la réalité de celle-ci (abrègement du deuil, éloignement des cimetières...), alors que la société malgache, par exemple, la place au centre de la vie sociale. Dans le domaine linguistique, les représentations majoritairement conservatrices des Français relatives à la graphie de leur langue les conduisent à refuser, contrairement à leurs voisins italiens et espagnols, toute idée de réforme, alors que des études conceptuelles, argumentées rationnellement, permettent d'envisager des corrections qui la perfectionneraient sans la dénaturer.

Les représentations sont donc liées aux idéologies, ce qui ne signifie pas qu'elles sont nécessairement fausses : elles sont seulement d'un autre ordre que les connaissances conceptualisées ; ainsi, un linguiste parfaitement au courant des lourdes difficultés techniques liées à la graphie du français peut en même temps garder, pour des raisons °identitaires, des représentations tout à fait favorables à l'orthographe traditionnelle. Elles sont également différentes selon les groupes sociaux où elles se manifestent. Ainsi les femmes et les personnes âgées se montrent-elles plus hostiles que les hommes ou les jeunes à la transgression de tabous linguistiques traditionnels (jurons, lexique scatologique, expressions telles que *c'est chiant*, etc.).

En sociolinguistique, l'étude des représentations s'est surtout centrée sur la question des contacts de langues ou de °registres d'une même langue : °langue standard *vs* °dialecte ou créole, langues majoritaires *vs* °minoritaires, registres stylistiques différents selon les situations plus ou moins contrôlées ou détendues.

On a aussi analysé les représentations, souvent négatives, liées à la pratique de l'°alternance codique, c'est-à-dire du fréquent passage d'une langue à l'autre dans les sociétés plurilingues, ou encore, par exemple en milieu scolaire français, à la surestimation de l'écrit par rapport à l'oral. Dans les aires francophones, les principaux terrains d'étude sont, en Europe et au Québec, ceux qui ont trait aux relations entre français standard d'une part et parlers dialectaux, régionaux ou autres langues d'autre part ; en Afrique et au Maghreb, ceux qui concernent les divers contacts entre le français et les diverses langues en présence ; enfin dans les zones créolophones, ceux qui traitent des situations de °diglossie ou de °continuum ainsi que de la décréolisation.

Longtemps, la notion de représentation linguistique s'est confondue avec celle d'°attitude. Mais l'état des recherches actuelles doit conduire à mieux distinguer l'un et l'autre domaine. La notion d'attitude linguistique, qui s'est développée à partir des recherches de W. Lambert (bien synthétisées par D. Lafontaine, 1986) sur la psychologie du °bilinguisme au Canada, ressortit davantage aux théories et aux °méthodes de la psychologie sociale, alors que celle de représentation doit plus à l'étude contrastive des cultures et des identités et relèverait plutôt de concepts et de méthodes ethnologiques.

La raison de cette confusion tient peut-être au fait que, pour construire leurs échelles d'attitudes, les chercheurs en psychologie sociale ont utilisé des techniques de recueil de données qui faisaient elles-mêmes appel à des représentations. Par exemple, pour élaborer une grille descriptive d'attitudes à l'égard de telle ou telle variété, on utilisait des différenciateurs **sémantiques** (*« Telle variété vous paraît-elle lourde/ légère, élégante/grossière ? »*), ou **sociaux** (*« Le locuteur dont vous écoutez un enregistrement est-il un ouvrier, un employé ou un patron ? »*), ou **psychologiques** (*« Le locuteur est-il sympathique/antipathique, sincère/ sournois ? »*, etc.). Mais il s'agit là de représentations expérimentales, détachées des contextes naturels de communication, même si elles peuvent se fonder sur des °stéréotypes courants. Le facteur de subjectivité (individuelle et collective) induit par cette méthodologie est donc subordonné à la définition d'attitudes conçues de façon quantitative et binaire, orientées vers la description et l'explication de comportements (tel groupe préférera pratiquer la variété majoritaire ou minoritaire, le registre familier ou soutenu, pratiquera ou évitera l'alternance codique) et d'opinions, plus ou moins favorables à l'une ou à l'autre pratique.

Les recherches récentes sur les plurilinguismes complexes (diglossies, °continuums, langues et °identités minoritaires) et sur la diversité des monolinguismes (rapport à la °norme, évaluation de °sociolectes, de °technolectes...) ont conduit à mettre l'accent sur les dimensions figuratives des discours épilinguistiques et, du point de vue méthodologique, sur des techniques de recueil de données moins redevables aux tests et questionnaires fermés qu'à l'analyse d'interactions aussi naturelles que possible. Bref, si représentations et attitudes linguistiques ont en commun le trait épilinguistique, qui les différencient des pratiques linguistiques et des analyses métalinguistiques, elles se distinguent théoriquement par le caractère moins actif (moins orienté vers un comportement), plus discursif et plus figuratif des représentations et, méthodologiquement, par des techniques d'enquête différentes.

Ainsi, les attitudes de sécurité/°insécurité linguistique que les méthodes d'investigation proposées par W. Labov (1972) ont permis de définir et d'analyser reposent sur deux types de calculs de différences. Le premier a trait aux différences entre les réalisations d'une même variable linguistique par le même locuteur dans des situations de communication différentes. W. Labov montre ainsi que dans une situation de test, où le locuteur se contrôle, il réalise plus souvent une variante phonologique conforme à la norme de l'américain standard (par exemple dans [θin], «mince») que dans une conversation ordinaire, où il prononce plus souvent [tin]. Il trahit ainsi une certaine insécurité linguistique, à la différence d'autres locuteurs qui, plus sûrs d'eux-mêmes, gardent la même prononciation dans les deux cas.

Le second type de calcul permet de mesurer l'écart entre des performances effectives et des auto-évaluations. Par exemple, tel habitant de Tours (ville traditionnellement réputée pour l'excellence de son parler) prononce effectivement [epe] pour *épais* comme pour *épée*, mais est persuadé qu'il réalise deux prononciations différentes, ce qui montre qu'il se surestime par rapport à la norme du français standard, à l'inverse de tel autre qui, prononçant effectivement [epe] pour *épée* et [epɛ] pour *épais*, n'en est pas moins persuadé d'avoir «fait une faute». Dans les deux cas, il est clair que l'interprétation sociolinguistique doit, pour être fiable, tenir compte de toutes sortes de facteurs, les attitudes en question pouvant être dues à des traits psychologiques individuels — auquel cas ils ne relèvent plus du domaine sociolinguistique — et non à des paramètres sociaux ou situationnels.

C'est pourquoi on aura avantage à compléter l'étude des attitudes par celle des représentations linguistiques, en se fondant sur l'analyse du *contenu* et des *formes* de discours épilinguistiques, où le locuteur exprime plus ou moins directement des sentiments et des opinions sur le langage, la langue et les °contacts de langues. De tels discours peuvent appartenir à des genres très variés et se recueillir dans divers contextes communicatifs, qu'on peut classer du plus libre et du plus naturel (interactions °informelles entre familiers : conversations de parents d'élèves sur l'orthographe, discussion sur les avantages et inconvénients d'apprendre telle langue vivante plutôt que telle autre, sur le langage «branché» ou au contraire «rétro», prises de position à propos de la Loi dite «Toubon» (1994) sur l'usage des anglicismes en français, sur la féminisation des noms de métier...) au moins libre (questionnaires construits, entretiens directifs ou semi-directifs), en passant par toutes sortes de catégories discursives intermédiaires (genres médiatiques, littéraires...).

Les analyses de contenu apportent parfois des résultats nouveaux par rapport à ceux qu'on obtient par des études sur les attitudes. Ainsi, des entretiens semi-directifs avec des Tourangeaux montrent la surestimation d'un motif «esthétique» de jugement sur la langue qu'on ne retrouve pas (ou moins) dans d'autres populations (N. Gueunier, E. Genouvrier et

A. Khomsi, 1978). A partir d'un tout autre corpus, celui d'un conte populaire oral, *Les jeunes gens qui allèrent apprendre le français*, recueilli au milieu du siècle d'une part en terrain occitan, d'autre part en zone franco-provençale, on peut s'apercevoir que la relation diglossique entre le français et le dialecte, vécue dans les deux cas comme une profonde minorisation du dialecte (les jeunes dialectophones, ne sachant pas s'expliquer en français, se font prendre pour des criminels) est plus dramatisée en Occitanie qu'en Dauphiné : les jeunes Occitans, pour avoir désiré accéder à la langue majoritaire, rencontrent la mort véritable, les Dauphinois une mort sociale seulement : considérés comme des irresponsables, ils sont libérés. Du mythe de Babel à celui de la Pentecôte, de la littérature médiévale (*La farce de Maître Pathelin*) de la Renaissance (l'escholier limousin de Rabelais), classique (*Les femmes savantes*, *Le bourgeois gentilhomme*..., les paysans et les concierges de Balzac, le salon Verdurin de Proust) aux genres médiatiques contemporains (les émissions télévisées *Questions pour un champion*, *Dicos d'or*, les diverses mises en scène des controverses sur le franglais, l'espéranto ou le latin, etc.), tout un champ d'étude est ouvert à cette recherche d'interprétation des discours épilinguistiques.

On n'a peut-être pas assez exploré le contenu des discours stéréotypés (dictons, °schibboleth, sobriquets, histoires drôles), souvent très révélateurs quant aux représentations qu'ils véhiculent. Ainsi, l'histoire drôle du «rateau», connue dans toutes les régions de dialectophonie (un ex-rural revenu au pays fait semblant d'avoir oublié le lexique agraire, mais heurté par un rateau sur lequel il a marché, en retrouve immédiatement le nom dialectal, et du même coup, toutes sortes de jurons autochtones) montre-t-elle que la diglossie ne joue pas à sens unique, puisque celui qui renie ses origines linguistiques est puni, alors qu'il espérait retirer de ce reniement un bénéfice symbolique. L'étude des schibboleth phonologiques, morphosyntaxiques et lexicaux se révélera précieuse pour la description et l'analyse de ces représentations.

Les analyses formelles pourraient porter sur les divers genres discursifs exploités par les différentes °communautés linguistiques pour véhiculer leurs représentations, ainsi que sur les figures rhétoriques. Ainsi, la recherche sur les figures les plus récurrentes dans les discours épilinguistiques (recueillis par des entretiens non directifs ou semi-directifs) pourrait se concentrer sur quatre figures fondamentales et qui se rencontrent aussi bien, comme Malherbe le remarquait il y a trois siècles en se promenant sur le Port-aux-foins, dans la conversation des cuisinières que dans les œuvres littéraires classiques : métaphore, métonymie, hyperbole et antithèse.

Métaphore : *« Nous, Africains, notre langue colle dans la bouche »* (M.-L. Moreau, 1994). Seraient à rattacher à ce champ toutes les caractérisations sensorielles de langues : dur/doux, coulant/irrégulier, chantant/rauque, lourd/léger, etc.

Métonymie : *« L'arabe, c'est la langue des chameaux / du désert / des Bédouins »*, disent certains Libanais francophones — et d'ailleurs polyglottes — manifestant une attitude négative vis-à-vis de l'arabe, qu'ils ressentent comme une menace contre leur propre occidentalisation (N. Gueunier, 1993).

Antithèse : *« Le français, c'est pour penser, l'anglais, c'est pour compter »*, énoncé fréquent chez les mêmes Libanais, opposant cette fois les deux principales langues occidentales en usage au Liban et manifestant la crainte de voir l'anglais, langue du pouvoir °économique, l'emporter sur le français auquel ils sont politiquement et culturellement attachés.

Hyperbole : *« Vous voulez faire une phrase en bon turc? Prenez une phrase en français et mettez-la en désordre »*. Là, les mêmes locuteurs manifestent à la fois leur aversion pour le turc (le Liban fut longuement occupé par l'Empire ottoman; par ailleurs, beaucoup de Libanais sont d'origine arménienne et donc hostiles aux Turcs) et leur attachement au stéréotype — lui aussi issu de représentations traditionnelles — de la « clarté française ».

L'étude sociolinguistique des représentations en matière de langue et de langage doit donc, tout en s'appuyant sur celle des attitudes et sur les méthodes d'enquête correspondantes, se donner un objectif complémentaire, plus centré sur l'analyse des formes et des contenus des discours épilinguistiques.

BOUVIER Jean-Claude et MARTEL Claude (1991), *Les Français et leurs langues*, Aix-en-Provence : Université de Provence.

FRANCARD Michel (en collaboration avec Joëlle LAMBERT et Françoise MASUY) (1993), *L'insécurité linguistique en Communauté française de Belgique*, Bruxelles : Ministère de la Culture, Service de la langue française.

GUEUNIER Nicole, GENOUVRIER Émile, KHOMSI Abdelhamid (1978), *Les Français devant la norme*, Paris : Champion.

GUEUNIER Nicole (en coll. avec YAZBECK-HADDAD Katia et AUCAGNE Jean) (1993), *Le français du Liban, cent portraits linguistiques*, Paris : ACCT, Didier-Érudition.

JODELET Daniel (1993), «Les représentations sociales. Regards sur la connaissance ordinaire», *Sciences humaines, 27, Les représentations*.

LABOV William (1972), *Sociolinguistic patterns*, Philadelphie : University of Pennsylvania Press. Trad. fr. : *Sociolinguistique*, Paris : Éd. de Minuit, 1976.

LAFONTAINE Dominique (1986), *Le parti pris des mots. Normes et attitudes linguistiques*, Bruxelles : Mardaga.

MOREAU Marie-Louise (1994), «Des pilules et des langues : le volet subjectif d'une situation de plurilinguisme au Sénégal», *in Des langues et des villes*, Paris : ACCT, Didier-Érudition, 407-420.

RÉSEAU SOCIAL Caroline Juillard

Il s'agit d'un concept et d'un type d'analyse élaborés par des anthropologues anglo-saxons, repris par des sociologues, puis par différents sociolinguistes, à partir des années 1970. L'attention se porte sur des personnes en interaction, dont les actions peuvent avoir un effet sur les institutions sociales de la communauté dont elles font partie.

Pour Boissevain (1987), qui synthétise les travaux sur la matière, un réseau social est constitué de personnes reliées entre elles par des liens sociaux, selon différentes régularités structurelles. La structure d'un réseau se caractérise par les interactions qui s'y déroulent : leur plus ou moins grande multiplexité, c'est-à-dire le nombre des différentes relations de rôle que des personnes peuvent partager (A et B peuvent être unis par une relation professeur/élève, et être en outre parents et voisins, par exemple), leur contenu transactionnel (négociations d'informations, de confidences, échanges de biens et de services, etc.), leur réciprocité ou leur asymétrie (i.e. égalité ou inégalité sociale), ainsi que leur fréquence et leur durée. Ces quatre critères ne doivent pas être considérés séparément : ainsi, lorsque des personnes se rencontrent souvent pendant de longues périodes, leurs relations tendent à devenir multiplexes et le contenu des échanges est plus abondant. A ces critères interactionnels s'ajoutent quatre critères structuraux. La taille du réseau d'une personne tient compte de ses contacts directs et indirects; la densité du réseau d'une personne renvoie au degré de relations qu'entretiennent entre elles les connaissances de cette personne; la centralité ou la marginalité des personnes au sein d'un réseau est indicative d'une source de pouvoir ou de son absence; le degré de regroupement de personnes plus proches les unes des autres au sein d'un réseau social est indicatif du degré de pressions conformistes qui peuvent être exercées sur les membres de ces groupes. Outre ces mesures objectives, on recourt également à des éléments subjectifs pour caractériser les réseaux : la place qu'occupent les différentes personnes en contact avec la personne centrale est plus ou moins proche, la relation plus ou moins intime, et cette place, subjective, se modifie au fur et à mesure des interactions. On distingue habituellement entre des réseaux relationnels serrés et des réseaux lâches, qui présentent des scores élevés ou bas en multiplexité, contenu transactionnel et densité. Un grand nombre de facteurs, environnementaux ou personnels, influencent les réseaux sociaux. On trouve des réseaux denses et serrés dans des petites communautés stables, des réseaux lâches au sein des grandes villes. L'âge est un facteur qui régule et influence la taille et la densité des réseaux personnels. Il en est de même pour la profession, le niveau d'éducation, la mobilité sociale et géographique. Lorsque les liens de parenté se combinent avec des liens de résidence, le réseau social est renforcé. Lorsqu'une personne a un statut social élevé, qui lui confère un certain pouvoir, les gens tendent à établir avec elles des relations sur plusieurs plans de manière à avoir accès aux ressources, matérielles ou symboliques, qu'elle détient. Une personne de niveau d'éducation élevé a un réseau relationnel plus large, de moindre densité, peu multiplexe, à l'inverse des personnes de faible niveau d'éducation, qui n'ont pas eu l'occasion de nouer des relations d'intérêts divers au sein des institutions scolaires ou universitaires. La personnalité d'un sujet affecte également la structure de son réseau. Une personne sociable et extravertie sait se constituer un réseau multiplexe, dense et au contenu transactionnel élevé, aux liens serrés. Ce type de réseaux se trouvent davantage au sein de villages stables, de petites communautés à faible taux d'immigration, où les gens se connaissent bien et ne sont pas isolés. Les relations que nouent les citadins des grands ensembles sont par contre moins empreintes de sociabilité, elles sont plus instrumentales ; la méfiance et l'isolement sont plus grands et inhibent la sociabilité.

On a pu établir un lien entre types de réseaux et appartenance de °classe sociale. Les citadins des classes moyennes, souvent en mobilité sociale, sont plus susceptibles que leurs partenaires, membres des classes populaires ou supérieures, de faire partie de réseaux sociaux lâches (Milroy et Milroy, 1990).

Laks (1978) articule analyse de classes et analyse de réseaux dans une étude portant sur les réalisations phonétiques variables (ainsi, la chute du /r/ en position postconsonantique en français, comme dans *sucre*, indice socialement classant) chez de jeunes adolescents d'une banlieue parisienne, qu'il observe dans leur groupe de pairs ou dans leur famille. D'une part, le groupe se distingue globalement des bandes de rue et des membres de la classe moyenne ; on observe d'autre part une certaine hétérogénéité à l'intérieur du groupe : les adolescents qui se marginalisent et tendent à se rapprocher des bandes de rue présentent un taux accru de chute du /r/. Laks montre par ailleurs comment la position sociolinguistique d'une même personne se structure identiquement au sein du groupe ou au sein de sa famille : dans une même fratrie, les productions des individus présentent des taux de suppression différents, qu'on peut mettre en relation avec leur trajectoire scolaire et sociale.

L'analyse des relations interpersonnelles au sein des réseaux sociaux est le complément indispensable à d'autres types de recherches de terrain. L'attention portée à l'équilibre ou à l'asymétrie des relations quotidiennes au sein des réseaux permet de souligner des tensions, des évolutions, ainsi que les marquages, linguistiques entre autres, qui en sont les indices. Elle vient éclairer les analyses qui opèrent avec des catégories sociologiques plus abstraites, formelles et statiques. Le danger existe pourtant de vouloir tout expliquer en termes de réseaux sociaux : ainsi, une telle analyse ne convient pas pour la prise en compte des processus sociaux qui, à long terme, soutiennent les phénomènes migratoires (Boissevain, 1987).

Parmi les sociolinguistes qui se sont intéressés à la prise en compte des réseaux relationnels, on peut distinguer d'une part ceux qui ont établi un parallèle entre des traits ou évolutions linguistiques et la liaison forte ou faible des personnes avec leur entourage, leur position centrale ou marginale, etc. (Labov, Gumperz, Gal, Laks, Milroy, entre autres), d'autre part ceux qui, plus proches des techniques et approches de la sociologie du langage que des points de vue résumés par Boissevain, considèrent l'ensemble et la diversité des personnes avec lesquelles les sujets sont en relation, pour répondre à la question : qui parle quelle(s) langue(s) à qui, où et quand (Tabouret-Keller et Luckel, Juillard).

Labov et Gumperz ont proposé les modèles les plus cohérents d'investigation du langage parlé dans les communautés. Le travail de Labov porte sur la transmission, la reproduction et l'évolution du °vernaculaire au sein des groupes d'adolescents noirs nord-américains. La difficulté d'accéder à un parler fortement stigmatisé a conduit à déplacer l'enquête au sein du réseau même, grâce à la technique de l'observateur-participant. D'autre part, la prise en compte des positions et des liens de chacun au sein du réseau a permis de montrer comment un contrôle social très strict s'exerce sur le vernaculaire, organe symbolique de l'°identité du groupe.

Blom et Gumperz, dans leur travail sur la ville bilingue d'Hemnesberget, en Norvège, montrent comment l'ouverture des réseaux de communication des jeunes partis faire des études universitaires à Oslo modifie leur comportement linguistique : ils ne peuvent plus maintenir distincts les deux codes apparentés, ranemal et bokmal, langue locale et °langue nationale, dont la sélection et l'alternance s'opèrent, en ville, selon l'appartenance à des réseaux localisés ou non, qui symbolisent des identités différentes et qui sont reliés à des sujets de communication distincts.

Susan Gal analyse l'évolution du °bilinguisme hongrois-allemand dans une petite ville d'Autriche, Oberwart, dont la population d'origine paysanne, parlant traditionnellement le hongrois, s'est progressivement germanisée en s'éloignant des valeurs paysannes, en occupant des emplois salariés, et/ou en s'alliant à des germanophones. La structure des réseaux sociaux, tant personnels que communautaires, se modifie d'une génération à l'autre, plus ou moins rapidement selon le degré de paysannité, et le déplacement linguistique se généralise, d'un usage catégorique (exclusif) du hongrois à un usage catégorique de l'allemand, au travers de moments, de thèmes discursifs ou de rapports interpersonnels qui privilégient les °alternances codiques. Elle mesure la paysannité du réseau de chaque informateur en observant pendant une période donnée la proportion de ses contacts avec des personnes ayant le statut de paysan.

Lesley Milroy (1980) est celle qui a le plus systématiquement utilisé l'analyse en réseaux pour investiguer le vernaculaire parlé par des banlieues ouvrières de la ville de Belfast (Irlande). Elle calcule pour chaque informateur un «indice de réseau» chiffré, qui tient compte de la densité de son réseau relationnel dans un territoire localisé, de ses liens de parenté dans le voisinage, du nombre de personnes, dans le milieu professionnel, vivant dans la même zone que lui, du partage volontaire des heures de loisir avec des compagnons de travail. Elle construit ainsi une variable dépendante, qu'elle met en relation, de même que des variables indépendantes (°âge, °sexe, quartier d'habitation, etc.), avec les scores des variables phonétiques considérées. Elle a ainsi pu établir qu'une structure de réseau social serré et fortement localisé est associée avec le maintien de °normes linguistiques non standards. C'est parce qu'elles dispersent les réseaux sociaux serrés traditionnels que l'urbanisation et l'industrialisation accélèrent la °standardisation linguistique. L'analyse des réseaux rejoint celles qui prennent en compte des variables plus classiques : d'une manière générale, des liens denses et multiplexes sont plus le fait de groupes au statut social bas, des hommes et des adolescents, et ces locuteurs tendent vers les normes des vernaculaires urbains, plus que les groupes sociaux plus élevés, les femmes ou les personnes d'âge moyen.

Juillard (1995) s'intéresse à la réalité complexe d'un multilinguisme en action dans la vie quotidienne des habitants d'une ville secondaire du sud du Sénégal, Ziguinchor. Utilisant l'analyse en réseaux à un niveau tant micro que macro, elle travaille sur les déclarations des locuteurs à propos de leurs pratiques ou de celles des autres. Tout d'abord, une enquête auprès des enfants en fin de scolarité primaire établit pour chacun la configuration sociolinguistique de son répertoire, tenant compte de son environnement propre : quelles langues il parle avec les membres de sa famille, les voisins, amis, relations proches ou plus distantes, et en quelles langues chacune des personnes citées par l'enfant lui parle. Cette enquête a donné de précieuses indications sur la °vitalité des langues emblématiques de l'appartenance ethnique ainsi que sur la pénétration des influences citadines, par le biais des autres langues parlées, au sein des relations intra-familiales. La vie linguistique des quartiers anciens ou récents a été également examinée, dans leur relation au macrocosme urbain : les regroupements ou les brassages ethniques favorisent les uns la perpétuation des °langues minoritaires, les autres, au contraire, l'expansion d'une langue plus °véhiculaire. Dans un quartier précis, marqué par une dominante ethnique, différents secteurs d'habitation ont été examinés en détail, chaque famille faisant l'objet d'observations en durée et ses déclarations de comportement étant analysées dans le détail. Parallèlement, dans le même quartier, divers types de regroupements habituels, à deux ou à plus, ont été observés. Ces différents types d'approche des relations interpersonnelles au sein de réseaux sociaux d'interaction, l'un quantifié (l'enquête auprès des enfants), l'autre qualitatif (l'enquête dans les quartiers), interprètent l'effet, sur les pratiques linguistiques et leurs évolutions, de la citadinisation et de l'insertion dans des réseaux moins localisés et plus brassés ethniquement.

La thématique des réseaux sociaux a donc largement inspiré les études sociolinguistiques; la diversité des approches indique cependant que chaque chercheur en fait une approche personnelle, et que, par exemple, quand il considère la structuration des réseaux, c'est son intuition et la connaissance qu'il a ou acquiert de son terrain qui déterminent le choix des variables retenues comme pertinentes.

BLOM Jan Peter et GUMPERZ John (1972), «Social meaning in linguistic structure : code switching in Norway», in GUMPERZ John et HYMES Dell (éd.), *Directions in sociolinguistics*, New York : Holt, Rinehart et Winston, 407-434.

BOISSEVAIN Jeremy (1987), «Social network», in AMMON Ulrich, DITTMAR Norbert et MATTHEIER Klaus J. (éd.), *Sociolinguistics, An international handbook of the science of language and society; Soziolinguistik, Ein internationales Handbuch zur Wissenschaft von Sprache und Gesellschaft*, Berlin, New York : de Gruyter, Vol. II, 164-169.

GAL Susan (1979), *Language shift. Social determinants of linguistic change in bilingual Austria*, New York : Academic Press.

JUILLARD Caroline (1995), *Sociolinguistique urbaine. La vie des langues à Ziguinchor (Sénégal)*, Paris : CNRS.

LABOV William (1972), *Language in the Inner City*, Oxford : Blackwell. Trad. fr. : *Le parler ordinaire*, Paris : Minuit, 1978.

LAKS Bernard (1978), «L'unité phonétique dans le parler d'une famille», *in* MARCELLESI Jean-Baptiste et GARDIN Bernard (éd.), *Sociolinguistique. Théories, méthodes et pratiques*, Rouen : Presses universitaires de Rouen, Vol. II, 239-254.

MILROY Lesley (1980), *Language and social networks*, Oxford : Blackwell.

MILROY Lesley et MILROY James (1990), «Social network and social class : towards an integrated sociolinguistic model», *in Des langues et des villes*, Actes du colloque international, Dakar, décembre 1990, Paris : Didier Érudition, 97-114.

SABIR   Robert Chaudenson

Au sens premier, ce terme désigne un idiome particulier, également nommé lingua franca, en usage dans la Méditerranée, entre les XIVe et XVIIIe siècles, dans les échanges commerciaux entre Européens et Turcs ou Mores (dans la «turquerie» du *Bourgeois gentilhomme*, Molière a utilisé des éléments de sabir, comme Goldoni l'a fait aussi dans *Le marchand de Smyrne*). Le rôle essentiel que jouent alors dans ce commerce les grandes puissances maritimes que sont Venise et Gênes expliquent la place des apports italiens dans le sabir (dont le nom de cet usage), au moins dans sa phase initiale. Partiellement °relexicalisé, par des °emprunts à l'espagnol, quand son usage s'est étendu à la Méditerranée occidentale, le sabir se serait fixé, selon certains, en Afrique du Nord. S'il est sûr qu'il a été en usage en Alger au XVIe et au XVIIe siècles, parmi les esclaves, souvent européens, rien n'indique toutefois de façon nette qu'il y ait un rapport génétique entre ce sabir initial et le «sabir» d'Afrique du Nord, utilisé durant l'occupation coloniale française.

Comme °*pidgin*, *sabir* a été, par extension, utilisé pour désigner des variétés rudimentaires de langues, mais souvent avec une connotation péjorative et pour qualifier une variété individuelle d'interlangue particulièrement incorrecte. A cet égard, le terme n'a pas connu la même fortune que *pidgin* ou *lingua franca*.

SCHIBBOLETH   Nicole Gueunier

Ce substantif masculin prononcé [ʃibɔlɛt] signifie «épi» en hébreu biblique. Les soldats de Jephté de Galaad, pour distinguer les gens de Galaad de leurs ennemis éphraïmites, invitèrent les gens qu'ils rencontraient à prononcer le mot. Alors que les premiers prononçaient [ʃibɔlɛt], les seconds disaient [sibɔlɛt], ce qui leur valut de se faire égorger près des gués du Jourdain (*Juges*, 12, 4-6). Entré dans la langue française cultivée au XVIIIe, il désigne selon Littré le «langage ou (les) manières qui appartiennent à des groupes exclusifs, et qui désignent ceux qui en sont et excluent ceux qui n'en sont pas».

Marqué «rare» par le *Petit Robert* (1993), il est surtout utilisé aujourd'hui en dialectologie, notamment dans l'étude des ethnotextes, et en sociolinguistique. En dialectologie, il sert à établir des frontières linguistiques entre zones, frontières souvent affectées de valeurs sociales. Ainsi, un schibboleth phonologique comme la prononciation du /a/ de *paille* trace entre la région sarthoise (dévalorisée) et la Touraine (valorisée) une frontière incontestée de part et d'autre : «Ils disent [pɔj] et nous, on dit [paj]», raillent les Tourangeaux, tandis que les Sarthois reconnaissent, à partir de la même variable, «avoir un causement plus lourd». Il s'accompagne de schibboleth morphosyntaxiques («Pour dire *ils ont*, ils disent [ilavõ]») ou lexicaux : «Un cochon, c'est un cochon! Eh ben, pour eux, c'est un *gorin*!».

L'extension du terme à la sociolinguistique permet de l'utiliser pour tracer entre °lectes divers des frontières de type sociologique ou communicatif. Ainsi, l'usage de *hein, comment, pardon, plaît-il*, pour faire répéter à un interlocuteur un énoncé mal compris, pourra, selon les cas, être interprété en termes d'°âge (*plaît-il* est archaïque), de catégorisation sociale (les différents milieux ne recourent pas aux mêmes formes) ou de contexte communicatif (surveillé ou détendu). Toute la difficulté de l'analyse est de bien distinguer les critères à partir desquels on décidera entre ces interprétations.

SEXE   Agnesa Pillon

On ne connaît pas de société humaine où le sexe des individus ne constitue un paramètre de différenciation sociale : dans toutes les structures sociétales connues, le sexe biologique détermine, pour une part qui peut certes être variable, le rôle social, le pouvoir économique et le pouvoir politique des individus. Il ne s'agit pas seulement en l'occurrence de différenciation, mais aussi d'*inégalité* sociale, dont les femmes, faut-il le préciser, font les frais, en particulier dans les domaines économique et politique.

La sociolinguistique postule que la variation linguistique, loin d'être aléatoire, est une conséquence directe de la structure des relations sociales existant au sein d'une °communauté linguistique donnée. On ne s'étonnera donc pas qu'elle se soit interrogée sur la contribution spécifique de la structuration sexuelle des rapports sociaux au phénomène de variation linguistique. Qu'elle se soit demandé, en outre, dans quelle mesure le profil de la différenciation linguistique liée au sexe devait ses caractéristiques à la nature inégalitaire des relations socio-sexuelles.

On sait maintenant — de nombreuses enquêtes sociolinguistiques menées sur le terrain l'ont démontré — que le sexe agit (de même que la °classe sociale, le °style, l'°âge, etc.) comme une source structurée de variation sur l'emploi des variantes linguistiques associées. Pour un certain nombre de variables linguistiques, le comportement des locuteurs et celui des locutrices se différencient en effet, et ce selon un schéma remarquablement analogue d'une étude à l'autre : pour une variable sociolinguistique donnée, les locuteurs, quel que soit le °style de parole envisagé, utilisent plus fréquemment que les locutrices la variante non normée. Il en va ainsi par exemple en anglais de l'alternance des variantes [in] et [iŋ] dans la finale de mots comme *hopping* ou *skipping*. Des enquêtes menées en Nouvelle-Angleterre, à New York, Détroit, Philadelphie, Ottawa, Norwich ou encore en Australie, indiquent toutes que les locuteurs produisent plus souvent que les locutrices la variante non normée [in]. Il en va de même pour la variable [θ]-[t] : les locuteurs interviewés à New York, à Détroit, en Caroline du Nord ou à Belfast, produisent la variante non normée [t], plus fréquemment que les locutrices. Dans le Borinage (Belgique), l'alternance [r]-[ʀ] en français se réalise, plus souvent chez les hommes que chez les femmes, par la forme non normée [r]. Précisons que la différenciation sexuelle n'affecte pas que le domaine phonique, elle touche aussi aux aspects morphologiques et syntaxiques de la langue. Ainsi, à Détroit, les locuteurs omettent, plus souvent que les locutrices, la flexion verbale /s/ de la 3ᵉ personne du singulier et la marque /s/ du possessif. Parmi les francophones canadiens, les hommes utilisent, plus souvent que les femmes, les formes de conjonction *ça fait que* ou *donc*, auxquelles s'oppose la forme normée *alors*; ils se caractérisent aussi par un emploi plus fréquent de l'auxiliaire non normé [ʒvɔ] pour *je vais*, ou de la forme [i] dans *il y a*, *il fait*. En Espagne, l'alternance du conditionnel et du subjonctif imparfait dans les propositions introduites par *si* se réalise, chez les hommes bien plus souvent que chez les femmes, par l'usage du conditionnel, non normé. Si *toutes* les variables sociolinguistiques étudiées jusqu'ici n'ont pas révélé l'existence d'une différenciation sexuelle, celle-ci a bien été observée néanmoins pour *la majorité* d'entre elles. En outre, on n'a pas rapporté de situation sociolinguistique dans lesquelles des variables *stables* (*cf.* infra) présenteraient un profil de différenciation sexuelle inverse au profil général décrit ici, c'est-à-dire un profil où les hommes favoriseraient, davantage que les femmes, des formes *normées*.

En quoi la structuration sexuelle des rapports sociaux peut-elle expliquer pourquoi les hommes sélectionnent davantage la variante non normée, et les femmes la variante normée, d'une variable sociolinguistique donnée? Labov (1972) et Trudgill (1972) répondent à la question en établissant un lien causal direct entre ce phénomène et la position socio-économique inégalitaire des hommes et des femmes : les hommes seraient moins sensibles que les femmes aux °normes sociolinguistiques dominantes, parce qu'ils ont, contrairement aux femmes, la possibilité de signaler leur statut et leur position sociale au travers de leur profession et de leurs revenus; les femmes, dépourvues de pouvoir économique, ne peuvent signaler leur statut et leur position sociale, qu'en recourant à ces marques symboliques de pouvoir que constituent les pratiques linguistiques des groupes sociaux dominants — les pratiques linguistiques *normées*.

Cette interprétation ne paraît cependant pas pouvoir rendre compte de la complexité des faits. Elle prédit en effet que, parmi les femmes, celles qui n'exercent pas d'activité professionnelle rémunérée auront, plus que les autres, recours aux symboles linguistiques du statut social. Or, c'est précisément l'inverse qui est observé. Les enquêtes sociolinguistiques qui se sont montrées attentives à cette dimension (voir par exemple, pour les États-Unis, Nichols, 1983; pour l'Allemagne et les Pays-Bas, Brouwer et Van Hout, 1992) ont ainsi révélé que ce sont les femmes engagées dans la vie professionnelle qui se rapprochent le plus des usages normés. Dans le même ordre d'idées, on fera remarquer que la différenciation sexuelle n'apparaît pas, le plus souvent, avec une ampleur équivalente dans chacun des groupes sociaux considérés : la différenciation sexuelle est en réalité minimale, voire absente, dans les groupes qui se situent aux extrémités de l'échelle sociale, et maximale pour le deuxième échelon supérieur. Cet échelon, étiqueté *lower middle class* dans les enquêtes anglo-saxonnes, rassemble, typiquement, des employés et des employées de bureau et des responsables de petites entreprises, ayant un niveau d'études supérieur non universitaire. Il est clair que les femmes, dans ce groupe, détiennent davantage de pouvoir économique que les femmes des échelons inférieurs (*upper*, *middle* et *lower working class*) — pourtant leurs pratiques linguistiques s'écartent plus nettement de celles des hommes situés au même échelon de la hiérarchie sociale.

On peut s'étonner, par ailleurs, que cette interprétation ait été avancée (et, par la suite, très largement admise dans la littérature), sans qu'on se soit d'abord assuré que les différences sexuelles observées ne résultaient pas, en réalité, d'un artefact méthodologique. On songe ici notamment aux indices utilisés pour assigner aux hommes et aux femmes un niveau de classe dans la hiérarchie sociale. Dans la plupart des enquêtes, la catégorisation sociale des informateurs et des informatrices se fonde sur un index socio-économique qui combine des indicateurs tels que le revenu, la profession et le niveau d'études. Or, de tels indicateurs risquent, du fait même de la position socio-économique inégale des hommes et des femmes, de ne pas revêtir la même valeur lorsqu'ils sont appliqués aux uns et aux autres. On sait ainsi qu'en général, pour un niveau d'études équivalent, les femmes occupent des fonctions moins élevées que les hommes et que, pour une même fonction, leur revenu est aussi souvent inférieur à celui des hommes. Étant donné ce biais social, les indices de catégorisation utilisés conduiront à assigner un niveau de classe différent à des hommes et des femmes appartenant pourtant à une même communauté socio-culturelle (par exemple, à un homme et une femme partageant le même foyer), les femmes se retrouvant dans un niveau de classe inférieur à celui de la communauté dans laquelle elles vivent. Ceci pourrait expliquer pourquoi les femmes choisissent les variantes normées avec une fréquence équivalente à celle des hommes que les indices considérés ont réunis dans le niveau juste au-dessus du leur.

Outre l'interprétation déjà mentionnée, Trudgill (1972) en propose une autre, qui met l'accent sur les connotations de féminité et de masculinité qui seraient associées aux variantes normées et non normées. La culture ouvrière, et donc aussi le langage des ouvriers, aurait dans notre culture, des connotations de rudesse, de dureté, qui seraient aussi des qualités masculines désirables. Les variantes non normées utilisées préférentiellement par les ouvriers seraient ainsi dotées d'un statut °prestigieux implicite, non ouvertement déclaré, aux yeux des locuteurs. En revanche, les qualités féminines désirables seraient plutôt celles de raffinement et de sophistication, valeurs que l'on attribuerait par ailleurs à la culture, et donc aussi au langage, des couches supérieures de la société. Ainsi donc, la variation sexuelle trouverait son origine dans l'existence de deux modèles linguistiques concurrents — l'un, implicite, associé à l'image stéréotypée de la masculinité, et vers lequel tendraient les locuteurs; l'autre, explicite, associé à l'image de la féminité, et vers lequel tendraient les locutrices. (Signalons au passage que ce concept de modèles langagiers sexuellement orientés s'est également vu appliqué à l'interprétation des différences observées — mais parfois seulement supposées — dans les «styles» dialogiques adoptés par les hommes et les femmes; voir Pillon (1987) pour une discussion critique des travaux élaborés dans ce domaine d'études.)

Cette interprétation, pas plus que la précédente, ne paraît à même d'expliquer les faits de variation linguistique dans leur complexité. D'abord, il faut rappeler que la fréquence d'utilisation des variantes normées et non normées n'est pas seulement liée au sexe des locuteurs; elle co-varie aussi avec leur classe sociale d'appartenance et la situation de communication. Ainsi, les hommes *et* les femmes des couches populaires produisent davantage de formes non normées que les hommes *et* les femmes des couches supérieures de la société. Si les formes non normées étaient associées à des connotations de masculinité, comment expliquer alors que les *femmes* des couches populaires en produisent davantage que les autres? Seraient-elles, moins que les autres, soucieuses de donner d'elles-mêmes une image de féminité conforme aux attentes dominantes? En outre, *tous* les locuteurs et locutrices, dans *toutes* les classes sociales, produisent davantage de formes non normées dans les situations de communication °informelles. En quoi ces situations favoriseraient-elles donc l'emploi de variantes à connotation masculine? Il est probable qu'on doive voir dans les connotations de masculinité associées aux formes linguistiques non normées un *effet* et non une *cause* de leur utilisation préférentielle par les hommes des milieux populaires. Ensuite, il faut préciser que le profil de différenciation sexuelle discuté jusqu'ici — à savoir que les hommes produisent plus fréquemment que les femmes les variantes non normées des variables sociolinguistiques — n'est généralisable qu'aux variables sociolinguistiques *stables*, celles qui ne sont pas impliquées dans un °changement en cours. Dans la majorité des cas d'°innovation linguistique, on observe, en revanche, que ce sont les *femmes* qui introduisent les nouvelles variantes (y compris lorsqu'il s'agit de variantes non normées), qui les utilisent avec la fréquence la plus élevée, pour se faire ensuite rejoindre par les hommes (pour une revue sur la question, voir Labov, 1991). Il est difficile de réconcilier cette observation avec l'idée que les femmes favorisent les usages normés pour leur connotation de féminité, ou de prestige social. On peut aussi souligner la contradiction entre la valeur *conformiste* que l'on donne, dans ces interprétations sociolinguistiques, aux pratiques linguistiques des femmes, et la tendance *innovatrice* dont elles font preuve.

Pour sortir de cette impasse théorique où se trouve l'explication de la variation linguistique liée au sexe, peut-être faudrait-il renoncer à l'idée qu'il existerait une relation causale *directe* entre variation linguistique et différenciation sexuelle des rôles socio-économiques; à l'idée aussi qu'*un seul* et même facteur causal serait à l'origine de la différenciation sexuelle des pratiques linguistiques dans *tous* les contextes sociaux où elle apparaît. Une approche plus féconde pourrait consister à rechercher, pour chaque situation sociolinguistique, laquelle des nombreuses dimensions susceptibles d'être liées à la distribution inégalitaire des rôles socio-économiques entre les sexes détermine *directement* la corrélation entre sexe et fréquence d'utilisation des variantes sociolinguistiques.

On peut s'interroger, par exemple, sur le rôle de la différenciation sexuelle des orientations professionnelles dans la variation linguistique liée au sexe. Il est des professions qui, à statut, revenu et niveau d'études équivalents, nécessitent plus que d'autres l'utilisation des formes normées, soit qu'elles impliquent la projection d'une image publique ou qu'elles supposent des interactions régulières avec des locuteurs de la variété normée, soit qu'elles touchent plus ou moins directement à la socialisation linguistique ou à la diffusion des normes (enseignement, journalisme). Or, il se trouve que les professions majoritairement exercées par des femmes (p. ex. dactylo, vendeuse, standardiste, infirmière...) nécessitent davantage l'usage de la variété normée que celles majoritairement exercées par des hommes (p. ex. maçon, ouvrier qualifié dans l'industrie, mécanicien automobile, chauffeur routier). Dans son enquête dans les grands magasins new-yorkais, Labov (1972) avait d'ailleurs observé que les employés qui n'étaient pas en contact avec le public, les magasiniers par exemple, utilisaient moins de variantes normées que ceux en contact avec le public, comme les chefs de rayons ou les vendeurs. Il observait aussi que parmi les employés préposés à un même travail et touchant le même salaire, ceux qui étaient occupés dans le magasin le plus prestigieux (fréquenté par des consommateurs de milieux sociaux plus élevés) utilisaient davantage que les autres les variantes normées.

La distribution différenciée des rôles socio-économiques peut aussi avoir un impact déterminant sur la configuration des contacts et des interactions — donc, y compris des interactions linguistiques — dans lesquels les hommes et les femmes sont impliqués. Il semble que, dans les communautés ouvrières traditionnelles en tout cas, les hommes se trouvent généralement intégrés dans un °réseau de relations communautaires plus dense, plus serré, que les femmes (ils vivent dans le même quartier, se retrouvent sur le même lieu de travail, partagent leurs loisirs, etc.). Or, un réseau social dense et serré peut avoir pour effet de renforcer, chez ceux qui y participent, les normes linguistiques *locales*. Si, dans les communautés ouvrières traditionnelles, les hommes utilisent, plus fréquemment que les femmes, des variantes non normées, c'est donc peut-être qu'ils se trouvent plus exposés qu'elles aux variantes non normées.

Milroy (1980) a relevé par exemple qu'à Ballymacarrett, une communauté ouvrière traditionnelle de Belfast, les hommes sont davantage insérés que les femmes dans le réseau relationnel local ; ils produisent aussi, plus fréquemment que les femmes, la variante non normée [ɔə] de la voyelle présente dans des mots tels que *hat*, *man*, *back*. A Clonard cependant, une autre communauté ouvrière de Belfast, c'est le profil inverse qui est observé. Là, des mutations économiques ont profondément modifié la distribution traditionnelle des rôles socio-économiques et, partant, la configuration des réseaux relationnels dans lesquels les hommes et les femmes étaient insérés. Ainsi, le déclin des entreprises locales traditionnelles, qui fournissaient les emplois masculins, en provoquant un chômage important parmi les hommes, a eu pour effet de desserrer le réseau relationnel qu'ils formaient auparavant. A l'opposé, l'implantation nouvelle d'un grand magasin a fourni un emploi à de nombreuses jeunes femmes de Clonard qui, occupées *dans la même entreprise*, ont progressivement développé entre elles ce type de réseau, caractéristique des communautés ouvrières traditionnelles, formé à la fois de relations de travail, de loisirs et de voisinage. Cette situation sociale se reflète dans les pratiques linguistiques des hommes et des femmes de Clonard : les jeunes femmes produisent, plus fréquemment que les hommes, la variante non normée [ɔə] — elles la produisent en fait avec la même fréquence que les hommes de Ballymacarrett. Lorsque les circonstances économiques sont telles que les femmes se trouvent intégrées à un réseau communautaire dense et serré, il semble ainsi que leurs pratiques linguistiques ne diffèrent pas alors de celles des hommes placés dans les mêmes conditions.

En définitive, il est probable que ce soient les interactions sociales créées par les conditions économiques, plus que les conditions économiques elles-mêmes, qui *déterminent* directement les pratiques linguistiques des individus. Pour expliquer les profils de la variation linguistique liée au sexe, Labov (1972) et Trudgill (1972) ont posé l'existence de valeurs *subjectives* — de prestige social, de féminité ou de masculinité — associées aux variantes sociolinguistiques. L'origine des profils observés pourrait bien se trouver, plus simplement, dans les situations linguistiques *objectives* où sont placés les hommes et les femmes ; autrement dit, dans la réponse à la question : avec qui parlent-ils, avec qui parlent-elles ?

BROUWER Dédé et VAN HOUT Roeland (1992), «Gender-related variation in Amsterdam vernacular», *International journal of the sociology of language*, **94**, 99-122.

LABOV William (1972), *Sociolinguistic patterns*, Philadelphie : University of Pennsylvania Press. Trad. fr. : *Sociolinguistique*, Paris : Minuit (1976).

LABOV William (1991), «The intersection of sex and social class in the course of linguistic change», *Language variation and change*, *3*, 205-251.

MILROY Lesley (1980), *Language and social networks*, Oxford : B. Blackwell.

NICHOLS Patricia (1983), «Linguistic options and choices for black women in the rural South», *in* THORNE Barrie, KRAMARAE Cheris et HENLEY Nancy (éd.), *Language, gender and society*, Rowley, Mass. : Newbury House, 54-68.

PILLON Agnesa (1987), «Le sexe du locuteur est-il un facteur de variation linguistique? Revue critique», *La linguistique*, *23*, 35-48.

TRUDGILL Peter (1972), «Sex, covert prestige, and linguistic change in the urban British English of Norwich», *Language and society*, *1*, 179-195.

SOCIOLECTE

Claudine Bavoux

Le concept de sociolecte se rattache à celui de variation linguistique : le sociolecte est généralement défini comme la variété de langue parlée par une communauté, un groupe socio-culturel (défini par exemple en termes de longueur de scolarité, d'appartenance socio-professionnelle, de revenus) ou une classe d'°âge. Si l'anglais *dialect* peut recevoir une définition géographique ou sociale [voir *Dialecte*], le français distingue plus nettement, en passant par la notion de °lecte, le sociolecte du °régiolecte; cependant, il arrive que l'un et l'autre sens se recoupent. En effet, certains lectes sont définis en référence à un double critère socio-géographique : il est question ainsi de la langue (du parler, etc.) de la bourgeoisie cultivée parisienne, des jeunes des banlieues, etc.

On identifie comme des traits sociolectaux tant des faits phoniques que prosodiques, morphologiques, lexicaux ou syntaxiques. La réalité du sociolecte est cependant surtout perçue à travers ce qu'on dénomme communément l'«°accent» (populaire, bourgeois, banlieusard, paysan, aristocratique, etc.). W. Labov a montré la corrélation qui existe entre prononciation et identification sociale et étudié la dynamique qui pousse les locuteurs désireux de s'élever socialement à se départir de leur prononciation pour adopter celle d'un groupe social plus °prestigieux à leurs yeux.

Dans une conception plus large, on ne conçoit pas le sociolecte comme un répertoire de traits, mais comme une variété linguistique. C'est, sinon le système linguistique d'un groupe social, du moins la mise en œuvre par ce groupe du système linguistique commun à la °communauté linguistique dans son ensemble. Le sociolecte est un des attributs du groupe social : on distinguera par exemple un français populaire, un français des banlieues, un français de la bourgeoisie, etc. Quant à la variété dite standard [voir *Langue standard*, *Norme*], elle n'est jamais que le sociolecte qui s'est historiquement imposé, celui du groupe social symboliquement dominant. [Voir aussi *Classe sociale*.]

LABOV William (1966), *Language stratification in the Inner City*, Washington : Center for applied linguistics.
BOURDIEU Pierre (1982), *Ce que parler veut dire. L'économie des échanges linguistiques*, Paris : Fayard.

STANDARDISATION Didier de Robillard

Le sens de ce terme a trop souvent été réduit à la simple uniformisation du °corpus d'une langue, visant à éviter toute variation, de quelque nature qu'elle soit : dans le temps, l'espace géographique, à travers les stratifications sociales, les hiérarchies °registrales, etc., à l'image de la standardisation entendue au sens industriel. La standardisation d'une langue, opération bien plus complexe, s'opère sur deux plans à la fois. Sur le versant du corpus linguistique, il est exact que l'un des objectifs consiste souvent à réduire la variation, en tentant d'aboutir à une relative uniformité des pratiques linguistiques sur tous les axes de variation. La standardisation ne vise cependant pas à faire disparaître toute forme de diversité dans la langue : elle prend pour objectif de réduire les cas de concurrence formelle, car ils sont le plus souvent non fonctionnels et source d'ambiguïtés. Mais si l'on admet que l'une des caractéristiques des sociétés modernes est la multiplicité des rôles remplis par les locuteurs (tantôt subalternes, tantôt en position de responsabilité, tantôt dans une relation d'ordre privé et interindividuel, tantôt dans un contact à teneur professionnelle, etc.) et qu'une °langue standardisée est une langue répondant aux impératifs de la communication moderne, cela implique, par définition même, une langue qui comporte une certaine diversification registrale, permettant ainsi à ses locuteurs de définir le type de situation où se déroule l'acte de communication, la nature de la relation entre les intervenants, etc. Il n'est pas exclu que certains domaines spécialisés (droit, technologie) visent un idéal : des pans de lexique totalement uniformisés (ex. : la phraséologie aéronautique, stéréotypée et figée, les formules juridiques), mais cela ne concerne pas la °langue commune, et relève plus du domaine de la terminologie que de la standardisation au sens général. Sur le plan du corpus, la standardisation recherche une adéquation entre besoins communicationnels et formes linguistiques répondant à ces besoins, ce qui correspond à une diversité fonctionnelle.

Les préoccupations d'°aménageurs opérant la standardisation d'une langue sont donc aussi, et concurremment aux interventions sur le corpus (°instrumentalisation), d'ordre sociolinguistique : identification des besoins, °évaluation de la fonctionnalité des formes, dans le cadre social où la langue est utilisée. Reste le plus difficile en matière de standardisation : l'implantation, dans les pratiques des locuteurs, du corpus élaboré par les linguistes. Ainsi par exemple, à Madagascar, après la Révolution de 1972, on a tenté d'édifier un « malgache commun » à partir des diverses variétés dialectales présentes sur le territoire. Certains groupes, notamment les « côtiers », se sont rebellés contre ce qu'ils percevaient comme une « mérinisation » [de *merina*, dialecte de l'ethnie du même nom]. Le « malgache commun » fut rebaptisé *malgache officiel* en attendant qu'une variété véritablement acceptée de tous soit élaborée. Il faut admettre que l'on arrive assez mal encore à élaborer soit du corpus linguistique dont les formes emportent l'adhésion spontanée des locuteurs, soit des stratégies d'implantation à coup sûr couronnées de succès. On a pu penser que la méthodologie efficace consisterait à mettre en évidence, dans un premier temps, les matrices phonologiques, lexicologiques, syntaxiques, etc. d'une langue, en espérant que toute création calquée sur ces matrices serait adoptée. Cela n'est que partiellement vrai, et la néologie officielle du français de France abonde en exemples de ce type, du *bouteur*, qui peine à bouter hors le *bulldozer*, au *mâchouillon* qui, quoique présent dans les bouches, ne franchit pas les lèvres des locuteurs, fidèles au *chewing-gum*. Cela tient à la composante sociolinguistique du comportement des locuteurs, qui n'obéit pas seulement aux règles matricielles du corpus d'une langue, composante que l'on a du mal à prévoir, témoin par exemple la valeur de modernité et ou de technicité de termes à consonance anglo-saxonne, qui fait le succès du *touching* aux dépens du *massage* léger du cuir chevelu.

En conséquence de cela, on insistera sur la dimension sociolinguistique dans cette définition de la standardisation : ensemble des opérations recherchant l'adéquation entre les structures et ressources d'une langue et les besoins de ses usagers dans une société moderne.

Paul Garvin (1986) propose de rassembler l'ensemble des fonctions possibles d'une °langue standard au sein de cinq catégories (fonctions *unificatrice, séparatrice, participative,* et *fonctions de cadre de référence* et *de* °*prestige*, qu'il nous semble possible de synthétiser en trois catégories seulement. (1) La fonction °*identitaire* se manifeste lorsqu'une langue est utilisée par des locuteurs pour se positionner dans le monde en affirmant leur appartenance à un groupe (= fonction unificatrice), appartenance généralement perçue comme valorisante à cause du prestige conféré au groupe, et dont l'idéologie linguistique voit le reflet dans la perfection du corpus de cette langue (= fonction de prestige), ce qui implique la différenciation par rapport à d'autres, exclus du même coup (= fonction séparatrice); (2) la fonction *participative* est remplie par une langue lorsque celle-ci sert à dépasser la communication *grégaire* (*cf.* Calvet) pour favoriser le contact avec d'autres groupes en assumant le rôle de °véhiculaire; (3) la fonction de *cadre de référence* est remplie lorsque des locuteurs, indépendamment de leurs usages, se réfèrent à une même °norme, qui sert d'étalon en matière de correction linguistique. Tout se passe alors comme si chaque locuteur (ou chaque groupe) déléguait sa compétence en matière de norme à une instance collective investie du pouvoir de codifier une langue au nom de tous. Le processus de codification, pour réussir à s'imposer à tous, se désincarne, se dissocie de toute identification à un sous-groupe de la °communauté linguistique, gagne en abstraction et en neutralité, conditions souvent nécessaires pour qu'elle s'impose à tous.

On imagine comment, dans la pratique, la mise en œuvre de ces fonctions peut influencer la manière dont se pratique la standardisation. Ainsi, par exemple, une communauté linguistique souhaitant s'affirmer en marquant sa différence par rapport aux langues en °contact au moyen de «sa» langue propre, tendra à standardiser cette langue en évitant les °emprunts, et en privilégiant la néologie interne si nécessaire, ou en s'écartant du corpus de la langue dont elle souhaite se distinguer, ne serait-ce que par des choix orthographiques : cas des °créoles français, de l'américain avec Noah Webster, etc. Dans l'espace francophone, la communauté linguistique qui est allée le plus loin en ce sens est sans doute le Québec, qui rejette *stop* au bénéfice de *halte*, *week-end* au profit de *fin de semaine*, mais on sent les mêmes tendances ailleurs, par exemple en France.

Ces modifications de structures peuvent êtres minimales et surtout orales, comme lorsqu'il s'agit de modifier le système phonologique, elles peuvent être plus vastes et concerner l'écrit, lorsqu'il est envisagé de modifier soit une graphie (Mustapha Kemal remplaçant, dans le premier tiers du XXe siècle, les caractères persans par des caractères latins pour la transcription du turc), une orthographe (combinaison des signes retenus : périodiques réformes de l'orthographe néerlandaise), ou encore des structures d'ampleur beaucoup plus importante, comme lorsqu'il s'agit de favoriser l'émergence d'un registre de langue.

Si l'on ne se contente pas des théories instrumentalistes, idéalistes et ingéniéristes (voir *Aménagement linguistique*), qui ont leurs vertus, mais sont réductrices, la référence en matière de standardisation est l'École de Prague, qui, selon Paul Garvin, l'un des propagateurs les plus accessibles des théories pragoises, propose, en matière de standardisation, de viser deux objectifs prioritaires : l'*intellectualisation* et la *stabilité flexible*.

L'*intellectualisation* tente d'adapter une langue à des domaines où une certaine abstraction est nécessaire : sciences, techniques, droit, arts, etc. Par exemple, lors de l'introduction de certaines langues africaines dans la scolarité, on a pensé à faire fonctionner le terme correspondant à «rien» pour référer à la notion mathématique de «zéro».

La *stabilité flexible* est un terme qui manifeste bien la tension interne qui règne au cœur de tout processus de standardisation : le but visé est une langue à la fois stable et adaptable, évolutive. La stabilité est rendue nécessaire pour la communication à travers l'espace, le temps, les différences sociales et pour les échanges hors situation : le sens des unités est défini soit en référence à celui que mentionnent les appareils de référence reconnus (dictionnaires), soit dans le message lui-même. Cette *codification* de la langue doit aller de pair avec la possibilité d'évolution de la langue, ce qui suppose, au nombre de moyens multiples et divers, la révision permanente des appareils de référence, et leur diffusion dans le corps social afin qu'ils soient acceptés comme référence, la mise au point et le respect de processus néologiques. [Voir aussi *Normalisation-Standardisation*.]

GARVIN Paul (1983), «Le rôle des linguistes de l'École de Prague dans le développement de la norme linguistique tchèque», *in* BÉDARD Édith et MAURAIS Jacques (éd.), *La norme linguistique*, Québec : Conseil de la langue française; Paris : Le Robert, 141-152.

STATUT Didier de Robillard

Position d'une langue dans la hiérarchie sociolinguistique d'une °communauté linguistique, cette position étant liée aux fonctions remplies par la langue, et à la valeur sociale relative conférée à ces fonctions (ex. : la langue de la °religion sera très valorisée dans une théocratie). On distingue généralement le statut de fait (empirique, implicite) du statut juridico-constitutionnel (explicite, *de jure*). Il n'est pas exclu que ces deux statuts soient relativement contradictoires (Chaudenson et collab. [1991] le démontrent bien pour ce qui est de l'espace francophone).

Sur le plan explicite, les catégories de statut le plus souvent utilisées sont celles de la °langue officielle (langue de travail de l'État), de la °langue nationale (statut garanti par l'État), voire de la langue proscrite (ainsi, sous la Révolution française était-il interdit de recourir aux °dialectes dans certaines situations; les exemples de ce type sont peu nombreux). Dans le domaine éducatif, une langue peut être dotée de statuts divers : elle est soit médium (ou véhicule) d'enseignement, soit langue enseignée (ou langue-matière).

La terminologie est à la fois plus souple et plus variée pour ce qui touche au domaine du statut implicite : langue haute/langue basse [voir *Diglossie, Variété basse, Variété haute*], langue populaire, langue grégaire/langue véhiculaire, etc. La détermination du statut d'une langue n'est pas chose facile, dans la mesure où les textes juridico-constitutionnels peuvent être contredits par la pratique quotidienne des administrations publiques, ou encore parce que les °représentations des locuteurs ne sont pas toujours le fidèle reflet de leurs pratiques ou de leurs discours. Plusieurs tentatives d'élaboration d'ensembles cohérents de catégories de statut existent (ex. : Stewart, Ferguson) ou d'°évaluation des statuts relatifs (ex. : Chaudenson et collab., 1991). Il y a bien évidemment corrélation entre statuts et fonctions des langues dès lors que l'on admet qu'en situation de °contacts de langues, il y a répartition fonctionnelle des langues [voir *Complémentarité fonctionnelle*], comme cela est mis en évidence par les travaux sur la diglossie.

CHAUDENSON Robert et collab. (1991), *La francophonie : représentations, réalités, perspectives*, Montmagny : Marquis; Aix-en-Provence : Institut d'études créoles et francophones.
FERGUSON Charles A. (1985, 1ʳᵉ éd., 1966), «National profile formulas», *in* BRIGHT William (éd.), *Sociolinguistics. Proceedings of the UCLA sociolinguistics conference*, Paris, La Haye : Mouton, 309- 324.
STEWART William A. (1968), «A sociolinguistic typology for describing national multilingualism», *in* FISHMAN Joshua A. (éd.), *Readings in the sociology of language*, La Haye : Mouton, 531- 545.

STÉRÉOTYPE
Julie Auger

Un stéréotype est une forme socialement marquée et notoirement étiquetée par les locuteurs d'une °communauté linguistique ou par des gens de l'extérieur (Labov, 1972 : 314; 1976 : 419). Ce type de variable représente un intérêt particulier, non seulement en raison de sa grande visibilité, mais aussi parce que cette appropriation par la conscience sociale en influence parfois de façon définitive le sort. En effet, lorsqu'un stéréotype est évalué de façon positive, il peut être rapidement adopté par la communauté linguistique entière (ainsi, le /r/ postvocalique à New York). Mais lorsque l'évaluation est négative, il arrive que le °changement en cours soit tout simplement renversé. Dans l'anglais de Philadelphie, par exemple, la progression de la vocalisation de /l/ semble s'être arrêtée suite à la reconnaissance du caractère ouvrier de cette prononciation (Ash, 1982). En français, le renversement de la tendance à changer les /r/ intervocaliques en /z/ dans des mots comme *Paris* (*chaise* est l'un des rares mots auquel la langue n'a pas rétabli son /r/ étymologique) constitue un autre exemple des effets de l'évaluation sociale sur la progression d'un changement linguistique. En effet, ce trait bien implanté dans le parler parisien du XVIe siècle a été éliminé de la prononciation de °prestige dès le début du XVIIe siècle. Les moqueries des grammairiens et les exemples d'°hypercorrection démontrent bien le caractère stéréotypé qu'avait acquis cette prononciation avant son élimination. [Voir aussi *Indicateur, Marqueur, Schibboleth*.]

ASH Sharon (1982), « The vocalization of intervocalic /l/ in Philadelphia », *The SECOL Review*, 6, 162-175.
LABOV William (1972), *Sociolinguistic patterns*, Philadelphia : University of Pennsylvania Press. Trad. fr. : *Sociolinguistique*, Paris : Minuit, 1976.

STYLE DE PAROLE
Bernard Harmegnies

La notion de style de parole (*speaking style, style of speaking*) s'est affirmée au cours du dernier tiers du vingtième siècle, à partir des évolutions séparées de deux courants de recherche et de pensée. L'un s'appuie sur les données empiriques des travaux sur la parole dans sa réalité sonore; l'autre se caractérise par une réflexion théorique qui, inaugurée par les sociolinguistes, a finalement pénétré le champ de la phonétique. Le concept est ici examiné successivement du point de vue des deux approches, finalement réunies.

Très tôt, l'intuition qu'il existe des *manières de parler* variables est présente dans le chef de ceux qui s'intéressent aux sons du langage. Déjà dans *Les sons du français*, publié en 1913 par l'Association phonétique internationale, Passy présente des corpus transcrits en alphabet phonétique pour illustrer les spécificités de ce qu'il dénomme *prononciation familière*, *prononciation soignée* et *prononciation solennelle*.

La linguistique du début du vingtième siècle est cependant peu encline à s'attacher à ces phénomènes. En proclamant que *le tout du langage est inconnaissable*, Saussure fait de la discipline en développement une science de la langue, et dissuade les candidats à la fondation d'une hypothétique linguistique de la parole. Il donne aussi le ton au plan méthodologique. Puisque la langue est assimilable à *un dictionnaire dont tous les exemplaires, identiques, seraient répartis entre les individus*, il est naturel que l'étude d'un seul informateur suffise à investiguer sa langue : au même titre que chaque locuteur de sa °communauté, il en est un dépositaire à part entière. Longtemps, il sera dès lors de pratique courante d'étudier la langue à partir d'un locuteur unique (parfois le linguiste lui-même). Toutes les conditions sont ainsi réunies pour que la variabilité des comportements verbaux soit, dans une large mesure, scotomisée.

Inauguré, dès la fin du XIXe, par les travaux de précurseurs tels Rousselot, le développement d'instruments d'analyse acoustique du signal de parole provoque cependant la confrontation du chercheur avec le son de parole dans sa réalité physique. Une caractéristique majeure des productions vocales apparaît alors de manière patente : leur *irreproductibilité*.

Il devient ainsi manifeste que plusieurs productions d'un corpus déterminé, par un locuteur unique, résultent en autant d'événements différents, même si les destinateurs ne souhaitent pas les différencier, et si les destinataires — y compris les experts — les perçoivent comme identiques. *A fortiori*, des réalisations issues de divers locuteurs présentent des différenciations acoustiques encore plus sensibles.

Devant l'évidence de ces variations physiques, hors l'effet de toute influence phonologique, les chercheurs se sont alors essentiellement attachés à identifier les *invariants* pouvant être dégagés du signal et correspondant aux catégories phonologiques impliquées. Il s'inscrivaient ainsi dans une dynamique de stricte obédience saussurienne, cherchant au-delà des mouvances de la parole la stabilité de la langue. Les efforts visant, par exemple, à déterminer les caractéristiques formantiques des voyelles dans diverses langues participent de ce mouvement. Tel est également le cas de la quête des corrélats acoustiques de traits phonologiques comme le voisement, la nasalité, etc. C'est essentiellement au cours du deuxième tiers du vingtième siècle qu'ont prévalu les travaux de ce type.

Les caractères acoustiques du signal de parole y étaient regardés comme le résultat de deux sources de variations. La première, d'essence phonologique, conduit le locuteur à différencier intentionnellement les sons produits afin d'établir entre eux des contrastes associés à des changements de sens. La deuxième repose sur un nombre important de facteurs considérés comme difficilement isolables, tels l'effet du contexte phonétique, de l'°accentuation, des caractéristiques intrinsèques inhérentes à l'individu (°sexe, °âge, origine, etc.). Comme aucune spécificité étiologique ne semble prévaloir, il paraît naturel de considérer cet ensemble en bloc comme la composante aléatoire des variations du signal de parole. Au plan épistémologique, les deux sources de variation ont finalement des statuts comparables à ceux de la langue et de la parole dans le langage : on s'applique à s'affranchir de la seconde pour mieux cerner la première.

Graduellement, cependant, apparaissent des expériences focalisées sélectivement sur l'effet de variables spécifiques, telles l'°accent ou encore l'environnement consonantique des voyelles. Dans cette voie, l'étude que consacre Lindblom, dès 1963, à la réduction vocalique, anticipe les recherches sur les styles de parole qui verront le jour dans le dernier tiers du siècle. Ce travail décrit en effet les profondes modifications structurelles que subissent les segments de la chaîne parlée lorsque le débit varie. Au plan épistémologique, l'intérêt de l'expérience tient cependant plus à la nature de la variable indépendante elle-même qu'en l'analyse de son action. Il est en effet patent qu'au contraire d'autres variables antérieurement étudiées, le débit est directement influencé par la situation de communication.

L'idée que les circonstances de la communication influent sur des variables elles-mêmes responsables de modifications des caractéristiques du signal suscite l'émergence d'une certaine défiance pour une situation dont la singularité est soudainement identifiée : celle du locuteur conduit, pour les besoins d'une expérience, à produire, sur commande, un ensemble de sons de parole en l'absence de toute intention réelle de communiquer. Les études relatives à la *parole continue* (*connected speech*) sont ainsi nées d'un souci de renforcer la validité écologique des recherches. Au lieu de se centrer sur des productions de syllabes non signifiantes, de pseudo-mots ou de mots isolés, elles requièrent du locuteur la production de séquences continues similaires à celles dont la conversation normale provoque l'apparition. L'existence même de ces démarches consacre implicitement l'idée que les situations expérimentales constituent des contextes de communication auxquels est associé un style de parole spécifique. Les travaux ne cherchent cependant pas à étudier ce style, mais plutôt à en neutraliser les effets potentiels. D'autres auteurs utiliseront le style de parole de laboratoire afin d'estimer, par comparaison avec la parole produite spontanément, le degré de validité des recherches précédemment établies au moyen de °méthodes plus classiques.

La littérature présente, en fin de siècle, des contributions basées sur l'étude d'un grand nombre de situations de communication, supposées chacune supporter un style déterminé : conversation d'un adulte avec un enfant, demande d'informations au téléphone, description d'un périple à effectuer (tâche de la carte), etc. Ces recherches, dans leur ensemble, montrent un important effet des styles sur les divers paramètres acoustiques qui rendent compte du signal de parole, tels entre autres la durée, la fréquence fondamentale ou les valeurs formantiques.

Considérée sous l'angle statistique, la prise en compte des styles de parole revient dès lors à ajouter une troisième source de variation au modèle traditionnel : la variabilité stylistique, jadis indifférenciée des autres facteurs réputés aléatoires. Cette reconnaissance de l'existence de nouveaux déterminants spécifiques du signal vocal rompt cependant l'alliance implicite qui liait le modèle à deux sources de variation à la vision dichotomisée du langage d'après Saussure. L'approche empirique des styles de parole laisse en outre largement inexplorés le questionnement relatif aux spécificités et aux différences stylistiques, tout comme la problématique du classement des styles, et finalement la question de leur étiologie.

La réflexion théorique qui s'est fait jour séparément, dès la fin des années soixante, d'abord dans le champ de la sociolinguistique puis graduellement dans celui de la phonétique, offre à cet égard quelques éclaircissements.

Labov (1972) ancre sa vision de la sociolinguistique dans une critique de la linguistique classique qui se résume bien dans la description de ce qu'il dénomme le *paradoxe saussurien* : une science de la langue (définie par Saussure comme la partie sociale du langage) ne peut se focaliser que sur un objet proprement social ; or, la linguistique inspirée par l'école de Genève ne s'intéresse guère à la vie sociale. Qui pis est, elle s'appuie ordinairement sur un nombre très réduit d'informateurs pour décrire des phénomènes supposés communs à de très larges communautés. Cette position amène Labov à étudier les productions de locuteurs différenciés par leur appartenance à divers groupes °ethniques, °classes sociales, tranches d'âge, etc., ainsi que par les caractéristiques de la situation dans laquelle ils s'expriment. Il en dérive un principe fondamental, celui de l'*alternance stylistique* (*style shifting*), qu'il exprime en ces termes : «*Il n'existe pas de locuteur monostyle*».

Pour Labov, le contexte immédiat de la production de parole produit des variations des règles syntaxiques et phonologiques que déterminent trois ordres de facteurs : les relations entre destinateur et destinataire (particulièrement en termes de pouvoir et de solidarité), le contexte social de la communication (école, emploi, domicile, église, etc.), et enfin la thématique du discours. Les styles sont définis par le contexte où ils apparaissent, et les classifications proposées sont fortement influencées par la méthodologie mise en place pour les étudier. Les variations de style observées dans les différents contextes de production (conversation, lecture de texte, lecture de paires minimales, etc.) suscitent l'apparition de modes d'expression situés entre les deux extrêmes que constituent le discours surveillé et le discours familier.

D'autres auteurs ont fourni divers modèles de classification des styles. La plupart se fondent sur l'idée d'une échelle de familiarité. Joos (1968) envisage ainsi les catégories : *intime (intimate), familier (casual), consultatif (consultative),* °*formel (formal)* et *figé (frozen).*

L'approche sociolinguistique des styles de parole serait évidemment dépourvue de signification si elle ne postulait pas le caractère fortement *adaptatif* du langage, sous-jacent notamment au principe d'alternance stylistique. Cette propriété est également exploitée par Lindblom (1990), hors du champ de la sociolinguistique. Sa théorie H et H (*H & H theory*) suppose en effet que le locuteur dispose d'une représentation — au moins implicite — de la disponibilité, pour le récepteur, de sources d'informations externes au signal de parole. Plus la situation contient d'éléments informants accessibles au récepteur, moins il est nécessaire que le signal convoie une importante quantité d'information. Tout moment d'une communication peut dès lors être représenté comme un point sur un continuum de formes phonétiques plus ou moins riches, dont les pôles sont l'Hypo- et l'Hyperarticulation, d'où le nom de la théorie.

Cette perspective engage à une décentration de la recherche des invariants, ceux-ci se définissant en termes de la constance des quantités d'information disponibles au destinataire, plutôt que comme un ensemble de constantes présentes dans le signal vocal émanant du destinateur.

Une combinaison des vues sociolinguistiques avec celles de la théorie H & H permet une appréhension plus englobante du concept de style de parole, puisque les deux approches, tout en partageant une conception adaptative du langage, cherchent les moteurs de l'adaptation dans des directions différentes.

Eskénazi (1993), bien que ne s'appuyant pas directement sur les théories évoquées, adopte une démarche de ce type. Elle introduit en effet, sur la base d'une revue de la littérature (prioritairement expérimentale), l'idée d'une classification à caractère conceptuellement topologique, tout style étant situable dans un espace tridimensionnel dont les axes exprimeraient le taux d'intelligibilité, le degré de familiarité et la couche sociale.

L'état des connaissances à la fin du vingtième siècle commande l'élaboration de modèles englobants, aptes à concilier approches empiriques et théoriques. Le cadre conceptuel à construire doit certainement s'appuyer sur les théories évoquées ici, mais également rechercher dans d'autres secteurs les liens à établir avec les styles de parole. La prise en compte des fonctions du langage, telles que les décrit Jakobson semble à cet égard prometteuse. L'intégration dans la problématique de concepts proposés par la philosophie du langage, et notamment la différenciation des *actes de langage*, est probablement souhaitable.

[Voir aussi *Styles contextuels*.]

ESKÉNAZI Maxine (1993), «Trends in speaking styles research», *Proceedings of the Third international conference on speech communication and technology*, Berlin : ESCA, 501-509.

HARMEGNIES Bernard et POCH-OLIVE Dolors (1992), «A study of style-induced vowel variability : laboratory *versus* spontaneous speech in Spanish», *Speech communication*, *11*, 429-437.

JOOS Martin (1968), «The isolation of styles», *in* FISHMAN Joshua (éd.), *Readings in the sociology of language*, La Haye : Mouton, 185-191.

LABOV William (1972), *Sociolinguistic patterns*, Philadelphie : Pennsylvania University Press. Trad. fr. : *Sociolinguistique*, Paris : Minuit, 1976.

LINDBLOM Bjorn (1963), Spectrographic study of vowel reduction, *Journal of the Acoustical Society of America*, *35*, 1771-1781.

LINDBLOM Bjorn (1990), «A sketch of the H and H theory», *in* HARDCASTLE William J. et MARCHAL Alain (éd.), *Speech production and modeling*, Dordrecht : Kluwer Academic Publishers, 403-440.

PASSY Paul (1913), *Les sons du français*, Paris : Didier.

STYLES CONTEXTUELS   Julie Auger

Les études °variationnistes ont prouvé hors de tout doute que la variation linguistique est hautement systématique. Cette découverte a causé une révolution en linguistique : on avait toujours considéré les alternances entre deux formes de même sens ou de même fonction comme une preuve du caractère accidentel et peu intéressant de la parole/performance, opposée à la langue/compétence, jugée plus digne d'intérêt. La sociolinguistique ne s'est cependant pas contentée de démontrer que la variation est systématique à l'intérieur d'une °communauté linguistique : elle a aussi mis en évidence l'existence de schémas variationnels systématiques dans le parler de locuteurs individuels. Au sein de la communauté, le choix entre variantes est influencé par un ensemble de facteurs sociaux et linguistiques. Au niveau de l'individu, il n'est guère surprenant que la variation reflète l'appartenance au groupe. Ce qui l'est plus, c'est l'existence, chez l'individu, d'une dimension variationnelle surajoutée à la stratification sociale : en effet, le taux de production individuelle des diverses variantes varie en fonction des caractéristiques sociales de la situation d'interaction ; c'est ce qu'on appelle la variation stylistique, le style étant défini comme le degré d'attention qu'un locuteur porte à sa propre production linguistique (Labov, 1972 : 208 ; 1976 : 288).

Dans des conditions sociolinguistiques normales, il n'existe pas de locuteur qui ne possède qu'un style unique, qui s'exprime toujours exactement de la même façon. Tout individu modifie sa façon de parler selon les paramètres extra-linguistiques qui définissent la situation : interlocuteur, public, sujet de conversation, lieu, etc. En milieu °bilingue, ces paramètres conditionnent le choix de l'une ou de l'autre langue ; dans les cadres °diglossiques, celui de la °variété haute ou de la °variété basse ; dans les situations de °continuum post-créole, celui d'une variété plutôt °basilectale, ou °mésolectale, ou °acrolectale. Dans les communautés monolingues, les locuteurs sélectionnent un style ou °registre d'un niveau approprié à la situation dans laquelle ils se trouvent.

La diversité des styles comporte d'importantes implications méthodologiques : s'il veut élargir l'angle sous lequel il observe la production d'un locuteur, le chercheur a intérêt à varier les tâches à l'intérieur d'un entretien sociolinguistique. Il est en effet admis à présent, que dans des conditions sociolinguistiques normales, où le sujet est en présence d'un inconnu et d'un microphone, les productions ne sont jamais totalement °informelles. Pour observer la production en style davantage informel, les sociolinguistes recourent à différentes techniques, avec des succès variables. Ils disposent en revanche de °méthodes assez sûres pour augmenter le niveau de formalité.

L'attention portée au discours découle d'une autre variable plus fondamentale que la tâche : l'effet de l'auditoire sur le locuteur (Bell, 1984). L'influence des différents membres du public est directement proportionnelle à leur importance dans la situation de communication. Ainsi, l'interlocuteur constitue le déterminant le plus important du taux d'emploi de variantes °formelles ou informelles par le locuteur; les auditeurs jouent un rôle de moindre importance, mais leur influence se traduit tout de même par des adaptations stylistiques. Pour Bell, la variable « auditoire » conditionne également la variation stylistique liée aux changements de thèmes conversationnels. La perception que le locuteur a de son auditoire est en effet infléchie par sa conception du public cible prototypique pour ce sujet de conversation. C'est cette notion de public cible prototypique qui rend donc compte du fait que le style peut varier même lorsque l'auditoire demeure constant. La notion d'auditoire rend compte, selon Bell, que le style dérive de la variation sociale et que l'éventail de la variation stylistique n'excède jamais celui de la variation sociale.

L'effet de l'auditoire sur la variation stylistique ne fait aucun doute. Il est en effet bien connu que les employés du secteur tertiaire varient leur façon de parler en fonction des clients et des collègues auxquels ils s'adressent. Bell (1984) observe ainsi qu'un même annonceur de radio en Nouvelle-Zélande varie son emploi de variantes standards [voir *Langue standard*, *Norme*] et non standards en fonction du public cible des divers postes de radio pour lesquels il travaille. Les francophones étudiés par Flikeid (1988) produisent davantage de variantes acadiennes en présence d'un enquêteur membre de leur communauté qu'avec une enquêtrice extérieure. De même, Rickford et McNair-Knox (1994) relèvent un emploi beaucoup plus élevé de formes africaines-américaines dans le parler d'une adolescente lorsque les enquêteurs appartiennent au même groupe °ethnique qu'elle. Ces résultats sont très importants, car ils soulignent que la variation stylistique est bien présente dans la pratique langagière ordinaire. En effet, malgré tous les progrès méthodologiques réalisés dans le cadre labovien, il demeure crucial de montrer que la structure d'entretien labovien et sa gradation stylistique permettent effectivement d'approcher ce que sont les schémas variationnels stylistiques dans des contextes d'observation qui se rapprochent davantage des situations naturelles de la vie quotidienne.

C'est précisément cette variation stylistique à l'intérieur du parler d'un seul locuteur qui fait noter à Labov (1972 : 240; 1976 : 326) qu'il n'est pas toujours possible de distinguer un vendeur de chaussures s'exprimant de façon détendue d'un soudeur parlant dans un style plus soutenu. En effet, il a été amplement démontré que ce ne sont pas tant les formes utilisées qui distinguent les différents groupes sociaux que les fréquences d'emploi relatives de ces formes dans diverses situations sociales. Comme chaque groupe social prend pour modèle de style formel le parler des groupes sociaux qui se situent juste au-dessus de lui dans l'échelle sociale, il en résulte, par exemple, que la fréquence d'emploi du *ne* de négation chez un vendeur de chaussures dans un contexte intime et détendu risque d'être très semblable à celle d'un soudeur lors d'un entretien d'embauche. C'est d'ailleurs toujours à des considérations de fréquences relatives qu'il faut attribuer le fait que les sujets parlants se méprennent parfois sur le statut populaire de formes linguistiques pourtant familières. En effet, s'il existe de nombreuses formes dont l'emploi est normal dans le parler familier de tous les locuteurs d'une communauté linguistique, de telles formes se voient cependant parfois qualifiées de populaires, en raison du fait que dans les styles plus soutenus, elles ne sont plus guère fréquentes que dans le parler de la °classe ouvrière. Et comme les systèmes cognitifs humains conscients semblent favoriser la perception catégorique (Labov, 1972 : 226; 1976 : 311), les locuteurs peuvent avoir l'impression que seuls les locuteurs des classes ouvrières emploient la variante familière, d'où la qualification de populaire. Le même type de facteur peut de plus expliquer l'opinion négative que plusieurs adultes ont du parler des jeunes gens de leur communauté : en effet, la tendance des jeunes à employer moins de variantes standards que leurs aînés, même dans les styles formels, contribue à créer l'impression chez plusieurs que le parler de ces jeunes marque une rupture importante avec le leur (Labov, 1972 : 137; 1976 : 205). Ce que ces adultes ne peuvent cependant savoir, c'est que cette tendance à niveler la variation stylistique chez les jeunes adultes s'amenuise souvent avec l'°âge, et que ces jeunes gens finiront par se comporter comme leurs aînés.

Si la variation stylistique constitue une caractéristique essentielle de toute langue naturelle parlée dans des circonstances normales, on peut se demander ce qui arrive dans des situations moins «normales», par exemple, lors de la naissance et de la mort des langues. S'il a semblé raisonnable au départ d'assumer que les °pidgins et les langues menacées ont en commun l'absence de variation stylistique, les études empiriques ont démontré que les faits sont beaucoup plus complexes et qu'il est en conséquence incorrect de caractériser ces deux types de langues comme étant monostylistiques. Il y a lieu, en particulier, de prendre en compte le degré de développement ou de simplification qu'elles ont atteint. Par exemple, s'il est vrai que pendant les étapes initiales de leur développement, les pidgins ne comportent qu'un seul style, il va de soi qu'un pidgin tel que le tok pisin, dont l'emploi s'est étendu aux bulletins de nouvelles, à la diffusion des débats parlementaires et à la description d'événements sportifs, met à la disposition de ses locuteurs une variété de moyens linguistiques qui leur permet de moduler leur production selon les différentes situations de communication. Il convient de plus de noter que cette variation stylistique a précédé le processus de °créolisation qui a récemment affecté le tok pisin et qu'elle en est indépendante, puisqu'elle est caractéristique du parler de tous les locuteurs de tok pisin.

Dressler (1988) décrit les langues en péril d'°étiolement comme monostylistiques, ne comportant qu'un style très informel approprié aux conversations avec des proches sur quelques sujets restreints, dans des situations langagières de routine. Il semble toutefois qu'on ne puisse généraliser la description. Ainsi, le gaélique d'une locutrice du Sutherland oriental présente une variation stylistique (Dorian, 1994).

Par ailleurs, la réduction de l'éventail stylistique ne favorise pas nécessairement le style informel. Les adolescents franco-ontariens dont le taux d'utilisation du français est faible, usent d'une variété formelle, semblable à celle des locuteurs des classes supérieures. Cette situation s'explique sans difficulté, si l'on prend en compte la situation particulière du français dans cette province canadienne. En effet, contrairement à ce que l'on observe dans nombre de situations d'étiolement linguistique où la variété menacée ne reçoit aucun soutien officiel et se voit exclue de la place publique et confinée à des situations intimes, en Ontario, les enfants francophones ont la possibilité d'être éduqués en français. Pour certains d'entre eux, c'est d'ailleurs le seul français auquel ils sont exposés, sans avoir l'occasion d'acquérir les variantes familières employées par les enfants de leur âge qui ont davantage accès au français dans leur vie quotidienne (Mougeon et Beniak, 1989 : 309). C'est ainsi, par exemple, que les enfants dont le taux d'utilisation du français est faible emploient davantage les variantes standards *je vais* et *alors*, alors que les autres enfants recourent plus aux variantes non standards *je vas* et *fak*.

BELL Allan (1984), «Language style as audience design», *Language and society*, 13, 145-204.

FERGUSON Charles A. (1982), «Simplified registers and linguistic theory», *in* OBLER Loraine K. et MENN Lise (éd.), *Exceptional language and linguistics*, New York : Academic Press, 49-66.

FLIKEID Karin (1988), «Stylistic variation in Nova Scotia Acadian French», *in* THOMAS Alan R. (éd.), *Methods in dialectology*, Clevedon : Multilingual Matters, 79-88.

LABOV William (1972), *Sociolinguistic patterns*, Philadelphia : University of Pennsylvania Press. Trad. fr. : *Sociolinguistique*, Paris : Minuit, 1976.

MOUGEON Raymond et BENIAK Édouard (1989), «Language contraction and linguistic change : The case of Welland French», *in* DORIAN Nancy C. (éd.), *Investigating obsolescence; studies in language contraction and death*, Cambridge : Cambridge University Press, 287-312.

RICKFORD John R. et McNAIR-KNOX Faye (1994), «Addressee- and topic-influenced style shift : a quantitative sociolinguistic study», *in* BIBER Douglas et FINEGAN Edward (éd.), *Sociolinguistic perspectives on register*, Oxford : Oxford University Press, 235-276.

SUBSTRAT   Josiane F. Hamers

Le terme *substrat* désigne toute langue A parlée à l'origine dans un territoire déterminé, à laquelle une autre langue B s'est substituée; la langue antérieure influence la nouvelle langue de sorte que de nouvelles règles et structures se créent. Ces modifications s'étendent sur plusieurs générations. Ainsi, les parlers celtiques de la Gaule d'avant la conquête romaine sont les substrats du gallo-romain.

Dans les processus de pidginisation et de °créolisation, la langue du groupe dominant est appelée langue-base et celles des groupes dominés langues-substrats. Le °contact de ces diverses langues donne lieu à la création d'un °pidgin, où les structures sont simplifiées et réduites, pour être ensuite reconstruites en un système unique dans la phase de créolisation.

HAMERS Josiane F. et BLANC Michel (1983), *Bilingualité et bilinguisme*, Bruxelles : Mardaga.

SUPERSTRAT   Josiane F. Hamers

De manière générale, on parle de superstrat pour toute langue qui s'introduit sur le territoire d'une autre langue, et qui soit l'évince presque totalement, soit disparaît en ne laissant que quelques traces. Par exemple, dans la Gaule colonisée par Rome, le latin joue un rôle important de superstrat dans la création du gallo-romain. Par contre, si des langues germaniques se sont diffusées en Gaule, avec les grandes invasions barbares, elles ont fini par en disparaître, tout en exerçant une influence lexicale et syntaxique sur les langues romanes (ex. : le *h* du mot *haut*, dérivé du latin *altus*, est dû à l'existence du terme germanique *hoch*).

Dans les processus de pidginisation et de °créolisation, le terme sert parfois à désigner la langue-base d'un °pidgin, mais est surtout utilisé dans l'analyse du processus de décréolisation pour désigner la forme standard [voir *Langue standard*] et actuelle de la langue-base. Par exemple, dans le °créole haïtien, la langue-base est le français du XVIIIe siècle, mais le superstrat du °continuum post-créole haïtien est le français standard du XXe siècle. Chacun des systèmes du continuum post-créole représente une restructuration minimale du précédent : le °basilecte ou le système archaïque est le plus proche (dans le temps et dans l'espace social) du pidgin et est caractérisé par des formes radicalement différentes du superstrat; le °mésolecte représente un stade intermédiaire dans lequel une restructuration ainsi qu'une introduction de morphèmes modelés sur le superstrat ont eu lieu; l'°acrolecte aboutit à des formes et des fonctions très proches de celles du superstrat (par exemple, le français standard actuel). Dans le processus de décréolisation, nous assistons à une assimilation d'une langue moins °prestigieuse (le créole) vers une langue plus prestigieuse, le superstrat du créole (Hamers et Blanc, 1989).

BICKERTON Derek (1975), *Dynamics of a creole system*, Cambridge : Cambridge university Press.
HAMERS Josiane F. et BLANC Michel (1989), *Bilinguality and bilingualism*, Cambridge : Cambridge University Press.

TECHNOLECTE   Claudine Bavoux

Le sens de *technolecte* recouvre au moins partiellement celui de *langue spéciale*, *langue de métier* et même *jargon de métier*. C'est par un abus de langage qu'on appelle les technolectes des °argots de métier, sans doute pour en souligner le caractère très spécialisé, voire incompréhensible. Le jargon des cheminots est un exemple de technolecte. Et si l'argot se présente comme une langue secrète (le louchebem en est un exemple), le technolecte, si obscur puisse-t-il paraître, reste une variété de langue accessible à tous.

Le technolecte, lié à une activité professionnelle (le cinéma, le dessin, la pharmacie, l'informatique, etc.) construit un vocabulaire qui répond aux besoins de l'activité, en recourant à la néologie formelle (il crée des signes pour désigner des réalités spécifiques) et à la néologie sémantique, en donnant des acceptions spéciales à des mots de la langue commune (le *bureau*, ou la *souris* de l'informaticien).

TOPOLECTE
Claudine Bavoux

Le terme est utilisé généralement comme un strict équivalent de °*régiolecte*. On pourrait songer à le spécialiser et à lui faire désigner une variété d'une plus grande extension que le régiolecte, qui, lui, ne déborderait pas des frontières d'un État. Cette conception apparaît au moins en filigrane dans les dictionnaires de langues et dans les descriptions des variétés de langue géographiquement implantées. Les dictionnaires utilisent des marques topolectales référant à des situations à l'intérieur d'un espace de vaste dimension, quand ils corrèlent par exemple *brousse* à tropical ou *case* à africain.

On remarque que parfois, à l'occasion d'une réédition, les auteurs de dictionnaires précisent ou corrigent la référence topolectale : c'est un domaine dans lequel les descriptions ponctuelles des variétés régionales font avancer la connaissance de l'aire géographique au sens large, ce qui entraîne des mises à jour des ouvrages généraux. Par exemple, le *Petit Robert*, qui considérait *flamboyant* comme antillais, le présente, dans l'édition de 1993, comme plus largement tropical.

Notons qu'un mot décrit dans un dictionnaire standard comme appartenant à un topolecte peut être perçu par le locuteur d'une variété locale, régionale, comme une marque plus strictement régiolectale. C'est le cas en français du mot *case*, que le *Lexis* (1979) rattache au topolecte d'Outre-mer, mais que certains Réunionnais considèrent, de leur point de vue propre, comme un terme de la variété réunionnaise.

CHAUDENSON Robert (1988), *Propositions pour une grille d'analyse des situations linguistiques de l'espace francophone*, Paris : ACCT-IECF, 1988.
POIRIER Claude (1995), «Les variantes topolectales du lexique français», in FRANCARD Michel et LATIN Danièle (éd.), *Le régionalisme lexical*, Louvain-la-Neuve : De Boeck; Paris : Aupelf-Uref.
WALTER Henriette (1994), *L'aventure des langues en Occident, leur origine, leur histoire, leur géographie*, Paris : Laffont.

VARIATION
Marie-Louise Moreau

Aucune langue ne se présente comme un ensemble unique de règles. Toutes connaissent de multiples variétés ou °lectes, dont la diversité est masquée par des étiquettes au singulier (*LE français*, *LE turc*, etc.). Le caractère commode de ces dénominations ne doit cependant pas masquer leur caractère abstrait et réducteur. Quatre grands types de variations sont classiquement distingués.

– **La variation diachronique** est liée au temps; elle permet de contraster les traits selon qu'ils sont perçus comme plus ou moins anciens ou récents.

– **La variation diatopique** joue sur l'axe géographique; la différenciation d'une langue suivant les régions relève de cette variation. Pour désigner les usages qui en résultent, on parle de °*régiolectes*, de °*topolectes* ou de *géolectes*.

– **La variation diastratique** explique les différences entre les usages pratiqués par les diverses °classes sociales. Il est question en ce cas de °*sociolectes*.

– On parle de **variation diaphasique** lorsqu'on observe une différenciation des usages selon les situations de discours; ainsi la production langagière est-elle influencée par le caractère plus ou moins °formel du contexte d'énonciation et se coule-t-elle en des °*registres* ou des °*styles* différents.

D'autres variables encore peuvent se révéler pertinentes pour rendre compte de la diversité à l'intérieur d'une langue : ainsi, l'°âge, le °sexe, l'°ethnie, la °religion, la profession, le groupe et, de manière plus générale, toute variable sur laquelle les individus fondent leur °identité (orientation sexuelle, appartenance à une congrégation religieuse, etc.).

COSERIU Eugenio (1969), *Einfürhung in die strukturelle Linguistik*, Tübingen : Narr.
FLYDAL Leif (1952), «Remarques sur certains rapports entre le style et l'état de langue», *Norsk tidsskrift for sprogvidenskap*, 16, 241-258.

VARIATIONNISTE (L'APPROCHE -)   Pierrette Thibault

Pendant longtemps, en Europe surtout, on a qualifié la sociolinguistique qui s'est inspirée des travaux de William Labov de dialectologie sociale ou de linguistique corrélationniste. De telles caractérisations sont à rapporter au projet explicitement exprimé par Labov, dès ses premiers travaux, de rendre compte de la langue d'une °communauté linguistique à travers l'étude de la structure des °variations qui s'y retrouvent. Marcellesi et Gardin (1974 : 144) résument ainsi la vision qui sous-tend le projet labovien : «L'ensemble des performances d'une communauté linguistique constitue une structure à deux dimensions : sociale et stylistique : [...] les réalisations linguistiques des variables sont coreliées [...] avec la position sociale de ceux qui parlent et avec les conditions de production des discours qu'ils tiennent».

Labov (1972) propose un examen de la variation sociale et stylistique sous l'angle du degré de conscience que les locuteurs ont des variantes présentes dans leur parler et dans celui des membres de leur communauté. En examinant la distribution socio-stylistique de divers types de variables, il remarque que seuls les °indicateurs sociolinguistiques présentent une distribution stable, quels que soient la situation et le degré d'auto-surveillance qu'elle requiert. Ce sont les indicateurs qui correspondent le mieux à la notion de °dialecte social ou de °sociolecte régulièrement évoquée dans la littérature sociolinguistique.

Aujourd'hui, on qualifie plutôt l'approche labovienne de linguistique variationniste, mais les liens qui existent entre la variation linguistique et la diversité sociale doivent être précisés.

Variation linguistique et variation sociale

Le point de contact entre la société et la langue constitue le thème central de l'article de Labov (1992). Au départ, écrit-il, il est important de distinguer entre les variations stables et les °changements en cours dans une communauté, car les facteurs linguistiques et sociaux n'exercent pas le même type d'influence dans les deux cas.

Lorsqu'on est en présence de variations stables, l'action des facteurs linguistiques est, la plupart du temps, indépendante des effets de la distribution sociale. Ainsi, dans un exemple que Labov tire de la thèse de Maria Luisa Braga sur le °créole du Cap Vert, il apparaît que la topicalisation et la dislocation à gauche sont favorisées ou défavorisées par certains traits sémantiques du référent, par la nature du syntagme nominal touché et par des éléments pragmatiques et discursifs comme le statut de l'information véhiculée. Ces contraintes agissent de façon identique dans tous les segments sociaux de la communauté étudiée. La diversité des conditionnements linguistiques de la variation n'est pas associée à la diversité sociale.

Par contre, dans le cas d'une série de changements dans l'articulation des voyelles à Philadelphie, les travaux de Labov montrent une interaction étroite entre les facteurs linguistiques et sociaux : les patterns de variation correspondent à une articulation complexe de la différenciation liée au °sexe, à l'°âge et à la °classe sociale des locuteurs, et ce de manière différente selon la voyelle touchée, où le changement se trouve à un état d'avancement particulier.

Linguistique variationniste

L'analyse de la variation implique donc l'examen minutieux du contexte linguistique et discursif, de même que la prise en compte des caractéristiques sociales des locuteurs qui emploient les variantes à l'étude. Pourtant, la sociolinguistique labovienne est, d'abord et avant tout, une linguistique : « Elle a le même domaine que la linguistique, la langue, et non pas un sous-territoire (dialectes sociaux, co-variation) ; elle a les mêmes tâches à remplir, l'étude scientifique de la langue » (Encrevé, 1977 : 4). Elle se distingue de la linguistique de Chomsky en ce que pour ce dernier, la notion de système renvoie à des structures cognitives du cerveau humain, alors que dans la perspective de Labov, la langue fait système dans la communauté linguistique.

« Parce qu'elle est une linguistique qui prend au sérieux « la nature sociale » de son objet, la sociolinguistique exige une sociologie. Pas de simples emprunts à une sociologie locale [...] Non. La sociolinguistique a besoin d'une théorie sociologique des rapports sociaux, et précisément des rapports linguistiques : d'une véritable sociologie du langage » (Encrevé, 1977 : 11).

Lorsque ceux qui ont suivi Labov découvrent que certains patterns de variation s'expliquent davantage par les aspirations sociales des locuteurs que par leur position sociale effective, lorsque leurs analyses de la distribution des variantes confirment la position centrale ou la position marginale de certains individus à l'intérieur d'un groupe d'adolescents, lorsqu'ils arrivent à identifier les mécanismes de transmission des °normes linguistiques locales, lorsque Labov lui-même, après avoir analysé et comparé durant des années la dynamique des variétés urbaines parlées par les Américains d'origine européenne et africaine, se demande si ces variétés ne sont pas en train de s'éloigner de plus en plus, comment ne pas reconnaître que les laboviens font de la sociologie ?

Pourquoi enfin ne pas parler de sociolinguistique variationniste plutôt que de linguistique variationniste ? En décrivant le modèle de Labov, Laks (1992 : 35) propose une réponse : « Trois concepts clés forment le soubassement théorique de cette conception [...] : le changement linguistique, l'hétérogénéité des pratiques linguistiques et corrélativement des grammaires qui les modélisent, l'existence d'une variation réglée et contrainte par le système linguistique lui-même (la variation inhérente). [...] On remarquera que ces trois concepts [...] proposent une caractérisation théorique minimale de la langue. En d'autres termes, la variation sociale n'est qu'une conséquence des caractérisations internes de la langue, et pour Labov aussi, la sociolinguistique, au sens étroit de description de cette variation sociale, n'est qu'une partie de la linguistique variationniste».

ENCREVÉ Pierre (1977), «Présentation : linguistique et sociolinguistique», *Langue française, 34* : 3-16.
LABOV William (1972), *Sociolinguistic patterns*, Philadelphie : University of Pennsylvania Press. Trad. fr. : *Sociolinguistique*, Paris : Minuit, 1976.
LABOV William (1992), «La transmission des changements linguistiques», *Langages, 108*, 16-33.
LAKS Bernard (1992), «La linguistique variationniste comme méthode», *Langages, 108*, 34-50.
MARCELLESI Jean-Baptiste et GARDIN Bernard (1974), *Introduction à la sociolinguistique. La linguistique sociale*, Paris : Larousse.

VARIÉTÉ BASSE   Michel Beniamino

A l'origine, le concept de variété basse — ou variété B ou variété L(ow) — s'applique, en situation de °diglossie, à des variétés non °standardisées dont la référence commune est une variété standard [voir *Langue standard*] appelée °*variété haute*.

Dans le schéma classique de la diglossie, la répartition [ou °complémentarité] fonctionnelle des langues est un clivage systématique qui conduit à ce que la variété basse soit minorée, cantonnée à la communication avec des subalternes, à la conversation °informelle, etc. C'est en résumé la langue commune, celle de la vie quotidienne... Du point de vue des °représentations des locuteurs, cette variété, acquise comme langue première, est dénuée de °prestige et ne possède ni tradition littéraire ni appareil de référence. Elle est exclue de l'école et les locuteurs peuvent même en nier l'existence, même si leur pratique linguistique contredit cette affirmation. Du point de vue intralinguistique, cette variété est considérée comme moins complexe grammaticalement que la variété haute, son lexique comme plus pauvre et réservé aux situations informelles.

L'ensemble de ces critères initiaux sont aujourd'hui discutés. Le critère de la simplicité relative des langues est contestable et les critères de distinction entre une langue et un °dialecte sont largement extra-linguistiques. L'existence d'une zone interlectale entre les deux pôles de la diglossie pose l'existence d'un °continuum linguistique qui n'est une diglossie qu'au plan des représentations des locuteurs. Enfin, la dynamique des situations conduit à ce que certaines variétés basses voient s'élargir leur domaine fonctionnel et/ou °statutaire.

L'analyse des comportements et des jugements produits par les membres d'une communauté diglossique révèle fréquemment que les utilisateurs de la variété basse se trouvent en situation d'°insécurité linguistique, et stigmatisent la variété dont ils usent. Mais on observe aussi des °attitudes opposées, qui en revendiquent au contraire la °légitimité.

CHAUDENSON Robert (1995), *Les créoles*, Paris : PUF, «Que sais-je?».
LAFFONT Robert (1971), «Un problème de culpabilité sociologique : la diglossie franco-occitane», *Langue française*, 9, 93-99.

VARIÉTÉ HAUTE   Michel Beniamino

A l'origine, le concept de variété haute (ou variété H) s'applique, en situation de °diglossie, à une variété en situation de contact avec des variétés non °standardisées d'une même langue.

Le domaine fonctionnel de cette variété est celui de la culture et de la littérature, de la °religion, de la communication et des relations °formelles en général. La variété H fait l'objet d'un apprentissage en milieu formel et elle est standardisée, c'est-à-dire possède ses appareils de référence (dictionnaires, grammaires...) et de diffusion (école...).

Du point de vue des °représentations des locuteurs, la variété H est considérée comme supérieure à la °*variété basse*, ce qui conduit à en faire la variété que les locuteurs désirent ou prétendent parler. L'écart entre ces représentations et la réalité des productions langagières qui ne correspondent pas à la °norme de °prestige conduit à faire naître un sentiment d'°insécurité linguistique chez les locuteurs.

Si le domaine fonctionnel de cette variété est stable, la situation peut se modifier pour différentes raisons. D'une part, les °politiques d'°aménagement linguistique peuvent conduire à des changements °statutaires (politique d'arabisation, de malgachisation ou réforme éducative visant à utiliser le °créole aux Seychelles, par exemple).

D'autre part, l'élargissement du domaine fonctionnel de la variété basse peut conduire à voir celle-ci contester la suprématie de la variété H dans certains domaines (sermons, émissions radiophoniques, par exemple). Enfin, du point de vue des productions langagières, la variété H n'est que l'un des pôles d'un °continuum. Entre la variété H et la variété B existe un interlecte constitué de variétés intermédiaires qu'il n'est pas toujours aisé de rattacher à l'un ou l'autre pôle du continuum.

CHAUDENSON Robert (1984), «Diglossie créole, diglossie coloniale», *Cahiers de l'Institut de linguistique de Louvain*, 2, 20-29.

BÉDARD Édith et MAURAIS Jacques (éd.) (1983), *La norme linguistique*, Québec, Paris : CILF, Le Robert.

VÉHICULAIRE Louis-Jean Calvet

Une langue véhiculaire est une langue utilisée pour la communication entre locuteurs ou groupe de locuteurs n'ayant pas la même première langue. Cette langue peut être celle d'une des parties prenantes (lorsque par exemple un Anglais communique en anglais avec un Allemand), une tierce langue (lorsque par exemple un Allemand et un Japonais communiquent entre eux en anglais) ou une langue créée (comme un °pidgin, ou le munukutuba au Congo).

Dans les deux premiers cas, lorsqu'une langue °*vernaculaire* est utilisée comme véhiculaire, on parle de *véhicularisation*, processus qui est à la fois fonctionnel et formel : la langue augmente le nombre de ses locuteurs et de ses fonctions et, en même temps, elle se modifie. On a pu ainsi noter que le wolof véhiculaire, au Sénégal, avait un système de classes nominales considérablement simplifié, ou que l'arabe de Juba, dans le sud du Soudan, se modifiait par rapport à l'arabe standard [voir *Langue standard*] soudanais, et ces rapports entre forme et fonction sont un facteur important de l'histoire sociolinguistique.

Le rapport entre le nombre de locuteurs ayant une langue X pour langue première et le nombre de locuteurs qui l'utilisent comme langue véhiculaire définit un *taux de véhicularité*, que l'on peut calculer de différentes façons. Le plus simple est de considérer que si 100 personnes parlent une langue et que 30 d'entre elles ne l'ont pas pour langue première, la langue est véhiculaire à 30 %, ou que son taux de véhicularité est de 30 %.

L'émergence d'une langue véhiculaire, qu'il s'agisse de la véhicularisation d'une langue vernaculaire ou de la création d'une langue, est un phénomène qui relève de la pratique sociale des locuteurs, de l'°*in vivo*. L'analyse de différents cas d'émergence véhiculaire permet de dresser une liste de facteurs de véhicularisation, ou d'expansion des langues :

– Facteurs géographiques : un fleuve, une piste, un port, c'est-à-dire des axes de communication, favorisent les contacts entre certains groupes.

– Facteurs °économiques : les relations commerciales mettent les groupes en contact, et les échanges commerciaux supposent que s'installe une communication linguistique.

– Facteurs politiques : la manière dont les États se constituent, la °politique linguistique qu'ils adoptent favorisent la diffusion de certaines langues.

– Facteurs idéologiques : le °prestige dont certaines langues disposent, leur association avec une °religion, ou avec une technologie, etc. peuvent contribuer à leur expansion.

– Facteurs sociologiques : ainsi, l'urbanisation, par le brassage des groupes et de leurs langues, catalyse l'émergence de langues d'intégration à la ville.

Ainsi l'apparition des langues véhiculaires, qui est l'un des moteurs de l'histoire des langues, est liée à l'histoire des peuples et à la domination économique, politique et symbolique de certains d'entre eux. En ce sens, la véhicularisation n'est pas sans liens avec la °glottophagie.

CALVET Louis-Jean (1993), «Véhicularité, véhicularisation», *in* ROBILLARD Didier de et BENIAMINO Michel (éd.), *Le français dans l'espace francophone*, Paris : Champion, 451-456.
CALVET Louis-Jean (1981), *Les langues véhiculaires*, Paris : PUF.
MANESSY Gabriel (1992), «Modes de structuration des parlers urbains», *in Des villes et des langues*, Paris : Didier-Érudition, 7-27.

VERLAN   Louis-Jean Calvet

Parmi les °argots *à clef* (comme le louchebem, le largonji, etc.), le verlan est, aujourd'hui, le plus employé, en particulier par les jeunes Français issus de la migration (la «deuxième génération»).

Son principe de base consiste à intervertir les syllabes, à les mettre «à l'envers», d'où le nom du code (*l'envers* > *verlan*). Cette «verlanisation» implique à la fois une analyse syllabique et certaines transformations du signifiant. Ainsi un mot de deux syllabes du type CVCV sera transformé sans problèmes, sur le modèle générique suivant : S1 S2 > S2 S1, cette inversion nécessitant bien sûr chez le locuteur une conscience de la coupe syllabique. Ainsi *taxi* > *xita*; *bonhomme* > *nombo*; *maquereau* > *kroma*; *clochard* > *charclo*, etc.

En revanche, pour transformer un monosyllabique du type CV ou CVC il faut soit intervertir l'ordre des phonèmes, soit ajouter un /o/ final pour obtenir un mot de deux syllabes que l'on transformera ensuite comme précédemment. Dans le premier cas, *fou* > *ouf*, *chier* > *ièche*, etc. Dans le second cas, il faut noter une tendance à revenir à la structure de départ (CVC), par troncation de la finale après transformation. Ainsi, *femme* (/fam/) est d'abord transformé en *famø*, puis verlanisé en *møfa* et enfin abrégé en /mœf/ (*meuf*). Voici d'autres exemples du même type : *flic* > *keuf*; *juif* > *feuj*; *punk* > *keupon*, etc.

On note une tendance aujourd'hui non seulement à verlaniser des mots eux-mêmes argotiques (par exemple *larfeuil*, «porte-feuille», donne *feuillar*; *tronche*, «figure», donne *cheutron*) ou des mots déjà verlanisés (par exemple *beur*, «arabe», qui donne *rebeu*), mais aussi à appliquer la même transformation à des mots issus des langues de la migration. C'est ainsi que le mot bambara *toubab* («Blanc») a donné *babtou* pour désigner de façon générale les Français blancs.

Certaines formes verlanisées passent dans le vocabulaire général, la conscience de leur origine tendant à s'estomper. C'est le cas d'un adjectif comme *ripoux* (de *pourri*) ou d'une expression comme *laisse béton* (de *laisse tomber*), le premier ayant été le titre d'un film à succès et la seconde le titre d'une chanson célèbre.

CALVET Louis-Jean (1994), *L'argot*, Paris : PUF.
CALVET Louis-Jean (1994), *Les voix de la ville. Introduction à la sociolinguistique urbaine*, Paris : Payot.

VERNACULAIRE   Louis-Jean Calvet

Si l'on s'en tient aux dictionnaires d'usage courant, une langue vernaculaire est tantôt une langue «domestique», tantôt une langue «indigène». Toutefois, ces deux adjectifs n'ont pas tout à fait le même sens. Si nous considérons que *vernaculaire* signifie «domestique», le terme s'oppose alors à °véhiculaire, mais si *vernaculaire* signifie «indigène», alors *vernaculaire* s'oppose à *étranger*. Toutefois, il arrive que des langues de large extension (comme le wolof au Sénégal, le bambara au Mali, le français en France, etc.) soient aussi pratiquées dans le cadre restreint des échanges familiaux, des relations de voisinage, etc.; elles peuvent donc être considérées à la fois comme des véhiculaires et comme des vernaculaires (au sens de «domestique»). Par ailleurs, une langue véhiculaire peut avoir son origine dans le pays où elle est pratiquée (elle est donc véhiculaire et vernaculaire, au sens de «indigène»), comme elle peut être d'origine étrangère (l'anglais en Inde, le français en Afrique, etc.).

Pour dissiper le flou de la notion, je proposerais de réserver l'appellation de *langue vernaculaire* à une langue utilisée dans le cadre des échanges °informels entre proches du même groupe, comme par exemple dans le cadre familial, quelle que soit sa diffusion à l'extérieur de ce cadre (qu'elle soit ou non véhiculaire).

MANESSY Gabriel (1993), «Vernacularité, vernacularisation», *in* ROBILLARD Didier de et BENIAMINO Michel (éd.), *Le français dans l'espace francophone*, Paris : Champion, 407-417.

VERNACULARISATION   Louis-Jean Calvet

Suivant le sens qu'on donne au mot *vernaculaire*, la vernacularisation peut désigner deux processus légèrement différents : le fait pour une °langue «étrangère» de devenir «locale» et le fait pour une langue «non domestique» de devenir «domestique». J'appellerai le premier processus *appropriation* et le second *dévéhicularisation*.

La vernacularisation comme appropriation

Il s'agit d'un processus d'élargissement des fonctions (ou des domaines d'usages) d'une langue °véhiculaire, qui conduit à ce que nous pourrions appeler de façon métaphorique son «adoption» ou sa «nationalisation». Ainsi les formes de français populaire que l'on parle à Abidjan ou au Cameroun sont-elles devenues partie intégrante du répertoire linguistique, expression d'une solidarité sociale, et se distinguent donc du français standard à la fois sur le plan formel et sur le plan fonctionnel. Cette conception, qui a en particulier été développée par

Gabriel Manessy (1993, 1995) à propos du français d'Afrique, fait du vernaculaire une variété qui se distingue de la °langue officielle par ses usages (plus «domestiques») et par ses formes («locales»). Débarrassée des connotations hiérarchiques que véhicule le français officiel, la variété vernaculaire est alors à la fois marque de modernité et d'authenticité, elle est «socialement neutre, ouverte aux °interférences des langues locales et apte à manifester des liens d'intimité et de solidarité» (Manessy, 1993 : 409). Manessy cite, toujours à propos du français, d'autres exemples de vernacularisation : français «ordinaire» (Gadet, 1989), français québécois, etc. En ce sens, la vernacularisation mène à l'apparition de «français nationaux» (français sénégalais, ivoirien, congolais, québécois, etc.) réels ou imaginaires : les locuteurs ont d'abord le sentiment de parler une forme °identitaire, sentiment qui peut à terme donner corps à cette forme sur le plan de la reconnaissance sociale ou institutionnelle [voir *Norme endogène*].

La vernacularisation comme dévéhicularisation

Le cas extrême de *vernacularisation* comme *dévéhicularisation* est celui dans lequel une langue véhiculaire devient langue première (ou °langue maternelle, dans la terminologie traditionnelle). Cette définition implique bien sûr que le processus de vernacularisation ne puisse pas se réaliser au cours d'une même génération : un individu ou une communauté ne changent pas de langue première au cours de leur vie et c'est dans le passage d'une génération à une autre que se produit ce changement [voir *Assimilation linguistique*]. Ainsi, la vernacularisation est-elle directement liée à la disparition de certaines langues ou du moins à une modification sensible de leur °statut. Le brassage de populations consécutif à l'urbanisation rend d'abord nécessaire l'émergence d'une langue véhiculaire, qui devient ensuite parfois la première langue acquise par les générations suivantes. C'est ainsi que le lingala devient, à Brazzaville, la première langue d'enfants dont les parents parlaient mbochi, ou qu'à Dakar, le wolof est souvent la première langue d'enfants dont les parents parlaient serer ou jola. De ce point de vue, le phénomène de vernacularisation n'est pas sans lien avec la °créolisation : un °créole est historiquement une langue véhiculaire qui s'est vernacularisée en une ou deux générations.

Les différents exemples connus de vernacularisation d'une langue véhiculaire montrent qu'elle se produit dans un premier temps en ville : la langue se vernacularise dans les centres urbains et reste véhiculaire en zone rurale. Ce phénomène s'est manifesté en Europe lors de l'unification linguistique des États. En France par exemple, le breton, le basque, l'occitan ont d'abord disparu dans les villes, se maintenant à la campagne, avant de voir leurs positions entamées dans ces zones. De la même façon, dans le sud du Soudan, une forme locale d'arabe s'est imposée comme langue véhiculaire pour les populations rurales plurilingues et devient langue première dans une ville comme Juba (Miller, 1993).

La séquence fonctionnelle véhicularisation-vernacularisation s'accompagne de phénomènes formels : régularisation des paradigmes dans le premier cas, rapprochement d'une forme standard dans le second cas, lorsque celle-ci existe. Pour reprendre l'exemple évoqué ci-dessus, l'arabe véhiculaire utilisé dans le sud Soudan est une variété °pidginisée, mais l'arabe qui se vernacularise à Juba tend à se rapprocher du standard soudanais. Ce phénomène, que certains auteurs appellent « décréolisation », implique d'une part la coexistence d'une « langue source » et d'une forme véhiculaire qui en découle, et d'autre part le fait que cette langue source jouisse d'un statut de pouvoir (°°langue officielle, nationale, etc.).

On voit donc que nous avons deux acceptions différentes de la vernacularisation qui ne s'opposent pas nécessairement et peuvent même se compléter. Ainsi Gabriel Manessy formule-t-il l'hypothèse que la vernacularisation (au sens d'appropriation) représente le premier stade dans la constitution des créoles, ce qui nous mènerait au seuil d'un stade ultérieur de vernacularisation (au sens de dévéhicularisation) qui voit les créoles devenir langues premières.

MANESSY Gabriel (1993), « Vernacularité, vernacularisation », in ROBILLARD Didier de et BENIAMINO Michel (éd.), *Le français dans l'espace francophone*, Paris : Champion, 407-417.
MANESSY Gabriel (1995), *Créoles, pidgins, variétés véhiculaires*, Paris : CNRS.
GADET Françoise (1993), *Le français ordinaire*, Paris : Colin.
MILLER Catherine (1993), « Restructuration morpho-syntaxique en juba-arabic et ki-nubi : à propos du débat universaux/substrat dans les études créoles », *Matériaux arabes et sudarabiques*, Nouvelle série, 5, 137-174.

VITALITÉ LINGUISTIQUE   William F. Mackey

La vitalité d'une langue est liée, non seulement au nombre croissant de ses locuteurs, mais également au nombre grandissant de ses fonctions sociales. L'histoire des langues nous démontre que, par sa nature, toute langue vivante est en évolution constante. Bien que l'évolution des formes linguistiques ainsi que leur °standardisation soit fort bien documentée, l'évolution des fonctions langagières ne l'est guère. Certaines études récentes ont documenté la diffusion des langues, d'autres ont décrit comme perte de vitalité des cas d'obsolescence de certaines langues. D'une part, on constate que certaines langues sont utilisées par de plus en plus de personnes pour de plus en plus de fonctions, en même temps que d'autres langues servent de moins en moins, à de moins en moins de personnes.

Le terme *vitalité linguistique* est relativement récent. Stewart l'utilise en 1962 à l'intérieur de sa typologie des langues pour désigner la force numérique d'une °communauté de même langue, le critère de la vitalité étant directement lié au nombre de ses locuteurs. Dans cette optique, la vitalité des langues qui possèdent des réseaux de communication nationaux et internationaux est due souvent au nombre de locuteurs qui les utilisent comme °langues secondes auxiliaires.

D'autres critères ont par la suite été utilisés : le nombre de fonctions et la fréquence d'utilisation de la langue. En 1967, Kloss propose l'idée de *Ausbausprache*, c'est-à-dire «parler construit». Le concept, fortement lié aux notions de fonctions, de produits, de domaines et de niveaux, rejoint celui de la vitalité. Toute langue s'appropriant des fonctions aux plus hauts niveaux devrait, en effet, nécessairement gagner en force ou en vitalité. Quand un parler devient langue écrite standardisée [voir *Langue standard*], le nombre de ses fonctions potentielles (son °statut) s'élève en conséquence. Mais c'est la réalisation de ce potentiel qui renforce sa vitalité. C'est ainsi que la vitalité d'une langue est liée à son développement et à sa diffusion (Kloss et McConnell, 1976-1995; McConnell, 1996).

Mackey (1975) conçoit la vitalité comme la puissance, l'attraction et la pression d'une langue par rapport à d'autres langues — la puissance étant une mesure composite de facteurs culturels, °économiques, idéologiques, démographiques et sociodynamiques.

Giles (1977) reprend le terme *vitalité* en l'associant au concept de communauté et parle de *vitalité ethnolinguistique*, expression fortement imprégnée d'influences linguistiques et culturelles. Les écrits de Giles sont principalement axés sur l'étude du comportement linguistique individuel (plans microsociolinguistique et psycholinguistique). Néanmoins, Giles n'a pas négligé l'aspect macrosociolinguistique; il le considère en tant que *vitalité objective*; à celle-ci, il attribue trois composantes fondamentales : 1) le statut social de la langue et du groupe, 2) le nombre et la répartition des individus composant le groupe (aspect démographique) et 3) le soutien institutionnel.

Il ne faut pas toutefois confondre vitalité et prestige. La capacité du latin de répondre à des besoins a maintenu son statut pendant des siècles comme langue administrative, langue juridique et °langue officielle. Bien qu'il ait ainsi acquis un prestige bien établi, sa vitalité a été longtemps à la baisse au fur et à mesure qu'il a perdu ses fonctions comme langue scolaire, langue scientifique, langue du culte, et autres. Prestige, fonction, statut sont parmi les composantes de la vitalité d'une langue; ils sont divers aspects de la même réalité — un regard sur le passé, le présent ou le futur (Ammon, 1989).

La vitalité d'une langue se mesure en définitive selon les paramètres d'intensité, de vélocité et de durée, c'est-à-dire selon la rapidité avec laquelle une langue accède à de nouvelles fonctions par rapport au poids et l'importance de ses fonctions, ainsi que la durée de leur maintien (Mackey, 1994) [voir *Préservation linguistique*].

Une définition opérationnelle permet au chercheur de mesurer la vitalité de chacune des langues dans leurs diverses fonctions à l'intérieur des principaux domaines de la société (administration, éducation, °religion, communications, législation, justice, industrie, entreprise) dans le temps et dans l'espace (McConnell et Gendron, 1995).

AMMON Ulrich (éd.) (1989), *Status and function of languages and language varieties*, Berlin : Mouton, de Gruyter.

GILES Howard (éd.) (1977), *Language, ethnicity and intergroup relations*, Londres : Academic Press.

KLOSS Heinz et McCONNELL Grant D. (1978-1995), *Les langues écrites du monde : relevé du degré et des modes d'utilisation* (6 tomes), Québec : Presses de l'Université Laval.

MACKEY William F. (1975), «Puissance, attraction et pression des langues en contact : Modèles et indices», in SAVARD Jean-Guy et VIGNEAULT Richard (éd.), *Les États multilingues : problèmes et solutions* (CIRAL Publication A-9), Québec : Presses de l'Université Laval.

McCONNELL Grant D. et GENDRON Jean-Denis (1993, 1995 *et sq.*), *Atlas international de la vitalité linguistique* (tome 1 : l'Inde; tome 2 : l'Europe occidentale), Québec : CIRAL.

Index

NB : *Les mots en capitales renvoient aux auteurs et aux personnes, les mots avec majuscule initiale aux régions et pays, les mots sans majuscule aux notions et aux langues. Les numéros en caractères gras sont ceux des pages où la notion est définie et présentée.*

AAVIK, J. 37
Acadie 146, 148, 168, 278
acadien 148
accent **9-12**, 13, 37, 41, 58, 59, 78, 204, 236, 265, 273
accommodation **12-14**, 35, 46, 102, 131
ACHARD, P. 41, 44, 47
acquisition du langage **15-19**, 21-23, 26, 47, 49, 95-99, 102, 106, 107, 131, 139, 140, 144, 184, 186, 205, 208, 214, 219, 226, 245, 280, 287
acrolecte **19-20**, 60, 100, 127, 154, 200, 210, 277, 282
action linguistique **20**, 30, 39, 151, 180, 216, 228
afrikaans 103
Afrique 28, 54, 103, 126, 129, 133, 141, 155, 177, 191, 192, 213, 224, 227, 237, 240, 247, 251, 292
Afrique du Nord 257 (v. aussi *Maghreb*)
Afrique du Sud 103, 191
Afrique subsaharienne 108
âge 16-18, **20-26**, 51, 66, 95, 110-113, 140, 146, 161, 168, 178, 203, 214, 253, 255, 258, 259, 265, 273, 275, 279, 280, 284, 286
Algérie 108
Allemagne 89, 121, 122, 190, 216, 260

allemand 55, 61, 89, 122, 125, 155, 164, 182, 190, 193, 196, 197, 243, 255, 260
alloglotte 128, 139, 150
alphabétisation **26-31**, 94, 190, 191, 228, 233
alternance codique **32-35**, 55, 63, 73-76, 138, 144, 148, 162, 175, 207, 210, 247, 248, 254, 255
aménagement linguistique 20, **36-41**, 92, 102, 125, 135, 150-152, 168, 169, 177, 194, 214, 228-230, 234, 267, 269, 288
Amérique 52, 103, 191
Amérique du Nord 105, 144, 199, 243
Amérique latine 28, 52, 224
AMMON, U. 64, 185, 195, 198, 246, 256, 296
analphabète 26
analyse de discours **41-47**
ANDERSEN, E. 16, 17, 19
ANDERSSON, T. 64
anglais 17, 18, 21, 22, 36, 51, 53, 54, 57, 58, 61, 62, 64, 65, 70, 71, 78, 84, 96, 97, 103, 113, 125, 137, 138, 144, 153-155, 159, 161-163, 170, 171, 178, 179, 182, 191, 194, 195, 206, 208, 209, 224, 230, 233, 234, 235, 243, 244, 249, 254, 255, 259, 264, 267, 271, 278, 285, 292
ANGLEJAN, A. d' 58, 60

Angleterre 81, 208
anglo-normand 208
Anobon 103
ANS, A.-M. d' 114, 156
Antilles 60, 103, 162, 191 (v. aussi *Caraïbes* et nom des différentes îles)
approches communicatives **47-49**
appropriation 46, 292
APTE, V.S. 244
arabe 87, 155, 181, 194, 195, 224, 241-243, 251, 289, 294
araméen 87, 181, 241
ARCAINI, E. 140, 142
Argentine 208
argot **50-51**, 79, 239, 241, 243, 282, 290, 291
Arménie 239
arménien 239
ASHBY, W. 206, 207
ASH, S. 271
Asie 227
assimilation linguistique **51-56**, 61, 94, 139, 143, 212, 231, 232, 293
attitudes linguistiques 13, 18, **56-60**, 84, 91, 111, 134, 143, 145, 151, 166, 172-175, 177, 201-203, 222, 239, 240, 245-249, 251, 288
AUCAGNE, J. 251
AUGER, J. 15, 152, 168, 206, 226, 238, 271, 277
AUROUX, S. 119, 157, 158, 183
AUSTIN, J. 118, 119
Australie 163, 191, 259
Autriche 55, 255
Autriche-Hongrie 193

BAGGIONI, D. 88, 139, 140, 142, 167, 181, 189, 192, 194, 214, 215, 217, 218, 223, 225
BAKHTINE, M. 45
BALIBAR, R. 86, 87, 192, 194
Balkans 161
bambara 126, 155, 192, 292
BARTHES, R. 43
basilecte 20, **60**, 100, 101, 127, 200, 210, 277, 282
basque 116, 197, 293
batonum barum 142
BAUDELOT, C. 167
BAUVOIS, C. 202, 203, 235
BAVOUX, C. 165, 176, 200, 236, 238, 265, 282, 283
béarnais 206
BÉDARD, E. 215, 223, 225, 269, 289
BEEBE, L. 101, 102, 131
Belgique 18, 19, 28, 58, 89, 124, 131, 144, 159, 173, 174, 259
BELL, A. 80, 81, 278, 280

BEN-ZEEV, S. 179
BENIAK, E. 146, 150, 200, 280, 281
BENIAMINO, M. 94, 125, 129, 130, 200, 225, 238, 244, 246, 287, 288, 290, 292
Bénin 142, 143, 239
BENVENISTE, E. 42, 43
BERARD, E. 48, 49
BEREITER, C. 82, 85
BERLIN, B. 117, 119
BERNICOT, J. 16, 19
BERNSTEIN, B. 83, 85
BERRENDONNER, A. 200
BESSE, H. 49
biali 142
BIBER, D. 281
BICKERTON, D. 100, 101, 106, 108, 282
bilinguisme 13, 32, 53, 55-57, 59, **61-64**, 92, 95-100, 111, 114, 122, 126-130, 133, 138, 139, 145, 148, 178, 179, 184, 185, 202, 203, 208, 220, 233, 235, 244, 247, 254, 255, 277, 281
BLANCHE-BENVENISTE, C. 43
BLANC, M. 64, 95, 99, 100, 128, 129, 138, 139, 179, 207, 231, 281, 282
BLOM, J. 34, 35, 254, 256
BLOOMFIELD, L. 88
BOISSEVAIN, J. 252, 254, 256
bokmal 254
BOLLÉE, A. 244
BONNAFOUS, S. 47
BOURDIEU, P. 91, 93, 132, 135, 160, 170, 171, 173, 176, 201, 203, 206, 217, 218, 236, 266
BOURHIS, R. 131, 234, 235
BOUTET, J. 42, 45, 47, 188
BOUVIER, J.-C. 251
BOYER, H. 167
BRAGA, M.-L. 285
BRANN, C. 64
BREITBORDE, L. 242, 246
BRENZINGER, M. 151
Brésil 224
BRESSON, F. 44
breton 2, 93
BRIGHT, W. 270
BROUWER, D. 260, 264
BROWN, P. 73, 76
Burundi 230

cadien 145, 146, 148, 151, 154
cajun v. *Cadien*
calque **64**, 136, 148, 178, 208
CALVET, L.-J. 31, 41, 50, 51, 143, 154, 156, 162, 164, 179, 211, 212, 214, 225, 233, 235, 268, 289, 290, 291, 292
Cameroun 227, 292

Canada 53, 54, 61, 108, 191, 210, 232, 248
  (v. aussi *Acadie, Nouveau Brunswick, Nouvelle Écosse, Ontario, Québec*)
CANALE, M. 48
CANUT, C. 165
Cap-Vert 103, 285
Caraïbes 28, 103, 105, 144 (v. aussi *Antilles*)
CARAYOL, M. 101
CAREY, S. 179
Caroline 147
CARRANZA, M. 235, 236
CASAD, E. 177
Casamance 103, 104, 244
castillan 35, 224, 232, 233
CASTONGUAY, C. 56
catalan 125, 180, 232
CEDERGREN, H. 23, 24, 26, 70
celte 281
CERQUIGLINI, B. 183
Ceylan 103
chabacano 103
CHAMBERS, J. 21, 26, 69, 70
champenois 89
changement linguistique 21-24, 37, 52, 55, 59, **65-71**, 76, 80, 81, 91, 105, 108, 124, 128, 137, 143, 154, 158, 160, 166, 169, 170, 176, 179, 180, 199, 200, 207, 215, 227, 228, 254, 256, 262, 269, 271, 284, 285, 286, 287, 294
CHARRAUDEAU, P. 42
CHAUDENSON, R. 19, 31, 41, 60, 100-103, 108, 135, 146, 150, 154, 198, 200, 210, 213, 214, 225, 227, 231, 239, 257, 270, 283, 288, 289
chiac 209
Chine 28, 181, 191
chinois 155, 181, 197, 232, 242
choix de code 12, 14, 15, 53, 56, **71-76**
CHOMSKY, N. 15, 286
CHRISTIENSEN 216
chronolecte 200
CLAS, A. 169
classe sociale 11, 21, 24, 25, 40, 66, **76-85**, 105, 132-134, 149, 159, 161-163, 168-171, 173, 184, 198, 200, 204, 205, 220, 221, 225, 235, 253, 259, 261, 262, 275, 279, 280, 284, 286
CLYNE, M. 138
COBARRUBIAS, J. 152
cocoliche 208
code élaboré 83
code restreint 83
codification 123, 124, 132, 157, 187, 188, 194-196, 214, 215, 221, 268, 269
COHEN, M. 241
colinguisme **86-87**, 192
COLIN, J.-P. 51

Colombie 103
colonisation 103-106, 128, 133, 144, 155, 191, 193, 194, 213, 224, 225, 230, 231, 233, 281
communauté linguistique 15, 20, 21, 24, 26, 57, 66, 79, **88-93**, 102, 127, 136, 137, 139, 141, 160, 168, 169, 173, 187, 194, 205-207, 214, 218-224, 226, 229, 232, 237, 240, 244, 250, 259, 265, 268, 269, 271, 272, 277, 279, 284, 286, 295
Comores 108
complémentarité fonctionnelle 54, 62, **94**, 125, 128, 145, 186, 270, 287
CONDILLAC, E. de 217
Congo 293
contact des langues 32, 33, 35, 56, 62, 64, 90, **94-100**, 108, 125-129, 137-139, 144, 148, 159, 161, 173, 178, 179, 184, 185, 201, 207, 214, 245, 247, 249, 268, 270, 281, 287
continuum 19, 60, 94, **100-101**, 127, 130, 210, 247, 248, 277, 282, 288, 289
convergence 13, 35, **101-102**
conversation 12-14, 33, 34, 43, 69, 73, 75, 76, 138, 153, 168, 246, 249, 250, 274, 275, 277, 278, 280, 287
COOPER, R. 242, 244, 246
CORBEIL, J.-C. 20, 132, 135, 152
CORDER, S.P. 140
Corée 191
coréen 164
corpus 20, 36-40, 91-93, **102**, 168, 169, 177, 195, 196, 214, 229, 266-268
corrélationniste (approche -) 168, 263, 265 (v. aussi *variationniste*)
COSERIU, E. 284
Côte d'Ivoire 133, 142, 292, 293
COULMAS, F. 135
COUPLAND, J. 13, 14, 102
COUPLAND, N. 13, 14, 102
créole 20, 60, 92, 94, 100, 101, **103-109**, 123-125, 127, 128, 129, 141, 144, 150, 154, 162, 172, 194, 200, 208, 213-215, 227, 231, 239, 244, 245, 247, 268, 282, 285, 288, 289, 293, 294
  Afrique du sud 103
  Anobon 103
  Antilles 103
  Cap-Vert 103, 285
  Casamance 103
  Colombie 103
  Curaçao 103
  Grenade 103
  Guadeloupe 103
  Guinée-Bissau 103
  Guyana 103
  Guyane 103
  Haïti 103

Hawaï 103
Inde 103
Jamaïque 103
La Dominique 103
Louisiane 103
Martinique 103
Maurice 103
Philippines 103
Principe 103
Réunion 20, 60, 100, 103
Sainte-Lucie 103
San-Tomé 103
Seychelles 103
Surinam 103
Trinidad 103
créolisation 106-**108-109**, 128, 144, 151, 154, 199, 227, 228, 247, 280-282, 293
cri 210
CRYSTAL, D. 95, 100, 138
CULIOLI, A. 42
Curaçao 103

Damao 103
DANES, F. 36
DARBELNET, J. 64
DAROT, M. 244
DAS GUPTA, I. 245
dauphinois 250
DAVELUY, M. 24, 26
de facto 193, 269
de jure 193, 270
DECAMP, D. 100
décréolisation 247, 282, 294
démolinguistique 54, 56, 62, **109-114**
dendi cine 142
DERRIDA, J. 43
DESTUT DE TRACY, A. 217
déterminisme linguistique **114-120**
dévéhicularisation 292, 293
DI PIETRO, J.-F. 58, 60
DIADIÉ, B. 131
DIAGANA, S. 34, 35
dialecte 10, 19, 21, 51, 63, 70, 77, 89, 103, 105, **120-124**, 133, 140, 144, 146, 147, 150, 155, 172, 177, 180, 181, 183, 184, 187, 190, 194-197, 203, 207, 208, 210, 215, 216, 237, 247, 250, 258, 265, 267, 270, 285, 286, 288
diaphasique 80, 124, 284
diastratique 77, 80, 124, 200, 284
diatopique 77, 124, 199, 200, 236, 284
diglossie 33, 52, 60, 62, 76, 94, 104, **125-130**, 140, 172, 173, 184, 190, 202, 242, 247, 248, 250, 270, 277, 287-289
DIJK, T. 47
dioula 133
DITTMAR, N. 64, 70, 198, 246, 256
divergence 12, 14, 35, **130-131**

DORIAN, N. 144, 145, 150, 243, 246, 280, 281
DOWNES, W. 25, 26
DRESSLER 280
DRIGEARD, G. 47
DUA, H. 93
DUBOIS, J. 44, 88
DUCROT, O. 118
DUMONT, P. 212

ECKERT, P. 22, 26
économie 19, 28, 31, 35, 38, 44, 52, 53, 55, 77, 82, 86, 90, 93, 97, 98, 101, 104, 107, **131-135**, 137, 138, 151, 152, 155, 157, 161, 168, 171, 184, 197, 202, 204, 206, 217, 224, 230, 233, 234, 243, 251, 258, 260, 261-264, 290, 295
écriture 26, 27, 29, 30, 36, 39, 86, 87, 119, 132, **135-136**, 156, 157, 169, 190, 194, 242
Égypte 181
Empire ottoman 189
emprunt 32, 51, 64, 69, 96, 105, 106, **136-139**, 148, 155, 159, 178, 184, 207-210, 220, 243, 257, 268
ENCREVÉ P. 45, 170, 286, 287
endolingue **139-140**, 141
ENGELMANN, S. 82, 85
enseignement 18, 20, 22, 25-31, 37, 39, 40, 47-49, 52, 54, 56, 61-63, 73, 77, 81-87, 91, 94, 95, 97-99, 108, 110, 129, 130, 132-135, 141, 144, 145, 154, 161, 162, 167, 173, 180, 184-188, 190, 192, 193, 198, 201, 203-205, 215, 216, 220, 221, 224, 225, 230, 232-234, 239, 242-244, 246, 247, 249, 252, 253, 254, 256, 263, 265, 269, 270, 275, 287, 288, 296
entrelangue 127, **140-142**
Équateur 233
ESKÉNAZI, M. 276
Espagne 56, 232, 247, 259
espagnol 12, 17, 51, 103, 112-114, 137, 155, 163, 164, 180, 191, 195, 209, 235, 257, 259
espéranto 36, 169, 209, 250
ESPERET, E. 85
estonien 37
États-Unis 13, 18, 21, 22, 53, 54, 56, 78, 81, 112, 113, 142, 143, 147, 170, 191, 206, 210, 224, 235, 243, 249, 254, 259, 263, 271, 278, 285 (v. aussi *Amérique, Amérique du Nord, Caroline, Louisiane, Missouri, USA*)
ethnie 13, 14, 35, 40, 52-54, 66, 89, 90, 93, 94, 110, 127, 130, **142-143**, 161-163, 165, 177, 184, 220, 230, 232-235, 244, 256, 267, 275, 278, 284, 296
ethnophasie 119

étiolement linguistique **144-151**, 279, 280
étiquette 33
Europe 89, 122, 133, 139, 181, 182, 189, 192, 216, 247
évaluation 31, 36, 39, **151-152**, 228-230, 267, 270
exolingue **139-141**
expansion 14, 50, 87, 172, 256, 290

FANSHELL, D. 43
FASE, W. 235
FASOLD, R. 60
FAVRET-SAADA, J. 118
FERGUSON, C. 125, 126, 129, 238, 270, 280
FERNÁNDEZ, M. 129
FIALA, P. 45, 47
FINEGAN, E. 281
Finlande 52
FIOUX, P. 47
FISHMAN, J. 56, 72, 76, 82, 90, 93, 94, 126, 127, 129, 133, 135, 138, 152, 194, 245, 246, 270, 276
FLIKEID, K. 168, 278, 280
FODOR, I. 183
fon 105, 239
formel 13, 30, 72, 79, 94, 121, 125, 126, 149, **152-153**, 156, 159, 190, 204, 206, 221, 225, 238, 245, 275, 278-280, 284, 288
FOUCAULT, M. 43
FOURQUET, J. 181, 183
FOWLER, R. 43
franc 208
français 9, 12, 17-19, 22-24, 32, 35, 37, 41, 50, 51, 53, 54, 57-62, 64, 67, 68, 70, 71, 76-81, 86, 87, 89, 92, 96, 97, 100, 103, 105, 107, 108, 113, 118, 122, 123, 125, 126, 129, 137-140, 144, 148, 150, 154, 155, 158-164, 168, 172, 174, 175, 178-180, 182, 183, 190-192, 194, 196-199, 201, 202, 206-210, 214, 217, 222, 223, 225, 230-232, 234, 236, 237, 243-245, 247, 249-251, 253, 258, 259, 267, 268, 270, 271, 278-280, 283, 291-293
français marginaux 105, **154**, 199
français populaire 80
français régional 20, 58, 60, 105, 123, 124, 154, 199-201, 214, 231, 237, 238, 247
FRANCARD, M. 60, 158, 170, 172-174, 176, 201, 238, 251, 283
France 22, 28, 58, 77, 78, 86, 87, 89, 118, 122, 140, 143, 144, 172, 190, 206, 217, 225, 237, 244, 247, 249, 253, 258, 267, 268, 270, 271, 292, 293
franco-ontarien 146, 148, 209, 280
FRANÇOIS-GEIGER, D. 167

francophonie 23, 41, 60, 91, 102, 124, 130, 141, 150, 158, 159, 161, 172-174, 176, 192, 194, 200, 214, 219, 220, 222, 224, 225, 246, 247, 268, 270, 283, 290, 292, 294
franglais 250
FRASER, C. 73, 76
FREI, H. 77, 81, 160, 167, 215
FREUD, S. 167

GADET, F. 76, 78, 81, 293, 294
GADIN, B. 94
gaélique 40, 150, 161, 232, 243, 280
gallois 232
GAL, S. 55, 56, 254-256
GARDE P. 12
GARDIN, B. 257, 287
GARDIN, P. 284
GARVIN, P. 194, 198, 267, 269
GAUCHAT, L. 76
Gaule 281
GAUVREAU, D. 56
GENDRON, J.-D. 296
GENETTE, J. 43
GENOUVRIER, E. 172, 176, 225, 249, 251
GERON, G. 176
GILES, H. 12, 14, 35, 46, 58, 76, 101, 102, 131, 164, 165, 236, 295, 296
GIORDAN, H. 94, 128, 130, 188
glossolalie 239, 241
glottophagie 40, **154-156**, 290
Goa 103
GOEBL, H. 185, 196, 198
GOODY, J. 136, 157, 158
GöSCHEL, J. 124
grammatisation 119, **156-158**, 182, 183, 187, 197, 215
GRAMMONT, M. 97
Grande-Bretagne 11, 28, 62, 171, 232
grec 51, 87, 123, 125, 126, 143, 181, 232
Grèce 120, 122, 125, 126
grégaire 268, 270
Grenade 103
GRICE, H. 43, 73
GRIMALDI, E. 223
GROSJEAN, F. 137, 138
GROSS, M. 43
Guadeloupe 103, 105
GUEUNIER, N. 172, 176, 225, 246, 249, 251, 257
GUILLAUME, G. 42
GUILLAUMIN, C. 44
Guinée-Bissau 103, 104, 244
gulmanceba 142
GUMPERZ, J. 32, 34, 35, 73, 75, 76, 90, 93, 126, 160, 254, 256
guugu yimidhirr 163

Guyana 103
Guyane 103-105
HABERMAS, J. 43
HAGÈGE, C. 183
Haïti 103, 105, 125, 126, 245
HAK, T. 43
HALL, S. 43
HALLIDAY, M. 157, 158
HALL, R. 227, 228
HAMERS, J. 64, 94, 95, 98-100, 128, 129, 136, 138, 139, 178, 179, 281, 282
HARDCASTLE, W. 276
HARMEGNIES, B. 9, 271, 276
HARRIS, Z. 42
HAUGEN, E. 37, 41, 188, 195, 198, 243
hausa 133, 155
HAVILAND, J. 163, 164
HAVRANEK, B. 36
Hawaï 103
HAZAËL-MASSIEUX, M.-C. 41, 136
hébreu 40, 194, 197, 208, 234, 241-243, 245, 257
HEISENBERG, W. 211
HENLEY, N. 265
HENRIPIN, J. 113, 114
HERZOG, M. 65, 67, 71, 169, 170
hindi 137, 245
HOBSBAWM, E. 192
HODGE, B. 43
Hongrie 242
hongrois 55, 193, 242, 255
HORNBY, P. 179
HOUDEBINE, A.-M. 165-167
HUDON, F. 229
HUFFINES 243
HUMBLET, J. 188
HUMBOLDT, W. von 116
HYMES, D. 34, 35, 43, 49, 82, 160, 177, 198, 256
hypercorrection 80, **158-160**, 170, 202, 205, 226, 271
hypocorrection 158, 160

identité 14, 35, 50, 51, 56, 58-60, 73, 74, 76, 86, 90, 93, 130, 131, 133, 139, 142, 143, 145, 151, **160-165**, 176, 181, 184, 186, 195, 202, 209, 215, 232-235, 239, 244, 245, 247, 248, 254, 255, 268, 284, 293
idiolecte **165**, 166, 200
illettrisme 27
imaginaire linguistique **165-167**, 174, 175
Inde 28, 54, 103, 181, 228, 244, 292
indicateur 20, 25, 83, **168**, 271, 285
Indochine 191
Indonésie 191

informel 58, 72, 79, 126, 149, **152-153**, 220, 238, 249, 262, 277, 278, 280, 287, 292
ingéniérie linguistique **168-169**, 177
innovation linguistique 65, 66, 68, 69, 80, 143, 149, **169-170**, 262
insécurité linguistique 58, 60, 67, 159, **170-176**, 202, 248, 249, 251, 288
instrumentalisation 169, **177**, 196, 267
intellectualisation 269
intelligibilité mutuelle 20, 88, **177**
interaction 12, 14, 16, 17, 22, 34, 35, 46-49, 59, 69, 73-76, 81, 84, 85, 90, 92, 102, 107, 130, 131, 140, 141, 153, 161, 163, 167, 175, 187, 188, 203, 204, 207, 211, 248, 249, 252, 256, 263, 264, 277
interférence 63, 64, 94, 97, 99, 126, 127, 129, 130, 136, 173, **178-179**, 184, 201, 210, 237, 293
interlangue 108, 140, 141, 165, 208, 209, 257
interlecte 127, 129, 187, 288, 289
interlingua 209
in vitro 156, **179-180**
in vivo 84, **179-180**, 181
irlandais 52
Irlande 40, 52, 161, 232, 255, 259, 264
isoglosse **180**
isophone 180
Israël 40, 142, 242, 244
Italie 77, 121, 124, 191, 216, 247
italien 9, 17, 51, 61, 77, 122, 137, 180, 190, 191, 196, 209, 216
IVIC, P. 124

JAKOBSON, R. 36
Jamaïque 103
Japon 191, 240
japonais 155, 163, 164, 197, 242
JARDEL, J.-P. 125, 129
JASPAERT, K. 235
Java 116
JEANJEAN, C. 43
JESPERSEN, O. 36
JODELET, D. 246, 251
jola 293
JOOS, M. 275, 276
JUILLARD, C. 12, 14, 101, 130, 239, 252, 254-256

KASBARIAN, J.-M. 185, 223, 225
kawi 116
KAY, P. 117, 119
KEHR, K. 124
KEMAL, M. 268
Kénya 233
KHOMSI, A. 172, 176, 225, 250, 251
ki-nubi 294

KIHM, A. 45
KILLEN, M. 16
kituba 210
KLINKENBERG, J.-M. 81
KLOSS, H. 102, 196-198, 295, 296
KNECHT, P. 120, 177, 180, 194
koinè 105, 121, 122, 181, 182, 196, 216
KRAMARAE, C. 265
KRASHEN, S.D. 140
KRESS, G. 43
KROON, S. 235
kurde 161

La Dominique 103, 105
LABOV, W. 12, 17-19, 34, 43, 46, 55, 65-67, 69-71, 78, 81, 82, 84, 85, 91, 93, 143, 152, 153, 167-171, 173, 176, 201, 207, 212, 220, 226, 235, 248, 249, 251, 254, 256, 260, 262, 263, 265, 266, 271, 274-281, 284-287
LACAN, J. 165
LACHAPELLE, R. 113, 114
LAFFONT, R. 94, 130, 288
LAFONT, R. 41
LAFONTAINE, D. 18, 19, 56, 58, 60, 203, 247, 251
LAFORGE, L. 56
LAKS, B. 22, 26, 45, 253, 254, 257, 286, 287
LAMBERT, J. 176, 251
LAMBERT, W. 57, 60, 98, 100, 179, 202, 247
langue commune 89, 121, **181-183**, 190, 191, 193, 216, 237, 266
langue étrangère 49, 86, 140, 144, 160, **183-184**, 292
langue internationale 86, 90, 132, 154, 155, 209, 234
langue maternelle v. *langue première*
langue minorée et langue minoritaire 26, 30, 55, 56, 125, 176, 180, **185-188**, 215, 235, 247, 248, 256 (v. aussi *minorité*)
langue nationale 39, 90, 93, 132, 162, 181-183, 186, **189-194**, 201, 216, 218, 230, 233, 254, 270, 294
langue officielle 61, 109, 133, 180, 182, 185, 186, 188, 191, **192-194**, 208, 230, 232-234, 244, 270, 292, 294, 296
langue par distanciation 197
langue par élaboration 197, 295
langue première 10, 15, 37, 52, 53, 72, 95, 97-99, 104, 107, 109-112, 138, 139, 144, 160, 162, 178, 179, **183-185**, 212, 214, 227, 233, 287, 289, 293, 294
langue seconde 13, 59, 64, 95, 97, 99, 107, 114, 133, 134, 138, 140, 144, 145, 162, 178, 179, **183-185**, 207, 295

langue standard 12, 18, 19, 21, 22, 25, 37, 51, 60, 67, 70, 77-79, 83, 84, 89, 90, 105, 108, 121, 122, 132, 133, 144, 147-150, 153, 159, 163, 170, 181, 182, 186, 187, 190, 192, 193, **194-198**, 199, 215-217, 236, 237, 243, 247, 249, 266, 267, 269, 278, 280, 282, 287, 289, 292, 294, 295
langue zéro 107, 150, **198-200**
LAPONCE, J. 161, 164
LAPORTE, D. 194
largonji 50, 290
lashon kodesh 241
latin 87, 89, 158, 180, 181, 183, 193, 194, 207, 216, 225, 242, 250, 281
LATIN, D. 238, 283
LE PAGE, R. 14, 162, 165
LE GUERN, M. 200
LE GALLIOT, J. 65, 70
LECOINTRE, S. 65, 70
lecte 35, 174, **200**, 258, 265, 283
LEE, R. 203
LEFÈBVRE, C. 105
légitimité linguistique 18, 58, 141, 158-160, 171-176, 182, 187, 190, **201-202**, 204, 206, 216-218, 221, 224, 225, 237, 288
LEHMANN, W. 71, 170
LEMIEUX, M. 26
LÉON, P. 12
LEROND, A. 237, 238
LEYENS, J. 131
Liban 251
LINDBLOM, B. 273, 275, 276
LINDENFELD, J. 43
lingala 54, 126, 155, 162, 293
lingua franca 162, 213, 257
littérature 41, 43, 86, 87, 94, 122, 123, 125, 130, 145, 181, 182, 190, 196, 197, 216, 224, 249, 250, 287, 288
LITTRÉ, E. 122
locuteur masqué 57, 174, **202-203**, 211
lorrain 89, 201
Louisiane 103-105, 145, 146, 148, 150, 154, 199
LUCKEL 254
LüDI, G. 43, 125, 129, 188
LUTHER, M. 216

MACKEY, W. 54, 61, 62, 64, 128-130, 138, 139, 183-185, 294-296
Madagascar 128, 230, 267, 288
Maghreb 128, 224, 247 (v. aussi *Afrique du Nord*)
MAINGUENEAU, D. 47
malais 234
Malaisie 191, 234
MALDIDIER, D. 47

malgache 267
MALHERBE, F. de 250
Mali 189, 192, 292
MALINOWSKY, B. 117-119
MALKIEL, Y. 71, 170
mancagne 244
manjak 142
mandarin 234
MANESSY, G. 101, 129, 141, 142, 214, 223, 225, 231, 238, 290, 292-294
marathi 244
MARCELLESI, J.-B. 44, 94, 257, 284, 287
MARCHAL, A. 276
marché linguistique 132, 134, 160, 171, 172, 201, **203-206**
marqueur 10, 20, 21, 24, 68, 168, **206-207**, 271
MARTEL, C. 251
MARTINET, A. 77, 80, 81, 125, 166
Martinique 103
MASUY, F. 176, 251
MATHESIUS, V. 36
MATTHEIER, K. 64, 198, 246, 256
MATTLEY, M. 58, 60
MAURAIS, J. 51, 194, 215, 223, 225, 230, 269, 289
MAURER, B. 130
Maurice 103, 105, 139, 140, 214, 230, 231
mbochi 293
Mc CORMACK, W. 244, 246
McCONNELL, G. 56, 295, 296
McNAIR-KNOX, F. 278, 281
MEILLET, A. 76, 120, 181, 192, 201, 239
Mélanésie 119
mélange de codes 35, 144, 178, **207-210**
MENN, L. 238, 280
merina 267
MERTZ 243
MESCHONIC, H. 43
mésolecte 100, 127, 200, **210**, 277, 282
méthodes 37, 42, 43, 46, 57, 65-67, 71, 84, 92, 97, 101, 102, 106, 110, 112, 152, 153, 169, 172-174, 177, **211-212**, 248, 251, 254, 257, 261, 267, 272, 274, 275, 277, 278, 287
méthodes d'enseignement 29, 47-49, 65, 66, 134
métif 210
métrolecte 200
Mexique 224
MILLER, C. 34, 294
MILROY, J. 253, 257
MILROY, L. 80, 81, 153, 253-255, 257, 264, 265
minorité 62, 98, 99, 112, 150, 161, 178, 232, 233, 243 (v. aussi *langue minorée*)
Missouri 150, 154, 199

mobilité linguistique 51, 109-114, **212**, 214
mobilité accentuelle 12
MOERMAN, M. 43
MOIRAND, S. 48
monogenèse **213**, 231
MONTMOLLIN, M. de 44
MOREAU, M.-L. 88, 176, 217, 218, 251, 252, 283
MORSY, Z. 27
MOUGEON, R. 146, 150, 200, 243, 280, 281
MOUNIN, G. 116
Moyen-Orient 224
MUFWENE, S. 104-106, 108, 160
MULJACIC, Z. 196, 198
multilinguisme 14, 15, 30, 37, 54, 56, 64, 72, 95, 111, 133, 138, 188, 204, 214, 225, 227, 234, 255, 270, 280, 296
multiplexité 252, 253, 255
munukutuba 289
MURRAY, T. 226
MYERS-SCOTTON, C. 34, 35

nahuatl 137
NAIGLES, L.R. 16
Nations unies 86, 109
néerlandais 89, 103, 122, 191, 193, 232, 260, 268
negerhollands 103
NELDE, P. 185
néofrancophone 132, 182, 186, 194, 195, **214**
néologie 64, 180, 267-269, 282
NICHOLS, P. 260, 265
Niger 133
Nigéria 133, 227, 243
NINYOLES, R. 94
normalisation 132, 182, 186, 194, 195, **214-217**, 221, 269
normand 89, 201
norme 15-17, 19-25, 33, 57, 58, 60, 66, 72, 73, 75, 77, 83-85, 89, 91, 92, 98, 120, 124, 129, 139, 141, 145, 154, 165-167, 170, 172, 173, 175, 176, 178, 182, 188, 192, 194-196, 199, 201, 203-205, 215, 216, **217-225**, 236, 248, 249, 251, 255, 260, 263, 266, 268, 269, 278, 286, 288, 289, 293
norme endogène **223-225**
Norvège 254
norvégien 243
Nouveau-Brunswick 209
Nouvelle-Calédonie 108, 191
Nouvelle-Écosse 243
Nouvelle-France 105
Nouvelle-Zélande 191, 278

OBLER, L. 238, 280

O.B.S.T. 43
occitan 125, 147, 180, 250, 294
Océan Indien 103, 105, 144, 162 (v. aussi *Comores, Madagascar, Maurice, Réunion, Seychelles*)
ONG, W. 156
Ontario 146, 148-150, 209, 243, 280
orthographe 20, 39, 159, 179, 180, 182, 187, 247, 249, 268
ourdou 245

palanquero 103
pali 241
PALTRIDGE, J. 58
papiamento 103
paradoxe de l'observateur 46, 212, **226**
PARE, S. 113, 114
PARKINS, D. 35
PASSY, P. 272, 276
patois 11, 103, 120, 123, 124, 155, 190, 196, 201, 237
PAULEAU, C. 244
PAULSTON, C. 233, 235
PAYNE, A. 21, 26
Pays arabes 125, 224, 242, 288
Pays baltes 56
Pays-Bas 89, 192, 260, 268
PEAL, E. 98, 100
PECHEUX, M. 44, 47
PENFIELD, W. 179
Pérou 233
persan 137
Perse 181
Philippines 103
PHILLIPSON, R. 156, 185
PIAGET, J. 16
picard 89, 201
PICONE, M. 148, 151
pidgin 130, 141, 144, 207-210, 213, **227-228**, 231, 257, 279-282, 289, 294
PILLON, A. 258, 262, 265
planification 39, 195, **228-229**, 234
POCH-OLIVE, D. 276
POIRIER, C. 283
politique linguistique 29, 35, 39, 41, 54, 56, 62, 94, 113, 151, 155, 156, 164, 180, 187, 190, 192, 194, 228, **229-230**, 233-235, 288, 290
polonais 232
polygenèse **231**
polyglossie 129
PONS, C. 147, 151
POOL, J. 133
POPLACK, S. 32, 34, 35
PORCHER, L. 49
PORQUIER, R. 49, 139, 140
portugais 103, 163, 180, 191, 195, 224
POUTIGNAT, P. 76

POWESLAND, P. 14
préservation linguistique 54, 142, 143, **231-235**, 243, 296
prestige 11, 18, 24, 55, 58, 62, 80, 99, 121, 125, 139, 159, 170, 171, 194, 202, 204, 215, 223, 226, 234, **235-236**, 245, 261-265, 267, 268, 271, 282, 287, 288, 290
Principe 103
principe de territorialité 61
principe de personnalité 61
Proche-Orient 224
PRUDENT, L.-F. 94, 125, 129
PUECH, G. 200
PY, B. 43, 125, 129, 140, 142, 188

Québec 23, 24, 56-58, 68, 97, 110, 113, 124, 125, 148, 159, 161, 224, 228, 234, 247, 259, 268, 293
quechua 233

ranemal 254
RASSEKH, S. 31
RAY, P. 37, 41, 169
régiolecte 10, 18, 23, 60, 123, 124, 187, 200, **236-238**, 265, 283, 284
registre 16, 17, 39, 41, 43, 71, 72, 79, 159, 168, 169, 175, 187, 190, 216, **238**, 247, 248, 266, 269, 277, 284
REID, T. 238
relexicalisation 105, 135, 213, **239**, 257
religion 19, 52, 54, 73, 87, 143, 155-157, 181, 189, 190, 194, 230, 232, 234, **239-246**, 269, 284, 288, 290, 296
répartition fonctionnelle v. *Complémentarité fonctionnelle*
représentations 19, 30, 45, 52, 56, 84, 85, 92, 93, 102, 120, 127, 160, 166, 173, 174, 176, 202, 211, 222, 223, 225, **246-252**, 270, 287, 288
réseau social 21, 56, 66, 80, 90, 101, 170, 232, **252-257**, 263, 264
Réunion 20, 60, 92, 100, 103, 105, 172, 231
REYNOLDS, A. 100
rhéto-roman 180, 196
RICARD, A. 94, 128, 130
RICHARDS, J.C. 140
RICHTERICH, R. 49
RICKFORD, J. 278, 281
ROBERTS, L. 179
ROBILLARD, D. de 20, 31, 36, 41, 88, 102, 130, 131, 133-135, 139, 140, 142, 151, 168, 177, 200, 214, 225, 228, 229, 244, 246, 266, 269, 290, 292, 294
ROMAINE, S. 18, 19, 79, 81
RONDAL, J.-A. 85
RONDEAU, G. 135, 177

ROTTET, K. 145, 147-151
ROULET, E. 43
roumain 180
ROUSSELOT (Abbé) 272
RUBIN, J. 151, 152, 230
rumantsch grischun 196
russe 155
Russie 189
Rwanda 230
RYAN, E. 235, 236

sabir 130, 213, **257**
SACHDEV, I. 234, 235
Saint-Barthélemy 150, 154
Sainte-Lucie 103, 105
SAKS, H. 43
SAMARIN, W. 240-246
San-Tomé 103
sango 54
SANKOFF, D. 24, 34, 35, 70
SANKOFF, G. 68, 70
sanscrit 116, 181, 194, 241, 242, 245
SAPIR, E. 76, 117, 120
SASSE, H.-J. 151
SAUSSURE, F. de 42, 88, 159, 165, 272, 274
SAVARD, J.-G. 296
SCAGLIONE, A. 183
SCHEGLOFF, E. 43
SCHERER, K. 76, 164, 165
schibboleth 250, **257-258**, 271
SCHLEGEL, A. et F. von 116
SCHLIEBEN-LANGE, B. 70
SCHMIDT-MACKEY, I. 62, 64
SCHOGT, H. 160
SCOTTON, C. 73, 74, 76
SEIDEL, G. 43
SELINKER, L. 140
semi-locuteurs 145
semilinguisme 98
Sénégal 14, 142, 242, 255, 289, 292, 293 (v. aussi *Casamance*)
serer 293
sexe 13, 14, 16, 28, 55, 59, 66, 97, 103, 110, 111, 149, 153, 161, 163, 170, 171, 203, 236, 239, 247, 255, **258-265**, 273, 284, 286
Seychelles 103, 105, 194, 244, 288
SHOPEN, T. 164
shuar 233
SHUY, R. 60
SIGUAN, M. 62, 64
SIMONIN-GRUMBACH, J. 42, 45
Singapour 234
SINGY, P. 58, 60
SKUTNABB-KANGAS, T. 183, 185
slavon 181
slovaque 197

SMOLICZ, J. 232, 235
sociolecte 10, 85, 124, 134, 165, 187, 200, 235, 248, **265-266**, 284, 285
Soudan 289, 294
SPERBER, D. 43
SPOLSKY, B. 242, 244, 246
St CLAIR, R. 131, 236
stabilité flexible 269
standardisation 36, 37, 39, 169, 177, 182, 186, 188, 195, 196, 209, **215-217**, 221, 255, **266-269**, 287, 288, 294, 295
STARY, Z. 185
statut 20, 36-39, 62, 95, 102, 104, 108, 113, 123, 125, 128, 141, 155, 169, 182, 183, 186-188, 192, 194, 196, 197, 229, 233, 234, 242, 245, **269-270**, 288, 293-296
stéréotype 14, 57, 59, 68, 77, 163, 168, 248, 251, **271**
STEWART, W. 270, 295
style 10, 12, 14, 16, 18, 19, 25, 60, 66, 71, 81, 85, 121, 138, 149, 152, 153, 163, 190, 201, style 203, 206, 226, 238, 239, 241, 246, 259, **271-281**, 284
substrat 51, 105, 108, 130, 141, 143, 237, **281**, 294
suédois 190
suisse allemand 125
Suisse 35, 58, 61, 121, 125, 144
superstrat **281-282**
Surinam 103
swahili 129, 155, 233
SWAIN, M. 48
SYLVAIN, S. 105

TABOURET-KELLER, A. 14, 162, 165, 254
TAJFEL, H. 131
tamil 234
Tanzanie 233
TAULI, V. 37, 41
tayo 108
tchèque 9, 36, 137, 197
TCHITCHI, T. 142
technolecte 248, **282**
temps réel 66
temps apparent 66
termes d'adresse 164
terminologie 36, 40, 132, 135, 168, 169, 177, 224, 228, 266
TERMOTE, M. 56, 113, 114
TESNIERE, L. 192
théorie du reflet 44
thèse de la différence 84
thèse du déficit 82
THIAM, N. 32, 35
THIBAULT, P. 20, 24, 26, 65, 67, 71, 169, 284

THIBAUT, J.-P. 85
THOMAS, A. 280
THOMAS, J. 122, 124
THORNE, B. 265
Tibet 240
tibétain 242
tiers monde 28, 29, 133, 161
TIRVASSEN, R. 26, 47
TODD, L. 213
TODOROV, T. 118
TOFFLER, 132
togbo 54
Togo 143
tok pisin 280
topolecte 124, 159, **283**, 284
TOURNIER, M. 44, 47
TRABANT, J. 116, 120
triglossie 129
Trinidad 103
TRUDGILL, P. 152, 153, 171, 176, 235, 236, 260, 261, 265
tsigane 239
TUCKER, G. 58, 60
turc 137, 251, 268
TURI, G. 229
Turquie 161, 268

UNESCO 27, 28, 30, 31, 37, 143, 155, 230, 233
URSS 189, 193
USA (v. *États-Unis*)

VALDES-FALLIS, G. 13, 14
VALDMAN, A. 49, 108, 126, 144, 149, 151
valeur centrale 232
VALKHOFF, M. 213
VALLVERDÚ, F. 217
VAN HOUT, R. 260, 264
variation **283-284** (v. aussi *âge, changement linguistique, classe sociale, sexe, régiolecte, sociolecte, topolecte, normalisation...*)
variationniste (approche -) 24, 25, 34, 35, 43, 45, 46, 65, 81, 152, 169, 277, **284-287** (v. aussi *corrélationniste*)
variété basse 94, 125, 242, 270, 277, **287-288**
variété haute 94, 125, 130, 242, 270, 277, 287, **288-289**
variété normée 11 (v. aussi *langue standard, norme*)
variété régionale 10, 18-21, 39, 58, 60, 86, 90, 105, 107, 121-124, 140, 144, 149, 154, 173, 190, 199-201, 214, 215, 231, 232, 236-238, 247, 283
véhiculaire 54, 92, 126, 129, 130, 133, 139, 144, 155, 180, 181, 183, 185-188, 227, 231, 233, 256, 268, 270, **289-290**, 291-294
VELTMAN, C. 109, 112-114, 212
verlan 50, **290-291**
VERMÈS, G. 188
vernaculaire 21, 25, 26, 70, 128, 129, 144, 145, 149, 150, 152, 163, 170, 181, 186, 192, 193, 209, 216, 226, 241-245, 254, 255, 289, **291-294**
vernacularisation 214, 227, **292-294**
Vietnam 230
VIGNEAULT, R. 296
Villers-Cotterêts 192
VINCENT, D. 67, 68, 70, 71
vitalité 62, 77, 232-234, 256, **294-296**
volapük 36, 169
VOLOCHINOV, V.N. 45

WALD, P. 46, 71, 76, 101, 129, 141, 142
wallon 159, 201
WALTER, H. 237, 238, 283
WALTERS, J. 242, 246
WARDHAUGH, R. 235
WARKENTYNE, H. 226
WARNANT, L. 237
WATSON, K. 29, 31
WEBSTER, N. 268
WEINGART 36
WEINREICH, M. 243, 246
WEINREICH, U. 51, 56, 65, 67, 71, 94, 100, 169, 170, 179
WEINRICH, H. 43
WHORF, B. 117
WIDDOWSON, H. 49
WILLIAMS, G. 43
WILMET, R. 176
WILSON, D. 43
WITTGENSTEIN, L. 42, 45, 118
WODAK-LEODOLTER, R. 43
WOLCK, W. 185
WOLFF, H. 177
WOLF, L. 124
WOLF, T. 123
wolof 32, 35, 126, 129, 289, 292, 293
wolofal 242
WOOLARD, K. 203
WURM, M. 244
WURM, S. 246

YAZBECK-HADDAD, K. 251
yiddish 208, 243, 245
yoruba 133
Yougoslavie 189

Zaïre 54, 210
zend 181

Table des matières

AVANT-PROPOS 5

Accent 9
Accommodation 12
Acquisition par l'enfant des normes sociolinguistiques 15
Acrolecte 19
Action linguistique 20
Age 20
Alphabétisation fonctionnelle 26
Alternance codique 32
Aménagement linguistique 36
Analyse de discours en sociolinguistique 41
Approches communicatives 47
Argot 50
Assimilation linguistique 51
Attitudes linguistiques 56
Basilecte 60
Bilinguisme 61
Calque 64
Changement linguistique 65
Choix de code 71
Classe sociale 76
Classe sociale des élèves 81
Colinguisme 86
Communauté linguistique 88

Complémentarité fonctionnelle	94
Contact des langues	94
Continuum	100
Convergence	101
Corpus	102
Créole	103
Créolisation	108
Démolinguistique	109
Déterminisme linguistique	114
Dialecte	120
Diglossie	125
Diglossie enchâssée / Diglossie juxtaposée	129
Diglossie littéraire	130
Divergence	130
Économie	131
Écriture	135
Emprunt	136
Endolingue *vs* exolingue	139
Entrelangue	140
Ethnie	142
Étiolement linguistique	144
Évaluation	151
Formel *vs* informel	152
Français marginaux	154
Glottophagie	154
Grammatisation	156
Hypercorrection	158
Identité	160
Idiolecte	165
Imaginaire linguistique (Théorie de l')	165
Indicateur	168
Ingéniérie linguistique	168
Innovation linguistique	169
Insécurité linguistique	170
Instrumentalisation	177
Intelligibilité mutuelle	177
Interférence	178
In vitro *vs* in vivo	179
Isoglosse	180
Langue commune	181
Langue maternelle, première, seconde, étrangère	183
Langue minorée et langue minoritaire	185
Langue nationale	189
Langue officielle	192
Langue standard	194
Langue zéro	198
Lecte	200

Légitimité linguistique	201
Locuteur masqué	202
Marché linguistique	203
Marqueur	206
Mélange de codes	207
Mésolecte	210
Méthodes	211
Mobilité linguistique	212
Monogenèse	213
Néofrancophonie	214
Normalisation	214
Normalisation-standardisation	215
Norme	217
Genèse du concept	217
Les types de normes	218
Norme endogène	223
Paradoxe de l'observateur	226
Pidgin	227
Planification	228
Politique linguistique	229
Polygenèse	231
Préservation linguistique	231
Prestige apparent *vs* prestige latent	235
Régiolecte	236
Registre	238
Relexicalisation	239
Religion	239
Représentations linguistiques	246
Réseau social	252
Sabir	257
Schibboleth	257
Sexe	258
Sociolecte	265
Standardisation	266
Statut	269
Stéréotype	271
Style de parole	271
Styles contextuels	277
Substrat	281
Superstrat	281
Technolecte	282
Topolecte	283
Variation	283
Variationniste (L'approche -)	284
Variété basse	287
Variété haute	288
Véhiculaire	289

Verlan 290
Vernaculaire 291
Vernacularisation 292
Vitalité linguistique 294

INDEX 297

CHEZ LE MÊME ÉDITEUR

PSYCHOLOGIE ET SCIENCES HUMAINES
collection publiée sous la direction de MARC RICHELLE

1 Dr Paul Chauchard : LA MAITRISE DE SOI. 9ᵉ éd.
7 Paul-A. Osterrieth : FAIRE DES ADULTES. 16ᵉ éd.
9 Daniel Widlöcher : L'INTERPRETATION DES DESSINS D'ENFANTS. 9ᵉ éd.
11 Berthe Reymond-Rivier : LE DEVELOPPEMENT SOCIAL DE L'ENFANT ET DE L'ADOLESCENT. 13ᵉ éd.
22 H.T. Klinkhamer-Steketée : PSYCHOTHERAPIE PAR LE JEU. 4ᵉ éd.
24 Marc Richelle : POURQUOI LES PSYCHOLOGUES? 6ᵉ éd.
25 Lucien Israel : LE MEDECIN FACE AU MALADE. 5ᵉ éd.
26 Francine Robaye-Geelen : L'ENFANT AU CERVEAU BLESSE. 2ᵉ éd.
27 B.F. Skinner : LA REVOLUTION SCIENTIFIQUE DE L'ENSEIGNEMENT. 3ᵉ éd.
29 J.C. Ruwet : ETHOLOGIE : BIOLOGIE DU COMPORTEMENT. 3ᵉ éd.
38 B.-F. Skinner : L'ANALYSE EXPERIMENTALE DU COMPORTEMENT. 2ᵉ éd.
40 R. Droz et M. Rahmy : LIRE PIAGET. 3ᵉ éd.
42 Denis Szabo, Denis Gagné, Alice Parizeau : L'ADOLESCENT ET LA SOCIETE. 2ᵉ éd.
43 Pierre Oléron : LANGAGE ET DEVELOPPEMENT MENTAL. 2ᵉ éd.
45 Gertrud L. Wyatt : LA RELATION MERE-ENFANT ET L'ACQUISITION DU LANGAGE. 2ᵉ éd.
49 T. Ayllon et N. Azrin : TRAITEMENT COMPORTEMENTAL EN INSTITUTION PSYCHIATRIQUE
52 G. Kellens : BANQUEROUTE ET BANQUEROUTIERS
55 Alain Lieury : LA MEMOIRE
58 Jean-Marie Paisse : L'UNIVERS SYMBOLIQUE DE L'ENFANT ARRIERE MENTAL
59 Jacques Van Rillaer : L'AGRESSIVITE HUMAINE
61 Jérôme Kagan : COMPRENDRE L'ENFANT
62 Michel S. Gazzaniga : LE CERVEAU DEDOUBLE
64 X. Seron, J.L. Lambert, M. Van der Linden : LA MODIFICATION DU COMPORTEMENT
65 W. Huber : INTRODUCTION A LA PSYCHOLOGIE DE LA PERSONNALITE. 2ᵉ éd.
66 Emile Meurice : PSYCHIATRIE ET VIE SOCIALE
67 J. Château, H. Gratiot-Alphandéry, R. Doron et P. Cazayus : LES GRANDES PSYCHOLOGIES MODERNES
68 P. Sifnéos : PSYCHOTHERAPIE BREVE ET CRISE EMOTIONNELLE
69 Marc Richelle : B.F. SKINNER OU LE PERIL BEHAVIORISTE
70 J.P. Bronckart : THEORIES DU LANGAGE
71 Anika Lemaire : JACQUES LACAN. 8ᵉ éd. revue et augmentée.
72 J.L. Lambert : INTRODUCTION A L'ARRIERATION MENTALE
73 T.G.R. Bower : DEVELOPPEMENT PSYCHOLOGIQUE DE LA PREMIERE ENFANCE. 4ᵉ éd.
74 J. Rondal : LANGAGE ET EDUCATION
75 Sheila Kitzinger : PREPARER A L'ACCOUCHEMENT
76 Ovide Fontaine : INTRODUCTION AUX THERAPIES COMPORTEMENTALES
77 Jacques-Philippe Leyens : PSYCHOLOGIE SOCIALE. 2ᵉ éd.
78 Jean Rondal : VOTRE ENFANT APPREND A PARLER 3ᵉ éd.
79 Michel Legrand : LE TEST DE SZONDI
80 H.J. Eysenck : LA NEVROSE ET VOUS
81 Albert Demaret : ETHOLOGIE ET PSYCHIATRIE
82 Jean-Luc Lambert et Jean A. Rondal : LE MONGOLISME. 4ᵉ éd.
83 Albert Bandura : L'APPRENTISSAGE SOCIAL
84 Xavier Seron : APHASIE ET NEUROPSYCHOLOGIE
85 Roger Rondeau : LES GROUPES EN CRISE?

86 J. Danset-Léger : L'ENFANT ET LES IMAGES DE LA LITTERATURE ENFANTINE
 87 Herbert S. Terrace : NIM. UN CHIMPANZE QUI A APPRIS LE LANGAGE GESTUEL
 88 Roger Gilbert : BON POUR ENSEIGNER?
 89 Wing, Cooper et Sartorius : GUIDE POUR UN EXAMEN PSYCHIATRIQUE
 90 Jean Costermans : PSYCHOLOGIE DU LANGAGE
 91 Françoise Macar : LE TEMPS, PERSPECTIVES PSYCHOPHYSIOLOGIQUES
 92 Jacques Van Rillaer : LES ILLUSIONS DE LA PSYCHANALYSE. 2e éd.
 93 Alain Lieury : LES PROCEDES MNEMOTECHNIQUES
 94 Georges Thinès : PHENOMENOLOGIE ET SCIENCE DU COMPORTEMENT
 95 Rudolph Schaffer : COMPORTEMENT MATERNEL
 96 Daniel Stern : MERE ET ENFANT, LES PREMIERES RELATIONS. 3e éd.
 97 R. Kempe & C. Kempe : L'ENFANCE TORTUREE
 98 Jean-Luc Lambert : ENSEIGNEMENT SPECIAL ET HANDICAP MENTAL
 99 Jean Morval : INTRODUCTION A LA PSYCHOLOGIE DE L'ENVIRONNEMENT
100 Pierre Oleron *et al.* : SAVOIRS ET SAVOIR-FAIRE PSYCHOLOGIQUES CHEZ L'ENFANT
101 Bernard I. Murstein : STYLES DE VIE INTIME
102 Rondal/Lambert/Chipman : PSYCHOLINGUISTIQUE ET HANDICAP MENTAL
103 Brédart/Rondal : L'ANALYSE DU LANGAGE CHEZ L'ENFANT. 2e éd.
104 David Malan : PSYCHODYNAMIQUE ET PSYCHOTHERAPIE INDIVIDUELLE
105 Philippe Muller : WAGNER PAR SES REVES
106 John Eccles : LE MYSTERE HUMAIN
107 Xavier Seron : REEDUQUER LE CERVEAU
108 Moreau/Richelle : L'ACQUISITION DU LANGAGE. 5e éd.
109 Georges Nizard : ANALYSE TRANSACTIONNELLE ET SOIN INFIRMIER
110 Howard Gardner : GRIBOUILLAGES ET DESSINS D'ENFANTS, LEUR SIGNIFICATION
111 Wilson/Otto : LA FEMME MODERNE ET L'ALCOOL
112 Edwards : DESSINER GRACE AU CERVEAU DROIT
113 Rondal : L'INTERACTION ADULTE-ENFANT
114 Blancheteau : L'APPRENTISSAGE CHEZ L'ANIMAL
115 Boutin : FORMATION ET DEVELOPPEMENTS
116 Húsen : L'ECOLE EN QUESTION
117 Ferrero/Besse : L'ENFANT ET SES COMPLEXES
118 R. Bruyer : LE VISAGE ET L'EXPRESSION FACIALE
119 J.P. Leyens : SOMMES-NOUS TOUS DES PSYCHOLOGUES?
120 J. Château : L'INTELLIGENCE OU LES INTELLIGENCES?
121 M. Claes : L'EXPERIENCE ADOLESCENTE
122 J. Hayes et P. Nutman : COMPRENDRE LES CHOMEURS
123 S. Sturdivant : LES FEMMES ET LA PSYCHOTHERAPIE
124 A. Pomerleau et G. Malcuit : L'ENFANT ET SON ENVIRONNEMENT
125 A. Van Hout et X. Seron : L'APHASIE DE L'ENFANT
126 A. Vergote : RELIGION, FOI, INCROYANCE
127 Sivadon/Fernandez-Zoïla : TEMPS DE TRAVAIL, TEMPS DE VIVRE
128 Born : JEUNES DEVIANTS OU DELINQUANTS JUVENILES?
129 Hamers/Blanc : BILINGUALITE ET BILINGUISME
130 Legrand : PSYCHANALYSE, SCIENCE, SOCIETE
131 Le Camus : PRATIQUES PSYCHOMOTRICES
132 Lars Fredén : ASPECTS PSYCHOSOCIAUX DE LA DEPRESSION
133 Mount : LA FAMILLE SUBVERSIVE
134 Magerotte : MANUEL D'EDUCATION COMPORTEMENTALE CLINIQUE
135 Dailly/Moscato : LATERALISATION ET LATERALITE CHEZ L'ENFANT
136 Bonnet/Tamine-Gardes : QUAND L'ENFANT PARLE DU LANGAGE
137 Bruyer : LES SCIENCES HUMAINES ET LES DROITS DE L'HOMME
138 Taulelle : L'ENFANT A LA RENCONTRE DU LANGAGE

139 de Boucaud : PSYCHOLOGIE DE L'ENFANT ASTHMATIQUE
140 Duruz : NARCISSE EN QUETE DE SOI
141 Feyereisen/de Lannoy : PSYCHOLOGIE DU GESTE
142 Florin *et al.* : LE LANGAGE A L'ECOLE MATERNELLE
143 Debuyst : MODELE ETHOLOGIQUE ET CRIMINOLOGIE
144 Ashton/Stepney : FUMER
145 Winkel *et al.* : L'IMAGE DE LA FEMME DANS LES LIVRES SCOLAIRES
146 Bideau/Richelle : PSYCHOLOGIE DEVELOPPEMENTALE
147 Schmid-Kitsikis : THEORIE CLINIQUE ET FONCTIONNEMENT MENTAL
148 Guggenbühl/Craig : POUVOIR ET RELATION D'AIDE
149 Rondal : LANGAGE ET COMMUNICATION CHEZ LES HANDICAPES MENTAUX
150 Moscato *et al.* : FONCTIONNEMENT COGNITIF ET INDIVIDUALITE
151 Château : L'HUMANISATION OU LES PREMIERS PAS DES VALEURS HUMAINES
152 Avery/Litwack : NEE TROP TOT
153 Rondal : LE DEVELOPPEMENT DU LANGAGE CHEZ L'ENFANT TRISOMIQUE 21
154 Kellens : QU'AS-TU FAIT DE TON FRERE?
155 Rondal/Henrot : LE LANGAGE DES SIGNES. 2e éd.
156 Lafontaine : LE PARTI PRIS DES MOTS
157 Bonnet/Hoc/Tiberghien : AUTOMATIQUE, INTELLIGENCE ARTIFICIELLE ET PSYCHOLOGIE
158 Giovannini *et al.* : PSYCHOLOGIE ET SANTE
159 Wilmotte *et al.* : LE SUICIDE
160 Giurgea : L'HERITAGE DE PAVLOV
161 Ionescu : MANUEL D'INTERVENTION EN DEFICIENCE MENTALE N° 1
162 Ionescu : MANUEL D'INTERVENTION EN DEFICIENCE MENTALE N° 2
163 Pieraut-Le Bonniec : CONNAITRE ET LE DIRE
164 Huber : PSYCHOLOGIE CLINIQUE AUJOURD'HUI
165 Rondal *et al.* : PROBLEMES DE PSYCHOLINGUISTIQUE
166 Slukin : LE LIEN MATERNEL
167 Baudour : L'AMOUR CONDAMNE
168 Wilwerth : VISAGES DE LA LITTERATURE FEMININE
169 Edwards : VISION, DESSIN, CREATIVITE
170 Lutte : LIBERER L'ADOLESCENCE
171 Defays : L'ESPRIT EN FRICHE
172 Broome Walace : PSYCHOLOGIE ET PROBLEMES GYNECOLOGIQUES
173 Aimard : LES BEBES DE L'HUMOUR
174 Perruchet : LES AUTOMATISMES COGNITIFS
175 Bawin-Legros : FAMILLES, MARIAGE, DIVORCE
176 Pourtois/Desmet : EPISTEMOLOGIE ET INSTRUMENTATION EN SCIENCES HUMAINES
177 Sloboda : L'ESPRIT MUSICIEN
178 Fraisse : POUR LA PSYCHOLOGIE SCIENTIFIQUE
179 Ruffiot : PSYCHOLOGIE DU SIDA
180 McAdams/Deliège : LA MUSIQUE ET LES SCIENCES COGNITIVES
181 Argentin : QUAND FAIRE C'EST DIRE...
182 Van der Linden : LES TROUBLES DE LA MEMOIRE
183 Lecuyer : BEBES ASTRONOMES, BEBES PSYCHOLOGUES : L'INTELLIGENCE DE LA 1re ANNEE
184 Immelmann : DICTIONNAIRE DE L'ETHOLOGIE
185 Collectif : ACTEUR SOCIAL ET DELINQUANCE
186 Fontana : GERER LE STRESS
187 Bouchard : DE LA PHENOMENOLOGIE A LA PSYCHANALYSE
188 Chanceaulme : MOURIR, ULTIME TENDRESSE
189 Rivière : LA PSYCHOLOGIE DE VYGOTSKY
190 Lecoq : APPRENTISSAGE DE LA LECTURE ET DYSLEXIE

191 de Montmolin/Amalberti/Theureau : MODELES DE L'ANALYSE DU TRAVAIL
192 Minary : MODELES SYSTEMIQUES ET PSYCHOLOGIE
193 Grégoire : EVALUER L'INTELLIGENCE DE L'ENFANT
194 Gommers/van den Bosch/de Aguilar : POUR UNE VIEILLESSE AUTONOME
195 Van Rillaer : LA GESTION DE SOI
196 Lecas : L'ATTENTION VISUELLE
197 Macquet : TOXICOMANIES ET FORMES DE LA VIE QUOTIDIENNE
198 Giurgea : LE VIEILLISSEMENT CEREBRAL
199 Pillon : LA MEMOIRE DES MOTS
200 Pouthas/Jouen : LES COMPORTEMENTS DU BEBE : EXPRESSION DE SON SAVOIR ?
201 Montangero/Maurice-Naville : PIAGET OU L'INTELLIGENCE EN MARCHE
202 Colin A. Epsie : LE TRAITEMENT PSYCHOLOGIQUE DE L'INSOMNIE
203 Samalin-Amboise : VIVRE A DEUX
204 Bourhis/Leyens : STEREOTYPES, DISCRIMINATION ET RELATIONS INTERGROUPES
205 Feltz/Lambert : ENTRE LE CORPS ET L'ESPRIT
206 Francès : MOTIVATION ET EFFICIENCE AU TRAVAIL
207 Houziaux : EDUCATION DU PATIENT ET ORDINATEUR
208 Roques : SORTIR DU CHOMAGE
209 Bléandonu : L'ANALYSE DES REVES ET LE REGARD MENTAL
210 Born/Delville/Mercier/Snad/Beeckmans : LES ABUS SEXUELS D'ENFANTS
211 Siguan : L'EUROPE DES LANGUES
212 de Bonis : CONNAITRE LES EMOTIONS HUMAINES
213 Retschitzki/Gurtner : L'ENFANT ET L'ORDINATEUR
214 Leyens/Yzerbyt/Schadron : STEREOTYPES ET COGNITION SOCIALE
215 Tiberghien : LA MEMOIRE OUBLIEE
216 Wynants : L'ORTHOGRAPHE, UNE NORME SOCIALE
217 Rondal : L'EVALUATION DU LANGAGE
218 Moreau : SOCIOLINGUISTIQUE, CONCEPTS DE BASE

Manuels et Traités

    Droz-Richelle : MANUEL DE PSYCHOLOGIE
    Hurtig-Rondal : MANUEL DE PSYCHOLOGIE DE L'ENFANT (Tome 1)
    Hurtig-Rondal : MANUEL DE PSYCHOLOGIE DE L'ENFANT (Tome 2)
    Hurtig-Rondal : MANUEL DE PSYCHOLOGIE DE L'ENFANT (Tome 3)
    Rondal-Seron : LES TROUBLES DU LANGAGE (DIAGNOSTIC ET REEDUCATION)
    Fontaine/Cottraux/Ladouceur : CLINIQUES DE THERAPIE COMPORTEMENTALE
    Godefroid : LES CHEMINS DE LA PSYCHOLOGIE